U0153890

張健—著

借鏡西方

與

本來面目

從詩文評到文學批評

國家圖書館出版品預行編目（CIP）資料

借鏡西方與本來面目：從詩文評到文學批評 / 張健著.
-- 初版. -- 臺北市：國立政治大學政大出版社, 2023.01
　　面；　公分
　　ISBN　978-626-97015-7-5（平裝）

　　1.CST: 文學評論史　　2.CST: 中國文學

　　829　　　　　　　　　　　　　　　112000099

借鏡西方與本來面目：
從詩文評到文學批評

作　　者｜張健

發 行 人　李蔡彥
發 行 所　國立政治大學政大出版社
出 版 者　國立政治大學政大出版社
總 編 輯　廖棟樑
執行編輯　林淑禎
地　　址　11605臺北市文山區指南路二段64號
電　　話　886-2-82375669
傳　　真　886-2-82375663
網　　址　http://nccupress.nccu.edu.tw

經　　銷　元照出版公司
地　　址　10047臺北市中正區館前路28號7樓
網　　址　http://www.angle.com.tw
電　　話　886-2-23756688
傳　　真　886-2-23318496
戶　　名　元照出版有限公司
郵撥帳號　19246890

法律顧問　黃旭田律師
電　　話　886-2-23913808

初版一刷　2023年1月
定　　價　450元
I S B N　9786269701575
G P N　1011200120

政府出版品展售處
• 國家書店松江門市：104臺北市松江路209號1樓
　電話：886-2-25180207
• 五南文化廣場臺中總店：400臺中市中山路6號
　電話：886-4-22260330

目　次

前言 i

第一章　現代精神與中國文學研究 001
　一、西洋化與現代化　　　　　　　　　　　　　　002
　二、「近世精神」與中國文學研究　　　　　　　　007
　三、本位文化與文學遺產　　　　　　　　　　　　027
　四、普遍原理與民族文論　　　　　　　　　　　　045

第二章　舊傳統與新思潮：從詩文評到文學批評 063
　一、新文學、文學批評與詩文評　　　　　　　　　063
　二、西方文學批評的輸入與中國文學批評研究的知識基礎　074
　三、整理國故與中國文學批評　　　　　　　　　　084
　四、第一部中國詩學專著：楊鴻烈《中國詩學大綱》　090
　五、第一部中國文學批評史：陳鐘凡《中國文學批評史》　099

第三章　純文學、雜文學觀念與中國文學批評史 107
　一、純文學、雜文學的提出與輸入　　　　　　　　107
　二、純文學、雜文學觀念的西方學術依據　　　　　114
　三、純文學、雜文學之辨與中國文學觀念的進化　　125

第四章　借鏡西方與本來面目：
　　　　朱自清與中國文學批評的體系研究 135
　一、借鏡西方與本來面目　　　　　　　　　　　　135
　二、借鏡西方：將文學批評還給文學批評　　　　　140

三、本來面目：將中國的還給中國，時代的還給時代　　145

四、中國間架與西方間架　　148

五、《詩言志辨》與《中國文學批評研究講義》　　152

第五章　文學觀念與文學批評史：
　　　　郭紹虞《中國文學批評史》及評論..............165

一、塵封多年的事實：關於胡適〈郭紹虞中國文學批評史序〉　　166

二、文學觀念與歷史分期：郭紹虞與胡適的對話　　169

三、進化與復古：錢鍾書與郭紹虞的爭論　　183

四、材料、方法與系統：朱自清的評價　　201

五、一元與多元的史觀：林庚的比較性評論　　207

第六章　從分化的發展到綜合的體例：
　　　　重讀羅根澤《中國文學批評史》................215

一、從「批評家的寫真」到「批評的歷史」：羅根澤的宣言　　217

二、以「科學的方法」做「整理中國文學和哲學的事業」　　222

三、分化的發展與分類文學史：羅根澤的文學史觀與著述體例　　227

四、文學批評因時代、批評家與文體而變：史觀的調整與
　　「綜合體」的確立　　236

五、載道、緣情與中國文學觀念的演變　　241

六、關於羅氏批評史的評價及其學術史地位　　250

第七章　〈中國文學小史序論〉與錢鍾書的文學觀...259

一、對實證主義的造反：詞章之學與文學批評　　260

三、從功能定義文學：動人與美感　　265

三、文學批評與文學史　　273

四、文學史：因果與分期　　275

五、中國文學之特殊面貌：體制與品類　　279

六、中國文學傳統：雅文學與俗文學　　287

第八章　時代與格調之間：錢鍾書的《宋詩選注》...291

一、「宋人之詩」與「宋體之詩」　　294

二、「唐體」與「宋體」   298

三、「好詩」及其標準   308

徵引文獻 325

後　　記 335

前言

　　在中國傳統經史子集四部的學問系統中，詩文評本屬集部的一個分支。集部之核心乃詩文作品，詩文評作為詩文的評論只是作品的衍生物與副產品，僅為「集部的尾巴」，唯有附屬的資格，並無獨立的地位。文學批評在現代西方的學術體系中是一門獨立的學問，「五四」新文化運動以後，隨著西方學術的輸入，文學批評也輸入中國。現代學者持西方文學批評審視中國傳統，以為詩文評與之相當，遂基於西方文學批評觀念整理詩文評，且易稱文學批評，此一名稱的轉換意味著獨立之現代學科的成立。本書旨在揭示中國文學批評作為一門現代學科與現代文化及現代學術之關聯，探討其學科內部問題，並通過學術史尋求其對於未來研究的啟示。

　　詩文評屬於中國學問，文學批評則為西方學術，現代中國學者以西方學術為基礎與標準重建中國學問而易稱文學批評，其觀念基礎在於：中國詩文評是古代學問，西方文學批評是現代學術；現代學術具有普遍的統一性，文學批評即是如此，詩文評必須在普遍統一的文學批評之基礎上加以重建，才能獲得現代意義，成為現代學術。上述觀念基礎的確立實涉及晚清以來中國人對於中國與世界及其關係認識的重大變化。

　　晚清以前，中國自視為老大帝王，並不承認西方有文明。自海禁大開，與西方接觸，觀念不變。先是認為西方只有物質文明，既而認為西方還有法律與制度，其後認識到西方的物質文明及法律制度背後尚有精神文化。伴隨認識西方，反觀中國自身，首先承認中國物質文明不如西方，既而承認中國法律制度不如西方，最後承認中國精神文化也不如西

方，總歸「百事不如人」。與認識上的轉變相應，心理上亦從自豪甚至自大轉為自愧甚至自卑。承認不如西方，轉而學習西方，遂有所謂「歐化」或「西化」的思潮。先是「洋務運動」，學習西方的技術與製造；繼之「戊戌變法」，仿傚西方的制度；進而「五四」新文化運動，輸入西方的文化。在此過程中，中國人接受西方的歷史進化觀念，遂將中國與西方之差異視為歷史進化階段之分別，以為中國尚處於中古階段，而西方則已進入現代時期；中國文化猶具中古特徵，而西方文化已有現代性質。中國與西方雖在空間上並存，但在時間上則屬不同的歷史階段；中西文化之別也非地域之殊，而是古代與現代之異。中國所以受列強欺凌之最根本原因就在於此；中國要富強，唯一出路便是現代化。現代文化具有普遍性，不分國界；西方文化是現代文化的代表，具有普遍性與世界性；中國要進入現代，必須建設現代文化，故必須接受普遍的現代文化，而接受西方文化，乃是接受普遍的現代文化。此即中國現代文化建設的基本觀念邏輯，也是現代中國學術的思想基礎。

從學術角度說，中西學術的差異也被視為進化階段的分別，中國學問尚處中古時代，而西方學術已經進入現代。中國要現代化，必須建立現代學術。西方現代學術是在其學術傳統基礎上建立起來，中國傳統學問是否可以成為建立中國現代學術的基礎？這是現代中國學者面對的根本性問題，但主流的答案是否定的。中國現代學術整體上是移植西方學術而來，其觀念基礎乃現代學術的普遍統一性。學術的普遍統一被西方學者視為現代思想的特徵，現代中國學者接受了這種觀念，並以西方學術為現代學術的代表。因而中國要建立現代學術，必須接受代表普遍統一的西方學術。

就文學研究領域言，現代中國學者接受西方觀念，以為普遍統一的文學觀念是現代思想的特徵，而西方的文學觀念則為普遍統一之文學觀念的代表。要建立中國現代的文學研究學科，必須以這種普遍統一的文學觀念為基礎。西方的文學觀念有廣義狹義之分，日本學者創造出「雜文學」與「純文學」兩術語分別對應廣義與狹義的文學範疇。西方現代

的文學觀念是純文學觀念，屬於純文學的文體包括詩歌、戲劇、小說，以及帶有純文學特徵的散文。現代的中國文學研究即建立在上述文學觀念之基礎上。現代學者持上述文學觀念衡量中國傳統文章，以廣義的文學即雜文學範疇銜接中國傳統的文章概念，而遂稱狹義的文學即純文學為文學，並將傳統文章可以歸入詩歌、散文等四文類者劃歸文學，在此基礎上建立了現代的中國文學史學科。西方文學觀念的輸入是對中國傳統文章觀念的革命，重構了中國文章的歷史與格局。一些原處中心的文體落入邊緣，而一些原本邊緣的文體則走向中心。在普遍統一的文學觀念之下，文學原理及價值標準是普遍的統一的，西方文學原理及價值標準遂成為普遍的文學原理及價值標準。以西方文學原理及價值系統審視中國文學傳統，則中國文學無史詩，缺少真正的悲劇，小說除《紅樓夢》之外，缺乏真正的小說技術。中國人原本最引以為傲的作為民族自信心最後堡壘的傳統文學在現代普遍的文學觀念照察之下也「不過如此」，並不強過、反而低於西方文學。中國固有的文學不具有現代性，中國的現代文學不應建立在固有文學遺產之基礎上，而應另起爐灶，以普遍的現代的西方文學為典範。

　　自新文學家宣佈中國傳統文學已死，遂有輸入西方文學、建立新文學之新思潮。新文學家認為，新文學之建立需要有文學批評的指引，而中國缺乏現代的文學批評，必須求之西方，故有西方文學批評之輸入，而中國現代的文學批評遂得以建立。現代中國學者以西方文學批評的觀念整理中國傳統的詩文評，又將小說、戲曲評論納入，遂建立起基於西方文學觀念的中國文學批評史學科。新文學家以為，中國固有的詩文評、小說戲曲評點等是古代的學問，不具現代性，不能作為中國現代文學批評的基礎，非但無指導現代文學創作之資格，甚至不能用以研究評價中國古代文學，因為對中國古代文學的現代研究應運用現代的普遍的文學理論，只有以普遍的現代理論與方法研究中國古代文學，才能算是現代的研究。

　　中國文學批評史是基於西方文學批評觀念建立起來的，故有中國

傳統與西方觀念之間關係的問題，借用朱自清（1898-1948）的說法即「借鏡西方」與「本來面目」的關係。現代學者之處理方式蓋有三途：一、直接採用西方文學理論架構，將中國文論的相關材料納入相應的命題與範疇之下。楊鴻烈（1903-1977）《中國詩學大綱》與傅庚生（1910-1984）《中國文學批評通論》皆是如此。此種方式將中國傳統的觀念直接轉換成西方現代文論的命題與範疇，使得中國文論呈現為現代的（實是西方的）理論系統，獲得了現代形態，易為現代人理解，但喪失了「本來面目」。二、採用西方文學批評的觀念，不用其理論架構及術語，嘗試建立中國文論自身的系統。朱自清《詩言志辨》即是如此。此種方式以西方文學批評觀念選擇中國文論材料，「將文學批評還給文學批評」；劃定範圍之後，不用西方間架及術語，乃依中國文論之自身脈絡以本有術語表出之，「將中國還給中國」。西方文學觀念是背後的基礎，呈現出來的則是中國面目。郭紹虞（1893-1984）、羅根澤（1900-1960）二氏之《中國文學批評史》在方法上大體與朱自清相近。三、不立系統，不以中國或西方文論為本位，而中西平等互相詮釋。錢鍾書（1910-1998）《談藝錄》乃屬此類。自學術史角度觀之，採用第一種方式者似乎失敗。其憑藉西方文論所呈現之中國文論系統是西方式的（儘管以普遍的現代的名義），其憑藉的西方文論一旦更迭而失去普遍性，則基於西方理論的詮釋便失去普遍理論之支撐，故其著作亦因之減損甚至喪失學術價值而只有學術史意義。楊、傅二氏著作雖騰聲於當時，而今乏人問津者，殆為此也。第二種途徑雖根諸西方文論觀念，然庶能保存並呈現中國文論之「本來面目」（儘管不可能完全是原來面目），朱、郭、羅三氏之書仍傳習至今者以此。然自現代學術的普遍統一觀念視之，這種研究未能給予中國傳統以真正現代的詮釋。第三種途徑中西互證交釋，既能明中國文論之現代意義，而又不強行納入西方架構，然不立系統，終難窺中國文論堂廈之整體結構。如何藉助西方文學理論解釋中國文論傳統，既不失其「本來面目」，又富有現代意義，至今仍是值得深入探討的問題。非僅中國批評研究領域為然，此亦為中國傳統人文研究必須面

對之共同問題。

　　現代中國文化學術乃在移植與模仿西方文化學術之基礎上建立，而非自中國固有文化與學術傳統演變而來。此造成固有傳統文化學術與現代文化學術之間的斷裂。有現代中國學者憂心此種斷裂導致現代中國喪失其文化上之民族特徵。此派學者以為文化具有民族性，文化傳統與特徵乃一民族生存之基礎與標誌，文化認同為國族認同之核心。當國族處乎危難之際，文化認同尤為國家民族求生存、禦侵略之堅強的文化心理基礎。從晚清之國粹派到民國之本位文化派，其中心關懷在此。依此觀念，中國傳統學術文化應是現代中國文化根基之所在，是中華民族生存於現代之精神基礎，是現代中國屹立於現代世界的獨特文化標誌。但在現代中國，無論國粹派還是本位文化派，即便有來自權力世界的支持，都未能抵禦西方現代文化學術洪流的衝擊。現代中國學術事實上植根於普遍的現代性觀念，實質上建立在西方學術傳統之基礎上。

　　儘管如此，自國粹派以來提出的文化學術的民族性問題並未消失，而是滲透進現代中國學術當中，縈繞在現代中國學者的腦際，揮之不去。在文化層面，王國維（1877-1927）、胡適（1891-1962）、陳寅恪（1890-1969）等學者都提出輸入外來文化與中國固有文化如何相融相化問題；在學科層面，金岳霖（1895-1984）、馮友蘭（1895-1990）論及哲學的普遍性與民族性關係，朱自清、錢鍾書等討論西方文學理論與中國文論傳統關係。馮友蘭試圖從學理上回答哲學的普遍性與民族性關係問題，以為哲學的義理正如物理、化學一樣是普遍的，無民族性，但哲學的表達形式則有民族性，是接著某一民族哲學傳統講的，是用某一民族語言講的。表現形式之民族特徵對於哲學本身而言實屬外在、偶然，然對某一民族來說則甚重要，可以增進民族感情與團結。馮友蘭一方面肯定哲學作為現代學術之普遍性，一方面承認哲學具有學科自身之外的作用，即文化認同、民族認同之功能。其《新理學》是接著宋明理學、以中國語言講的，然所表達的乃是普遍的實即西方哲學的義理，是哲學之普遍性與民族性結合的成果。但馮友蘭所謂普遍的義理，其標

準實是西方的。西方哲學所有、中國學問所無的義理依然是普遍的義理，中國學問所有、西方哲學所無者則非普遍的義理；西方哲學所有、中國哲學所無，乃中國哲學之缺陷；中國哲學所有、西方哲學所無，則非西方哲學之不足。中國哲學未能成為普遍義理的基本構成部分。錢鍾書在文學批評領域也回答了普遍性與民族性的問題。錢鍾書相信普遍的人性及義理的客觀普遍性，某人、某派、某民族發明的義理僅是其先明此理，而非其專有此理，事物之理超越民族時代，是普遍的，人類文化也具有普遍性，故錢鍾書反對以西方文化或者中國文化為本位說。錢鍾書認為文學原理也具有普遍性，各民族文學末異本同。西方文論固為普遍文學原理之呈現，中國文論亦是普遍文學原理之體現；普遍的文學原理超越時間，故不存在古代與現代之進化優劣問題。錢鍾書視民族性為普遍性之具體表現形式，在學理上化解了普遍性與民族性的對立、中西文化學術的緊張。然而錢鍾書並未能解決人文學術所具有的學理之外的功能問題，即民族認同與文化認同作用。一方面，現代學者是普遍性學術的研究者，其探究的義理超越民族國界，是普遍的真理；另一方面，現實中的學者總是某文化、民族的一分子，往往帶有文化、民族認同，懷有文化及民族的歸屬感，故能意識到其學術之於文化及國族認同的特別意義。錢鍾書本人著《談藝錄》所持固為普遍的文學觀念，但時值國難，其「銷愁舒憤，述往思來」，「麓藏閣置，以待貞元」（〈談藝錄‧序〉），於著作中實寄寓超出普遍文學原理之上的民族情懷。陶希聖（1899-1988）與胡適討論「文化本位」問題時稱，「『文化無國界』是在長久的理想上，是學者應當認識的；反之，在國民教育上，『國界』恐怕還得留下。」[1]「文化無國界」代表了文化學術的普遍性觀念，此為學理上的，是一種理想狀態；但在現實中，文化學術是民族認同的重要基礎，強調其民族特徵對國民而言具有超越學術之上的意義。

---

[1]　陶希聖 1935 年致胡適書，附載胡適 1935 年 6 月 12 日日記，《胡適全集》第 32 卷（合肥：安徽教育出版社，2003 年初版，2007 年重印），頁 468。

　　回到中國文學批評，現代的中國文學批評建立在西方文論傳統基礎之上，此是歷史事實，但事實是否必然合理？若依「國粹派」及「本位文化派」的觀念，現代中國文學批評應該建立在中國文論傳統之上；如果承認現代學術的普遍統一性，中國文論也理應成為普遍文學理論的重要基礎與構成部分。假如認為中國傳統文論是現代文論的基礎，或承認中國文論是普遍文學理論的構成部分，那麼，中國傳統文論應該如何研究，其與西方文論的關係應該如何處理？推廣言之，中國文化與學術的現代化能否有另外的途徑？中國文化學術傳統能否成為現代文化學術的基礎，至少是部分的基礎？這是現代中國學者一直思考而未能妥善解決的重大問題，未來仍需深入探討。

第一章
現代精神與中國文學研究

　　本書研究中國詩文評從傳統學問轉化為現代的文學批評學科的過程。

　　從「詩文評」到「文學批評」，這一名稱變化的意義，朱自清（1898-1948）有非常明確的揭示。其〈詩文評的發展〉（1946）云：「『文學批評』是個譯名。我們稱為『詩文評』的，與文學批評可以相當，雖然未必完全一致。」「詩文評」這一「老名字」，意味著它是傳統學問，關聯著它在整個傳統學問系統中的地位及價值：「代表一個附庸的地位和一個輕蔑的聲音」，因為「詩文評在目錄裡只是集部的尾巴。原來詩文本身就有些人看作雕蟲小技，那麼，詩文的評更是小中之小，不足深論。」[1]「在一般學人心目中，……算不得學問的。」[2]「文學批評」這一新名稱則指涉一套現代的學術體系，關聯著它在現代學術體系中的地位與價值。文學批評是「一門獨立的學問」。[3] 自「五四運動」以後，「人們對文學取了嚴肅的態度，因而對文學批評也取了鄭重的態度，這就提高了在中國的文學批評——詩文評——的地位」。[4] 名稱的變化意義重大。朱自清說：「現代通稱為『文學批評』，因為這個名詞清楚些，確

1　《朱自清全集》（南京：江蘇教育出版社，1996 年第 2 版，1999 年第 2 次印刷），第 3 卷，頁 23。原載《文藝復興》第 1 卷第 6 期（1946）。

2　朱自清：〈評郭紹虞《中國文學批評史》上卷〉（1934），《朱自清全集》（南京：江蘇教育出版社，1993 年第 1 版，1999 年第 2 次印刷），第 8 卷，頁 195。

3　〈評郭紹虞《中國文學批評史》上卷〉（1934），《朱自清全集》第 8 卷，頁 195-196。

4　〈詩文評的發展〉，《朱自清全集》第 3 卷，頁 24。

切些，尤其鄭重些。」[5] 正是指「文學批評」這一術語所蘊涵的現代學術意義與色彩。從「詩文評」到「文學批評」，標志從傳統學問到現代學科的轉變。這一變化過程與西方學術的輸入有關，乃是借用西方學術審視並重建中國傳統學問的過程，用朱自清先生的說法，也是借西方文學批評的鏡子照見中國詩文評之本來面目的過程。

一、西洋化與現代化

詩文評到文學批評的轉變，是在廣闊的文化與學術思想背景下展開的，涉及中國文化轉型所面對的傳統與現代、中國與西方等基本問題，關聯民族認同、文化認同與現代認同等複雜的心理層面。

馮友蘭（1895-1990）《新事論》（1939）云：

> 從前人常說我們要西洋化，現在人常說我們要近代化或現代化。這並不是專是名詞上改變，這表示近來人的一種見解上底改變。這表示，一般人已漸覺得以前所謂西洋文化之所以是優越底，並不是因為它是西洋底，而是因為它是近代底或現代底。我們近百年來之所以到處吃虧，並不是因為我們的文化是中國底，而是因為我們的文化是中古底。這一個覺悟是很大底。[6]

這段話論及晚清以來中國人思想觀念的重大變化，中西文化的差異由國族地域之殊變而成為歷史時代之別、進化階段之異。這種觀念變化在馮友蘭看來是「很大底」「覺悟」，即一種認識上的巨大進步。嵇文甫（1895-1963）〈漫談學術中國化問題〉（1940）稱：「所謂『西化』，正確的說，應該是『現代化』。因為所謂中西文化的差異，在本質上，乃是

5　〈詩文評的發展〉，《朱自清全集》第 3 卷，頁 23。
6　《三松堂全集》（鄭州：河南人民出版社，1986），第 4 卷，頁 225。

中古文化和現代文化的差異；不過前者帶上些中國的特殊色彩，而後者帶上些西洋的特殊色彩而已。」[7] 這種觀點正是馮友蘭所說的「覺悟」。曹日昌（1911-1969）〈談學術中國化〉（1941）論及全盤西化論的觀念說：「他們說，文化只有古今之不同，沒有中西之區分。西洋文化是現代文化，中國是古代文化，中國要由古代走到現代，中國文化自然也就應當全盤西化。」[8] 這種觀念上的轉變，在余英時（1930-2021）看來，其實質是，「中西文化的差異已被理解為社會進化階段的不同，即中國尚停滯在『中古時代』而西方則已進入『現代』階段。」「『西方』不再是一個地理名詞而是『普遍』的代號，『現代西方』則象徵著『普遍的現代性』。通過這樣的轉換，認同『西方』變成了認同『現代』。」[9] 這是中國傳統學問到現代學術轉變的思想背景，詩文評向文學批評的轉化正是在此一背景下展開。

　　馮友蘭所謂「從前」的「見解」，其實是 1898 年戊戌變法以後的觀念。胡蘭成（1906-1981）〈「文化本位」論戰經過〉（1943）稱：「清末以前，中國人是不承認西方有文化——或曰『文明』的。清末總有『中學為體，西學為用』說。這在當時，算是進步的，因為此外正還有相信符咒可以退槍炮的人在。但西人還被稱為『夷』。『夷』者，野蠻之意，雖其『學』有可『用』，不過是技術而已。」「發見西方也有文明，要歸功於戊戌政變。原來西方除了槍炮，還有制度，解釋這制度的還有學說。」[10] 馮友蘭《中國哲學簡史》（1948）指出，1895 年甲午中日戰爭以前，「中國人幻想，西方人不過在自然科學、機器、槍炮、戰艦方面高明一點，拿不出什麼精神的東西來」，但甲午戰敗、西方侵略、喪權辱國的事件「震破了中國人相信自己的古老文明的優越感，使之產生瞭解

7　《理論與現實》第 1 卷第 4 期（1940 年 2 月 15 日），頁 68。據文末注，文章寫成於 1939 年 10 月 25 日。
8　《學習生活》第 2 卷第 3、4 期合刊（1941 年 3 月 10 日），頁 132。
9　余英時：《錢穆與中國文化·自序》（上海：遠東出版社，1996），頁 4。
10　《文友》第 2 卷第 3 期第 15 號（1943 年 12 月 15 日），頁 32。

西方的願望」。[11]

　　馮友蘭所說「從前」主張西洋化的觀念，可證以《國粹學報》1905年7月號「社說」。該期「社說」為許守微所撰，題為〈論國粹無阻於歐化〉。開篇云：「今之見曉識時之士，謀所以救中夏之道，莫不同聲而出於一途曰：歐化也，歐化也。」此可見歐化或西洋化在當時已是思想界之洪流，不可阻擋，連國粹派也不能不承認其正當性，故許氏稱「歐化者，固吾人所禱祠以求者也」。國粹派要提倡國粹，也要先聲明，國粹非是阻止歐化，而是有助歐化。「國粹也者，助歐化而愈彰，非敵歐化以自防。」[12] 在贊成歐化的大前提下，國粹派才提出自己的主張：「國粹者，精神之學也。歐化者，形質之學也。」國粹是精神層，歐化是物質層。「國粹以精神而存，服左衽之服，無害其國粹也。歐化以物質而昌，行曾（引者按：指曾參）、史（按：指史鰌）之行，無害其歐化也。」[13] 物質層可以歐化，無礙中國精神；堅守中國道德，也無害物質層的歐化；兩者相得，而非相妨。此即所謂「中學為體，西學為用」之另一表述。如果從認同的角度看，歐化派與國粹派的爭論涉及民族認同、文化認同及其關係。無論是歐化派還是國粹派，在民族認同上都是一致的，但在文化認同上卻存在差異。在歐化派，文化認同與民族認同可以分離，認同歐西文化，恰恰為了民族利益；在國粹派，文化分物質文化與精神文化，凡民族皆有其民族精神，兩者一體，因而民族認同與文化認同不能分離。黃節（1873-1935）〈國粹學報敘〉（1905）：「立乎地圜而名一國，則必有其立國之精神焉。雖震撼擾雜而不可以滅之也。滅之，則必滅其種族而後可；滅其種族，則必滅其國學而後可。」[14] 黃節

11　馮友蘭著，涂又光譯：《中國哲學簡史》（北京：北京大學出版社，1985），頁373-374。此書英文版初版於1948年。

12　《國粹學報》第7期（光緒三十一年，1905），見臺北文海出版社影印本（1970），第2冊，頁777-778。

13　《國粹學報》第7期（光緒三十一年，1905），第2冊，頁771。

14　《國粹學報》第1期（光緒三十一年，1905），第1冊，頁13。

認為國家乃一種族生存之地，一種族必有其精神，國學乃種族精神之體現，精神是種族之標志，與種族共存亡。根據這種觀念，民族認同與精神文化的認同不能分離。

在國粹派看來，文學正屬國粹，無需歐化，亦不當歐化。許守微的社評以譯學為例，「其國學無本、滿紙新名者，曾不值通人之一盼，而能治國學者新譯脫稿，爭走傳誦，奉為瑰寶」。[15] 古文家嚴復（1854-1921）、林紓（1852-1924）之翻譯能為西學增價，此乃文學作為國粹之價值的證明。但「五四」新文學運動宣佈舊文學是「死文學」，「國粹」成為「國渣」，要建立新文學，需要借鑒西方文學，於是文學也開始歐化。錢基博（1887-1957）《現代中國文學史・緒論》（1933）稱：「歐化之東，淺識或自菲薄，衡政論學，必準諸歐；文學有作，勢亦從同。」[16] 何以連文學亦「必準諸歐」？關鍵正在「從同」，認同普遍的現代性，體現的正是馮友蘭所說的從歐化到現代化的認同變化。歐化代表的是現代化，在這種觀念之下，歐化不再是認同西方文化，而是認同普遍的現代性。在文學方面，西洋文學代表了普遍的現代性；「從同」不再是對歐西文化的認同，而是一種普遍的現代性認同。朱希祖（1879-1944）〈非「折中派的文學」〉（1919）：「真正的文學家，必明文學進化的理。嚴格講起來，文學並無中外的國界，只有新舊的時代。新的時代總比舊的時代進化許多。換一句話講，就是現代的時代，必比過去的時代進化許多。將來的時代，更比現代的時代進化許多。」[17] 文學上的中外之分化為古代、現代之別，正是馮友蘭所說的「中西之分」變成了「古今之異」。[18] 以進化的觀念看，西方文學更早進入現代，代表了現代，代表了人類的共同方向，西方文學的道路正是中國文學的必由之路，認同西

---

15 《國粹學報》第 7 期（光緒三十一年，1905），第 2 冊，頁 774-775。
16 《現代中國文學史》（上海：世界書局，1933 年初版，1935 年第 3 版），頁 8。
17 《新青年》第 6 卷第 4 號（1919 年 4 月），頁 51。載《中國新文學大系・文學論爭集》，上海文藝出版社 1981 年影印本，頁 88-89。
18 《新事論》，《三松堂全集》第 4 卷，頁 225。

方文學就是認同現代。朱自清《經典常談》（1942）：「經過『五四』運動，白話文是暢行了。」然而，「白話不但不全跟著國語的口語走，也不全跟著傳統的白話走，卻有意的跟著翻譯的白話走。這是白話文的現代化，也就是國語的現代化。」[19] 其〈中國語的特徵在那裡〉（1943）：「新文學運動和新文化運動以來，中國語在加速的變化。這種變化，一般稱為歐化，但稱為現代也許更確切些。」[20] 國語的歐化、國語文學的歐化即是現代化，這種觀念正是將歐化視同現代化。朱氏〈誦讀教學〉（1946）稱：「歐化是中國現代文化的一般動向，寫作的歐化跟一般文化配合著的。」[21] 〈關於大學中國文學系的兩個意見〉（1948）謂：「中國的新文學是對舊文學的革命，是另起爐灶的新傳統，是現代化的一環。」[22] 以另起爐灶建立在西方文學傳統基礎上的新文學為現代化的一環，正是將西方與現代等同，認同西方即認同現代。陳鐘凡（1888-1982）《中國文學批評史》（1927）論述文學及批評觀念雖分「遠西」與「諸夏」，卻將中國觀念歸入「歷代」，而以「近世」（即現代）指西洋，也體現出同樣的認知。「五四」新文化運動以來，現代化乃是中國社會最廣泛的共識，現代化認同乃是最主流的認同。在這種觀念之下，中國文化被視為傳統文化，中西文化的差異就轉為傳統與現代的區別。

　　新文學家認為，新文學就是文學的現代化，要建設新文學必須以已經現代的西方文學為典範，西方文學之發展進步，乃是有文學批評的指引；中國要建設新文學，同樣需要文學批評的嚮導。但「文學批評」是西方的學術，中國文學傳統中是否有文學批評？傳統的詩文評是否是文學批評？這是「五四」新文學運動中提出的重大而迫切的問題，也是現代的中國文學批評學科建立的現實動因。20 年代初期，態度激進的新文

---

19 《朱自清全集》（南京：江蘇教育出版社，1996 年第 2 版，1999 年第 2 次印刷），
　　第 6 卷，頁 121。
20 《朱自清全集》第 3 卷，頁 64。
21 《朱自清全集》第 3 卷，頁 178。
22 《國文月刊》第 63 期（1948 年 1 月），頁 3。

學家否認中國傳統中有文學批評，認為詩文評非文學批評，因而須要輸入西洋文學批評作為建設新文學的指導。到 30、40 年代，大致形成共識，即中國原有文學批評，詩文評相當於西洋的文學批評，但在中西文化、古代與現代的大觀念架構下，中國固有的詩文評屬於古代的學問，即所謂「國故」，而非現代的學術。

「以科學的方法整理國故」乃是以西方學術為依據研究並重建傳統學問，使之獲得現代（實質上是西方）學術的形態。整理傳統的詩文評乃是以西方文學批評為典範，對其加以解析與重建，使其從傳統的集部的附庸轉而成為現代的獨立的文學批評學科。從詩文評到文學批評，意味著中國傳統學問到現代學術的轉變。換句話說，研究的對象是古代的，但研究的眼光是現代的。現代的中國學者並非都認同或參與這一學術的轉型，石遺老人陳衍（1856-1937）身處現代卻依舊撰寫傳統的詩話，其《石遺室詩話》是詩文評傳統的現代遺響，而其門人陳鐘凡則著《中國文學批評史》，成為現代的文學批評史學科的奠基者。經歷現代轉型之後，中國文學批評逐漸形成一套知識體系，得以作為現代學術體系中的一個分支，進入現代大學教育體制，列為文學教育的科目。

二、「近世精神」與中國文學研究

傳統詩文評轉化為現代學術，改稱文學批評，那麼，作為現代學科，其現代特徵體現在何處？

中國文學研究中所體現的現代性，用鄭振鐸（1898-1958）的話說即「近代的文學研究的精神」。[23] 這種「近世精神」（即現代精神）觀念來自美國學者莫爾頓（Richard Green Moulton，1849-1924）。莫氏在其《文學的近代研究》（*The Modern Study of Literature*, 1915）中提出文學

---

23 〈整理中國文學的提議〉，《文學旬刊》第 51 期（1922），《鄭振鐸文集》第 7 卷（北京：人民文學出版社，1988），頁 7。

研究的近代（現代）精神有三：文學的統一（unity of all literature）、歸納的觀察（inductive observation）與進化的觀念（evolution）。[24] 莫氏此說對追求與建設現代的中國文學的新文學家群體影響極大。鄭振鐸在〈整理中國文學的提議〉（1922）中引述莫氏之說，指出「我們的新的文學研究的基礎，便是建築在這『近世精神』上面」，並認為「這種研究的趨向，是整理中國文學的人大家都要同走的大路，萬不可不求其一致」。[25] 對於這種文學研究的「近代精神」，鄭氏另有〈文學的統一觀〉（1922）、〈研究中國文學的新途徑〉（1927）專門論述。上述「近代精神」是中國文學之現代研究的觀念基礎。中國文學批評作為文學研究的一部分，亦建立在此一觀念基礎之上。楊鴻烈（1903-1977）在《中國詩學大綱・自序》（1928）中稱「最崇信摩爾頓（Richard Green Moulton）在《文學的近代研究》所說的：普遍的研究──不分國界，種族；歸納的研究，進化的研究」。[26] 陳鐘凡《中國文學批評史》（1927）所列參考書中有莫爾頓之書。[27]

　　文學的統一觀念是莫爾頓所謂文學研究之現代精神的第一特徵。本來歌德曾提出過「世界文學」的理想，希望各民族文學能夠統合起來而成一偉大的綜合體。[28] 現代中國學術的文學統一觀念直接來自莫爾頓的影響，鄭振鐸〈文學的統一觀〉專闡莫氏之說。莫爾頓指出，源自文藝復興時代的研究傳統往往按照國家及語言區分，如英國語言、英國文學、英國歷史、英國哲學、英國藝術，德國語言、德國文學、德國歷史、德國哲學、德國藝術等，而未能將各國學術分別按照語言、

24　Richard Green Moulton, *The Modern Study of Literature: An Introduction to Literary Theory and Interpretation*, Chicago, Ill.,The University of Chicago press, 1915. pp. 3-8.

25　《鄭振鐸文集》第 7 卷，頁 10-11。

26　《中國詩學大綱》（上海：商務印書館，1928），頁 4。

27　《中國文學批評史》（上海：中華書局，1927），頁 10。

28　韋勒克（René Wellek）、沃倫（Austin Warren）著，劉象愚譯：《文學理論》（北京：三聯書店，1984），頁 43。張隆溪：〈翻譯與世界文學〉，《中國文學學報》第 8 期（2017 年 12 月），頁 1-2。

文學、哲學、歷史、藝術等學科統一起來而作為一個整體加以研究，莫爾頓認為，這種不分國別、語言而對作為整體的文學、歷史、哲學等進行研究，乃是現代學術的特徵。就文學而言，所謂現代的研究強調作為整體的文學概念（conception of literature as a whole），即超越國別而將文學作為統一的整體加以研究，這種文學的統一體即「世界文學」（world literature）。莫爾頓區分 World Literature（世界文學）與 Universal Literature（鄭振鐸譯作「世間文學」）。「世間文學」是世界上現存的各種文學的聚合（aggregation of literatures），而「世界文學」是所有文學的統一（unity of literature）。「世界文學」是一個觀察者站在某一特定的立場上以某一既定的觀點所見的「世間文學」，是「世間文學」在某種特定立場觀點下的統一體。由於立場觀點的差異，「世界文學」對於不同國家的人來說是不同的，英國人和日本人所見的「世界文學」不同，英國人和法國人所見相異，甚至同一國家的不同個人所見也有差別。因是在特定觀點下的所見，「世界文學」在不同觀點下各有其序，各成其整體，故「世界文學」在每一種情形下都是一個真實的統一體，各種統一體又是所有文學的統一體的反映。[29]

　　鄭振鐸贊同莫爾頓文學的統一觀念，認為文學與生物學、經濟學、社會學、哲學、歷史、藝術等學科一樣，是「統一的」，是「一個整體」。文學統一的依據在於人性的相同，人類的思想情感相同，因而表現思想感情的文學必然具有普遍性。由於文學是普遍的統一的，對於文學的研究也應如此。文學研究應以文學作為「一個獨立的研究的對象」，「作徹底的全部的研究」，而不應僅分國別、時地加以研究。這種文學的統一觀念不僅應該體現在學術研究方面，也應該體現大學的學術體制上，文學應該像歷史、哲學、經濟學、生物學一樣獨立成「文

29　Richard Green Moulton, *The Modern Study of Literature: An Introduction to Literary Theory and Interpretation*, pp. 77-80.

學科」，而非只有英國文學門、德國文學門。[30] 在堅持文學的統一觀方面，鄭振鐸比莫爾頓走得更遠。莫爾頓承認國別甚至個人的觀點的差異性，鄭振鐸嫌莫氏的觀點不夠徹底，批評其僅「以一國為觀察的出發點」，而認為應該「把人類當做觀察的出發點」，強調普遍的統一：「研究文學，就應當以『文學』——全體的文學——為立場，什麼阻隔文學的統一研究的國界及其他一切的阻礙物都應該一律打破！」[31] 站在鄭振鐸的立場上說，文學的原理與價值標準應該是普遍的統一的。這種觀念在新文學家中具有相當的代表性。聞一多（1899-1946）主張整合中國文學系與外國語文學系，將中國文學與外國文學合併，中國語言與外國語言合併，分別建立文學系與語言系，[32] 統一的文學系正是基於統一的文學的觀念。胡適（1891-1962）「始終主張中國文學教授應精通外國文學；外國文學教授宜精通中國文學」，[33] 也正是基於統一的文學的觀念。在當時的歷史脈絡中，鄭振鐸、聞一多等人的主張實際上是強調中國文學的研究應該採用西方現代學術的普遍的典範。這種立場代表了新文學派的主流觀念。國粹學派強調文學的民族性，新文學家強調文學的普遍性，這是巨大的轉變。當然，新文學家與國粹派雖觀念不同，但大目標一致。國粹派欲通過保存國粹以保存國族，新文學派則是通過向西洋文化學習而走向現代文明，為了救國強國，都具有民族主義的立場。

　　基於文學統一的觀念，中國文學是統一的文學的一部分，是「世界文學」的一分子。文學具有普遍性，西洋文學早已進入現代，故代表

---

30 〈文學的統一觀〉，《小說月報》第 13 卷第 8 號（1922 年 8 月 10 日），頁 2-7。

31 〈文學的統一觀〉，頁 8-10。

32 〈調整大學文學院中國文學外國語文學二系機構芻議〉，聞一多遺稿，朱自清整理，有朱先生 1947 年 12 月 5 日附記，謂於 1946 年夏口頭提出此建議，有大綱，發表於《國文月刊》第 63 期（1948 年 1 月），頁 1-2，載《聞一多全集》第 2 卷（武漢：湖北人民出版社，1993），頁 437-440。聞一多指出，「絕大多數文、法學院的系是依學科性質分類，惟一例外的是文學語言，仍依國別，分作中國文學與外國語文學兩系」，依國別分是「畸形現象」。

33 〈致梁實秋〉（1931），《胡適全集》（合肥：安徽教育出版社，2007），第 24 卷，頁 82。

了普遍的現代性，對於中國新文學具有典範意義，西洋文學批評可直接指導中國新文學的創作。基於文學統一觀念，中國文學也應該在統一的文學觀念下研究，研究者應具「世界眼光」。傅斯年（1896-1950）早在 1919 年評王國維（1877-1927）《宋元戲曲史》（1915）時已表達此一觀念：「研治中國文學，而不解外國文學，撰述中國文學史，而未讀外國文學史，將永無得其真之一日。」[34] 基於這種觀念，傅斯年肯定王國維的研究「具世界眼光」。[35]「世界眼光」成為中國文學的現代研究的必要條件。聞一多 1945 年審查羅根澤（1900-1960）《中國文學批評史》（1934），建議只給二等獎，原因即在於「羅在文學方面造詣不深，因其對西方文學之進展一無所知」。[36] 何以不瞭解西方文學的進展便是對文學造詣不深？其觀念前提即西方文學代表了普遍的文學。羅根澤的問題正在缺乏「世界眼光」。朱光潛（1897-1986）〈關於我的《美學文集》的幾點說明〉（1982）：「自從海禁大開以來，在新文化運動的推動下，西方美學思潮就日益湧進來，把我們美學捲進世界美學潮流中去。」[37] 即謂現代中國美學乃是世界美學潮流的一部分。朱東潤（1896-1988）〈對於大學中國文學系的一點希望〉（1941）稱「現代的學術應當具有世界的意義」，[38] 正是主張以「世界眼光」研究中國學術。在這種觀念之下，中國文學研究成為世界性的現代學術研究的一部分。這種世界文學中的中國文學觀念亦反映在教育體制上，1939 年教育部頒佈中國文學系科目表，將外國語或西洋文學史加入必修科目，正體現出上述觀念。[39]

34　傅斯年（署名孟真）：〈出版界評〉，《新潮》第 1 卷第 1 號（1919 年 1 月 1 日），頁 132。

35　〈出版界評〉，頁 133。

36　朱自清 1945 年 3 月 19 日日記，《朱自清全集》（南京：江蘇教育出版社，1998 年第 1 版第 1 次印刷），第 10 卷，頁 338。

37　《朱光潛全集》第 10 卷，頁 564。

38　原載《星期評論》第 11 期（1941 年 1 月），收入《朱東潤文存》（上海：上海古籍出版社，2014）下，頁 711。

39　胡山源〈論大學國文系及其科目〉，原載 1939 年 12 月《中美日報》教育隨筆欄，《國文月刊》第 49 期（1946）轉載，頁 20。朱東潤〈對於大學中國文學系的一點

　　持文學統一之觀念，則必然承認普遍的文學原理。闡述普遍的文學原理的文學概論正代表了這種文學統一性觀念。馬宗霍（1897-1976）《文學概論》（1925）已將中西文論放到統一的觀念架構下論述。其《文學概論》分「文學之界說」、「文學之起源」、「文學之特質」、「文學之功能」等章，[40]其架構來自西方的文學原理著作及日本的文學概論書籍，這些實基於文學原理的普遍性觀念。在這些大的論題下，馬宗霍分別敘述中國傳統文論與西方文論內容。如第一章「文學之界說」，共分五目：一、文之廣義，二、文之狹義，三、文之本義，四、文學之範圍，五、西人論文。前四目皆論中國傳統文及文學的觀念，第五目述西方文學觀念。這種分別敘述中西文論的方式，尚是中西文論各說各話，未能從概念上貫通。又如「文學之門類」一章分二目：一、吾國文學之分類，敘述中國典籍分類，如七略、四部；二、西洋文學之分類，謂分為散文、詩、小說、戲曲四類。其後「文學之體裁」一章分五目：一、論文者之分體，二、選文者之分體，三、各體之起源，四、各體之作法，五、西洋文學之分體。其前四目敘述中國傳統的文體分類，唯第五目介紹西洋文學分為論說、辯論、描寫、記述四種。以上亦是中西分述，而未能一貫。馬氏採用西方文學原理的基本問題架構，將中西文學觀念納入其中，雖理論範疇未能統一，但作為中國學者編寫的《文學概論》，可以見出其統一文學觀念的意圖以及在現代學術觀念框架下論述中國傳統文學觀念的努力，顯示出其力圖賦予中國傳統文論以現代意義。到曹百川（1903-2002）《文學概論》（1931），較之馬宗霍，在統一的大架構之基礎上更統一了理論範疇，如以思想、感情、想像為文學之要素，這些範疇出自西方文學理論，曹氏在同一範疇之下同時引述中國傳統文論與西方文論。這表明統一的文學原理觀念進一步滲透到理論範疇的層次，中國文論材料被賦予現代（實質是西方）文論的理論意義。

　　希望〉，《朱東潤文存》下，頁 711。

40　《文學概論》（上海：商務印書館，1925 年初版，1932 年新 1 版）。

　　在統一的文學觀念基礎上，承認普遍的文學原理，於是中西的界限打破了；中西文論的差異在進化觀念的影響下從地域文化的差異變成了古今之別，西方文論代表了現代的普遍的文學原理。這種觀念得到體制性的確認。在 1939 年教育部頒行的文學院中國文學科目表中，有「文學概論」及「文學批評」兩科，黎錦熙（1890-1978）〈大學國文系課程實施綱要〉（1941）列兩科之要旨：「此兩門皆以現代的，世界的，文學理論為主。」[41] 兩科皆講授西洋文學理論，〈綱要〉表明，西洋文學理論已被視為現代的普遍的理論。與「文學概論」、「文學批評」兩科相對，「中國文學批評」科要旨云：「本門以介紹本國文學全部的理論為主，依時代為歷史的敘述，如文學觀念，文學方法，及文學上各種問題之論爭、與關於各體各家之批評等，皆括其中（附選重要的專篇『文論』，並介紹『詩話』『文話』等，隨時參讀）。一方面使對中國文學史有進一步的認識，一方面亦可藉以培養文學的批評能力與創作技術。」[42] 相較於世界的現代的文學概論與文學批評，中國文學批評則只是中國的，歷史的。朱自清〈詩文評的發展〉（1946）說：「我們對現代中國文學所用的評價標準，起初雖然是普遍的──其實是借用西方的。」所謂普遍的，實質是西方的，西方代表了普遍性。

　　按照當時的主流觀念，對中國文論進行現代的研究，必須將中國文論放到世界文論的視野中，以普遍的現代的文學觀念對其加以分析與重建。這是中國文學批評的現代研究的基本特徵之一。楊鴻烈《中國詩學大綱》（1924 年連載，1928 年出版）是中國現代第一部研究中國詩學的著作，其〈自序〉稱：「援引歐美詩學家研究所得的一般詩學原理來解決中國詩裡的許多困難問題」，[43] 正是把中國傳統詩學放到普遍的（實是西方的）詩學原理之下審視。朱自清提出研究中國傳統詩文評「自當借

41 《高等教育季刊》第 1 期（1941），頁 120。
42 《高等教育季刊》第 1 期，頁 120-121。
43 《中國詩學大綱》，頁 1。

鏡於西方」，[44]「借鏡」之喻正表明統一的普遍的文學原理的觀念。這種普遍的文學原理的觀念是現代研究的共同信仰，一直延續至今，各大學所開設之「文學概論」課程，依然基於上述觀念。

　　在輸入的西洋文學批評中，最基本最重要的是關於「文學」的觀念，什麼是文學？這不僅是新文學創作面對的問題，也是整理國故面對的問題，於中國文學批評研究者關係尤切。但文學的定義在西洋文學批評中也聚訟不已，羅家倫（1897-1969）〈什麼是文學？──文學界說〉（1920）列舉了西洋學者關於文學的定義十五種。[45] 先於中國輸入西洋文學批評的日本學者將西洋文學觀念作了歸納，太田善男（1880-？）《文學概論》（1906）根據英國批評家德昆西（Thomas De Quincy，1785-1859）著名的「知的文學」（literautre of knowledge）與「力的文學」（literature of power）的分辨，提出「雜文學」與「純文學」的分類，以為兩者都有內質的美與外形的美，但「雜文學」是知識的，「純文學」是情感的。1910 年代，中國學者輸入了「雜文學」與「純文學」二分的觀念，到 20、30 年代，「純文學」觀念漸成為中國文學創作及研究的主流觀念，「純文學」與「雜文學」之辨由文學內部的廣狹之分變為文學與非文學之別。20 年代初，美國學者溫徹斯特（Caleb Thomas Winchester，1847-1920）《文學批評原理》（1899）被譯介到中國，該書提出文學的四要素──情感、想像、思想、形式，為現代學者普遍接受。現代學者又將「純文學」落實到文體上，以詩歌、戲劇、小說為「純文學」的代表文體，後來加入抒情性散文，成為文學的四大文類。「純文學」觀念、文學四要素、四大文類，成為現代學術界關於文學觀念的基本架構，也成為研究中國文學批評的現代文學觀念基礎。

　　上述文學觀念也貫穿到大學教育中。1939 年教育部頒大學文學院

---

44 〈中國文學系概況〉，載 1934 年 6 月 1 日《清華週刊》。《朱自清全集》（南京：江蘇教育出版社，1993 年第 1 版，1999 年第 2 次印刷），第 8 卷，頁 416。
45 《新潮》第 1 卷第 2 號（1919），頁 185-189。

科目表中，中國文學系的必修科目中剔除了原來各校文學系必修科目國學概論、經學概論等，這一改變實基於現代的文學觀念，即以國學、經學非屬文學。朱光潛看到這種變化的觀念基礎並提出質疑。其〈文學院課程之檢討〉（1941）：「歷來草大學中國文學系課程者，或誤於『文學』一詞，以為文學在西方各國，均有獨立地位，而西方所謂『文學』，悉包含詩文戲劇小說諸類，吾國文學如欲獨立，必使其脫離經史子之研究而後可。」[46] 對基於此觀念的科目設計，朱光潛大不以為然，稱「吾國以後文學應否獨立為一事，吾國以往文學是否獨立又另一事，二者不容相混。現所研究者為以往文學，而以往文學固未嘗獨立，以獨立科目視本未獨立之科目，是猶從全體割裂臟肺，徒得其形體而失其生命也。經史子為吾國文化學術之源，文學之士均於此源頭吸取一瓢一勺發揮為詩文，今僅就詩文而言詩文，而忘其本，此無根之學，鮮有不踏於膚淺者。」[47] 儘管有朱光潛的質疑，但未能撼動官方的學科制度，中文系的必修科目設置依然基於純文學觀念。

中國文學研究者對傳統的文論觀念加以鑒別，區分「純文學」觀念與「雜文學」觀念，並以此為依據，將純文學相關論述稱作文學理論，雜文學相關論述稱作文章學理論。研究者根據文學的定義劃定文學批評的範圍，確定傳統文論中何者屬文學批評，而將非屬文學批評的內容從文學批評的範圍中剔除。朱自清〈評郭紹虞《中國文學批評史》上卷〉（1934）說：「『文學批評』一語不用說是舶來的。現在學術界的趨勢，往往以西方觀念（如『文學批評』）為範圍去選擇中國的問題；姑無論將來是好是壞，這已經是不可避免的事實。」[48] 朱自清所謂「學術界的趨勢」，可證以中國哲學史研究。馮友蘭《中國哲學小史》（1934）：「哲學本一西洋名詞。今講中國哲學史，其主要工作之一，即是就中國歷史上

---

46 《高等教育季刊》第 1 卷第 3 期（1941），頁 31。
47 《高等教育季刊》第 1 卷第 3 期（1941），頁 31。
48 《朱自清全集》第 8 卷，頁 197。

各種學問中，將其可以西洋所謂哲學名之者，選出而敘述之。」[49]《中國哲學史》（1934）：「所謂中國哲學者，即中國之某種學問或某種學問之某部分之可以西洋所謂哲學名之者也。」[50]此實是將西洋哲學當作普遍的哲學，而以之為標準選擇中國傳統學問中之問題並加以論述。馮友蘭衡量的結果是：「中國歷史上諸種學問，其中有西洋所謂哲學之成分者，有先秦諸子之學，魏晉之玄學，隋唐之佛學，宋明之道學，及清人之義理之學。」[51]於是這些內容就成為中國哲學史的論述對象。金岳霖（1895-1984）在馮友蘭〈中國哲學史審查報告〉（1930）中說：

> 歐洲各國的哲學問題，因為有同一來源，所以很一致。現在的趨勢，是把歐洲的哲學問題當作普遍的哲學問題。如果先秦諸子所討論的問題與歐洲哲學問題一致，那麼他們所討論的問題也是哲學問題。以歐洲的哲學問題為普遍的哲學問題當然有武斷的地方，但是這種趨勢不容易中止。[52]

按照金岳霖的說法，有普遍的哲學問題，當時中國學者以歐洲的哲學問題為普遍的，並以之為標準衡量中國傳統學問，合者為哲學問題，不合者非哲學問題。此正是馮友蘭《中國哲學史》的觀念與方法論基礎。

　　馮友蘭、金岳霖是朱自清的同事，朱自清熟悉馮氏中國哲學研究，並在日記及文章中不止一次提及。朱自清所說的「趨勢」當與馮友蘭的著述有密切關係。中國文學批評研究，依朱自清所說的研究趨勢，即按照西洋「文學批評」觀念選擇中國問題。中國傳統「詩文評」雖然相當於「文學批評」，但「也不盡是文學批評的材料；有些是文學史史料，

---

49 《中國哲學小史》（上海：商務印書館，1934），頁1。又見氏著：《中國哲學史》（臺北：商務印書館，2015紀念版），頁3。
50 《中國哲學史》，頁8。
51 《中國哲學小史》，頁1。
52 《中國哲學史》附錄，頁998。

有些是文學方法論」，[53] 這些內容「與文學批評無干」，「得清算出去。」[54]
方孝岳（1897-1973）《中國文學批評》（1934）則是以純文學為文學，
雜文學為非文學，故第一節開頭即稱：「我國古時的經典，乃至於諸子
百家的書，都不能專門當作文學看。古代也沒有專門的文學批評家。比
較可以專當文學看的，就是太史公所說的古《詩》三千餘篇，和我們現
在所有的《詩》三百篇。所以我們要研究中國的古代文學批評，就應當
把古代論《詩》的話，來尋索一番，找出他的條理和他們批評所根據的
基點；就自然可以得到古時人鑑賞文學和辨別美惡的方法。」[55] 此即先以
現代的文學觀念劃定文學的範圍，確定經典中只有《詩經》是文學，然
後確認有關《詩經》的評論為文學批評，以此作為自己的研究對象。方
氏《中國文學批評》卷上論述經典中的文學批評就是圍繞詩論展開的。
其實不僅上卷，全書皆是如此。與方孝岳不同，郭紹虞（1893-1984）
《中國文學批評史》（1934）把純文學、雜文學都看作文學，故他未將雜
文學觀念從文學批評中清除，而是觀察並論述文學觀念中純文學、雜文
學觀念的演變，郭先生以純文學觀念為正確的文學觀，故以趨向純文學
觀念為正確的方向。

　　朱東潤明確區分文學與文章，認為文學以內容為根本，形式服務於
內容，而把傳統文論中有關文辭形式方面的論述當作文章學。其〈文學
底形式和內容〉（1943）云：「文學是內容和形式底配合。內容才是文學
底實體，形式只是一種外在的形態」，「文辭或是文章，只是外面的一種
裝飾」。「學文學的人底最大的病痛，是把文章當作文學」。[56] 在他看來，
舊文學家只是作文章，而非文學。「以往的人對於文學的認識不清，沒
有好的文學理論，所以談文學的人，往往只講求字句之美，音律之巧，
其實這些只是末節，不是文學底大體。等而下之，於是有各式各樣的八

---

53 〈評郭紹虞《中國文學批評史》上卷〉，《朱自清全集》第 8 卷，頁 195。
54 〈詩文評的發展〉，《朱自清全集》第 3 卷，頁 25。
55 《中國文學批評》（上海：世界書局，1934），頁 11。
56 《朱東潤文存》下，頁 695。

股，有和韻詩，有詩鐘，有假女人詞；這是中國文壇底不幸。」[57]「凡是那些尋枝問葉，哼哼唧唧，這一聯徐庾，那一句韓柳的先生們，……他們做詩的時候，不去追求全篇的意境，只是這一聯典雅，那一聯工穩，這裡曹、劉，那裡杜、黃；有的索性不做全篇的詩了，只是三個五個關起門來做詩鐘。……根本不是文學。」[58] 朱東潤本人給文學下了定義。其〈知識與修養〉（1945）云：「真正研究文學的人，應當知道文學是運用最有效力的字句，傳達正確的思想的一種藝術。這種藝術底究極，對於個人，是追求人格底完成；對於人群，是追求人群底福利。」[59] 朱氏的定義包括內容（正確的思想）、形式（最有效力的字句）、功用（個人人格的完成、群體的福利）。他認為，文學的定義「是知識，同時也是超乎一般知識的知識」，通過文學的定義可以將相關的知識組織成有系統的整體，而文章學的知識只是一般的知識。「一個人知道經史子集底來源，詩詞歌賦底作法，懂得平上去入底格調，關馬鄭白底風趣」，「他再知道金石甲骨，文字聲韻，以至小說戲劇，傳敘雜體」，「這些只是片段的知識，不是整體的知識：知道得太少固是寒酸得可笑；即使知道得很多，也只是一屋子的散錢，一大堆的破銅爛鐵，沒有什麼價值。」[60] 這就把傳統辭章之學貶為沒有價值的片段知識。以這種觀點看，國粹派學者的知識即屬散錢式的片斷的知識，無甚價值。本乎這種文學觀念，朱東潤《中國文學批評大綱》（1944）對於傳統文論中有關修辭、文法的內容多摒棄不論。

現代學者以純文學、雜文學作為論述中國文學觀念歷史演變的架構，楊鴻烈、郭紹虞都是如此。在論述中國傳統文學觀念時，往往分情

---

57 《朱東潤文存》下，頁 700。

58 《朱東潤文存》下，頁 696。

59 《朱東潤文存》下，頁 709。〈和湛若討論文學底定義〉（1945）中對此定義做了詮釋，認為「凡是曾受教育的讀者所能瞭解的字句，便是有效力的字句」，「凡是爭取人群福利的思想是正確的思想」。見《朱東潤文存》下，頁 722-723。

60 《朱東潤文存》下，頁 708。

感、想像、思想、形式四個方面闡述，傅庚生（1910-1984）《中國文學批評通論》（1948）即此四要素作為架構歸納中國文學理論的體系。四大文體也成為中國文論分類的體裁架構，將中國文學批評按體裁分為詩歌批評、小說批評、戲劇批評、散文批評。

　　莫爾頓所謂現代研究的另一特徵是歸納的觀察。這是近代科學的基本方法。莫爾頓認為，現代學術並不排斥邏輯的演繹，邏輯演繹在現代科學中依然有很大空間，但他指出，當邏輯演繹遇到挑戰時，邏輯推論者只能依靠邏輯三段論，而歸納思考者則通過對事物的觀察來驗證。在現代哲學中，歸納並未取代其他思想模式，但卻成為其他思考模式最終訴諸的標準。文學研究也與其他學科研究一樣，存在廣闊的先行推理的空間，但若回避對理論的驗證，便會受到質疑。[61] 鄭振鐸〈研究中國文學的新途徑〉（1927）：「歸納的考察，倡始於倍根（Bacon）；有了這個觀念，於是近代思想，乃能大為發展，近代科學乃能立定了它們的基礎。」此一方法被引介到中國文學研究方面，便是強調實證。「文學的研究之應用到歸納的考察，是在一切的科學之後。有了這樣的研究方法與觀念，便再不能稱臆的漫談，不能使性的評論了，凡要下一個定論，凡要研究到一個結果，在其前，必顯在心中千回百折的自喊道：『拿證據來！』等到證據搜羅到完備了，等到把這些證據或材料歸納得有一個結果了，於是他的定論才可告成立，他的研究才可告終結。」[62] 鄭振鐸對莫爾頓的詮釋結合了當時中國學界流行的「科學的方法」。

　　胡適提倡「以科學的方法整理國故」，將科學的方法引入到中國傳統學問的研究中。其所謂科學的方法實兼演繹與歸納二法，非僅歸納的觀察。其〈清代漢學家的科學方法〉（1919）云：「近來的科學家和哲學家漸漸的懂得假設和證驗都是科學方法所不可少的主要分子，漸漸的

61　*The Modern Study of Literaure: An Introduction to Literary Theory and Interpretation*, pp. 5-6.
62　《小說月報》，第 17 卷號外《中國文學研究》上（1927 年），頁 7-8。

明白科學方法不單是歸納法，是演繹和歸納相互為用的，忽而歸納，忽而演繹，忽而又歸納，時而由個體事物到全稱的通則，時而由全稱的假設到個體的事實，都是不可少的。」[63] 他觀察清代漢學家的研究方法，認為合乎上述歸納加演繹的科學方法。「漢學家的歸納手續不是完全被動的，是很能用『假設』的。」「他們所以能舉例作證，正因為他們觀察了一些個體的例之後，腦中先已有了一種假設的通則，然後用這通則所包涵的例來證同類的例。他們實際上是用個體的例來證個體的例，精神上實在是把這些個體的例所代表的通則，演繹出來。故他們的方法是歸納和演繹同時並用的科學方法。」[64] 胡適以顧炎武論「義」字古音為例。顧炎武研究古書許多「義」字古音的例，得出「凡義字古音皆讀為我」的通則。這是歸納。後來他遇到《尚書‧洪範》中「無偏無頗，遵王之義」，這句唐玄宗以為「頗」與「義」音不協，當為「陂」，顧炎武則用他所得的通則解釋，以為「義」古音「我」，與「頗」字協韻。這是通則的應用，是演繹法。[65] 胡適還以清代訓詁、校勘學的例子以證明清代漢學有科學的方法，並以「大膽的假設，小心的求證」以概括之。[66]

張東蓀（1886-1973）曾對胡適「以科學方法整理國故」提出質疑，其〈從中國言語構造上看中國哲學〉（1936）云：「關於普通所謂科學方法以整理國故，著者以為科學方法有兩種：一種是自然科學的科學方法；另一種是歷史科學的科學方法。現在的人們往往泛言科學方法而不加區別，這是一件很不對的事。」張氏論兩種方法的區別，「須知這兩種方法有一種重要點不相同。因為這兩個方法在前半是相同的，而在後半卻不相同了。在前半同是搜集事例以作材料；設計臆說試為解釋；用正確的觀察；取分析的態度。然在後半則自然科學的方法注重實驗，

---

63 《北京大學月刊》第 1 卷第 5 號（1919 年 11 月），頁 23。收入《胡適文存》改題〈清代學者的治學方法〉，載《胡適全集》第 1 卷，頁 364。
64 《胡適全集》第 1 卷，頁 373。
65 《胡適全集》第 1 卷，頁 373-374。
66 《胡適全集》第 1 卷，頁 388。

所謂實驗乃是志在於『證實』（verification）。而在歷史科學上則沒有方法以證實以往的事情。因為自然現象可以重複，而歷史事件卻無法重演。」在他看來，「在歷史科學上決無法使用自然科學的科學方法。如果自然科學的科學方法名曰『科學方法』，則歷史科學的科學方法便不可名之曰科學方法，而當另名之曰史學方法或考證法。現在人們考證國學，所用的方法完全是最後一種。但他們卻以科學方法自命。」「現在一班國學家自命採取科學方法乃是一種儱侗之言。真正狹義的科學方法是無由用於國學上的。」[67]張東蓀對於自然科學與歷史科學在方法上的分辨具有學理的意義，張氏重兩者之異，而胡適所謂科學方法乃重兩者之同，亦有學理上的依據。

西方學術所謂歸納的觀察、科學的方法與中國傳統的考據學結合，在文學研究中盛行。錢鍾書（1910-1998）〈古典文學研究在現代中國〉（1979）：「在解放前的中國，……文學研究和考據幾乎成為同義名詞」，「考據和『科學方法』幾乎成為同義名詞。」「就是研究中國文學批評史的人，也無可諱言，偏重資料的搜討，而把理論的分析和批判放在次要地位。」[68]楊鴻烈《中國詩學大綱・自序》（序於 1924）云：「我這本書是把中國各時代所有論詩的文章，用嚴密的科學方法歸納排比起來。」明確表示其用了歸納法。

莫爾頓所謂現代精神的另一特徵是進化觀念。莫爾頓強調文學研究中當區分兩種態度（two mental attitudes）：一種是靜止的（static），一種是進化的（evolutionary）。前者屬於傳統文學批評的特徵，抱持固定的觀念與標準；後者則是現代文學批評的特點，堅持發展的原理。[69]鄭振鐸〈整理中國文學的提議〉（1922）指出進化的文學觀念對於中國

---

67 《東方雜誌》第 33 卷第 7 號（1936 年 4 月 1 日），頁 89-90。

68 《人生邊上的邊上》，《錢鍾書集》（北京：三聯書店，2019 年第 2 版第 34 次印刷），頁 179-181。

69 *The Modern Study of Literaure: An Introduction to Literary Theory and Interpretation*, pp. 7-8.

文學研究的意義在於，「中國人都以為文學是不會變動的，凡是古的都是好的，古人必可以作為後起之人的模範。所謂『學杜』，『學韓』，都是受這種思想的支配。如果有了進化的觀念，文學上便不會再有這種固定的偶像出現，後起的文學，也決不會再受古代的傳襲的文學觀的支配了。」[70] 鄭振鐸對中國人觀念的概括是偏頗的。中國傳統文論認為文學事實上是變化的，復古派否定變的合理性，因而在價值上否定變。進化的觀念肯定了變的必然性與合理性，打破了傳統的文學觀念。值得注意的是，鄭振鐸已經區分了事實上的進化與價值上的進化，指出：「『進化』二字，並不是作『後者必勝於前』的解釋。不過說明某事物一時期一時期的有機的演進或蛻變而已。所以說英國文學的進化，由莎士比亞，而史格德，而丁尼生，並不是說丁尼生比莎士比亞一定好。」[71] 某事物有機的演進或蛻變，指的是事實層面；後者必勝於前，指的是價值層面。鄭振鐸已經將兩者分開。

中國現代學術研究中的進化觀念並非僅來白莫爾頓。自嚴復翻譯《天演論》，進化觀念已經深入中國知識人心靈深處，影響到文化的多個層面。國粹學派已經以進化觀念論述中國文學傳統，劉師培（1884-1919）《論文雜記》（1905）：「英儒斯賓塞耳有言：『世界愈進化，則文字愈退化。』夫所謂退化者，乃由文趨質，由深趨淺耳。」劉氏認為，進化乃普遍的規律，文學的演變亦莫能例外：「天演之例，莫不由簡趨繁，何獨於文學而不然？」劉師培指出中國文學進化的兩種趨勢：由簡趨繁，言文合一。「及觀之中國文學，則上古之書，印刷未明，竹帛繁重，故力求簡質，崇用文言。降及東周，文字漸繁；至於六朝，文與筆分；宋代以下，文詞益淺，而儒家語錄以興；元代以來，復盛興詞曲。此皆語言文字合一之漸也。故小說之體，即由是而興，而《水滸傳》、《三國演義》諸書，已開俗語入文之漸，陋儒不察，以此為文字之日下

70　《鄭振鐸文集》第 7 卷，頁 11。

71　《鄭振鐸文集》第 7 卷，頁 11。

也。」72 胡適主張文學進化觀念，其〈文學進化觀念與戲劇改良〉（1928）列出四層意義，涉及時代與文體層面。第一層是時代整體意義上的，即一代有一代之文學。「文學乃是人類生活狀態的一種記載，人類生活隨時代變遷，故文學也隨時代變遷，故一代有一代之文學」。73 這也是其所謂「歷史的文學觀念」的內涵。74 第二、三、四層內涵都是文體意義上的。第二層指關涉每種文體都有自身的演化過程。「每一類的文學」，「須是從極低微的起源，慢慢的，漸漸的，進化到完全發達的地位」。第三層是文體進化過程中的非功能性元素（「遺形物」），「一種文學的進化，每經過一個時代，往往帶著前一個時代留下的許多無用的紀念品；這種紀念品在早先的幼稚時代本來是很有用的，後來漸漸的可以用不著他們了，但是因為人類守舊的惰性，故仍舊保存這些過去時代的紀念品。在社會學上，這種紀念品叫做『遺形物』」。如戲曲中的樂曲及臉譜，嗓子，臺步，武把子。第四層，「一種文學有時進化到一個地位，便停住不進步了；直到他與別種文學相接觸，有了比較，無形之中受了影響，或是有意的吸收人的長處，方才再繼續有進步」。75 胡適文學進化論的核心在論證白話文學符合進化的規律，從而論證白話文的合理性。

　　文學批評上的進化論主要是論述文學觀念的演變，以「雜文學」觀念趨向「純文學」觀念為進化，持此以論中國文學批評史者，最早為楊鴻烈，影響最大為郭紹虞。楊氏認為，從周秦到六朝的文學觀念演變是趨向「純文學」，是進化；唐宋的復古文學觀重回「雜文學」觀念，乃是倒退；而劉勰文學觀則屬於過渡，一方面崇尚形式，近乎「純文學」觀念，另方面將所有文類歸入文章，此乃文學觀念之復古，近乎「雜文學」。郭紹虞基本上沿襲楊說，其《中國文學批評史・緒論》即是以進化史觀與純文學觀念論述中國文學批評的歷史。但將進化論與純文學、

72 《中國中古文學史　論文雜記》（北京：人民文學出版社，1998），頁 109。
73 《胡適全集》第 1 卷，頁 139。
74 〈歷史的文學觀念論〉（1917），《胡適全集》第 1 卷，頁 30。
75 《胡適全集》第 1 卷，頁 139-144。

雜文學觀念關聯起來遇到一個理論困難，即唐宋以後的文學觀念上的復古不是文學觀念的進化而是退化，如此則文學觀念的演變不遵守進化的普遍規律。羅根澤《中國文學批評史》為此提出「分化的發展」，唐代的文章從駢體到散體是復古，但唐代的詩歌從古體到律體的演變卻是從散趨駢，是沿著六朝進化。胡適、錢鍾書都對郭紹虞的文學觀念演進說提出質疑與批評。但胡適與錢鍾書的批評方向不同，胡適認為文學進化是普遍規律，郭紹虞敘述的中國文學批評的歷史顯然不符合這一普遍規律；錢鍾書則分別事實的進化與價值的進化二者，認為郭紹虞混淆了二者的界限，而錢鍾書本人對文學價值上的進化觀念持懷疑態度。

　　中國學術的現代特徵，除莫爾頓提出的現代思想的三特徵之外，現代中國學者還提出了第四個方面，即系統性。這一特徵的提出與現代學者對中西學術傳統的認識有關。按照當時的認知，系統性是科學知識的一大特徵。吳康（1895-1976，《新潮》社重要成員）翻譯 H. Spencer《行為概論》（1919）中說，「科學之知者，有條理有統系之知也。」[76] 胡適〈清代漢學家的科學方法〉（1920）指出，「凡成一種科學的學問，必有一個系統，決不是一些零碎的知識。」[77] 科學是近代的產物，因而科學知識的系統性也被視為現代學術的一大標誌。但在西方傳統中，並非僅科學知識才有系統，文學理論如亞里斯多德《詩學》即已有系統，因而系統性又被現代中國學者視為西方學術的特徵。中國學者持西方學術之系統性標準審視中國傳統學問，認為中國傳統學問無系統。蔡元培（1868-1940）〈《中國古代哲學史大綱》序〉（1918）說：「中國古代學術從沒有編成系統的記載」，[78] 胡適〈新思潮的意義〉（1919）指出：「古代的學術思想向來沒有條理，沒有頭緒，沒有系統。」他提出「以科學的

---

76 《新潮》第 1 卷第 2 號（1919），頁 342。
77 《北京大學月刊》第 7 期（1920 年 9 月）。按此文分三部分發表於《北京大學月刊》第 5 期（1919 年 11 月）、第 7、9 期（1921 年 4 月）。收入《胡適文存》改題〈清代學者的治學方法〉，《胡適全集》第 1 卷，引文見頁 387。
78 《中國哲學史大綱》（上海：商務印書館，1919）卷上，頁 1。

方法整理國故」,「第一步是條理系統的整理」。[79]

　　馮友蘭對系統問題做了分辨。其《中國哲學史》(1931)指出,「所謂系統有二:即形式上的系統與實質上的系統。此兩者並無連帶的關係。」他論西方哲學的系統說,「形式上的系統,希臘較古一點的哲學亦無有。蘇格拉底本來即未著書;柏拉圖之著作,用對話體。亞力士多德對各問題皆有條理清楚之論文討論。按形式上的系統說,亞力士多德之哲學,較有系統。但在實質上,柏拉圖之哲學,亦同樣有系統。依上所說,則一個哲學家之哲學,若可稱為哲學,則必須有實質的系統。所謂哲學系統之系統,即指一個哲學之實質的系統也。」馮友蘭關於系統的分辨,乃是針對當時學者流行的看法:「論者多謂中國哲學無系統」。對此一觀點,馮友蘭不以為然,「中國哲學家的哲學,雖無形式上的系統;但如謂中國哲學家的哲學無實質上的系統,則即等於謂中國哲學家之哲學不成東西,中國無哲學。」「中國哲學家之哲學之形式上的系統,雖不如西洋哲學家;但實質上的系統,則同有也。講哲學史之一要義,即是要在形式上無系統之哲學中,找出其實質的系統。」[80]整理出中國哲學的系統,這是馮氏《中國哲學史》的職志與貢獻。其《中國哲學史新編》再次表述:有人「認為中國古代哲學家的思想沒有系統。如果是就形式上的系統而言,這種情況是有的,也是相當普遍的。但是形式上的系統不等於實質上的系統。」「就形式上看,一部《論語》是沒有形式上的系統的。但這並不等於孔子的思想沒有實質上的系統」,「中國哲學史工作者的一個任務,就是從過去的哲學家們的沒有形式上的系統的資料中,找出其實質的系統,找出他的思想體系,用所能看見的一鱗半爪,恢復一條龍來。在寫的哲學史中恢復的這條龍,必須盡可能地接近本來的哲學史中的那條龍的本來面目,不可多也不可少。」[81]

---

79 《胡適全集》第 1 卷,頁 698。
80 《中國哲學史》(上海:神州國光社,1931),頁 11-12。參見《中國哲學史》(臺北:商務印書館,2015 紀念版),頁 12。
81 《中國哲學史新編》(北京:人民出版社,1982),第 1 冊,頁 37-38。

　　馮友蘭對系統性的分辨十分重要。他區分了內容的系統與表達形式的系統，認為所謂中國傳統學問無系統實指形式上的系統。現代學者的重要使命便是要為中國傳統學問的實質系統建立一個形式的系統，這也成為現代學術的特徵之一。教育部長陳立夫（1900-2001）〈大建設時期中之文化建設〉（1941）稱：「中國過去的人，在文史哲藝各方面都有極偉大的成就」，「以在科學知識方面落後之故，所以對於科學方法也忽略了。因此中國的學問，遂缺乏系統與謹嚴的組織」。「系統與謹嚴的組織」即馮友蘭所謂形式的系統，因而使無組織的傳統學問「系統化」乃是現代學術的使命。「我們現在來研究中國固有的學問，必需採用科學方法，注重組織與系統：對於沒有組織系統的思想學說，使之系統化；對於隱含的系統，用現代方法使之明顯表露出來，使之適合於現代的需要，發生現代的意義，與民族以新活力」。[82] 陳立夫的說法代表官方的認識，可以看出，這種關於傳統學問與現代學術的系統性問題的表述與馮友蘭是一致的。

　　中國傳統學問缺乏系統性，這是在西方學術影響下的主流認識。中國文學批評也缺乏系統性，這也是中國文學批評研究者的主流看法。朱自清〈評郭紹虞《中國文學批評史》上卷〉（1934）說：「系統的自覺的文學批評著作，中國只有鍾嶸的《詩品》；劉勰的《文心雕龍》，現在雖也認為重要的批評典籍，可是他當時的用意還是在論述各體的源流利病與屬文的方法，批評不過附及罷了。這兩部書以外，所有的都是零星的，片段的材料。」[83] 要讓「大家相信文學批評是一門獨立的學問」，「得建立起一個新的系統來」，[84] 文學批評成為獨立的學科，其前提之一必須建立系統，系統性乃是現代學科的特徵。郭紹虞談及撰寫《中國文學批評史》說：「當時人的治學態度，大都受西學影響，懂得一些科學

82　《高等教育季刊》第 1 期（1941），頁 4。
83　《朱自清全集》，第 8 卷，頁 195。
84　《朱自清全集》，第 8 卷，頁 195-196。

方法，能把舊學講得系統化，這對我治學就有很多幫助。」[85] 系統化是科學方法的突出特徵，因而也是以科學方法整理國故的中國現代學術的特徵。

錢鍾書對中國文學批評研究的眼光是世界的，現代的，但是，他的研究的現代性並不體現在體系性或系統性上，他並非不能做系統性的論述，而是有意避免建立體系。他試圖將現代的眼界、觀念與中國傳統的著述方式結合起來，其《談藝錄》是傳統的詩話或札記式的。這種觀念與實踐在現代學者中獨樹一幟。

三、本位文化與文學遺產

在現代中國，統一的文學觀念流行，這是中國文學研究之現代精神的重要特徵。統一的文學背後是文化的普遍性觀念，即認為西方的現代文化是普遍的世界性的。在這種觀念之下，洋務派「中學為體，西學為用」的中西文化關係轉換成中國的固有文化與普遍的現代文化之關係。那麼，當中國接受了普遍的現代文化，中國的現代文化還有沒有民族性？中國的現代文化是否應該具有民族性？中國現代文化應該如何處理與固有文化的關係？30 年代，本位文化派提出了上述問題。這些問題實質上是晚清以來討論的中西文化關係問題的新表述。具體到文學方面，就是吸收現代的西洋文學建立起來的中國新文學是否具有民族性？新文學是否應該具有民族性？新文學如何處理與固有文學的關係？固有文學應該如何估價？就文學批評而言，則是現代的普遍的文學原理與中國傳統詩文評的關係問題。

1935 年 1 月 10 日，王新命、何炳松、武堉幹、孫寒冰、黃文山、陶希聖、章益、陳高傭、樊仲雲、薩孟武十人聯合發表〈中國本位的文

---

85 〈我怎樣研究中國文學批評史的〉，《照隅室雜著》（上海：上海古籍出版社，2009），頁 435。

化建設宣言〉，痛言：「在文化的領域中，我們看不見現在的中國了。」就是說現在的中國在文化上沒有自己的民族特徵了！這針對的是現代中國在文化上的西化（現代化、世界化）趨勢。〈宣言〉稱：「中國在文化的領域中是消失了。中國政治的形態，社會的組織，和思想的內容與形式，已失去了它的特徵。由這沒有特徵的政治社會和思想所化育的人民，也漸漸的不能算得中國人。」這種論斷的背後的觀念是：一個國族必有自己文化上的特徵，當失去其文化特徵時，便不復為一個真正的民族。中國人要有自己的文化特徵，當失去其文化特徵時便不再是中國人。根據上述觀念，現代中國面臨著文化危機，而這種文化的危機實質上是民族的危機。正是基於以上判斷，〈宣言〉指出，在現時的中國，「如何建設中國的文化」，「是一個急待討論的問題」。〈宣言〉提出，「要使中國能在文化的領域中抬頭，要使中國的政治、社會和思想都具有中國的特徵，必須從事於中國本位的文化建設」，所謂「中國本位」者，即立足於現在的、中國的需要：「中國是中國，不是任何一個地域，因而有它自己的特殊性。同時，中國是現在的中國，不是過去的中國，自有其一定的時代性。所以我們特別注意於此時此地的需要。此時此地的需要，就是中國本位的基礎。」〈宣言〉指出，從事中國本位的文化建設的方法與途徑，即「必須用批評的態度，科學的方法，檢閱過去的中國，把握現實的中國，建設將來的中國。」基於上述基礎，〈宣言〉反對兩種主張，一是復古派的主張，「以為中國該復古」，一是全盤西化派的主張，「以為中國應完全模仿英美」，此外還有主張模仿蘇俄或意德，〈宣言〉認為這些主張「輕視了中國空間時間的特殊性」。〈宣言〉主張，對中國「過去的一切，加以檢討，存其所當存，去其所當去」，「其可贊美的良好制度偉大思想，當竭力為之發揚光大，以貢獻於全世界」；「吸收歐美的文化是必要而且應該的，但須吸收其所當吸收，而不應以全盤承受的態度，連渣滓都吸收過來。吸收的標準，當決定於現代

中國的需要。」[86]〈宣言〉在當時引起了極大的迴響與爭議，被稱作「本位文化派」。本位文化派在國粹派與全盤西化派之間實取折中態度。本位文化派視文化為一個民族的基本特徵，民族認同與文化認同統一，此同於國粹派，而有別於全盤西化派。但國粹派主張在物質層面吸收西方文明，而在精神層面則拒斥之，本位文化派則不排斥吸收西方的精神文化，此有別於國粹派。本位文化派主張吸收西方文化要以中國文化為本位，此區別於全盤西化派。

在本位文化派發表〈宣言〉前的 1934 年，陳立夫曾就文化建設問題發表演講，實代表了官方立場。其〈文化建設之前夜——四月十六日在京市府擴大紀念週演講〉從民族與文化的關係角度談論文化建設問題。陳氏以文化為一民族之生存方式：「以過去言，即一民族因應付其環境，以求生存而所得之進化之總成績，以現在言即一民族為求適合目前之時代及環境所得之生存之方式，以將來言，即一民族為求將來之繼續生存所從事之準備工作。」陳立夫認為，一個民族之維持生存與其文化傳統有密切關係，「一民族之所以能維持其生命，必有其不可磨滅之歷史」，他設譬說，若一人不知其過去當是有神經病者，一民族不知其過去者則為有神經病之民族，「今日吾國民族，對於固有之文化莫不棄之如敝屣，在此種狀態之下，欲求民族之繼續生存，其可得乎？」民族之存續繫乎文化之存續，站在這種立場上，陳立夫批評五四新文化運動的偏失：「吾國自五四運動以來，所有文化工作，不能謂為方式錯誤，但其結果大部分均係破壞工作，以致吾國固有之文化摧毀無餘，書肆中之古書，幾無人過問，深恐十年以後，中國之青年，將不能閱讀古書，學校之中，亦將無法覓得國文教育。」摧毀固有文化，使國民不知過去，將無以維持民族之生存。文化關乎民族生存，在現實民族危難狀態下，文化問題尤其重要。陳立夫提出以文化建立民族自信，「總理嘗昭示於吾人曰，欲救民族，必先將民族之自信力救起」，民族自信要建立

86　《文化建設》第 1 卷第 4 期（1935 年 1 月 10 日），頁 1-5。

在文化基礎上，「吾人必先明瞭固有者之為何物，然後再分別其優劣，優者則固執而發揚光大之，劣者則汰除之，更從而採人之長以補我之短，以人之所有而補我之所無，蓋必顯真正認識自己之後，始能發生一種信仰，再由信仰發生一種力量，此種力量，即謂之自信力，是故欲求光輝之現在，必知光榮之過去與光明之將來。」「今日欲挽救中國，一方面須將中國固有之文化從根救起，一方面對於西方之文明，須迎頭趕上，換言之，即把握時間，同時注意空間。」[87] 按照陳立夫的論述，固有文化有助建立民族自信，而民族自信是挽救民族之途徑。對讀本位文化派的宣言與陳立夫的演講，可以發現兩者基本立場的一致性。

　　本位文化論所針對的「全盤承受的態度」實以胡適為代表。胡適發表〈試評所謂「中國本位的文化建設」〉（1935 年 3 月 31 日《大公報》）與〈充分世界化與全盤西化〉（1935 年 6 月 23 日《大公報》）作出回應。在〈試評〉一文中，胡適批評本位文化派的觀點不過是「中學為體西學為用」派的「最新式的化裝出現」。胡適的文化觀不同於本位文化派。在他看來，文化是「某種固有環境與歷史之下所造成的生活習慣，簡單說來，就是那無數無數的人民。那才是文化的『本位』。」[88] 按照胡適的理解，生活的主體即人民才是文化的根本，而文化乃是人民的已經形成傳統的生活習慣。對於一民族而言，生活習慣即文化是歷史的變化的，而文化的主體的種族的存在則是恆常的，「物質生活無論如何驟變，思想學術無論如何改觀，政治制度無論如何翻造，日本人還只是日本人，中國人還只是中國人」。[89] 依本位文化派的觀點，文化是一個民族的基本特徵，沒有了民族的文化特徵，中國人便不再是中國人。中國人不僅是種族意義上的，更是文化意義的。而胡適所謂日本人、中國人是

87　《華僑半月刊》第 46 期（1934），頁 4-6。陳氏 1934 年 10 月發表〈中國文化建設論〉，即此演講之擴充。載《文化建設》第 1 卷第 1 期（1934 年 10 月 10 日），頁 11-17。

88　《胡適全集》第 4 卷，頁 581-582。

89　〈試評所謂「中國本位的文化建設」〉，《胡適全集》第 4 卷，頁 582。

種族意義上的，是民族的根本，而變化中的文化不是一個民族的基本特徵。民族的文化特徵變化了，種族並沒有變，中國人依然是中國人，日本人依然是日本人。胡適固然承認由於環境與歷史的差異，文化會有差異性，但他更強調人類文化尤其是現代文化的普遍性。其〈讀梁漱冥先生的《東西文化及其哲學》〉（1933）中說：「文化是民族生活的樣法，而民族生活的樣法是根本大同小異的。」「因為生活只是生物對環境的適應，而人類的生理的構造根本上大致相同，故在大同小異的問題之下，解決的方法，也不出那大同小異的幾種。」[90] 人類具有生理上的共同性，因而人類對環境的適應方式具有共同性，基於此，人類的生活方式具有根本上的共同性，因而文化具有普遍性、世界性。胡適的〈致陶希聖〉（1935 年 6 月 12 日）說：

> 我並不否認文化在過去確有「國界」。小腳，八股，駢文，律詩，等等，是全世界人類所無，而為吾國所獨有，「國界」之義不過如此。其餘禮義廉恥云云，絕無「國界」可言，乃是文明人所同有，乃是一切宗教典籍所同有。[91]

「文化有國界」即文化具有民族性，「文化無國界」即文化的普遍性世界性。按照胡適的觀點，中國的固有文化也具有普遍性的世界性的內容，比如禮義廉恥的道德文化乃是具有普遍意義的。既然如此，中國何以不立足於本國固有文化加以現代化，而要輸入西方文化呢？那是因為在胡適看來，中國還沒有進入現代文明，還沒有現代的生活方式，因而沒有現代的文化，而西方已經進入現代，已經有了現代文化；西方的現代文化代表了普遍的現代文化，具有世界性；中國要現代化，在文化上必須吸收普遍的世界性的現代文化，再造中國文化而使之現代化，這樣國家才能現代化，才能強大。中國文化雖然吸收普遍的現代文化發生了改

---

90 《胡適全集》第 2 卷，頁 251。
91 《胡適全集》第 32 卷，頁 469。

變，但中國民族並沒有變，中國人依然是中國人。胡適將文化認同與民族認同分開，認同西方文化乃是認同普遍性，並不妨礙民族認同。在胡適而言，普遍的現代文化認同不僅不妨礙民族認同，實是以民族認同為基礎，因而他不反對民族主義，甚至是民族主義者。他在〈致陶希聖〉（1935）說：「我們提倡自責的人並非不愛國，也並非反民族主義者。我們只不是狹義的民族主義而已。我們正因為愛國太深，故決心為她作諍臣，作諍友，而不敢也不忍為她諱疾忌醫，作她的佞臣損友。」[92] 正是因為胡適將國族與文化分開對待，所以胡適一方面是廣義的民族主義者，愛國者，另一方面是文化的普遍主義者，兩者在他並不矛盾。

　　站在胡適的立場上看，本位文化派所主張的中國本位文化實是主張以傳統的中國文化為本位，但中國傳統文化缺乏現代性，不能成為現代中國文化的基礎，所謂「中國本位」與「中學為體」實質相同；本位文化派主張對西洋文化「採取批評態度，吸收其所當吸收」，與洋務派「西學為用」說一致。在胡適看來，建設中國的現代文化，應該以普遍的世界的現代文化為本位，中國本位文化論是錯誤的主張，正如洋務運動一樣必然歸於失敗。胡適在〈試評所謂「中國本位的文化建設」〉中概括其主張說：

> 我的愚見是這樣的：中國的舊文化的惰性實在大的可怕，我們正可以不必替「中國本位」擔憂。我們肯往前看的人們，應該虛心接受這個科學工藝的世界文化和它背後的精神文明，讓那個世界文化充分和我們的老文化自由接觸，自由切磋琢磨，借它的朝氣銳氣來打掉一點我們的老文化的惰性和暮氣。將來文化大變動的結晶品，當然是一種中國本位的文化，那是毫無可疑的。如果我們的老文化裡真有無價之寶，禁得起外來勢力的洗滌衝擊的，那一分不可磨滅的文化將來自然會因這一番科

---

92 《胡適全集》第 32 卷，頁 470。

學文化的淘洗而格外發揮光大的。[93]

「科學工藝的世界文化」即建立在科學與工業基礎上的普遍的現代文化（實即西方現代文化），「它背後的精神文明」即支撐現代文化的西方精神文明。胡適認為，中國固有文化中缺乏這種現代文化。「近代的科學文化，工業文化……在那些方面，我們的貧乏未免太丟人了。」[94] 現代的中國，不能建立在固有文化的基礎上，「如果過去的文化是值得恢復的，我們今天不至糟到這步田地了」；[95] 要現代化，就應該接受普遍的世界的現代文化。在建設現代中國文化的過程中，必然面臨外來的現代文化與固有的傳統文化之間的關係。胡適認為：一、文化本身是保守的。凡一種文化既成為一個民族的文化，自然有他的絕大保守性。二、凡兩種不同文化接觸時，比較觀摩的力量可以摧陷某種文化的某方面的保守性與抵抗力的一部分。其被摧陷的多少，其抵抗力的強弱，都和那一個方面的自身適用價值成比例。三、在這個優勝劣敗的文化變動的歷程之中，沒有一種完全可靠的標準可疑知道整個文化的各方面的選擇去取。四、文化各方面的激烈變動，終有一個大限度，就是終不能根本掃滅各固有文化的根本保守性。[96] 胡適清楚，由於文化保守性的存在，全盤西化事實上是不可能的，故他在〈充分世界化與全盤西化〉中承認自己先前提出的「全盤西化」的說法有語病，並做出修正，改稱「充分世界化」。[97] 雖然「世界化」實質就是「西化」，但兩者觀念上尚有分別，「世界化」意味著普遍性，不是專屬西方的，認同「世界化」是認同普遍的現代性，不等於認同西方。

　　本位文化論的提出固然有文化自身的脈絡，但也與民族的危難處

---

93 《胡適全集》第 4 卷，頁 582-583。

94 〈信心與反省〉（1934），《胡適全集》第 4 卷，頁 502。

95 〈再論信心與反省〉（1934），《胡適全集》第 4 卷，頁 510。

96 〈試評所謂「中國本位」的文化建設〉，《胡適全集》第 4 卷，頁 580-582。

97 《胡適全集》第 4 卷，頁 585。

境相關。〈宣言〉的提出者之一陶希聖（1899-1988）本人即言「前年
（1933）五月受了日本武力壓迫的刺激，從來在心的民族思想，一朝熾
盛，便想一面嚴格復古，一面對民族主義略為發抒。兩年來常說『民
族獨立自主』即是此意。」[98] 陶希聖在〈為什麼否認現代的中國：答胡
適「試評所謂中國本位的文化建設」〉（1935）問：「為什麼半殖民地的
中國人不當反對資本主義的侵略，又不當有一點民族思想呢？為什麼不
當把中國當一個單位看取一切？」文末說：「人應當不自矯，可也不要
見人就跪。」[99] 在陶希聖看來，文化本位與民族主義密切相關，正是在民
族主義思想下提出的。所謂「把中國當一個單位看取一切」就是以中
國為本位之意，在他而言，不僅是以中國的利益為本位，同時也是以中
國文化為本位，而以中國文化為本位就是以中國的民族利益為本位。他
在給胡適的信中稱：「『文化無國界』是在長久的理想上，是學者應當
認識的；反之，在國民教育上，『國界』恐怕還得留下。」[100]「文化無國
界」是胡適一派的文化主張，陶希聖承認這種主張的學理上的合理性，
站在這種合理性立場上，他也自認「中國本位文化」論「問題太多」；
但他認為，在當下，要考慮中國自身的現實處境與民族利益，即中國受
資本主義的侵略，處於危機之中。以中國文化為本位蘊涵有民族獨立自
主之意，因為文化認同具有民族認同之功能，文化的自信可以增強民族
的自信，故而在國民教育方面，還得承認文化的「國界」即民族性。
在民族危亡之際，其意義是超乎文化自身的學理之上的。當抗日戰爭爆
發，文化與民族的關聯更上升到意識形態層次。1938 年 4 月，中國國
民黨臨時全國代表大會提出九項教育方案，其中一項為：「對於吾國固
有文化精粹所寄之文史哲藝，以科學方法加以整理發揚，以立民族之自
信。」[101] 傳統的文史哲藝體現了中國固有文化的精粹，固有文化不僅具

98　陶希聖致胡適書，載《胡適全集》第 32 卷，頁 467。
99　《文化建設》第 1 卷第 7 期（1935），頁 102、103。
100　載《胡適全集》第 32 卷，頁 468。
101　陳立夫：〈大建設時期中之文化建設〉，《高等教育季刊》第 1 期（1941），頁 3。

有學術的意義，更可以確立民族自信，尤其是在民族危亡的關頭，這種
意義更加突出。這項關於傳統文化的方案遂成為國學價值的官方論述。

　　關於本位文化所涉學理層面的問題，馮友蘭從哲學分析的角度作
了回應。其〈從中國哲學會說到哲學的用處〉（1937）：「中國本位文化」
此一名詞可有兩種意義：「第一種意義，是以中國為本位的文化。第二
種意義，是以中國舊有文化為本位的文化。」照第一種意義，中國本位
文化是以中國利益為本位的文化，對這一意義，「凡是主張建設中國新
文化的，無論哪一派，沒有不自以為是為中國的利益的，即沒有不自以
為是以中國為本位的」。若照第二個意義，則存在爭議。「有主張所謂全
盤西化及主張所謂部分西化者，與之爭論」。按照馮友蘭的見解，「這些
爭論若由邏輯看，大部分是很容易解決的」。馮氏云：

> 邏輯上有所謂個體與類型之分。一個個體，可代表許多類型，
> 例如孔子可代表許多類型，如春秋時人，山東人，活過七十歲
> 的人，聖人，等等。這個個體學那個個體，實在所學者，是他
> 所代表的某一類型，或某幾類型。例如有些人要學孔子，實在
> 是想學他所代表之聖人類型。個體是不能學的。所謂西洋是一
> 個個體，在文化方面，他代表許多類型。如耶教文化，科學文
> 化，工業文化等。我們說學西洋，實在是學他所代表之某一文
> 化類型或某幾文化類型。例如科學文化，或工業文化。至於中
> 國原有文化之不與此衝突者，當然不改。例如朱熹學孔子，朱
> 熹不是山東人，但不是山東人與是聖人並無衝突，朱熹不必改
> 為是山東人。由此觀點看去，上述幾派關於文化之爭論，有些
> 是不必爭而自解決的。[102]

按照馮友蘭的論述，中國固有文化與西洋文化並非對立，中國文化也有
「不與之（西洋文化）衝突者」，學習西洋文化只是學習其某些類型，所

---

[102]《月報》第 1 卷第 2 期（1937），頁 382。載《三松堂全集》第 5 卷，頁 358-359。

謂全盤西化是不可能的，也是不應當的。按照馮氏的觀點，全盤西化論者、部分西化論者與中國本位文化論者儘管觀點有別，但事實上具有相通性，從根本上是可以溝通的。但馮友蘭哲學層面的調和並不能彌合中國本位文化派與胡適在文化立場上的差異。胡適在種族意義上是中國本位，即為了中國；在文化意義上是西方本位，認同西方。在中國本位文化派看來，只有以中國文化為本位才能真正以中國為本位，只有堅持中國文化為本才是真正為了中國。

文學是文化的一部分，本位文化問題的討論必然涉及文學問題。江流在《清華週刊》發表〈從本位文化說到本文（引者按：當作位）文學〉（1935），先總括本位文化派的觀點，「主張建設中國本位文化者說，人們所要建設的中國本位文化是：保存固有的舊文化的精英，再捨短取長，採取歐美文化的優點。即是要兼具中西文化之長的一種中西合璧的文化」。作者由此引申到文學，「文學是文化中的一個部門」，由建設中國本位文化是可能的命題，自然可以推出下面的結論：建設中國本位文學是可能的。江流提出，所謂中國本位文學是：「保存中國固有文學──舊文學的精英，同時採取西洋文學的優點，創造一種兼具中西文化之長的中國本位文學。」[103] 保存固有文學的精英是否意味著古典文學具有正當的價值與現代的意義，是否意味著文學革命的錯誤呢？這是本位文化論在文學領域必然觸及的問題。

本位文化論出現之前，中國傳統文學的價值問題在 30 年代已經以「文學遺產」的形式提出。「文學遺產」問題的討論是從蘇聯引入的。小羊〈「文學遺產」圖說〉（1934）：「兩三年來，在蘇聯的文學界，『文學遺產』這個問題，討論得非常熱烈，並且這也成為蘇聯目前文化上的一件大事。」[104] 曾沛霖〈文學遺產問題〉（1934）：「文學遺產問題起於

103《清華週刊》第 43 卷第 5 期（1935 年 6 月 12 日），頁 47。
104《人間世》第 16 期（1934 年 11 月 20 日），頁 30。

蘇俄，近二年來在中國也喧鬧起來。」[105] 這表明中國文學遺產問題的討論幾乎與蘇聯同步。根據〈「文學遺產」圖說〉，在蘇聯，「文學遺產」是「對於革命以前的舊作品，連那些古典的作品也包括在內，加以整理和接受。」此一問題在蘇聯提出的原因是，「在革命成功初期的若干年中，因為急切須要一種代表新意識的文藝讀物供給民眾，所以便在極短期間迅速的產生了許多文藝作品，這些作品的內容是新的，前進的，革命的，但在創作的技術上可就很薄弱的了。便是到最近幾年產生的作品，在技術上也還是不能和普式金，果戈里，托爾斯泰，屠格涅夫，柴霍甫諸人相比擬的。雖然有了好的內容，如果沒有優良的技巧的表現還是不容易抓住讀者的，這，在那隨了經濟和政治的高度進展而生活愈加安定的俄國民眾，更是一種明顯的要求。」「於是新的蘇聯作家，就扛出了『文學遺產』的大旗，他們要去檢視和動用祖產了。」[106] 蘇聯要建設新文藝，需要借鑒本國的文學遺產，吸收傳統文學的技藝，那麼，中國要建設新文學，是否也要借鑒自己的文學遺產，吸收古典文學的技巧呢？由於問題邏輯的類似性，所以蘇聯提出的文學遺產問題也在中國被提出。耶菲〈關於「文學遺產」〉（1936）：「接受文學遺產運動，是目前蘇聯文壇上一件要事；現在我們轉過眼光來，觀察我們自己底文壇，是不是也急切地須要著這種工作。」[107] 何東輝〈偉大作品之產生——文學遺產的接受〉（1934）提出文學遺產就是整個文學傳統，「文學遺產就是整個文學史所敘述的文學的全內容，換句話就是從有文學一直到現在文學所造成的傳統（以後簡稱文學傳統）」，接受文學遺產，就是「賡續這個文學傳統」，「繼續發展這些遺產」。[108] 以這種觀點，中國新文學應該是中國文學傳統的賡續與發展。如果建設新文學必須吸收文學遺產，甚至以傳統文學為基礎，那麼，對於新文學家來說，就要重估新文學與舊

105《育英半月刊》第 3 卷第 2 期（1934），頁 57。
106《人間世》第 16 期（1934），頁 30-31。
107《中學生文藝季刊》第 2 卷第 2 號（1936），頁 26。
108《清華週刊》第 42 卷第 9、10 期（1934），頁 3。

文學的關係，重估傳統文學的價值與地位，也會面臨吸收中國遺產與學習西方文學的關係問題，本位文化論所提出的問題正與此相關。無論是文學遺產論還是本位文化論都對新文學運動否定舊文學的已有論述產生衝擊。

　　新文學派對於中國新文學接受文學遺產持否定態度。茅盾（1896-1981）〈對於接受文學遺產的意見〉（1935）主張，不能肯定我們有「有用的遺產」，而應該先研究我們的遺產，即便是「結果什麼都接受不了的話，其實也不算白費工夫，因為我們總算把一筆爛陳帳算過一遍了」。[109] 茅盾之意實謂中國的傳統文學無繼承的價值。林矛檢查中國古代文學遺產，結論是無可繼承。其〈文學遺產〉（1936）：「現在，我們就來看看我們本國的古典文學遺產，看看有什麼可以接受的罷。——啊啊，不幸！中國文學的遺產裡面，可以給現代青年受用的，嚴格地說，只有五四時代以後的一部分，在這以前，簡直可以說是沒有！」[110] 整個古典文學遺產全然沒有現代價值，新文學不應當接受。楚雲〈讀古書和接受文學遺產問題——答梁明、黃沙、獨白君等〉（1937）：（文學遺產）「這個字眼一傳到中國來，就有人把它牽強附會到讀古書上去，以為蘇聯可以接受文學遺產，我們為什麼不接受我們自己的遺產呢！」[111] 按照蘇聯提出文學遺產問題的理論邏輯，在中國，人們將文學遺產理解中國古典文學傳統（古書）是順理成章的，並非「牽強附會」。但如果接受這個邏輯，就要修正新文學運動否定舊文學、全面學習西洋文學的方向。因而新文學派一定要論述中國新文學不能接受中國古典文學傳統，不能建立在古典文學的基礎上。楚雲提出的理由是：一、中國新文學尚在萌芽階段，尚未達到接受中國古典文學遺產的階段。「我們雖不能武斷的說，古書裡完全沒有寶貴的遺產值得我們接受，但是在現階段的中

---

[109]《雜文月刊》第 3 期（1935），頁 52。
[110]《大眾生活》第 1 卷第 11 期（1936），頁 266。
[111]《生活學校》第 1 卷第 1 期（1937），頁 30。

國，我們來談接受文學遺產，未免言之過早了！……我們中國目前的社會能夠和蘇聯比擬嗎？新的文化正在萌芽，舊的文化還是根深蒂固的在一般落後群眾中作祟，怎樣使得新的文化成長，將整個的文化運動和民族解放運動配合起來，這是我們當前的課題，那裡還讓我們在古書堆裡接受文學遺產呢！」二、中國新文學在西洋文學影響下產生，與中國古典傳統之間沒有延續性，不當接受中國古典文學遺產，而應該接受西洋文學遺產。「雖然新的東西是從舊的懷胎內孕育、成長出來的，沒有舊就不會有新。」這是一般的規律。西洋文學符合這一規律。「讀過西洋文學史的人，大概都會知道，西歐文學的發展，是隨著歷史的演進而發展下來的。」但是，中國文學則不然。「中國自五四運動以後的新文學和五四以前的舊文學完全是截然不同的東西。五四以後的新文學，差不多完全受了西洋文學的影響而產生的。它和五四以前的舊文學，不但內容和形式完全不同，甚而至於語言的表現上也有不同了。因此，新與舊之間完全不能銜接。」既然中國新文學的產生有特殊性，所以中國文學對待文學遺產也有特殊性。中國新文學要接受的文學遺產是西洋（世界）文學遺產，而非中國的古典文學遺產。「我們當然更需要文學遺產供我們學習，但我們所學習的對象已不是與新文學背道而馳的古書，而是世界偉大前進的作家的作品了。」新文學家「不能在舊骸骨裡留戀」，「那些和現代生活風馬牛不相及的古書，我們只能把它作為歷史的文獻，讓那些考古專家或歷史家去做專門的研究，我們千萬不要上當，花了寶貴的光陰和精力在這上面。」[112] 本來在蘇聯，文學遺產是接受本國文學傳統，但被新文學家移花接木，變成了新文學應該接受西洋文學遺產。中國新文學的方向是世界化，其實是西洋化。

　　雖然中國古典文學遺產受到新文學家的拒斥，但抗戰時期的民族主義氛圍中，主流或者說官方對於傳統文化的肯定態度與民族情緒結合在一起，有著強烈的影響。鄭伯奇（1895-1979）〈現階段的文學遺產問

112《生活學校》第 1 卷第 1 期（1937），頁 30-31。

題〉（1940）：「中國文壇上，發出『接受遺產』的呼聲，是在三四年以前。這問題曾經引起過一時的論爭。最近，跟著抗戰的深化，『向歷史學習』的意見，頗受人支持；文藝上的遺產承繼問題遂又成為當前的課題了。」[113] 鄭伯奇將新文學運動放到民族主義的脈絡中敘述。中華民族是現代世界的一個民族，「中華民族是作為現代世界的一個單位而覺醒了」，而新文學運動「便是在這種民族自覺之下產生的」。由於自覺到中華民族是現代世界的「一個單位」，因而中華民族應該有現代性與世界性，「在這樣的情形之下發生的新文學，很自然地接受了西洋文學的影響。中國文學從此便和世界文學連繫起來了。中國文學成了世界文學的一部分。」當中國文學成為現代世界文學的一部分，由於中華民族是一個獨立的單位，那麼中國文學就應當是世界文學中有民族特性的一部分。「中國文學是已經現代化了，中國文學已經和世界文學發生了密切的關聯，現在到了發揮自己特性的時期了。」中國文學要有民族特性，便要「中國化」。「中國化的運動，因此，便成了目前新文學的重要課題。」新文學要中國化，便要強調其與中國傳統文學的血脈聯繫，「新文學是中國傳統文學的嫡系子孫」，而非西洋文學的產兒。正是在這種觀念基礎上言，新文學「繼承遺產當然是應該的」。[114] 這是一種在民族視野下關於新文學與西洋文學、中國傳統文學關係的新論述。

　　文學領域的「中國化」觀點與學術領域中興起的「中國化」呼聲相應。嵇文甫（1895-1963）〈漫談學術中國化問題〉（1940）從歷史的角度透視晚清以來的中西文化接觸與各種觀念，「縱觀近百年來的中國史，實在是一步一步的在『現代化』」。嵇氏將這個現代化的過程概括為下列的程式：國粹論──中體西用論──全盤西化論──中國本位文化論──中國化運動。按照嵇文甫的解釋，「國粹論」乃是沿襲中國傳統的舊文化，「中體西用論」承認西洋文化有用，而略加採取，但仍以

113《時事類編特刊》第 50 期（1940 年 4 月 1 日），頁 69。
114《時事類編特刊》第 50 期（1940 年 4 月 1 日），頁 69-70。

中國文化為主體。這是中國「現代化」的初步。到了「全盤西化論」，全盤否定「國粹論」，是對於中國傳統的舊文化的「突變」。所謂「西化」就是「現代化」。要「現代化」，免不了要借徑於西洋。可「全盤西化」，就使中國依附於西洋，中國將不成其為中國。這是中國社會半殖民地性的反映，乃「全盤西化論」之不饜人意的原因。為克服這種依附性，半殖民地性和機械性；為使中國現代化運動應加深化、醇化、淨化，於是乎有「中國化」運動之發生。這對於「全盤西化論」，又是一個「否定」，即所謂「否定的否定」。嵇文甫認為，所謂「中國化」並沒有回到「國粹論」，或「中體西用論」，也並不是和「全盤西化論」簡單的對立著，它乃是把「全盤西化論」發展到一個更高的階級。[115] 按照嵇文甫的說法，現代學術固然應該吸收西洋學術，也應該具有民族特徵，也就是學術要中國化。

當時在民族主義思想氛圍中高揚傳統文化的風氣，在教育體制中也有鮮明的體現。1939 年教育部頒大學文學院科目表中，中國文學系的必修科目包括：中國文學史、歷代文選、歷代詩選、詞選、曲選、中國文學專書選讀（一）、（二）、文字學概要、語言學概要、各體文習作、外國語或西洋文學史、畢業論文或研究報告。必修科目偏重古典文學，無新文學。這一科目表曾引起新文學家的不滿，丁易（1913-1954）、王力（1900-1986）、朱自清等都認為應該加入新文學課程，甚至必修科目中應該增加新文學。朱自清 1929 年曾在清華大學講授「中國新文學研究」課程，但 1933 年後便未再講授。據朱自清的學生王瑤（1914-1989）說，「當時大學中文系的課程還有著濃厚的尊古之風，所謂許（慎）鄭（玄）之學仍然是入門的先導，文字、聲韻、訓詁之類可稱充斥其間，而『新文學』是沒有地位的。朱先生開設此課後，受到同學們的熱烈歡迎，燕京、師大兩校也由於同學們的要求，請他兼課；但他無疑受到了

115《理論與現實》第 1 卷第 4 期（1940），頁 68-69。

壓力，一九三三年以後就再沒有教這門課程了。」[116] 事實上，這種狀況在 1939 年部頒科目中並沒有改變。與科目相應，大學國文系任教的國粹派依然有很大的影響。朱東潤回憶說：

> 1941 年已經是中日戰爭的第五個年頭了，但是當時國立大學中文系還存在著形形式式的怪論。中文系的教師經常有三派人把持著。一、黃門，這是黃侃門弟子的一派，通稱「黃門侍郎」。二、胡適派，這是胡適門弟子的一派，奉胡適為「胡聖人」。三、先師派，這是王國維弟子的一派，因王國維已死，因此口必稱「先師靜安先生」。此外重慶中央大學有胡小石一派，以抨擊非該校出身之教師為主；四川大學有向楚一派，以禁止學生使用鋼筆為主。吸毒者有之，挾妓者有之，賭博者有之，至於作唱和詩、作詩鐘，則為庸中佼佼者。但是都擔負不了抗戰時期中文系教學之使命。[117]

朱東潤所列的三派中，黃門與先師派之文化立場都屬於廣義的國粹派。丁易（1913-1954）〈論大學國文系〉（1941）：「應該注意的是這批『國粹家』在目前大學國文系中還是很多。」「現在大學國文系一大部分竟是沉陷在復古的泥坑裡，和五十年前大學堂的文科並沒有兩樣，甚至還不及那時踏實。創造建設中國新文藝，他們固然作夢也沒有想到，就是對舊文學的整理結算，又幾曾摸著邊緣，甚至連乾嘉學者那種實事求是的謹嚴精神都談不上。只是一批『五四』時代所抨擊的『選學妖孽』，『桐城謬種』，以及一些標榜江西的詩人，學步夢窗的詞客，在那些大學教室裡高談古文義法，詩詞格律。論起學術來，更是抱殘守闕，狂妄荒誕。例如：講文字摒斥甲骨金文；說音韻抨擊語音實驗。甚至述文學發

---

116 〈先驅者的足跡——讀朱自清先生遺稿《中國新文學研究綱要》〉，附載《朱自清全集》第 8 卷，頁 127。
117 〈遺遠集敘錄〉，《朱東潤文存》上，頁 46。

展不及小說，講文藝批評蔑視西歐。而作文必限文言，標點尤須根絕，更是這些大學國文系的普遍現象。簡直鬧得烏煙瘴氣，漆黑一團。」[118]丁易站在新文化立場批判國粹派，但從其評判的現象中我們瞭解到國粹派在民國大學教育中依然具有重大的影響，其地位超越新文學。另一方面國粹學派也活躍在大學體制之外的國學專修機構。聞一多曾諷刺「以保存國粹為己任的小型國學專修館，集合著一群遺老式的先生和遺少式的學生，抱著發散黴味的經、史、子、集，夢想五千年的古國的榮光」。[119]對於抗戰期間民族主義思潮下的弘揚國粹，新文學家依然持否定態度。老舍（1899-1966）〈論文學遺產怎樣接受〉（1943），以為「一民族的語言思想有其根源，不可置之不理。但今人是今人，今人研究一事須以『世界的』為主，故治文藝者宜將遺產二字含意為世界的文藝遺產之承受者，不可只抱著幾本線裝書自稱家資鉅萬也。」[120]朱自清認為接受文學遺產只能在欣賞方面，而不能在創作上。其〈古文學的欣賞〉（1947）說：「在本位文化論之前有過一段關於『文學遺產』的討論。討論的主旨是如何接受文學遺產，倒不是揚棄它；自然，討論到『如何』接受，也不免有所分別揚棄的。討論似乎沒有多少具體的結果，但是『批判的接受』這個廣泛的原則，大家好像都承認。」朱自清認為，「接受文學遺產若從『做』的一面看，似乎只有寫作的態度可以直接供我們參考，至於篇章字句，文言語體各種標準，我們盡可以比較研究，卻不能直接學習」，「能夠欣賞古文學，這也就是接受文學遺產了」。[121]對於本位文化論，朱自清持批判態度。〈古文學的欣賞〉稱：「文化本位論跟早年的保存國粹論同而不同，這不是殘餘的而是新興的反動勢力」，「引

118《國文月刊》第 39 期（1941），頁 2-3。
119〈調整大學文學院中國文學外國語文學二系機構芻議〉，《聞一多全集》第 2 卷，頁 438。
120《文壇》第 2 卷第 1 期（1943），頁 17。
121《文學雜誌》第 2 卷第 1 期（1947），頁 1-2。《朱自清全集》第 3 卷，頁 196-197。

起許多人的反感」，「激起許多人，特別是青年人，反對讀古書」。[122] 在朱自清看來，文化本位論者乃是主張將現代文化的基礎建立在傳統文化上面，這種觀點對於文學而言，即將新文學建立在舊文學基礎上，這乃是方向性的錯誤。朱自清認為，舊文學只能供欣賞，而不能作為創作的基礎與典範，新文學應該另起爐灶。聞一多也批判民族主義思想氛圍中尊古的風氣，其〈復古的空氣〉（1944）：

> 民族主義我們是要的，而且深信是我們復興的根本。但民族主義不該是文化的閉關主義。我甚至相信正因我們要民族主義，才不應該復古。老實說，民族主義是西洋的產物，我們的所謂「古」裡，並沒有這東西。談談孔學，做做歪詩，結果只有把今天這點民族主義的萌芽整個毀掉完事。其實一個民族的「古」是在他們的血液裡，像中國這樣一個有悠久歷史的民族，要取消它的「古」的成分，並不太容易。難的倒是怎樣學習新的。[123]

本來在國粹派，文化與民族不可分，文化認同與民族認同一體；本位文化派在對民族與文化關係的認知上實與國粹派一致。在抗戰時期，民族危機空前，民族主義高漲，官方也通過肯定文化傳統增強民族自信，傳統文化更增加了正當性。聞一多〈調整大學文學院中國文學外國語文學二系機構芻議〉（1946）：「中國要近代化，我們要繼續大革命後反封建反帝國主義的努力，不復古，也不媚外，這是新中國的開端。文學應該了配合我們的政治經濟及一般文化的動向，所謂國情的、自主的接受本國文化與吸收西洋文化。」「建設本國文學的研究與批評，及創造新中國的文學，是我們的目標；採用舊的，介紹新的是我們的手段。要批判

122《文學雜誌》第 2 卷第 1 期（1947），頁 1。《朱自清全集》第 3 卷，頁 196。
123《聞一多全集》第 2 卷，頁 355。

的接受，有計畫的介紹，要中西兼通。」[124] 這種文化立場已接近本位文化派。

四、普遍原理與民族文論

從洋務派的中體西用論到全盤西化論、本位文化論及中國化運動，都涉及固有文化與西洋文化之間如何銜接及融合的問題。王國維〈論近年之學術界〉（1905）：「西洋之思想之不能驟輸入我中國，亦自然之勢也。況中國之民固實際的，而非理論的，即令一時輸入，非與我中國固有之思想相化，決不能保其勢力。觀夫三藏之書已束於高閣，兩宋之說猶習於學官，前事不忘，來者可知矣。」[125] 西洋思想如何與中國固有思想「相化」？胡適也關注同樣的問題。其《先秦名學史》（1917）：「我們應怎樣才能以最有效的方式吸收現代文化，使它能同我們的固有文化相一致、協調和繼續發展？」[126] 胡適所云「一致、協調」即王國維所謂「相化」。陳寅恪（1890-1969）承王國維繼續探討此一問題。其〈馮友蘭中國哲學史下冊審查報告〉（1934）：「竊疑中國自今日以後，即使能忠實輸入北美或東歐之思想，其結局當亦等於玄奘唯識之學，在吾國思想史上，既不能居最高之地位，且亦終歸於歇絕者。其真能於思想上自成系統，有所創獲者，必須一方面吸收輸入外來之學說，一方面不忘本來民族之地位。」[127] 陳氏所云實是王國維「相化」說的另一表述。當西洋文化被視為普遍的文化，中西文化關係就轉換為普遍文化與固有文化的關係問題。文化的普遍性與民族性關係體現在學術上，便是學術的普遍性與學術的民族性關係問題。在現代語境中，所謂普遍的學術實是西洋學術，因而普遍性與民族性的關係實質就是西洋學術與民族固有學術

124《聞一多全集》第 2 卷，頁 440。
125《靜庵文集》，《王國維遺書》第 3 冊（上海：上海書店出版社，1996），頁 526。
126《胡適全集》第 5 卷，頁 10。
127《陳寅恪集　金明館叢稿二編》（北京：三聯書店，2001），頁 284-285。

之間的關係。

　　金岳霖（1895-1984）提出了哲學的普遍性與民族性的問題。其
〈馮友蘭中國哲學史審查報告〉（1930）：

> 所謂中國哲學史是中國哲學的史呢？還是在中國的哲學史？如
> 果一個人寫一本英國物理學史，他所寫的實在是在英國的物理
> 學史，而不是英國物理學的史。因為嚴格地說起來，沒有英國
> 物理學。哲學沒有進步到物理學的地步，所以這個問題比較複
> 雜。寫中國哲學史就有根本態度的問題。這根本的態度至少有
> 兩個：一個態度是把中國哲學當作中國國學中之一種特別學
> 問，與普遍哲學不必發生異同的程度問題；另一態度是把中國
> 哲學當作發現於中國的哲學。128

物理學、化學是普遍統一的，沒有民族性，因而所謂英國物理學史乃是
普遍的物理學在英國的歷史，而非英國民族的物理學的歷史。那麼，哲
學是否也像普遍的物理學、化學一樣普遍統一而無民族性？其實莫爾頓
《文學的近代研究》提出近代思想的特徵之一就是學術的普遍統一性，
認為文學、哲學就如物理學、化學一樣應該是普遍統一的。金岳霖說
「哲學沒有進步到物理學的地步」，從語氣看，他以為理想中的哲學應該
像物理學一樣是普遍的統一的世界性的，沒有民族性，英國哲學史就是
普遍的哲學在英國的歷史，中國哲學史就應該是普遍的哲學在中國的歷
史，而非英國民族哲學、中國民族哲學的歷史。但金岳霖認為，現實中
哲學尚未能達到與物理學等同的統一的境地，因而人們對哲學普遍性與
民族性的認識也存在態度的差異。一種態度認為哲學帶有民族性，另一
種認為哲學是普遍的，無民族性。若根據前一種態度，則中國哲學是民
族的哲學，中國哲學史是中國哲學的歷史，屬國學中一門學問的歷史，
是民族哲學的歷史。根據後一種態度，即認為有普遍的哲學，如普遍之

128　馮友蘭：《中國哲學史》附錄，頁 1000。

物理學、化學，中國哲學即普遍的哲學在中國，中國哲學史即普遍的哲學在中國的歷史。金岳霖認為，因為「現在的中國人免不了時代與西學的影響」，要寫民族的哲學史已經不容易辦到，[129] 而馮友蘭所取的是普遍哲學的立場，其《中國哲學史》乃是普遍的哲學發現於中國的歷史，也就是普遍的哲學在中國的發生與展開的歷史，換句話說馮氏的《中國哲學史》是在中國的哲學史，而非中國哲學的史。馮氏所寫既然是中國哲學史，何以金岳霖謂其不是中國哲學的歷史，而是普遍的哲學發現於中國的歷史？此因馮友蘭持普遍的哲學觀念，以之為標準衡量中國傳統學問，劃定中國學問中屬於哲學的範圍，又以為哲學包括宇宙論、人生論、知識論三部分，其《中國哲學史》所講述的即中國傳統對於此三部分問題之認識與論述的歷史，雖然是中國的論述，但問題卻是普遍性的，是中國傳統對普遍性的哲學問題的認識與論述。

　　馮友蘭認為，在研究對象上中國傳統的「義理之學」與西洋哲學相當，既然兩者相當，為何其著作要以西洋哲學作為基準，而不以中國的義理之學為主體，講述義理之學的理論問題，直稱「中國義理學史」？可否以中國義理之學作為普遍的理論衡量並組織西方學問，而作西方義理之學史？這實是哲學領域中的中西關係問題。從這種角度看，馮友蘭的《中國哲學史》實質上是西體中用，是站在西洋哲學的立場上以西洋哲學的標準看中國哲學。馮友蘭實已意識到此一問題，他在《中國哲學史》第一章緒論中對此問題作了闡述：

> 吾人本亦可以中國所謂義理之學為主體，而作中國義理之學史，並可就西洋歷史上各種學問中，將其可以義理之學名之者，選出而敘述之，以成一西洋義理之學史。就原則上言，此本無不可之處。不過就事實言，則近代學問，起於西洋，科學其尤著者。若指中國或西洋歷史上各種學問之某部分，而謂為

---

129 馮友蘭：《中國哲學史》附錄，頁 1000。

> 義理之學，則其在近代學問中之地位，與其與各種近代學問之
> 關係，未易知也。若指而謂為哲學，則無此困難。此所以近來
> 只有中國哲學史之作，而無西洋義理之學史之作也。[130]

此言西洋已形成近代（即現代）學問體系，西洋哲學已是近代學問體系之一部分。中國尚未進入近代（現代），未有近代學問，中國的義理之學是中古的，尚未進入近代；若以義理之學名之，則不能顯示其近代學術特徵，亦不能顯示其與近代其他學問之關係。研究中國傳統學問，只能以近代西洋學問為標準，因而在近代學問體系中，只能有中國哲學史，而不能有西洋義理之學史，因為西洋學問不能以中國之中古學問為模型。按照馮友蘭的理論邏輯，所有中國學問要近代化，必然要以西洋近代學問為典範。因為近代學問是普遍的統一的，西洋學術代表了近代學術的普遍性。馮友蘭所言，實質上正是中國現代學術的歷史發展事實，亦道出其事實背後的觀念。

那麼，在近代學術體系中，哲學是否有民族性？是否有民族哲學？金岳霖的問題實涉及此一問題。馮友蘭《中國哲學史》在緒論中論述中西哲學的差異，只是比較中西哲學在普遍性的哲學問題上的不同特點，其著作突出的是近代學問的普遍性。即便是提出問題的金岳霖突出的也是普遍性。但在 1937 年，馮友蘭發表〈論民族哲學〉，對民族哲學的問題做了正面論述：

> 我們常說，德國哲學，英國哲學等。卻很少說，德國化學，英
> 國化學等。假令有人說德國化學英國化學等，他的意思，大概
> 亦是說德國的化學，英國的化學，而不必是德國底化學，英國
> 底化學。因為化學只有一個，我們不能於其上加上德國底，或
> 者英國底等形容詞。[131]

130《中國哲學史》，頁 7-8。
131 馮友蘭：《三松堂全集》第 5 卷（鄭州：河南人民出版社，1986），頁 305-306。

馮友蘭此文顯然是在回應金岳霖提出的問題。與金氏一樣，馮友蘭認為化學等自然科學是統一的普遍的，即「化學只有一個」，因而所謂「德國化學，英國化學」即在德國、英國的普遍的化學。馮友蘭所說「德國的化學，英國的化學」，換成金岳霖的說法即「在德國的化學，在英國的化學」；馮氏所謂「德國底化學，英國底化學」，即具有德國、英國民族性的化學，而非普遍的化學。馮友蘭認為，化學是普遍的，沒有民族性。此與金岳霖一致。但馮友蘭認為，哲學、文學是有民族性的：「哲學或文學有民族的分別，而科學則不可以有。有民族哲學或文學，但沒有民族科學。」按照馮友蘭的說法，文學總是用某一種語言寫出的，某種語言有其特殊的文法，所以用某種語言寫出的文學作品有其特殊的技巧。某民族的民族文學總是用它的語言寫的，因而有其特殊的技巧，特殊的趣味及妙處，此其區別於其他民族文學之所在。而科學的義理是公共的，普遍的，其以某語言寫出對於義理而言是偶然的。哲學的義理也是公共的，普遍的，某民族語言對於哲學的義理來說，也是偶然的。此其同於科學處。然而某一民族哲學是接著某民族的哲學史講的，是用某民族的語言說的，這些分別對於哲學而言是外在的，表面的，但對於此民族來說卻是內在的，重要的，對於此一民族的精神團結及情感滿足，有很大貢獻。[132] 用某民族語言講哲學，該民族的人會對有些哲學名詞有情感上的聯想，得到情感上的滿足。接著某民族哲學史講哲學，事實上是接著某民族以前之大哲學家講哲學，而這些人乃是此民族精神方

---

132 馮友蘭：《三松堂全集》第 5 卷，頁 308。馮友蘭在《中國哲學史新編》說：「中國哲學史是中國哲學的歷史。中國哲學，就其內容說，和其他民族的哲學是一樣的。如果不是如此，它就不能稱為哲學。但就表現形式說，中國哲學和其它民族哲學的哲學，則有所不同。」此即義理是共同，形式是民族的。然又云：「『中國史』講的是『中國』的哲學的歷史，或『中國的』哲學的歷史，不是『哲學在中國』。我們可以寫一部『中國數學史』，這個史實際上是『數學在中國』或『數學在中國的發展』，因為『數學就是數學』，沒有『中國的』數學。但哲學、文學則不同。確實是有『中國的』哲學，『中國的』文學，或總稱曰『中國的』文化。」下面論述中國哲學具有特殊的民族內容，似又表明民族哲學不僅形式是民族的，義理也帶有民族性。見《中國哲學史新編》第 1 冊，頁 35、39。

面的領導者，由此可以使讀者有情感上的滿足及精神上的團結。[133] 換句話說，民族哲學並非謂其義理是民族性的，乃是指其民族化的表現形式。這種民族化形式對於哲學自身而言乃屬偶然外在，但可以促進民族文化認同，其意義已超越哲學自身。按照馮先生本人的說法，他的《新理學》就是接著中國宋明理學講的，他講的義理是普遍的公共的，但形式卻是民族的，故可以說是民族哲學。當馮友蘭講民族哲學時正值抗日戰起，中國哲學可以促進民族認同，增進民族感情，事實上他的《新理學》等在當時正起到了此種作用。

　　馮友蘭雖然提出有民族哲學，但在他而言，民族性只體現在表現性方面，哲學的義理卻是公共的普遍的，並無民族性。與馮友蘭不同，張東蓀（1886-1973）認為哲學的義理也具有民族特徵。其〈從中國言語構造上看中國哲學〉（1936）稱，「我研究中國言語的構造，從其特別的地方發見大有影響於中國思想」。[134] 張氏以為語言的特徵也影響哲學義理。張東蓀的觀點或許可證以威廉‧馮‧洪堡（Wilhelm von Humboldt，1767-1835）所說：「人主要地是按照語言所呈現給人的樣子而與他的客體對象生活在一起的。人從其自身的存在之中編織出語言，在同一過程中他又將自己置於語言的陷阱之中；每一種語言都在使用該語言的民族周圍劃出一道魔圈，任何人都無法逃出這道魔圈。」[135] 卡西勒（Ernst Cassirer，1874-1945）推論說，「科學家、歷史學家以至哲學家無一不是按照語言呈現給他的樣子而與其客體對象生活在一起的」。[136] 以這種觀點看，語言的差異對於哲學來說，其所涉及的就不只是外在的偶然的形式，而是直接影響到其義理內容，民族哲學之民族性就不僅是外在表現形式方面，而且是義理內容方面的。但馮友蘭並不認

133 以上俱撮〈論民族哲學〉意，見《三松堂全集》第 5 卷，頁 306-317。
134《東方雜誌》第 33 卷第 7 號（1936），頁 90。
135 轉引自卡西勒著，于曉等譯：《語言與神話》（北京：三聯書店，1988），頁 37。
136《語言與神話》，頁 55。

同張東蓀關於語言影響哲學特徵的觀點，[137] 而張東蓀代表的並非現代學術的主流傾向。

普遍性與民族性的問題同樣存在於中國文學研究領域。按照莫爾頓《文學的近代研究》，文學研究的現代特徵是文學的統一性。正如物理、數學是統一的普遍的，文學也是如此。這與哲學領域的普遍的哲學觀念一樣。新文學家強調的正是這種普遍統一的文學觀念，他們相信存在普遍的文學原理，儘管馮友蘭強調民族語言造成文學的民族特徵，但新文學家正強調的是超越語言特徵的普遍性。國粹派及本位文化派則強調文學的民族性。那麼，關於文學就有兩種觀念，一種強調文學是普遍的，就如物理學、數學一樣，一種強調文學是民族性的。如果強調文學的普遍性，那麼，中國文學史就是普遍的文學在中國的歷史；如果強調文學的民族性，那麼中國文學史就是中國文學的歷史。對於中國文學批評史來說，此一問題更為突出：如果認為文學的原理是普遍的，那麼中國文學批評史就是普遍的文學原理在中國的歷史；如果認為文學的原理是民族性的，那麼中國文學批評史就是中國文學理論的歷史。

事實上，在中國文學史研究領域，國粹派的文學史只是接受一個近代的廣義的文學的概念，而以傳統的文章概念銜接之，如此建立起來的文學史實即文章史，這種文學史可謂國學之一個部分，自民族性角度視之，或可說具有更多的民族性。新文學觀念影響下的中國文學史著作則以普遍的文學觀念為基準選擇材料，確定詩歌、散文、戲曲、小說為文學體裁，先述神話傳說，而以中國文學史無史詩為憾，以現實主義、浪漫主義為觀念架構，如此等等，所根據的皆是普遍的（實質上是西方的）文學觀念，事實上是把中國文學史看作是普遍的文學在中國發生與演變的歷史。在中國文學批評史中，更是如此。著者視西洋的文學批評

---

137 見〈論民族哲學〉。在晚年所著《中國哲學史新編》中，馮友蘭認為，就中國哲學的表現形式說，中國哲學和其它民族的哲學有所不同，其原因之一「可能是語言、文字方面的問題」。見《中國哲學史新編》第 1 冊〈全書緒論〉，頁 35。

為普遍的原理，於是乃以之為標準選擇中國學問中與之相當的內容而表述之，中國文學批評史乃是普遍的文學批評在中國發生與演變的歷史。上述觀念之下的中國文學史、中國文學批評史正如馮友蘭的《中國哲學史》，此乃現代學術的主流。不過主流之中，亦有不同取向。

錢鍾書承認文學的民族特徵，但強調文學的普遍性，反對以某種文化為本位說，而是主張各國文學之間的「相互照明」，故他不提倡民族文學。

錢鍾書認為，文學原理是普遍的。這種觀念基於其哲學觀念。《談藝錄・序》（1942）：「東海西海，心理攸同；南學北學，道術未裂。」這段話化用陸九淵東海西海心同理同之說，表達了一種現代的觀念：人性的普遍性與學術的統一性。《談藝錄》、《管錐編》中對此有進一步的闡述。《談藝錄》云：

> 蓋人共此心，心均此理，用心之處萬殊，而用心之途則一。名法道德，致知造藝，以至於天人感會，無不須施此心，即無不能同此理，無不得證此境。或乃曰：此東方人說也，此西方人說也，此陽儒陰釋也，此援墨歸儒也，是不解各宗各派同用此心，而反以此心為待某宗某派而後可用也，若而人者，亦苦不自知其有心矣。心之作用，或待某宗而明，必不待某宗而後起也。[138]

在錢鍾書看來，人性相同，人心具有共同性（人共此心），由於人心相同，因而心理活動具有共同的規律（用心之途則一）。認識對象的理是客觀的（心均此理，就認識的客體言），因人同此心，故不同人對同一對象之理的認識必然具有共同性（心均此理，就認識的結果言）。是故人認識所得的理是普遍的統一的，不分時代、地域與種族。雖然某一道理為某一派所提出，但此一道理依然是公共的普遍的道理，而非為某宗

---

138 《談藝錄》（北京：三聯書店，2019 年第 3 版第 11 次印刷），八八，頁 699。

派所獨專，因為人心是相同的，道理是客觀存在的，某一宗派不過是先明此道理而已。在《管錐編》中，錢鍾書對此作了再次的闡發。錢氏論《周易・繫辭》「一致而百慮」，謂即「思慮各殊，指歸同一」，以為陸九淵之說同乎此觀念，然後從比較哲學角度論其根據：

> 思辯之當然（Laws of thought），出於事物之必然（Laws of things），物格知至，斯所以百慮一致、殊塗同歸耳。斯賓諾莎論思想之倫次、係連與物之倫次、係連相符，維果言思想之倫次當依隨事物之倫次，皆言心之同然，本乎理之當然，而理之當然，本乎物之必然，亦即合乎物之本然也。[139]

物之本然、必然是物本身之客觀規律，人的思想是對事物的客觀規律的認識，思想的原理源自事物本身的原理。人類認識的一致性（心之同然）取決於理的必然性（理之當然）。錢鍾書認為人之心理規律相同，人之認識內容來自認識對象（物之必然），對象的理是客觀存在的（物之本然），故人對於相同對象之規律的認識理論上必然相同。這實際是錢鍾書關於文化學術普遍性的觀念基礎。

錢鍾書認為，文學原理也具有普遍性。〈中國的固有文學批評的一個特點〉（1937）:「中國所固有的東西，不必就是中國所特有或獨有的東西。譬如，中國道學家排斥文學；同樣，西方的藝術思想史也不過是一部相斫書，記載著『善的帝國主義』和『美的帝國主義』的衝突。」[140]「中西對象不同，立論因而差異，我們不該冒失便認為特點；因為兩種不同的理論，可以根據著同一原則。譬如中國文章講平仄，西洋文學講輕重音；西洋詩的禁忌，並非中國的四聲八病，而兩者同遵守著

---

139 《管錐編（一）》（北京：三聯書店，2019 年第 3 版第 15 次印刷），論《周易正義》二二，頁 85。維果，通譯維柯（Giovanni Battista Vico, 或 Giambattista Vico，1668-1744），著有《新科學》。錢鍾書所引斯賓諾莎、維果原文略。
140 《人生邊上的邊上》，頁 117-118。

聲調和諧的原則；雖不相同，可以相當。」[141] 正是基於此，錢鍾書認為「西洋詩歌理論和技巧可以貫通於中國舊詩的研究」。[142] 錢鍾書固然承認文學的民族特徵，其〈談中國詩〉（1945）：

> 旁的藝術是超越國界的，它們所用的材料有普遍性，顏色、線條、音調都可以走遍世界各國而不須翻譯。……只有文學最深閉固拒，不能把它的秘密逢人便告。某一種語言裡產生的文學就給那語言限止了，封鎖了。某一國的文學對於外國人總是本禁書，除非他精通該國語言。翻譯只像開水煮過的楊梅，不夠味道。[143]

文學與語言密不可分，因而語言的特色直接影響文學的特徵，文學的翻譯總會失去原來的特徵。但錢鍾書強調文學的普遍性高於其特殊性，〈談中國詩〉云：「中國詩只是詩，它該是詩，比它是『中國的』更重要。」[144] 詩作為詩的普遍性優先於其民族性。「中國詩裡有所謂『西洋的』品質，西洋詩裡也有所謂『中國的』成分。在我們這兒是零碎的、薄弱的，到你們那兒發展得明朗圓滿。反過來也是一樣。」[145]「研究外國文學時，我們感受到各種情感。『似曾相識的驚喜』是其中之一。在和本國素無交往的一個外國的文學裡，我們往往意外地看到和本國文學在技巧上、題材上、理論上的高度類似，彷彿他鄉遇故知。」[146]《談藝錄》中廣泛的中西詩的比較即建立在此種觀念基礎上。錢鍾書不止一次以哈吧狗在西洋稱作「北京狗」、在中國稱作「西洋狗」為例，批評「那些談中西文化本位的人」所謂中西文化獨特性之謬誤，指出「所謂國粹或

141《人生邊上的邊上》，頁118。
142〈表示風向的一片樹葉〉（1988），《人生邊上的邊上》，頁212。
143《人生邊上的邊上》，頁159-160。
144《人生邊上的邊上》，頁167。
145《人生邊上的邊上》，頁167。
146〈意中文學的互相照明：一個大題目，幾個小例子〉（1978），《人生邊上的邊上》，頁173。

洋貨，往往並非中國或西洋文化的特別標識」。[147]「我們常聽說，某東西代表道地的東方化，某東西代表真正的西方化；其實那東西，往往名符其實，亦東亦西。」[148] 按照錢鍾書的觀點，由於文化的普遍性，就不應以某一文化為本位，而應以人類文化的普遍性為本位。站在錢鍾書的立場上說，所謂中體西用說是錯誤的，全盤西化說也是錯誤的，中國本位說同樣是錯誤的，因而錢鍾書反對本位文化論，不論是以西洋文化還是以中國文化為本位。他借哈巴狗諷刺說，「這隻在西洋就充中國而在中國又算西洋的小畜牲，該磨快牙齒，咬那些談中西本位文化的人。每逢這類人講到中國文藝或思想的特色等等，我們不可輕信。」[149] 錢鍾書強調普遍性與世界性，但在他看來，不只西方文論是普遍的，中國文論也是普遍文論的一部分。其〈中國固有的文學批評的一個特點〉（1937）稱中國文評的特點「在現象上雖是中國特有，而在應用上能具普遍性和世界性；我們的看法未始不可推廣到西洋文藝」。[150] 其〈美國學者對於中國文學的研究簡況〉（1979）說：「各國文學在發展上、藝術上都有特色和共性，即異而求同，因同而見異，可以使文藝學具有科學的普遍性。」[151] 科學的普遍的文藝學即所謂普遍的文藝原理。錢鍾書的《談藝錄》即基於普遍的文學觀念，通過中外文學作品及理論的對比分析，探討文學的普遍原理。其著作超越了中西文化本位之說，而是以人類的文學為本位；也超越了中古、近代之價值進化觀念，不以近代在價值上高於古代。這在其著作形式也體現出來，其觀念上極具現代性、世界性，但其著作形式上卻用了傳統詩話體，使用了古典語言，而且不立體系。

---

147 〈中國固有的文學批評的一個特點〉，《人生邊上的邊上》，頁 117。

148 〈中國固有的文學批評的一個特點〉（1937）：「哈巴小獅子狗，中國通俗喚作洋狗，《紅樓夢》裡不就有『西洋花點子哈巴兒』嗎？而在西洋，時髦少婦大半養哈巴狗為閨中伴侶，呼為北京狗」，「許多東西文化的討論，常使我們聯想到哈巴狗。」《人生邊上的邊上》，頁 116。

149 〈談中國詩〉，《人生邊上的邊上》，頁 167。

150 《人生邊上的邊上》，頁 118-119。

151 《人生邊上的邊上》，頁 185-186。

　　朱光潛代表了另一種看待普遍性與民族性的方式。朱光潛固然承認文學的普遍性，但面對新文學運動的現實，他強調文學的民族性，而對新文學運動只重視接受西方文學傳統而忽略本國固有傳統不滿。其〈現代中國文學〉（1948）：「文學是全民族的生命的表現，而生命是逐漸生長的，必有歷史的連續性」，「西方影響的輸入使中國文學面臨著一個極嚴重的問題，就是傳統。我們的新文學可以說是在承受西方的傳統而忽略中國固有的傳統」，「中國文學接受西方的影響是勢所必至，理有固然的。但是，完全放棄固有的傳統，歷史會證明這是不聰明的。」[152]〈詩的普遍性與歷史的連續性〉（1948）：「新詩顯然已放棄中國固有的傳統。可是它仍是在接受一個傳統，西方詩的傳統。文化交流是常事，文化移植卻不一定成功，土壤氣候不同，移植往往是丹橘變枳，畫虎類犬。」[153]朱光潛研究詩論，帶有強烈的現實關懷。其《詩論·抗戰版序》（1942）：「在目前中國，研究詩學似尤刻不容緩。」「我們的新詩運動正在開始，這運動的成功或失敗對中國文學的前途必有極大影響，我們必須鄭重謹慎，不能讓它流產。」「當前有兩大問題須特別研究，一是固有的傳統究竟有幾分可以沿襲，一是外來的影響究竟有幾分可以接受。這都是詩學者所應虛心探討的。」[154]朱光潛所以特別關注固有傳統與外來影響的關係問題，乃因他認為新文學家接受西方文學，摒棄了中國固有文學傳統，他試圖通過理論的研究從學理上糾正新文學的偏向。1933年，朱光潛發表〈替詩的音律辯護──讀胡適的《白話文學史》後的意見〉一文駁胡適「做詩如說話」之說。朱光潛提出「詩是有音律的純文學」，強調「做詩決不如說話」，中國詩歌的音律傳統不能廢絕。[155]朱光潛《詩論》有大量篇幅論述音律尤其是中國詩的音律問題，實有極強烈

152《朱光潛全集》第 9 卷，頁 330。
153《朱光潛全集》第 9 卷，頁 340。
154《朱光潛全集》第 3 卷，頁 4。
155《東方雜誌》第 30 卷第 1 號（1933），頁 101-116。《朱光潛全集》本《詩論》附，
　　見《全集》第 3 卷，頁 221-248。

的現實針對性，所針對者即胡適所提出的「做詩如說話」。在理論上，朱光潛也持普遍性的文學觀念，相信有普遍的詩學。其《詩論》吸收與改造了克羅齊的直覺說，並以之為觀念架構組織中國詩說，尤其是王國維的境界說，力圖建立一現代的理論體系。《詩論・後記》（1984）說：「我在這裡試圖用西方詩論來解釋中國古典詩歌，用中國詩論來印證西方詩論。」《詩論》的理論問題與架構是西方詩論，即所謂普遍性的現代的，而證以中國傳統詩論，這就使得傳統中國詩論在現代架構中獲得了普遍的現代意義。《詩論》的架構是普遍的（西方的），但立足點是中國的。著者要用普遍的理論來解釋中國古典詩歌，通過他的理論解釋而使中國古典傳統獲得現代意義。朱光潛強調民族文學的歷史連續性，其《詩論》嘗試通過現代的詮釋在中國固有文學傳統與新文學之間建立一種歷史連續性。

　　朱自清也持普遍的文學觀念，並以這種觀念研究中國文學批評。他以普遍的即西洋的「文學批評」為依據選擇中國傳統詩文評中相應的內容作為研究對象，認為這是「將文學批評還給文學批評」。在確立了文學批評的範圍之後，朱自清認為應該「將中國還給中國」，即要呈現中國文學批評的民族特徵。在此基礎上，還要將「一時代還給一時代」，即重建其客觀真實的歷史。[156] 朱自清將文學批評研究分「縱剖的」與「橫剖的」兩種方式，即歷史的與體系的研究，他本人偏向於「橫剖的看」，即體系性的研究。體系性研究旨在建立中國文學批評的理論體系。一旦涉及體系，即面臨架構的問題，朱自清稱作「間架」。朱自清不以西方文學批評的理論架構來闡述中國文學批評，而試圖以中國傳統文論範疇搭建中國文論自身的架構，並進行現代的詮釋。此與朱光潛不同，朱光潛的間架是西方的，朱自清則力圖建立中國的間架。他在〈中國文評述略〉（1933）從橫向角度將中國文學批評分為六類：一、論比興，二、論教化，三、論興趣，四、論淵源，五、論體性，六、論

156〈詩文評的發展〉，《朱自清全集》第 3 卷，頁 25。

字句。這六類代表六大理論問題，這些理論問題可以用西方的術語來表述，從而建立起西方文學批評式的理論架構，但朱自清有意避開西方的理論架構及術語，認為「借用外國名字，苦於不貼切」，即會失去中國文論的固有特徵。[157] 他的《詩言志辨》正是以中國間架建立中國文論體系的代表。朱自清在中國文學批評方面建立民族理論體系的嘗試類似馮友蘭建立民族哲學的努力。但朱自清是歷史的重建，而馮友蘭則在歷史重建的基礎上，更建立了新的系統。套用馮友蘭的話說，朱自清是照著中國文學理論傳統講的，要重建民族文學批評的歷史傳統；而馮友蘭除了照著中國哲學講之外，其《新理學》更是接著中國哲學傳統講，不僅要繼往，還要開來，建立一新的現代體系。

周作人（1885-1967）是第一個嘗試運用傳統中國文論術語論述現代中國文學的人。其《中國新文學的源流》（1932）將新文學放到中國傳統文學的脈絡中講述，而以傳統詩文評中「載道」與「言志」來概括中國文學傳統，論述現代文學問題。這部書不僅具有文學史的意義，同時具有文學批評史的意義。就文學史而言，新文學能否放到舊文學的傳統中講述，涉及事實層面的問題，即新文學事實上是否確實接續了中國文學的傳統。因為新文學家宣稱傳統文學是死文學，而新文學是建立在西方文學基礎上的。正因為如此，故王力說：「如果說新文學的人才可以養成的話，適宜於養成這種人才的應該是外國語文系，而不是中國文學系。」[158] 正道出了新文學與西方文學傳統的關聯。朱自清稱「我們不能不承認他的話是有事實的根據的」。[159] 周作人此書所涉及的文學批評方面的意義，朱自清曾經論及。其〈詩文評的發展〉稱：「我們對現代中國文學所用的評價標準，起初雖然是普遍的——其實是借用西方的——後來就漸漸參用本國的傳統的，如所謂『言志派』和『載道派』

157《朱自清全集》第 8 卷，頁 147-153。

158 朱自清：〈關於大學中國文學系的兩個意見〉，《國文月刊》第 63 期（1948 年 1月），頁 4-5。

159〈關於大學中國文學系的兩個意見〉，頁 5。

——其實不如說是『載道派』和『緣情派』。」[160] 新文學家以西方文論為普遍的現代的，中國詩文評則為特殊的傳統的，不具普遍性與現代性。中國傳統的文學批評不能適用於新文學的批評，只能作為研究中國古代文學的參考。郭紹虞《中國文學批評史・自序》：「我只想從文學批評史以印證文學史，以解決文學史上的許多問題。因為這——文學批評，是與文學之演變最有密切的關係的。」[161] 道出中國文學批評史在中國文學研究中的實際作用及地位。其實即便是研究中國文學史，依賴的也主要是西洋文學理論，中國文學批評史只具有輔助的作用。新文化運動中輸入西方文學批評以指導新文學，前提是西方文學批評具有普遍的現代性，故西方文學原理成為現代中國文學的評價標準乃是邏輯的必然。朱自清說「參用本國的傳統的」文論評價現代文學，具體所指即周作人《中國新文學的源流》。周氏的做法意味著中國傳統的文論對現代文學具有解釋與批評的效力，意味著傳統文論超越了歷史而具有普遍的現代意義。這在現代文學批評上是一個突破，而對於中國文學批評史學科來說也具有重要的意義。周作人對「載道」「言志」皆有個人的詮釋，錢鍾書曾辨其不合本義，[162] 前引朱自清語亦有辨別，但從詮釋學角度看，周作人的這種偏離本義恰是賦予新意，可以視為傳統文論術語在現代批評中的意義引申與轉換。朱自清從周作人的著作看到其所蘊涵的學科意義。他說：「文學批評史不止可以闡明過去，並且可以闡明現在，指引將來的路。」[163]「闡明過去」乃是歷史的意義，「闡明現在」則是現代意義。按照新文學家的理解，文學批評可以指導創作；中國文學批評史具有現代意義，就意味著它可以指導現代創作，因而可以「指引將來的路」。新文學家本來否定詩文評的現代價值，朱自清此說代表新文學家

---

160 〈詩文評的發展〉，《朱自清全集》第 3 卷，頁 24。

161 《中國文學批評史》（上海：商務印書館，1947），頁 1。

162 錢鍾書所撰周作人《中國新文學的源流》之書評，《人生邊上的邊上》，頁 248-249。

163 〈詩文評的發展〉，《朱自清全集》第 3 卷，頁 24。

對於傳統詩文評現代意義之認識的巨大進展，等於承認傳統文學批評具有普遍的現代性，具有與西洋文論一樣的普遍的解釋效力。

普遍文學或世界文學的觀念是現代學術的主導觀念。莫爾頓之後，韋勒克（René Wellek，1903-1995）與沃倫（Austin Warren，1899-1986）所著具有世界影響的《文學理論》亦主張文學像藝術與人性一樣是一個統一體，文學史研究的未來前途即繫於此一觀念。[164] 莫爾頓指出，傳統的文學批評以亞里斯多德的文學理論為依據，而亞氏文學理論乃以希臘的文學實踐為基礎，是希臘文學實踐的概括。這種建立在單一文學實踐基礎之上的文學理論不能具有普遍的適用性，不能用於批評所有的文學。現代的批評，其理論乃是建立在世界文學實踐的基礎之上。[165] 按照莫氏的論述邏輯，現代的文學批評既然是以世界文學實踐為基礎，就理應包括中國文學實踐，這樣的理論才具有真正的普遍性或者說世界性，只有如此，其理論才具有普遍意義。據錢鍾書稱，1936年，紐約大學現代文學教授 John Bakeless 跟他談起「要做一部文學批評史」，補充聖茨伯利（George Saintsbury，1845-1933）《文學批評史》（*History of Criticism*）的闕漏，添上中國文評、俄國文評兩部分，邀請錢鍾書負責中國文評部分。[166] 這種提議實際上等於承認聖茨伯利的《文學批評史》並不是一部建立在世界文學基礎之上的普遍的文學批評的歷史，而 John Bakeless 試圖向此一普遍的文學批評的理想境界努力。但事實上，建立在世界文學經驗基礎之上的統一的普遍的文學理論乃是一種理想。儘管韋勒克也主張統一的文學觀念，但其《近代文學批評史》（*A History of Modern Criticism*）依然只是西方文學批評史。

---

164 "Literature is one, as art and humanity are one; and in this conception lies the future of historical literary studies." René Wellek, Austin Warren, *Theory of Literature*, New York: Harcourt,Brace & World, Inc., 1956, p. 50. 參見劉象愚等譯：《文學理論》（北京：三聯書店，1984），頁 45。

165 R. G. Moulton, *The Modern Study of Literature*, pp. 221-229.

166 〈中國固有的文學批評的一個特點〉後記，《人生邊上的邊上》，頁 134。

　　「五四」以來的上百年間，中國學者接受並追求統一的文學觀念，而以西洋文學觀念為普遍的世界的文學觀念，努力以「世界眼光」實質上是西方眼光看中國文學，力圖使中國文學成為世界文學整體中的一部分。但錢鍾書等學者已經認識到普遍的或世界的文學觀念並不等於西洋的文學觀念，普遍的或世界的文學原理亦不等於西方文學原理，因而致力於中國文學與西洋文學之間的「互相照明」，平等對話，力爭建立真正的普遍的文學理論。這種理想的「世界性的文學理論」也是漢學家劉若愚的理想。他說：提到「世界性的文學理論」，「我並非如此天真，以致相信我們終會達到一個普遍接受的文學定義」，「但是，正像我們無法希望找到一個普遍接受的人生之意義的定義這種認識，並不導致我們放棄對尋求人生意義的嘗試一樣，關於文學的這種認識，並不一定阻止我們企圖以實驗的方式，提出比現存的更適切、適用更廣的文學理論。」167 劉若愚（1926-1986）認為，對於這種普遍性的文學理論，中國傳統文論的可以做出獨特的貢獻。其著《中國文學理論》（1975）之「終極目的」，「在於提出淵源於悠久而大體上獨立發展的中國批評思想傳統的各種文學理論，使它們能夠與來自其它傳統的理論比較，而有助達到一個最後可能的世界性的文學理論（an eventual universal theory of literature）。」在劉若愚看來，「在歷史上互不關聯的批評傳統的比較研究，例如中國和西方之間的比較，在理論的層次上會比在實際的層次上，導出更豐碩的成果，因為對於各別作家與作品的批評，對於不諳原文的讀者，是沒有多大意義的，而且來自一種文學的批評標準，可能不適用於另一種文學；反之，屬於不同文化傳統的作家和批評家之文學思想的比較，可能展示出哪種批評概念是世界性的，哪種概念是限於某幾種文化傳統，而哪種概念是某一特殊傳統所獨有的。」168 雖然劉若愚稱「我希望西方的比較文學家與文學理論家，對本書所提供的中國文學理

---

167 劉若愚著，杜國清譯，《中國文學理論》（臺北：聯經出版公司，1981），頁 4。
168《中國文學理論》，頁 3。

論加以考慮，不再只根據西方的經驗，闡述一般文學理論。」[169] 但事實上，西方文學理論家並未像劉若愚所希望的那樣考慮中國文學理論，中國文學理論並沒有成普遍的文學理論的內容。

　　在現代中國，亦有學者主張並致力於建立現代的民族的文學理論。但如何定義民族文學理論？是如馮友蘭所說的民族哲學般，民族文學理論的義理是公共的，普遍的，而表現形式是民族的？還是指義理本身也是民族的？如果義理本身也是民族的，那麼，民族文論的基礎是否中國古代文論？若義理是民族的，那麼，有無普遍的文學原理？這些問題迄今並未能充分討論並解決。隨著後現代主義思潮興起，民族文學理論問題轉換為中國文論話語問題，強調話語的建構特徵及其背後的非學術因素，但中國文論話語與西方文論究竟是各說各話，還是互相對話，若是對話，還是要有一套共同的話語基礎，還會涉及普遍的文論問題。

　　從學術史的角度看，現代學者所追求的普遍的文學觀念乃是勢有必然，有其歷史的合理性，但普遍的文學觀念本身也是歷史性的變化的。中國固有文學批評觀念也應當而且可以是普遍的文學觀念的一部分，但要真正成為世界公認的普遍的文學觀念的重要成分，尚需要學者的研究與詮釋的努力，也有賴學術之外的多重因素的助力。

169《中國文學理論》，頁 5。

第二章
舊傳統與新思潮：從詩文評到文學批評

　　詩文評屬於傳統學問，文學批評則為現代學科；從詩文評到文學批評的變化，標誌中國學術從傳統到現代的轉型，經歷了學理與心理的雙重建立過程。面對西方文化的衝擊，文學是晚清時代民族自信的最後憑據，自新文學家宣佈中國傳統文學已死，摧毀舊觀念，遂有輸入西方文學、建立新文學之新思潮。建立新文學，需要文學批評指引；中國沒有現代文學批評，需要輸入西方文學批評。以西方文學批評整理詩文評，則詩文評從傳統學問成為現代學術。

一、新文學、文學批評與詩文評

　　胡先驌（1894-1968）〈說今日教育之危機〉（1922）：「自清季國勢寖衰，外侮日至，國內執政者，漸知吾國物質教育之缺乏，於是曾文正始有派遣幼童出洋留學之舉。然當時猶以為吾國所缺者，物質科學耳。」「至戊戌、庚子以還，言新學者，始昌言政治之改革，於是紛紛赴日本習法政，國內學校亦逐漸成立。然習新學者，猶信中學為體，西學為用之說。」「至民國六年，蔡子民長北京大學，胡適之、陳獨秀於《新青年雜誌》提倡『新文化』以來，國人數千年來服膺國學之觀念，始完全打破。於是由研究西方物質科學、政治科學，進而研究西方一切之學問矣。」[1] 此言晚清以來國人對待中西文明認識之變化過程。其第一階段

---

[1] 《學衡》第 4 期（1922 年 4 月），頁 9-10。

實以張之洞等人「中（舊）學為體，西學為用」觀念為代表，第二階段
乃以嚴復譯介西方政治、經濟、哲學為代表，第三階段則以「五四」新
文化運動為代表。[2]

　　伴隨認知轉變的是心理的變化。心理的變化分兩方面，一方面是
對於西洋文明的嚮慕心，一方面是對中國文明的自卑感。梅光迪（1890-
1945）〈評提倡新文化者〉（1922）云：「國人倡言改革，已數十年。始
則以歐西之越我，僅在工商製造也，繼則慕其政治法制，今且兼及其教
育哲理文學美術矣。」[3]「慕」已不單是認知層面，更涉心理層面。與嚮
慕歐西同時，便是自覺中國文明不如西洋的心理。林語堂（1895-1976）
〈機器與精神〉（1929）：五十年前，「那時的中國人只看見西洋人火車輪
船電報槍炮等顯而易見的文明」，「五十年以來稍開通的國人，早已承
認中國的政治政體不如西洋了」；「三十年來中國人也漸漸感覺中國的學
術思想，科學方法不如西洋了」，「十年前的中國人又感覺連文學上，都
有不及西洋人了，於是有近代文學的運動，儘量的翻譯西洋文學。」[4]此
描述中國人對西方文明及自身文明認識及態度的變化過程，與梅光迪所
言雖細節不同，然大體一致，梅氏所言涉及嚮慕西方的心理過程，而林
氏所說乃中國人對固有文明之自信心從局部喪失到全面瓦解的過程：先
是感覺技不如人，繼之認為制度不如人，再是斷定文化不如人，如胡適
〈請大家來照照鏡子〉（1928）所說「大徹大悟地承認我們自己百事不如
人」，「不但物質上不如人，不但機械上不如人，並且政治社會道德都不
如人」。[5]正是在以上認知與心理的基礎上，遂有「再造文明」的新文化
運動。

2　參見余英時：〈中國近代史上的胡適〉，《中國思想傳統的現代詮釋》（臺北：聯經
　　出版公司，1987），頁 519-574。
3　《學衡》第 1 期（1922 年 1 月），頁 7。《中國新文學大系‧文學論爭集》（影印本）
　　（上海：上海文藝出版社，1981），頁 127。
4　1929 年 12 月 26 日在光華大學中國語言學會講稿，《中學生》第 2 號（1930 年 2
　　月），頁 4。
5　《胡適全集》第 3 卷（合肥：安徽教育出版社，2007），頁 31-32。

　　文學作為民族自信心的最後領域，當時的國人對之也經歷了從自負到自愧的變化過程：先是自負中國文學最優，繼之承認西洋文學可媲美中國，再者自愧中國文學不如西洋。在此基礎上，遂有新文學運動，全面輸入西洋文學。在這一過程中，林紓（1852-1924）與嚴復（1854-1921）的翻譯對文學觀念及心態的轉變所關甚重。胡適〈五十年來中國之文學〉（1922）敘述19世紀末年的譯書事業，其範圍包括三類：一為宗教書籍，二為科學與應用科學書籍，三為歷史、政治、法制書籍，而文學、哲學書籍在當時還沒有人注意。「當時的中國學者總想西洋的槍炮固然利害，但文藝哲理自然遠不如我們這五千年的文明古國了。嚴復與林紓的大功勞在於補救這兩個大缺陷。嚴復是介紹西洋近世思想的第一人，林紓是介紹西洋近世文學的第一人。」[6]鄭振鐸（1898-1958）〈林琴南先生〉（1924）說：「中國人自屢次為歐美人所戰敗後，對於他們的武器以及物質的文明，起了莫大的嚮慕心」，但「他們以為中國的道德文學及政治是高出於一切的」，不過只有「物質文明不如『西人』而已」，「這時的呼聲是：『西學為用，中學為體』」；「到了後來，大家看出中國的舊的政治組織的根本壞處了，於是又嚮慕歐美的立憲政治與共和政治」，「在這個時候，還以為中國的不及人處，不過是腐敗的政治組織而已，至於中國人的文學卻是世界上最高的最美麗的，絕沒有什麼西洋的作品，可以及得我們的太史公，李白，杜甫的」；「到了林先生介紹了不少的西洋文學作品進來，且以為史各德的文字不下太史公，於是大家才知道歐美亦有所謂文學，亦有所謂可與我國的太史公相肩比的作家」。[7]周作人（1885-1967）〈林琴南與羅振玉〉（1924）稱，「老實說我們幾乎都因了林譯才知道外國有小說，引起一點對於外國文學的興味」。[8]錢鍾書（1910-1998）也稱自己是「讀了林譯而增加學習外國

6　《胡適全集》第2卷，頁274。

7　《小說月報》第15卷第11號（1924），頁12。

8　《語絲》，第3期（1924），頁5。作者署名開明。

語文的興趣的」。[9]吳文祺（1901-1991）〈林紓翻譯的小說該給以怎樣的估價〉（1935）稱，「在從前，一般文人，雖然知道外國的科學比我們進步，但是一談到文學，總以為只有咱們中國是首屈一指的」，林紓「以《史記》來比附西洋小說，以司馬遷比附迭更司」，[10]「這種說法至少可以使一般文人知道西洋也有司馬遷一流的作家」，「自從林紓的譯本出版以後，一般人才掃除了『文學莫盛於中國』的謬見」。[11]林紓的翻譯轉變了國人卑視西洋文學的觀念，開始平視西洋文學。

　　鄭振鐸、吳文祺所云以中國文學為最優的「一般文人」的觀念，可推王樹枏（1852-1936）、陳衍（1856-1937）諸人為代表。據胡適〈《中國新文學大系・建設理論集》導言〉（1935），王樹枏「以為宇宙古今之至美，無可以易吾文者」，是以中國文學為最優者。[12]錢鍾書〈林紓的翻譯〉云，1931或1932年，錢氏訪陳衍於蘇州，「陳先生知道我懂外文，但不知道我學的專科是外國文學，以為準是理工或法政、經濟之類有實用的科目。那一天，他查問明白了，就慨歎說：『文學又何必向外國去學呢！咱們中國文學不就很好麼！』」[13]錢鍾書解釋道，「好多老輩文人有這種看法，樊增祥的詩句足以代表：『經史外添無限學，歐羅所讀是何詩？』（《樊山續集》卷二四〈九疊前韻書感〉）。他們不得不承

9　〈林紓的翻譯〉，《七綴集》（北京：三聯書店，2001年第1版第1次印刷），頁93。
10　吳文祺舉二例，一為林紓《塊肉餘生述・序》：「史班敘婦人瑣事，已綿細可味矣。顧無長篇可以尋繹。其長篇可以尋繹者，惟一《石頭記》。然炫語富貴，敘述故家，緯之以男女之豔情，而易動目。若迭更司此書，種種描摹下等社會，雖可喊可鄙之事，一運以佳妙之筆，皆足供人噴飯。」見《塊肉餘生述》（上海：商務印書館，1930），頁2。另一例為林紓光緒三十三年（1907）所撰《孝女耐兒傳・序》：「余嘗謂古文中序事，惟序家常平淡之事為最難著筆。《史記・外戚傳》述竇長君之自陳，謂『姊與我別逆旅中，丐沐沐我，飯我乃去』。其足生人惋愴者，亦祇此數語。……究竟史公此等筆墨，亦不多見。以史公之書，亦不專為家常事發也。今迭更司則專意為家常之言，而又專寫下等社會家常之事，用意著筆為難。」見《孝女耐兒傳》（上海：中華書局，1915），上卷，頁2。
11　鄭振鐸、傅東華編：《文學百題》（上海：生活書店，1935），頁444-445。
12　此王樹枏《故舊文存》自序中語，《胡適全集》第12卷，頁271。
13　《七綴集》，頁116。

認中國在科學上不如西洋，就把文學做為民族優越感的根據。」錢鍾書認為，「在這一點上，林紓的識見超越了比他才高學博的同輩」。[14] 除陳衍、樊增祥（1846-1931）外，我們還可以舉出晚清桐城派的代表人物吳汝綸（1840-1903）。吳汝綸序嚴復譯赫黎胥《天演論》，強調翻譯之文體的重要性：「今西書雖多新學，顧吾之士以其時文公牘說部之詞，譯而傳之，有識者方鄙夷而不知顧，民智之瀹何由？此無他，文不足焉故也。」其後稱，「黎氏之道，未知於釋氏何如，然欲儕其書於太史氏揚氏之列，吾知其難也。即欲儕之唐宋作者，吾亦知其難也。」吳氏再稱「嚴子一文之，而其書乃駸駸與晚周諸子相上下」。[15] 吳汝綸論西人之文以中國文章為標準，又推斷赫黎胥著作之文難儕唐宋作者，而嚴譯之文為之增價，使之可與晚周諸子比肩，此說顯然流露出中國文章優於西人之意。在晚清，即便是號稱瞭解西洋的駐外公使，也大抵是如此態度。光緒三年（1877），駐英公使郭嵩燾（1818-1891）到英國尚不足一月，便已稱：「此間富強之基與其政教精實嚴密，斐然可觀，而文章禮樂不逮中華遠甚。」[16] 錢鍾書指出，晚清這些外交官們，「不論是否詩人文人，他們勤勉地採訪了西洋的政治、軍事、工業、教育、法制、宗教，欣奮地觀看了西洋的古蹟、美術、雜耍、戲劇、動物園裡的奇禽怪獸。他們對西洋科技的欽佩不用說，……祇有西洋文學——作家和作品、新聞或掌故——似乎未引起他們的飄瞥的注意和淡漠的興趣。」[17] 其所以對西洋文學淡漠無興趣者，乃原自中國文學優於西洋的心理。

　　周木齋（1910-1941）〈清代文人對於現代發生影響的算那幾人〉（1935）先是演述胡適〈五十年來中國之文學〉的說法，認為原來的翻譯西洋書，存了西洋的「形而下」學勝過中國，中國的「形而上」學也

14　〈林紓的翻譯〉注 60，《七綴集》，頁 131。
15　嚴復譯：《天演論》（上海：商務印書館，1947），頁 2。
16　參見錢鍾書：〈漢譯第一首英語詩〈人生頌〉及有關二三事〉注 71。《七綴集》，頁 187。
17　〈漢譯第一首英語詩〈人生頌〉及有關二三事〉，頁 174。

勝過西洋的觀念，翻譯科學和應用科學，即當時所謂「格致」的書。此外因傳教士來到中國，所以有宗教書的翻譯。因鑒於西洋各國的富強，出於要瞭解西洋國情的心情，所以有歷史、地理、政治、法典的翻譯。而「嚴復、林紓的翻譯，是足以衝破輕視漠視西洋文學、社會科學的瘴氣的」。周木齋稱，由嚴復的翻譯，國人才知道西洋也有政治、經濟、哲學；因林紓的翻譯，才知道西洋也有小說。因為林譯小說本屬文學作品，而嚴復翻譯西洋的政治、經濟、哲學書，其原本和譯文都具有文學價值，因而可以說因嚴復、林紓的翻譯，才知道西洋也有文學。由翻譯的影響，一部分人以為西洋文學媲美中國，又一部分人以為超過中國文學。「風氣一開，從知道西洋的文學，進而認識西洋的文學，又從這一進，退而發現自己固有文學的缺點，再進而有取法西洋文學，改革自己文學的希圖，原是很自然的趨勢」。[18] 在這種意義上說，林紓在舊文學到新文學的轉變中作用獨特。寒光稱林紓「替舊文學做押陣的大將，為新文學探出一條外國的通路」，[19] 正道出其獨特的作用及地位。

　　陳獨秀（1879-1942）、胡適宣導文學革命，正是晚清以來觀念及心態變化的必然結果。陳獨秀〈文學革命論〉（1917）高呼「推倒」「貴族文學」、「古典文學」、「山林文學」，「建設」「國民文學」、「寫實文學」、「社會文學」，胡適〈建設的文學革命論〉（1918）宣稱「中國這二千年只有些死文學，只有些沒有價值的死文學」，[20] 提倡「國語的文學，文學的國語」。文學革命宣判了古典傳統的死刑，要建設新文學，固不能求助於傳統的死文學，因而輸入西方文學乃是必然的趨勢。胡適稱「創造新文學」既要用白話作工具，還要有方法，但「中國文學的方法實在不完備，不夠作我們的模範」，而「西洋的文學方法，比我們的文學，實在完備得多，高明得多」，故要「趕緊多多的翻譯西洋的文學名著做我

18　《文學百題》，頁 437-438。

19　寒光：《林琴南・序》（上海：中華書局，1935），頁 1。

20　《胡適全集》第 1 卷，頁 54。

們的模範」。[21] 胡適對待西洋文學的態度與嚴復、林紓迥然有別，不是西洋媲美中國，而是中國不如西洋。周作人〈日本近三十年小說之發達〉（1918）言及林紓、嚴復的翻譯時說：「譯者本來也不是佩服他的長處所以譯他；所以譯這本書者，便因為他有我的長處，因為他像我的緣故。所以司各得之可譯可讀者，就因為他像《史》《漢》的緣故，正與將赫胥黎《天演論》比周秦諸子，同一道理。」周作人不滿嚴復、林紓的譯書態度，「不肯自己去學人，只願別人來像我」，認為「我們想要救這弊病，須得擺脫歷史的因襲思想，真心的先去模仿別人」。[22] 他之翻譯域外小說，主張直譯，便是真心學別人之意。

　　批判舊文學，輸入西洋文學，迅速形成風氣。梁實秋（1903-1987）〈近年來中國之文藝批評〉（1927）指出，「在新文學運動最初的幾年，破壞的批評者便是這個運動的急先鋒，專門從事於毀滅我們的舊文學的標準與傳統。在一般人的心目中，舊標準果然毀滅了，『文以載道』，這個道理不通，取消它，於是文果然不載道了。中國的文學不好，不要它，於是引進了大批的西洋文學」。「自五四運動以後西洋文學大批的輸入中國」，「近幾年來的中國新文學，實際上即是受西洋文學勢力所支配的文學」。[23] 梁實秋與新文學運動的主流立場有異，但他的觀察在事實的層面是可信的。

　　按照新文學家的觀念，新文學的建立，需輸入西洋文學作為學習的典範，而西洋文學有文學批評做嚮導，中國要建立新文學，也需要有文學批評的指導，於是文學批評遂有了現實的迫切需要。胡愈之（1896-1986）是文學研究會的共同發起人，其〈文學批評——其意義及方法〉（1921）是最早簡明系統西方文學批評的文章，在當時影響頗廣。文章開篇云：

21　〈建設的文學革命論〉，《胡適全集》第 1 卷，頁 60-68。
22　《藝術與生活》（北京：十月文藝出版社，2011），頁 162。
23　《東方雜誌》第 24 卷第 23 號（1927），頁 83-84、87。

> 「文學批評」這一個名辭，在西洋已經有過幾千年的歷史了；
> 可是在我們中國還是第一次說及。中國人本來缺少批評的精
> 神，所以那種批評文學在我國竟完全沒有了。我國文學思想很
> 少進步，多半許是這緣故。近年新文學運動一日盛似一日，
> 文藝創作，也一日多似一日，但同時要是沒有批評文學來做嚮
> 導，那便像船沒有了舵，恐怕進行很困難罷。所以我想現在研
> 究新文學的人，對於文學批評似乎應該有相當的注意。[24]

這一節代表新文學家關於輸入西洋文學批評的學理論述。周全平（1902-
1983）《文藝批評淺說》（1927）：「假如文藝是一隻船，文藝批評便是這
隻船底一個舵，假如文藝是一個孩子，文藝批評便是這孩子底保姆。沒
有舵的船，是不易達到他底目的地的，沒有保姆撫育的孩子，也常有難
於長成的危險。同樣，文藝而沒有文藝地批評時，這文藝便不能有意識
地、迅捷地得著真正的進展。」[25]文學創作需要文學批評做為嚮導，這種
觀念自有來自西洋的學理依據，如周全平所引聖柏甫（Sainte-Beuve，
1804-1896）所云：「一個文藝創作家應有一個文藝批評家為之匡導。」[26]
按照這種觀念，西洋文學批評有幾千年的傳統，所以西洋文學思想進
步；中國無文學批評傳統，創作缺乏指導，因而中國文學思想很少進
步。中國要發展新文學，必須有文學批評的指導，故要引進西方文學批
評。

　　胡愈之的論述中涉及一個重要的問題：中國文學傳統中有沒有「文
學批評」？[27]胡愈之本人認為中國「完全沒有」「那種批評文學」。這種

---

24 《東方雜誌》第 18 卷第 1 號（1921），頁 70。
25 《文藝批評淺說》（上海：商務印書館，1927），第一章〈緒言〉，頁 1。
26 《文藝批評淺說》，頁 3。
27 關於此一問題，陳國球教授有精當的論述。參見陳國球：〈文學批評作為中國文學
　研究的方法──兼談朱自清的文學批評研究〉，《政大中文學報》第 20 期（2013
　年 12 月），頁 5-10。張健：〈借鏡西方與本來面目：朱自清的中國文學批評研
　究〉，《北京大學學報》2011 年第 1 期，頁 61-65。見本書第四章。

表述顯示，胡愈之是以西洋文學批評作為普遍標準審視中國傳統，有文學批評是當然，中國無之是缺陷。正是建立在這種觀念基礎上，才有輸入西洋文學批評的必要性。當胡愈之如此論述時，已經隱含另一個問題：中國傳統的「詩文評」是否是「文學批評」？同是文學研究會創始人的沈雁冰（茅盾，1896-1981）就正式提出並回答了此一問題。沈氏〈「文學批評」管見〉（1922）稱：「中國一向沒有正式的什麼文學批評論；有的幾部古書如《詩品》、《文心雕龍》之類，其實不是文學批評論，只是詩、賦、詞讚……等等文體的主觀的定義罷了。」[28] 沈氏亦是以西方文學批評衡量中國詩文評，但其稱中國「沒有正式的文學批評」，較胡愈之的「完全沒有」語氣稍緩，等於承認中國的「詩文評」是非正式的「文學批評」。其〈文學與人生〉（1923）進一步申說：

> 中國向來文學作品，詩，詞，小說等都很多，不過講文學是什麼東西，文學講的是什麼問題的一類書籍卻很少，講怎樣可以看文學書，怎樣去批評文學等書籍也是很少。劉勰的《文心雕龍》可算是講文學的專書了，但仔細看來，卻也不是，因為他沒有講到文學是什麼等等問題。他只把主觀的見解替文學上各種體格下個定義。詩是什麼，賦是什麼，他只給了一個主觀的定義，他並未分析研究作品。司空圖的《詩品》也沒講「詩含的什麼」這類的問題。從各方面看，文學作品很多，研究文學作品的論文卻很少。因此，文學和別種方面，如哲學和語言文字學等，沒有清楚的界限。談文學的，大都在修詞方面下批評，對於思想並不注意。至於文學和別種學問的關係，更沒有說起。[29]

---

28 《茅盾文藝雜論集》（上海：上海文藝出版社，1981），上集，頁101。原載《小說月報》第13卷第8期（1922年8月10日）。

29 《茅盾文藝雜論集》上集，頁110。原載松江暑期演講會《學術演講錄》第1期（1923）。

此申說何以中國的詩文評不是「正式的文學批評」，其衡量的標準是西洋文學批評。新文學需要文學批評的指導，而中國沒有真正的文學批評傳統，故沈氏要談文學與人生這一重要的問題，「在中國向來的書裡，差不多沒有材料可以參考」。「現在只能先講些西洋人對於文學的議論，再來講中國向來的文學，與人生有沒有關係」。[30]「所以我們現在講文學批評，無非是把西洋的學說搬過來，向民眾宣傳。」[31] 沈雁冰雖然承認傳統詩文評可以算作非正式的文學批評，但沒有現代的價值，對於指導新文學沒有實際的意義。鄭振鐸〈整理中國文學的提議〉（1922）：「中國的文學批評極不發達。劉彥和的《文心雕龍》算是一部最大的著作。章學誠之《文史通義》，亦多新意。其餘如詩品，詩話，詞話及《唐詩紀事》之類，大半都是不大合於文學批評的原則的。」[32] 王統照（1897-1957）〈文學批評的我見〉（1923）：「中國以前的文壇上，只有種作為個人鱗爪式的觀察，而無有所謂『文學批評』，這也許是由科學化而來的新精神，『文學批評』，乃隨著近幾年來新文壇上的創作與介紹的波浪，在後面助著『波瀾』」。「中國以前的文章，偶爾有幾片沙礫中的珠璣，說到批評，也多是些微末無足輕重的話，如同『四始彪炳，六義環深』（《文心雕龍‧明詩篇》）這一類的話，只是批評比自己去堆砌詞藻，於批評二字，實難說到。」[33] 這也幾乎是完全否定中國有文學批評的態度。

　　新文學家對於中國文學批評的見解在當時具有相當的代表性。1924年，署名「和」的學者發表〈文學批評與編輯中國文學史〉，稱「我們的中國，從古到今，嚴格的說來，未曾出現一冊文學的批評書，歷代的詩話之類，雖近於文學評論，然而離文藝評論的真價值，還遠的很呢，

---

30 《茅盾文藝雜論集》上集，頁 110。

31 〈「文學批評」管見〉，《茅盾文藝雜論集》上集，頁 101。

32 《文學旬刊》第 51 期（1922 年 10 月 1 日），頁 1。《鄭振鐸文集》第 7 卷（北京：人民文學出版社，1988），頁 6。

33 《晨報副刊‧文學旬刊》第 2 號（1923 年 6 月 11 日），第 1 版。

至多不過說這是文藝的極零碎的雜感罷了。」[34] 同年，深受學衡派文化觀念影響的胡夢華（1903-1983）發表〈文藝批評概論〉，[35] 謂中國「文藝批評未成專門學問」，「我們歷來文藝之變遷，批評家實未有若何之影響」，「代表東方之中華偉大文學乃不能於世界文壇佔有重要地位，無文藝批評家出而標揚之，實為一大原因，今爾後吾人欲發揚中華文學，則於文藝批評不可不三致意焉。」胡氏同樣以西洋文學批評衡量中國傳統，但並未否認中國有文藝批評，然謂其「未成專門學問」，此立場實接近鄭振鐸「未有正式的什麼文學批評」，正惟如此，他也主張輸入西洋文學批評。與新文學家不同的是，其介紹西方文學批評的目的不是為建設與死文學對立的新文學，而是為發揚「中華偉大文學」。此實受梅光迪影響。梅氏〈中國文學在現在西洋之情形〉（1922）之言及漢學家翟理斯（Giles，1945-1935）以「中國有若斯之文學，而不欲自顯於世」為不可解，故梅光迪提出中國有「文學宣傳之必要」，並提出具體途徑，而批評新文學家「不能自揚其善，而日以推倒固有文化為事」。[36] 為此，他被視為「以反對『五四』新文學發揚中國文化自任的人」。[37] 胡夢華主張以文學批評發揚「中華偉大文學」，實響應梅光迪之說。

　　梁實秋文化立場也有異於新文化運動主流，但其對於中國文學批評的認知卻接近新文學家。其〈近年來中國之文藝批評〉（1927）稱：「中國文學裡，本來有文學批評這一類的作品，但大半不過是些斷簡殘篇，沒有系統的敘述，亦沒有明確的主張，例如詩話一類的作品，裡面也不是沒有一點半點的批評的材料，但未經整理與繹述之前，簡直不能算

34　《晨報副刊》第 50 號（1924 年 10 月 15 日），第 1 版。

35　《東方雜誌》第 21 卷第 4 號（1924），頁 96-101。胡夢華為胡適宗侄，1920 年入南京高等師法學校英文科，1921 年隨校轉入國立東南大學西洋文學系，文化觀念受學衡派影響。

36　〈中國文學在現在西洋之情形〉，梅光迪教授講，何惟科記，《文哲學報》第 2 期（1922 年 7 月），頁 5。

37　賀昌群：〈哭梅迪生先生〉，《思想與時代月刊》第 46 期（1947 年 6 月），頁 13。

做正式的批評。」[38] 梁氏此說實謂傳統詩文評屬於文學批評，但非「正式的批評」，觀念與鄭振鐸相近。若要使傳統的詩文評成為正式的文學批評，需要「整理與繹述」。其〈文學與科學〉（1934）說：西洋文學「有一點是我們中國文學所最缺乏的，那便是，西洋文學之整個的精到的一套文學理論」。[39] 梁實秋認為，在新文學運動「混沌紊亂的時代，批評是不可少的」，[40] 但中國缺乏西洋式的系統的文學批評，因而梁實秋主張輸入西洋文學批評。其〈近年來中國之文藝批評〉說：「自從新文學運動發生以來，西洋文學成本大套的輸入中國，如同決堤潮湧而來，」「一般青年可以不讀四書，不讀五經，而談起莫泊桑、柴霍甫，則滔滔不絕如數家珍。……不過說也奇怪，在這樣濃郁的文學的空氣裡面，我們並找不到多少文學批評。」[41] 文學批評如此重要，新文學運動雖大量輸入西洋文學，卻很少輸入文學批評，因而需要輸入西洋文學批評以建立中國文學批評。梁實秋本人即是西洋文學批評的輸入者與中國現代文學批評之建設者。

二、西方文學批評的輸入與中國文學批評研究的知識基礎

對於新文學家來說，西方文學批評不僅是建設新文學的指引，也是整理傳統文學的依據。傅東華（1893-1971）是新文學運動中大量譯介西方文學批評著作者，其〈《文學之近代研究》譯序〉（1925）：「外國關於文學原理的著作之有中國譯本，只是近幾年的事情。我們據一般出版家的經驗，可知現今中國讀者對於這一類譯本的需要，似乎比他們對於文學作品的譯本的要求大些。」按照傅東華的觀察，當時的讀書界發生了一個變化：對文學原理譯著的需求開始大於翻譯的文學作品。其原因

38　《東方雜誌》第 24 卷第 23 號（1927），頁 85。
39　《梁實秋文集》（廈門：鷺江出版社，2002）第 1 卷，頁 432。
40　《東方雜誌》第 24 卷第 23 號（1927），頁 88。
41　《東方雜誌》第 24 卷第 23 號（1927），頁 85。

在於，當時受過學校教育的讀者經過一些科學方法的訓練，文學研究者「要用治科學的方法來治文學」，因而需要文學原理書籍，這是一種新觀念的需求。在傅氏看來，當時的讀者社會有幾種病症：一是古文家的遺毒，「以為文章之美只在字句聲調之間」，二是「道學家留下來的」「以文載道」，三是小學家和考證學家的方法，如章太炎（1869-1936）關於文學的定義，「著於竹帛謂之文，論其法式謂之文學」。[42] 這些都是錯誤的文學觀念，因而文學界需要正確的觀念指導，但傳統中國無文學原理著作可資借鑒，「舊書目錄集部詩文評類所載，為數既甚有限，而其中真正討論文學原理的文章更是不易尋覓，且即有之，亦漫無系統，決不足以饜近代讀者的要求。此外散見於各家文集的論文的文章雖不少，卻也只能供給後人為編中國文學批評史的史材，不經科學為之整理一番之後，決不能應付現代讀者的需要」。[43] 一方面中國傳統無文學原理著作可資，另一方面「現今的中國作家⋯⋯不敢輕易從事於這一類書籍的著述。因此一般想要探尋文學原理的讀者，勢不得不求之於外國人的著作」。傅東華稱，其翻譯此書一為普通對文學有興趣的讀者，二為「有志於研究及整理中國舊文學卻不知方法或錯用方針的諸君」。[44] 詩文評的整理正是借鏡了西方文學批評。

在當時，整個新文學界與傳統文學研究領域具有共同的文學批評知識基礎，即是從西方直接或日本間接輸入的西洋文學批評。這些理論也成為整理中國傳統文學批評的基礎。茲述其與中國文學批評研究密切相關者。

中國 1920 至 30 年代的文學批評觀念與知識基礎來自於 19 世紀末至 20 世紀初的數種西方文學批評著作。1921 年，胡愈之發表〈文學批評——其意義及方法〉，此文是「五四」新文化運動中最早介紹西方

42　《東方雜誌》第 24 卷第 23 號（1927），頁 327。
43　《文學週報》210 期（1926 年 1 月 31 日），頁 326。按傅氏序文作於 1925 年。
44　《文學週報》210 期（1926 年 1 月 31 日），頁 326。

文學批評的文章之一。作者所列西洋文學批評著作有：蓋萊（Charles Mills Gayley，1858-1932）與施各德（Fred Newton Scott，1860-1931）合著《文學批評的方法和材料》（*An Introduction to the Methods and Materials of Literary Criticism, the Bases in Aesthetics and Poetics*，1899），[45] 韓德（Theodore Whitefield Hunt，1844-1930）《文學的原則和問題》（*Literature, its Principles and Problems*，1906），[46] 黑德生（William Henry Hudson，1862-1918）《文學研究導言》（*An Introduction to the Study of Literature*，1913），[47] 莫爾頓（Richard Green Moulton，1849-1924）《文學的近代研究》（*The Modern Study of Literature: An Introduction to Literary Theory and Interpretation*，1915）。[48] 到 1927 年，梁實秋〈近年來中國之文藝批評〉說：「試舉西洋文學批評傑作之為我國人士所熟悉者，實在寥寥無幾，恐怕除了一部何德孫的《文學入門》，莫爾頓的《文學的近代研究》、文柴思特的《文學批評原理》以外，十分之九的西洋批評傑作，在我們中國是一個未曾發見的寶藏。」[49] 梁實秋所列「我國人士所熟悉者」共三種，其中莫爾頓《文學的近代研究》、何德孫《文學入門》（即胡愈之所列黑德生《文學研究導言》）兩種同於胡愈之所列，[50] 文柴斯特（Caleb Thomas Winchester，1847-1920）《文學批評原理》（*Some Principles of Literary Criticism*，1899），即景昌極

---

45 Charles Mills Gayley and Fred Newton Scott, *An Introduction to the Methods and Materials of Literary Criticism; the Bases in Aesthetics and Poetics*, Boston: Ginn and Company, 1899.

46 Theodore Whitefield Hunt (1844-1930), *Literature, Its Principles and Problems*, New York: Funk & Wagnalls Company, 1906.

47 William Henry Hudson (1862-1918), *An Introduction to the Study of Literature*, London: George G. Harrap & Company, 1913.

48 Richard Green Moulton (1849-1924), *The Modern Study of Literature An Introduction to Literary Theory and Interpretation* Chicago, Ill.,The University of Chicago press, 1915.

49 《東方雜誌》第 24 卷第 23 號（1927），頁 87-88。

50 韓德：《文學的原則和問題》（*Literature, Its Principles and Problems*），由傅東華譯，書名《文學概論》（長沙：商務印書館，1935）。

（1903-1982）、錢堃新所譯《文學評論之原理》。這幾部著作成為 20、30
年代中國文學創作及研究界有關文學批評觀念與知識的共同文本來源。
這些批評理論影響中國文學界及學術界的途徑大致有以下幾種：英文
原著、原著的中譯本、日本學者的轉介、中國學者的介紹。對於文學批
評的常識建構及普及而言，中國學者的介紹作用最為直接，影響最為廣
泛。

　　在文學觀念的層面上，新文學家推尊莫爾頓《文學的近代研究》。
此書在「傳統的」研究與「近代的」（現代的）研究之間劃出界限，而
標舉文學研究的現代性。莫爾頓列出文學的現代研究的三大基本特徵：
文學的統一（unity of literature），歸納的觀察（inductive observation），
進化的觀念（evolution）。[51] 由文學的統一觀念，確立文學的普遍性，打
破文學的國家界限，文學的普遍性恰恰是新文學家主張輸入西洋文學的
觀念基礎；歸納的觀察與文學進化的觀念正是新文學運動提倡的觀念。
胡愈之文章重點介紹的就是莫爾頓的觀點。

　　鄭振鐸〈整理中國文學的提議〉（1922），「中國文學所以不能充分
發達，便是吃了傳襲的文學觀念的虧」，「我們研究中國文學，非赤手
空拳、從平地上做起不可。以前的一切評論，一切文學上的舊觀念都
應一律打破。無論研究一種作品，或是研究一時代文學，都應另打基
礎。」[52] 按照這種主張，中國傳統的文學觀念不能作為研究中國文學的基
礎，研究的基礎應該是現代精神。「我們的新的文學研究的基礎，便是
建築在這『近世精神』上面的。」鄭振鐸所說的「近代的文學研究的精
神」就是莫爾頓《文學的近代研究》中提出的近代文學研究的三特徵。
「他（莫爾頓）以為近代的精神便是：（一）文學統一的觀察，（二）歸

51　"Introduction: Dominant Ideas of Modern Study", *The modern Study of Literature,*
　　p. 4. 傅東華譯：《文學之近代研究》（一），「導言 近代研究的主要觀念」，《小說月
　　報》第 17 卷第 1 號（1926 年 1 月 10 日），頁 2。
52　《文學旬刊》第 51 期（1922 年 10 月 1 日），頁 2。《鄭振鐸文集》（北京：人民文
　　學出版社，1988），第 7 卷，頁 7、9。

納的研究，（三）文學進化的觀念。」鄭振鐸對莫氏近代研究三特徵做
了詮釋，所謂文學的統一觀，就是「承認文學是一個統一體，與一切科
學，哲學是一樣的，不能分國單獨研究，或分時代單獨研究」，[53] 這實是
莫爾頓宣導的世界文學（world literature）的觀念。鄭振鐸此前曾發表
〈文學的統一觀〉（1922）引述莫爾頓的文學統一觀念，並作了自己的闡
述。按照鄭氏的理解，這種文學的統一觀根源於人性的相同。「人類雖
相隔至遠，雖面色不同，而其精神與情緒究竟是幾乎完全無異的」，「由
這個人類本能的同一觀我們可以知道表現這個人類的同樣的本能——
精神與情緒——的文學，也是必須『一視同仁』，決不容有什麼地域的
人種的見解了。」[54] 文學統一觀強調文學的普遍性，在這種觀念之下，文
學的國族、文化以及語言差異變得次要。此一觀念不僅成為新文學運動
的觀念基礎，也是中國文學研究的理論指導。[55] 鄭振鐸以文學統一觀念
衡量中國的文學研究，「我們中國的文學研究者，則不惟沒有世界的觀
念，便連一國或一時代的統一研究，也還不曾著意，他們惟知道片段的
研究一個或幾個作家」，「中國人便連這片段的個人研究也不曾研究得好
呢！」。[56]

　　莫爾頓列為近代的文學研究精神的另一特徵是「歸納的觀察」，鄭
振鐸解釋說這是「研究一切學問的初步」，研究中國文學「必須應用」
這一方面，「把作品與作家仔仔細細的研究個公司的原則與特質出來」。
關於近代精神的第三特徵「進化觀念」，鄭振鐸闡說到「是把『進化論』
應用到文學上來」，進化並不意味著「後者必勝於前」，乃是「說明某事

53　《文學旬刊》第 51 期（1922 年 10 月 1 日），頁 2。《鄭振鐸文集》第 7 卷，頁 10。
54　《小說月報》第 13 卷第 8 號（1922 年 8 月 10 日），頁 4。
55　此一觀念波及教育體制，聞一多主張將中國文學系與外文系合併成文學系，一如
　　歷史系、哲學系，正是基於這種文學統一觀念。見聞一多：〈調整大學文學院中國
　　文學外國語文學二系機構芻議〉，《國文月刊》第 63 期（1948 年 1 月），頁 1-2。
　　朱自清：〈關於大學中國文學系的兩個意見〉，《國文月刊》第 63 期，頁 4-5。
56　〈整理中國文學的提議〉，《文學旬刊》第 51 期（1922 年 10 月 1 日），頁 2。《鄭振
　　鐸文集》第 7 卷，頁 10。

物，一時期，一時期的有機的演進或蛻變」。反觀中國的文學觀念，「中國人都意味文學是不會變動的，凡是古的都是好的，古人必可以做為後起之人的模範。所謂『學杜』、『學韓』，都是受這種思想的支配。」[57]

　　1926 年傅東華譯《文學的近代研究》在《小說月報》（17 卷第 1 期始）連載，此書被列為「文學研究會叢書」，《東方雜誌》1929 年第 26 卷第 1 號圖書廣告：「《文學的近代研究》，……研究文學原理的必讀書。對於研究文學的近代的方法，文學的形式與分類等等，都有最精深的討論。」但主張人文主義批評的梁實秋對於莫氏學說並不推崇，認為「確有價值，可供參考，然亦只可供參考，並非文藝批評之傑作，因其方法雖新穎，但是否完全合理成一家言則尚有問題。莫爾頓教授所代表之芝加哥派，其優點劣點，至今尚無定評。」[58]

　　學衡派雖與新文學家一樣主張輸入西方文學批評，但與新文學家推崇莫爾頓不同，他們尊崇溫徹斯特。溫徹斯特（又譯文柴斯特等名，Caleb Thomas Winchester）所著《文學評論之原理》（*Some Principles of Literary Criticism*，1899），[59] 是最早被譯介的西方文學批評著作。此書之輸入與學衡派代表人物梅光迪關係密切。梅光迪 1920 年曾在南京高師暑期課程講授《文學概論》，[60] 即以溫徹斯特《文學評論之原理》為教材。據劉文翮（1899-1988）〈介紹《文學評論之原理》〉（1922）

---

57 《文學旬刊》第 51 期（1922 年 10 月 1 日），頁 2。《鄭振鐸文集》第 7 卷，頁 10-11。

58 〈〈英文文藝批評書目舉要〉之商榷〉，原載《益世報・文學週刊》第 29 期（1933 年 6 月 17 日）。《梁實秋文集》第 7 卷，頁 147。

59 溫徹斯特（Caleb Thomas Winchester），是衛斯理大學（Wesleyan University）英國文學教授，此書初版於 1899 年，New York: The Macmillan Company, 1899。

60 梅光迪曾於 1920 年在南京高等師範學校暑期課程講授《文學概論》，見眉睫〈《文學概論講義》整理附記〉引章衣萍〈胡適先生給我的印象〉，《文學概論講義》油印本，學生楊壽增、歐梁記錄。另有張其昀記錄本。見《現代中文學刊》第 4 期（2010），頁 102。或梅氏在東南大學期間亦講授過此課程。關於梅光迪《文學概論講義》，參見陳啟俊：〈由《文學概論講義》探尋梅光迪 1920 年代的文學思想〉，《成大中文學報》第 56 期（2017 年 3 月 1 日），頁 141-177。

稱，「往年從梅光迪先生學《文學概論》，得溫采司特之《文學評論原理》」，當即指此而言。劉文翮「思欲譯之，未果」，「而同學景、錢二君，獨以一寒假而譯之」。[61] 此書由梅光迪的學生景昌極、錢堃新譯成中文，其第一章先載於《文哲學報》1922 年第二期（七月），全書 1923 年由上海商務印書館初版，校者即為梅光迪。[62] 溫徹斯特此書是西方最早的文學概論書籍之一。[63] 其書提出文學四要素——情感（Emotion）、想像（Imagination）、思想（Thought）、形式（Form），將研究方法分為三種模式：歷史的研究（Historical approach），傳記的或個人的研究（Biographical or Personal approach），批評的或文學的研究（Critical or Literary approach），認為第三種方法是文學的研究方法。溫氏文學四要素說成為當時中國新舊派文學家關於文學特徵的共識。本書中譯書名「文學評論」，可見當時「文學批評」還未成為一個穩定的中文學科術語。此書中譯 1923 年初版，1924 年 10 月再版，1927 年 1 月三版，在

61　〈介紹《文學評論之原理》〉，《文哲學報》第 3 期（1922），頁 115。劉文翮與景昌極、錢堃新為南京高等師範學校文史地部同學，民國 12 年（1923）6 月畢業。見南京大學歷史學院〈南京高等師範學校文史地部歷屆畢業生名錄〉，網頁地址：https://history.nju.edu.cn/02/83/c28628a459395/page.htm 。

62　溫徹斯特原書共九章，譯本並非全譯。譯本未譯原書第七章詩歌，〈譯例〉稱：「論詩一章，定義則意少而辭多，韻律不合國情，體別又病其簡略。以為此章本非作意所在。……因決然刪去。」而於書末附載吳宓〈詩學總論〉以代之。譯本遇原本所舉作品例證，每有改易以中國作品者。其〈譯例〉云：「原書於重要處，輒徵之以例，或舉篇名，或引章句，所以顯意旨正觀念也。……恐譯之不足達其意，而轉失例證之用，因取諸本國文學以代之。……按原著中典例，每於譯文中易以本國之類似者，嚴復氏已為先河。蓋因國人於西方學術掌故，所知甚罕，故易以本國材料，為人人所共曉者，非欲擅改原著，乃不得已耳。」此早期譯介西方學術著作之獨特現象。參見馬睿：〈作為文學選擇與立場表達的西學中譯——溫徹斯特《文學評論之原理》中譯本解析〉，《中山大學學報》第 1 期（2013），頁 49-57。

63　根據著者序，此書乃為大學教學之用而編寫，作者欲尋簡明介紹文學要旨及評價基礎（compendious statement of the essentials of literature and the grounds of critical estimate）之書而未果，遂自己寫了此書。此類概論性書籍，日本稱作「文學概論」，此一術語輸入中國，成為中文學術術語。

當時影響鉅大，對建構知識界之文學批評基礎知識具有重要作用，[64]也成為學者整理中國文學批評的理論基礎。

但是，梅光迪之以此書為教材，譯者之翻譯此書，其用意別有所在。劉文翮將此書的翻譯放到新舊文學觀念的論爭背景中，「近年國人憤華夏之不競，百事更張，而文學亦有啟蒙之運動。使之由個人事業一變而為人人之公器」，他指出此應肯定。但在他看來，「騖新者」（指新文學家）「立新舊之說，以相號召」，「是今而非古，譽西而毀中」，走向了錯誤的方向；有鑑於此，「抱隱憂者」（指學衡派）「遂揭人文主義，則古稱先，自孔孟以下，及蘇格拉底、柏拉圖與近世之安諾德、白璧德之說，咸津津樂道」。[65] 新文學家反傳統與崇西方，而學衡派則折衷於古今中西。劉文翮援引溫氏此書為據，從六個方面批評新文學觀念及其崇尚的浪漫主義、象徵主義與寫實主義，而論證人文主義文學觀念的合理性。明乎此，再看《文學評論之原理》的〈譯序〉：「嘗讀溫氏此書，喜其擘肌分理，惟務折衷，平理若衡，照辭如鏡，亟亟與同學相稱道，以其可為國人理論之則而拯其狂悖也。」其借《文心雕龍》語稱溫氏理論「折衷」云云正符合學衡派的立場，而「狂悖」云云則指新文學家：「今之君子，黨朋而伐異，嗜奇而憚正，稍得一二，便操斤斧，肆其狂蕩之說，以騰於報章雜誌。」[66]這也能夠見出何以梅光迪教授文學概論而以此書為教材，而且任校譯之責。

早期輸入西洋文學批評過程中，文學批評的分類甚受關注。1921年，胡愈之〈文學批評——其意義及方法〉共介紹九種：歸納的批評（Inductive criticism），推理的批評（Speculative criticism），判斷的批評

64　劉文翮：〈介紹《文學評論之原理》〉「未始不可謂中等以上學校之良教本。」載《文哲學報》第 3 期（1922）。又《學衡》第 28 期（1924）〈介紹《文學評論之原理》〉：「此書用作中等學校以上教本，甚宜。自修者讀之亦可獲益。」（附錄，頁 1）

65　〈介紹《文學評論之原理》〉，《文哲學報》第 3 期（1922），頁 115-116。

66　景昌極、錢堃新譯：《文學評論之原理》（上海：商務印書館，1924），頁 1。

（Judicial criticism），自由或主觀的批評（Free or Subjective criticism），科學的批評（Scientific criticism），倫理的批評（Moral criticism），鑒賞的批評（Appreciative criticism），審美的批評（Aesthetic criticism），印象的批評（Impressive criticism）。1923 年，賀麟（1902-1992）翻譯了美國 Erle E. Clippinger（1875-1939）的〈文學批評〉，列五種批評方法：解釋的批評（Interpretative Criticism）、審判的（譯者附注：或譯判斷的）批評（Judicial Criticism）、印象的批評（Impressionistic Criticism）、傳記的批評（Biographical Criticism）、哲學的批評（Philosophical Criticism）。[67] 1924 年，胡夢華發表〈文藝批評概論〉，[68] 分諸家之文藝批評觀念、文藝批評之意義目的與方法兩節介紹西方文學批評，所列批評方法六種：考訂的，歷史的，比較的，解釋的，訓誨的，唯美的，並做了簡要的解說。《文學批評與批評家》（1924）所載〈安諾德〉一文，介紹三種批評方法：「文學批評的方法大概可分為三種：一名裁判法，一名印象法，一名歷史法。」[69] 1925 年，傅東華譯蒲克（Gertrude Buck，1871-1922）《社會的文學批評》（一）在《小說月報》發表，提出科學的文學批評、歷史的文學批評、演繹的文學批評、歸納的文學批評、比較的文學批評、賞鑒的文學批評、印象的文學批評、審美的文學批評、社會的文學批評，共九種批評方法。[70] 這些文學批評方法的分類為研究中國文學批評者所借鑒，陳鐘凡（1888-1982）在其《中國文學批評史》共列十二種批評方法，羅根澤（1900-1960）在此基礎上再有加增，共列十三種文學批評方法，郭紹虞（1893-1984）《中國文學批評史》也借鑒西洋文學批評的方法對中國傳統詩文評的批評方式進行分類。

　　在輸入西洋文學批評方面，日本實早於中國。日本學者介紹西洋學

67　《石室學報》第 3 期（1923 年 12 月），頁 65-67。
68　《東方雜誌》第 21 卷第 4 號（1924），頁 96-101。
69　東方雜誌社編纂：《文學批評與批評家》（上海：商務印書館，1924），頁 88。
70　傅東華譯，《小說月報》第 16 卷第 6 號（1925 年 6 月 10 日），頁 1。

說，編成「文學概論」。1920 至 30 年代影響中國學界最大者乃本間久雄
（1886-1981）《新文學概論》。其名「新文學概論」者，乃是區別於已
有的文學概論。早在明治 39 年（1906），太田善男（1880- ？）已出版
《文學概論》。此書所援引西洋文學理論如安諾德（Arnold, M.，1822-
1888）、愛默生（Emerson, R. W.，1803-1882）、龐科士（Pancoast, H.
S.，1858-1928）、溫徹斯特等人學說，其書上編「文學總論」，總論文學
的各方面問題；下編「文學各論」，分論各種文體。《新文學概論》初版
於大正六年（1917），[71] 分前後兩編，前編「文學通論」，後編「文學批評
論」，乃據西方文學批評最新書籍編撰而成。據〈原序〉云，前編部分
主要來源有亨特（Theodore Whitefield Hunt）的 *Literature: its Principles
and Problems*，溫徹斯特（Winchester）的《文學批評原理》，其後編
主要依據蓋萊和施各德的《文學批評的方法及材料》。[72] 大正十五年
（1926），本間久雄《新文學概論》的增訂本出版，此版由原來的前後
兩編改為四編，易名《文學概論》，由東京堂書店刊行。譯者章錫琛
（1889-1969）早在 1919 年即開始翻譯《新文學概論》，初以文言譯出，
1920 年分章刊登在《新中國》雜誌，[73] 前編刊完，雜誌停刊。1924 年遂
以白話重譯，其後編「文學批評論」在文學研究會主辦的《文學》週刊
（自 1924 年 7 月 132 期起）連載。1925 年由商務印書館出版。[74] 章錫琛

71　由東京新潮社刊行。

72　按此書全名《文學批評方法與材料導論：美學及詩學基礎》（*An Introduction to the
　　Methods and Materials of Literary Criticism, The Bases in Aesthetics and Poetics*, Boston:
　　Ginn & Company, 1899）。 另有 *Methods and Materials of Literary Criticism: Lyric, Epic
　　and Allied Forms of Poetry*，為 Gayley 與 Benjamin Putnam Kurt 合著，Boston: Ginn
　　and Company, 1920。

73　譯者署名為「瑟廬」。

74　王向遠〈中國現代文藝理論和日本文藝理論〉（載《北京師範大學學報》第 4 期
　　〔1988〕，頁 68-75）、傅瑩〈外來文論的譯介及其對中國文論的影響──從本間久
　　雄的《新文學概論》譯本談起〉（載《暨南學報》第 6 期〔2001〕，頁 85-90），對
　　《新文學概論》的內容、翻譯出版有介紹，後文較詳。然作者對本間久雄原著《新
　　文學概論》與《文學概論》之關係未能闡明。

又於 1927 年翻譯增訂本《文學概論》，到 30 年 3 月完成，由開明書店出版，到 36 年已出六版。《新文學概論・譯者序》說：「我國研究文學的風氣，近來可說大盛，但關於文學概論這一類研究文學的入門書籍，幾乎可說沒有。」[75] 此書的翻譯乃是從日本轉輸入西洋文學批評，對傳播新文學觀念起到了重要作用。周全平《文藝批評淺說》（1927）：「我們中國底近代文藝，還正在萌芽的時代，所以我們要講到文藝批評，便不能不介紹歐洲近代底文藝批評論來作我們底參考。……日本雖未能如歐洲之創始了新的批評論，然而他們底研究已把歐洲這些散漫的各派的學說作成一個較有條理的醒目的系統了。」此指出日本學者在介紹西洋文學批評著作方面的特殊作用，即將西洋理論加以條理化與系統化，為中國學者提供瞭解之便利。[76]

三、整理國故與中國文學批評

按照胡適對於新文化的規劃，一方面是「輸入學理」，另一方面是「整理國故」，以「再造文明」。整理國故「要用評判的態度，科學的精神，去做一番整理國故的工夫」；「各家都還他一個本來面目，各家都還他一個真價值」；[77]「用精密的方法，考出古文化的真相」，「重新估定一切價值」。[78] 整理國故，所依據的正是輸入的學理。胡適稱「我十分相信『爛紙堆』裡有無數無數的老鬼，能吃人，能迷人，害人的厲害」，「我所以要整理國故，只是要人明白這些東西原來『也不過如此』」。[79] 這是他對國故的整體估價。浩徐（彭學沛，1896-1948）評價整理國故

---

75 《新文學概論》（上海：商務印書館，1926），卷首 1925 年 3 月〈譯者序〉。臺灣商務印書館 1966 年臺一版改署章錫光譯，刪去譯者序。又據〈譯者序〉，汪馥泉曾譯《新文學概論》在《民國日報》之《覺悟》上刊出，此本未寓目。

76 《文藝批評淺說》（上海：商務印書館，1927），第一章〈緒言〉，頁 6。

77 〈新思潮的意義〉，《胡適全集》第 1 卷，頁 691-700。

78 〈整理國故與「打鬼」——給浩徐先生信〉，《胡適全集》第 3 卷，頁 147。

79 〈整理國故與「打鬼」——給浩徐先生信〉，《胡適全集》第 3 卷，頁 146。

的意義云：「民國七八年那時候是中國人初次對於西洋文明開了眼睛的時候，那時候中國人雖然讚美西洋文明，但是還不曾從西洋文明的立腳點來看察過中國文明。」[80] 整理國故的立腳點正是西洋文明。鄭振鐸〈新文學之建立與國故之新研究〉（1923）稱，「我主張在新文學運動的熱潮裡，應有整理國故的一種舉動」，「因為舊的文藝觀念不打翻，則他們對於新的文學，必定要持反對的態度」。要打翻舊的文學觀念，一方面要「把什麼是文學、什麼是詩以及及其他等等的文學原理介紹進來」，另一方面更要依據引進的原理，「指出舊的文學的真面目與弊病之所在，把他們所崇信的傳統的信條，都一個個的打翻了」。[81] 以西洋文學觀念整理中國傳統文學，推翻舊的文學觀念，以為建立新文學的支持，這是新文學家的基本立場。

　　參與到整理國故中者並非都持新文學家同樣的價值觀與目的，即彰顯傳統觀念的弊病，證明新文學觀之正確，但主流的思想確乎是借鑒西方的學理研究古代傳統。即便是國粹派之主張「發明國學，保存國粹」，也並不排斥西方的學理與方法，[82] 只是目的與價值觀不同。〈國粹學報略例〉（1905）云：「本報於泰西學術，其有新理精識，足以證明中學者，皆從闡發，閱者因此可通西國各種科學。」[83] 國粹派的前提是肯定中國傳統學術的價值，西方的學理與方法乃是用來「證明中學」。1919年，國粹派在北京大學成立《國故月刊》社，推劉師培為社長，[84] 雖易國粹為國故，名稱上價值中立，然根本立場未變。國粹派與新文學派儘管文化立場不同，但在知識與方法層面存在共識，可以溝通。梁實秋

80 〈主客答問〉，《現代評論》第 5 卷第 106 期（1926 年 12 月），頁 9。附載《胡適全集》第 3 卷，頁 155。

81 《鄭振鐸古典文學論文集》（上海：上海古籍出版社，1984），頁 83。

82 《國粹學報》第 1 期（光緒三十一年，1905），文海出版社影印本，頁 10。

83 《國粹學報》第 1 期（光緒三十一年，1905），文海出版社影印本，頁 10。

84 關於《國故月刊》社，參見陳平原〈「少年意氣」與「家國情懷」──北大學生的「五四」記憶〉，載 2010 年 5 月 4 日《光明日報》，收入作者《做為一種思想操練的五四》（北京：北京大學出版社，2018），頁 78-126。

〈文學與科學〉（1934）：「五四以來的新文學運動，真是劃時代的一件大事。這運動的最重要的一方面便是，西洋文學觀念的引進。」「五四以來西洋作品之翻譯介紹，在在均足以使我國青年耳目一新，儘量的不知不覺的接受了西洋文學的觀念。向之研究中國文學的至是亦不得不探取西洋的眼光。」「中國的整個文壇如今差不多完全受西洋文學洗禮了。」[85]

　　以科學的方法整理國故，就文學批評而言，乃是要以輸入的西方文學理論為指導整理中國傳統的詩文評。朱光潛（1897-1986）〈中國文學之未開闢的領土〉（1926）稱，「我們第一要務就是鼓吹文學獨立」，「獨立之後，應分門別類，作有系統的研究」，[86]「中國文學在創作與批評兩方面，都有許多待開闢的領土。在整理國故的呼聲很高的時候，應該早有人提出這個問題，作一個通盤計算。」朱光潛主張「把批評看作一種專門學問」。「中國學者本亦甚重批評。劉彥和的《文心雕龍》，劉知幾的《史通》，章學誠的《文史通義》，在批評學方面，都是體大思精的傑作，不過大部分批評學說，七零八亂的散見群籍。我們第一步工作應該是把諸家批評學說從書牘箚記，詩話及其他著作中摘出──如《論語》中孔子論《詩》，《荀子‧賦篇》，《禮記‧樂記》，《子夏詩序》之類──搜集起來成一種批評論文叢著。於是再研究各時代各作者對於文學見解之重要傾向如何，其影響創作如何，成一種中國文學批評史。」[87]

　　王伯祥（1890-1975）嘗試運用文學進化論從歷史文獻目錄論證中國批評批評的產生與演化。〈歷史的「中國文學批評論著」〉（1926）「文學的演化，正和別的事物一樣，都不能自外於自然發展的原則」，中國文學的演化到兩漢，「文壇的體制便日趨於繁密」，「所以比較抉擇，各本自己的主張，用為取捨的標準，而批評的論著便應時發生了」，《典

85　《梁實秋文集》第 1 卷，頁 432。

86　《朱光潛全集》第 8 卷（合肥：安徽教育出版社，1996），頁 142。此文 1926 年刊載於《東方雜誌》第 23 卷第 11 號。

87　《朱光潛全集》第 8 卷，頁 142-143。

論・論文》是「這時代使命中的第一個奉行者」。[88] 自此以後，注意批評的人漸多，但多是單篇零什，而劉勰《文心雕龍》與鍾嶸《詩品》則是勒成專著，其後專書競出，體例亦異。王氏歸納為五種體例：1、《文心雕龍》——推究文體的源流，評論它們的工拙。2、《詩品》——排比作者的高下，追溯他們的師承。3、皎然《詩式》——備陳作詩的方法和格律。4、孟棨《本事詩》——旁採故實來說明詩中的本事。5、歐陽修《六一詩話》、劉攽《中山詩話》——因詩見事，或因事引詩。此實是基於《四庫全書總目提要》作出的歸納。

　　鄭振鐸〈研究中國文學的新途徑〉（1927）認為，自〈文賦〉起，「中國文學的研究，簡直沒有上過研究的正軌」，除了《文心雕龍》、《詩品》等若干部略成統系的文學批評專著外，古代的詩話、文話，「大都不過是隨筆漫談的鑑賞話而已」，算不上是科學研究。鄭振鐸列出「中國文學整理」的八個方面，「批評文學」即其中之一類。鄭氏主張用現代文學觀念和科學方法整理一般批評、詩話、詞話、曲話、文話等文學材料，[89]其〈中國文藝批評的發端〉（1931）梳理了先秦到魏晉時代的文學批評。[90]

　　早在中國提倡以科學方法整理國故之前，日本漢學家已經以西方學術觀念整理中國傳統學術，因而當中國整理國故之聲起，日本漢學被作為先行者輸入到中國。孫俍工（1894-1962）是日本漢學的重要譯介者，他翻譯鈴木虎雄（1878-1963）《支那詩論史》、鹽谷溫（1878-1962）《支那文學概論講話》、[91]本田成之（1882-1945）《支那經學史論》、[92]兒島

88　《文學週報》第 224 期（1926），頁 444-445。

89　《小說月報》第 17 卷號外（1927），《中國文學研究》，頁 1-20。

90　《鄭振鐸古典文學論文集》，頁 67-82。

91　孫俍工，湖南實應人，北京高等師範畢業，留學日本，在上智大學修習德國文學。鹽谷溫：《支那文學概論講話》（東京：大日本雄辯會，1919）。孫俍工譯，改題《中國文學概論講話》（上海：開明書店，1929）。

92　本田成之：《支那經學史論》（京都：弘文堂書房，昭和 2 年）。孫俍工譯，改題《中國經學史》（上海：中華書局，1935）。

獻吉郎（1866-1931）《支那文學考》與《支那文學雜考》。[93] 孫俍工將這些漢學著作視為以科學的方法整理中國學術的範例，其在兒島獻吉郎《支那文學考》（《中國文學通論》）之譯序（1935）中云：「日本底漢學家，歷代以來，史不絕書。……近代歐學東漸，日本漢學亦受了科學的洗禮，一時如古城貞吉、宇野哲人、鹽谷溫、青木正兒、鈴木虎雄、本田成之、兒島獻吉郎等，都以科學底方法，研究中國古代的哲學、文學、史學，見於著述，覃思精慮，條理明晰，其對於漢學之功實偉。」[94] 此種看法在當時頗具代表性，也是 20 世紀 20、30 年代日本漢學著作被大量譯介到中國的重要動因，對中國學術界之整理國故產生了相當的影響。

　　日本近代漢學之於中國文學批評的研究，以鈴木虎雄《支那詩論史》最為著名。此書由三篇長文構成，即〈論格調‧神韻‧性靈三詩說〉（1911-1912），〈周漢諸家關於詩的思想〉（1919），〈魏晉南北朝時代的文學論〉（1919-1920），先後刊載於《藝文》雜誌。[95] 1925 年結集成書，由弘文堂書店出版。三篇論文的論述對象並不完全統一，其〈魏晉南北朝時代的文學論〉一篇已溢出詩論範圍，此亦可見作者的研究

93　兒島獻吉郎：《支那文學考》2 編，第 1 編散文考，大正 9 年（1920）東京：目黑書店出版；第二編韻文考，大正 11 年（1922）目黑書店出版。孫俍工譯其兩編，改名《中國文學通論》上卷（上海：商務印書館，1935）。孫譯又有《中國文學通論》下卷，係譯自著者《支那文學雜考》（東京：關書院，1933），此書共十篇，孫譯前八篇，第九篇予之倫理觀、第十篇予之文章觀，因與中國文學無直接關係，略去未譯，1935 年商務印書館出版。《支那文學雜考》又有胡行之譯本，改名《中國文學研究》（北新書局，1930）。按著者有《支那文學概論》，昭和 3 年（1928）東京京文社出版，胡行之中譯，北新書局 1930 年出版。隋樹森中譯，《中國文學》（上海：世界書局，1931），1933 年版，改題《中國文學概論》。

94　兒島獻吉郎著，孫俍工譯：《中國文學通論》（上海：商務印書館，1935），上卷卷首譯者〈序〉，頁 2。

95　〈格調‧神韻‧性靈の三詩說を論ず〉，《藝文》明治 44 年（1911）第 2 卷第 7、8、9、10 號，45 年（1912）第 3 卷第 2 號。〈周漢諸家の詩に對する思想〉，《藝文》大正 8 年（1919）第 10 卷第 1、2 號。〈魏晉南北朝時代の文學論〉，《藝文》大正 8 年第 10 卷，第 10、11、12 號，大正 9 年（1920）第 11 卷第 2、3 號。

逐漸由詩論擴展到整個文學論。根據作者自序（1924），其書因主要論詩，故不題《支那文學論史》，擬補充後，再改題《支那文學論史》。所謂文學論史者，實即文學批評史。鈴木氏的自序表明，他已自覺地進行文學批評史的研究，而且有了整體的規劃，從較寬泛的意義上說，其《詩論史》亦可謂一部文學批評史著作。[96] 孫俍工將其前兩篇譯成中文，[97] 以《中國古代文藝論史》為名，1928 年由北新書局出版。譯者後又譯其第三篇，作為《中國古代文藝論史》卷下，由北新書局 1929 年出版。

　　值得注意的是日本漢學家與中國新文化運動主流對於中國文學傳統的態度差異。鹽谷溫《支那文學概論講話・序言》對中國傳統文學推崇備至，稱中國是「文學的古國」，「漢唐之世，尊崇儒道，獎勵文教，濟濟多士，翱翔翰苑，吟詠風月，發揮詩賦文章之英華；及元明以降，戲曲小說勃興，國民文學則出不朽之傑作；就中推漢文、唐詩、宋詞、元曲為空前絕後」，「作家之數，篇什之量，以及年代之久遠，種類之豐富，世界文學未見其比」。[98] 兒島獻吉郎〈支那文學考序〉：「中國文學過去享有數千年之壽命，將來庶亦可保其不滅之生命。」[99] 這種對中國古代文學的肯定態度與國粹派接近，而與宣稱舊文學是死文學的新文學家相背離。孫俍工翻譯日本漢學家的中國文學研究著作，持的是新文學家的立場。其《中國古代文藝論史》譯序稱：「中國人崇古的心實太利害（厲害）了，無論什麼只是『古已有之』的就是好的；無論什麼只是『古已有之』的就是對的」，鈴木虎雄則「稱讚古人底好處，同時也指出古人底壞處：這種態度都是不輕易發現於中國底學者腦中的」，

96　關於此書之於中國文學批評史研究的學術史意義，參見蔣寅〈鈴木虎雄《中國詩論史》與中國文學批評史敘述框架的形成——尤以明清三大詩說為中心〉，《安徽大學學報》第 2 期（2013），頁 38-47。

97　見內田泉之助昭和 3 年（1928）序孫俍工譯，鹽谷溫：《中國文學概論講話》（上海：開明書店，1929），頁 8。

98　《支那文學概論講話・序言》（東京：大日本雄辯會，1919），頁 1-2。

99　《支那文學考》第 1 編，頁 1。

他翻譯此書，是要「使讀者讀完以後也能覺著中國古代對於文藝的思想是『不過如此』的一種東西」。[100]「不過如此」是套用胡適語，可見孫俍工將日本學者的漢學著作放到中國整理國故的脈絡中，言其價值。在孫俍工看來，日本學者在研究中國傳統文學方面走在中國學者的前面：「在日本對於中國文學底研究的著作，實在不只這一部。如《支那文學研究》（本書著者鈴木）、《支那文學史》（古城貞吉）、《支那大文學史》（兒島獻吉郎）、《支那文學史綱》（仝上）、《支那文學考》（仝上）、《支那文學概論講話》（鹽谷溫）、《支那小說戲曲概說》（宮原民平）和最近刊行的《支那文學大綱》等都是近代有系統的大部著作，可見日本對於中國文學底研究是盡過了相當的能力的了。然而反觀我們國內底著作界又怎樣呢？口口聲聲高唱著整理國故保存國粹的口號，但數年的時間過去了，成績究在什麼地方呢？怕只有慚愧可告人罷。」[101] 此可見孫氏對於中國學界整理國故現狀的不滿，他之翻譯日本學者的漢學著作，即以希望以日本學者的研究為典範，推動中國國故的整理運動。其《中國文學通論》之譯序稱，「我不希望這部書底出版，成為研究中國文學者底權威，只希望這種分析綜合的方法應用到中國文學上去，使中國文學因此而得到一番大大的整理」。[102]

四、第一部中國詩學專著：楊鴻烈《中國詩學大綱》

楊鴻烈（1903-1977）《中國詩學大綱》是第一部以科學的方法整理中國詩學的著作。[103] 楊氏自 1922 年起即發表中國文學批評的研究論

---

100 孫俍工譯：《中國古代文藝論史‧序言》（北京：北新書局，1928），頁 2-3。
101 孫俍工譯：《中國古代文藝論史‧序言》，頁 4-5。
102《中國文學通論》上卷卷首〈序〉，頁 2。
103 楊鴻烈 1919 年入北京高等師範學校史地部，後轉入英語部，1925 年入清華大學國學研究院，師從梁啟超，從事法律史研究，1934 年赴日本東京帝國大學，獲博士學位。楊鴻烈歷任上海中國公學歷史系主任、雲南大學師範學院院長、河南大學歷史系主任等。其《中國法律發達史》（上海：商務印書館，1930）等是中國法律

文，[104] 由於能夠閱讀英文原著，故他可以直接援引西洋文學批評作為整理中國文學批評的依據。楊氏最服膺莫爾頓《文學的近代研究》一書。其〈中國文學觀念的進化〉（1924），即以莫爾頓的文學進化說闡述中國文學觀念。楊氏稱：「我是深受他的影響的人，所以應用這個進化原理來解說中國古今書裡所有的文學定義，使讀者知道文學觀念的正確的程度，與一時代一作家的文藝品有很密切重大的關係。」[105]「最崇信摩爾頓（Richard Green Moulton）在《文學的近代研究》所說的：普遍的研究──不分國界，種族；歸納的研究，進化的研究」。[106] 楊鴻烈原欲撰寫文學概論，踐行摩爾頓之說，因準備未足，遂改撰《中國詩學大綱》，雖非跨越國界的普遍的研究，但其文學觀念卻是普遍性的，即相信普遍的文學理論。正是在此一觀念基礎上，其才可以直接以西方詩學論述中國詩學；至於進化的觀念與歸納的方法則是貫串在其論述中。

　　《中國詩學大綱》自 1924 年 9 月開始在《文學旬刊》連載（48 期起至 1925 年 73 期），至 1928 年 1 月，由商務印書館出版。其〈自序〉（1924）云：「我這本書是把中國各時代所有論詩的文章，用嚴密的科學方法歸納排比起來。」此正是「以科學的方法整理國故」主張在中國文學批評領域的具體實踐。這位時方 22 歲的青年學者對自己的著作非常自信，自稱「最小限度，總可使讀者於中國各時代詩學家的主張有系統的和明澈的瞭解」，他將自己整理詩學與王國維（1877-1927）、魯迅（1881-1936）整理戲曲、小說相比，「我以為中國已有關於戲劇的材料，已有王國維理出個頭系，小說也有周樹人和其他諸先生整理爬揚過；只有詩歌現卻落在我的手裡，成就怎麼樣，就要靠讀者的評判」；

史研究的權威著作。

104 參見張健：〈純文學、雜文學觀念與中國文學批評史〉，《復旦學報》第 2 期（2018），頁 80-91。見本書第三章。
105 《京報副刊》第 1 冊第 1 期（1924 年 12 月 5 日），頁 3，又載楊鴻烈《中國文學雜論》（臺北：中新書局，1977），頁 175-176。參見張健：〈純文學、雜文學觀念與中國文學批評史〉，《復旦學報》第 2 期（2018），頁 80-91。見本書第三章。
106 《中國詩學大綱‧自序》（上海：商務印書館，1928），頁 3。

雖然自言「絲毫沒有把握」，[107] 但這種自謙掩飾不住他的自信，因為將自己的著作與王國維、魯迅放到一起比較就已經顯明了態度。現在看來，此書從觀念、方法到架構皆套用西方學術著作，對中國詩學傳統缺乏足夠的內在理解，學術價值不足，但其學術史的價值卻值得重視，作為以西方文學批評觀念與方法整理文學批評的早期探索，以及中國學術的現代化進程中的一個案例，其得失仍值得總結與借鑒。

楊鴻烈在書中提出文學批評研究的兩種方式，即橫的原理研究與縱的歷史研究。楊氏本人的《中國詩學大綱》屬於前者，但他試圖在整體的橫的系統架構中包含縱的歷史敘述。其〈自序〉說：「本書雖是橫的——原理的研究，而徵引例證，卻是隱隱的的按著時代的先後排比起來，……又差不多是縱的——詩的原理的歷史的研究。」[108] 此兩種研究方式正是現代學者研究中國文學批評的主要方式，朱自清又稱作「橫剖的」、「縱剖的」。[109] 朱自清（1898-1948）《詩言志辨》、傅庚生（1910-1984）《中國文學批評通論》是橫的原理的研究，陳鐘凡、郭紹虞、羅根澤等人的《中國文學批評史》是縱的歷史的研究。

楊鴻烈研究中國詩學原理，首先要回答「中國有不有詩學原理」，而這一問題成立的前提是「詩有不有原理」。[110] 楊氏所謂「詩學原理」乃 Poetics，是西方學術的含義，包括詩的性質、起源、構成、分類、功能、評價等。此兩者今天看來不成問題，然在當時卻與中國有無文學批評的疑問密切相關，乃非常嚴肅且必須回答的學術問題。楊氏提出此問題與胡適的質疑直接相關。據楊鴻烈《中國詩學大綱》，胡適曾與楊談話，稱：「在外國學校裡研究文學的，並沒有『文學概論』這一種科目，因為那些所謂的文學原理，不過是些批評家弄出來的把戲，而

107《中國詩學大綱》，頁 3-4。
108〈中國詩學大綱・自序〉，頁 3。
109 張健：〈借鏡西方與本來面目：朱自清的中國文學批評研究〉，《北京大學學報》第 1 期（2011），頁 61-65。見本書第四章。
110《中國詩學大綱》，頁 8。

批評家都是做不出好的東西來，要是聽了他們的話去賞鑒文家作品，就是上大當！尤其是詩，你想怎樣可以使它原理化（theorize）？」[111] 按照胡適的說法，文學無原理，詩亦無詩學，楊鴻烈要整理中國詩學，便首先要面對胡適的觀點。楊氏先稱「適之先生的話，在某種情形之下，是確鑿不移的」，於是引證《文心雕龍‧知音》篇「篇章雜遝，質文交加，知多偏好，人莫圓該」的話以證胡適所言有理。但此後則筆鋒一轉說，「不過詩的原理的內容，卻不只是定下一個標準來衡量詩的長短好壞批評一方面」，這一方面乃是莫爾頓所謂「審判的（或譯判斷的）批評（Judicial Criticism）」的特徵，即用一種假定的原則衡定各殊的文學（the application of assumed principles to the assaying of particular literature），[112] 這是胡適所理解的原理。楊鴻烈指出，自己所說的原理是建立在科學方法基礎之上的。「我們很可以用客觀的科學方法，來分析一般詩的組合的成分，因其成分性質的不同，即可以區別它的種類，更可因此追究詩在人的心理上的要求，和歷史上的起源的時代，然後詩在我們情志方面的影響和功效如何，我們藉此就可以判斷詩的真實的價值，把這些種種步驟，『按部就班』的做完了，那麼詩的特性就可彰著顯明的表示出來。」[113] 這種探求詩歌原理的方法就是莫爾頓所謂文學的近代研究特徵之一的「歸納的觀察（Inductive observation）」。這種建立科學方法基礎上的原理，按照楊鴻烈引述亞丹姆士（John Adams，1857-1934）《教育原理的演進》（*The Evolution of Educational Theory*）的說法，「原理畢竟不過是實習的合理的方面」（Theory after all is only the rational aspect of practice），而不是假定的原理。在這種意義上，楊鴻烈認為，詩是有原理的。楊鴻烈指出，在歐洲，「那所謂的『詩學原

111《文學旬刊》第 49 期（1924 年 10 月 5 日）第 1 版。《中國詩學大綱》（上海：商務印書館，1928），頁 4。

112 *The Modern Study of Literature: An Introduction to Literary Theory and Interpretation*, p. 222.

113《中國詩學大綱》，頁 4。

理』（Poetics）有的很早，並且很多」。[114]

　　在確認詩有原理之後，楊鴻烈再回答中國有無詩學（Poetics）。事實上朱光潛 1942 年還在回答此一問題，其《詩論・抗戰版序》說「中國向來只有詩話而無詩學」，[115] 即認為中國無 Poetics。楊氏《大綱》第一章〈通論〉即回答此一問題。他以西方詩學的標準審查中國傳統的論詩著作，得出結論：「中國千多年前就有詩學原理，不過成系統有價值的非常之少，只有一些很零碎散漫可供我們做詩學原理研究的材料」。[116] 楊鴻烈認為，嚴羽《滄浪詩話》、范德機《木天禁語》、徐禎卿《談藝錄》、葉燮《原詩》「有建設『詩學原理』的意思」，但也並非「完全純美」，並不可以「和歐美詩學的書籍相抗衡」。要整理中國詩學，「絕對的要把歐美詩學書裡所有的一般『詩學原理』拿來，做說明或整理我們中國所有豐富的論詩的材料的依據」。[117] 按照楊鴻烈的文學觀念，歐美「詩學原理」具有普遍性，同樣適用於中國詩學。用科學的方法整理中國詩學，就是以西方的普遍的詩學原理為依據，整理中國詩學材料。西方詩學原理有其問題及其理論架構，組合成分、種類、起源、功效、價值等，就是西洋詩學原理的問題及架構，整理中國詩學就要把中國詩學材料按照西洋詩學的問題分類，放到其理論架構中。如此整理便是其所謂科學的方法。

　　《中國詩學大綱》全書共九章，分別為：通論，中國詩的定義，中國詩的起源，中國詩的分類，中國詩的組合的原素，中國詩的作法，中國詩的功能，中國詩的演進，結論──著者對於新詩人的罪言。第一章論證中國有詩學原理之後，第二章便給詩下定義，先給研究對象下定義，這是當時西方文學批評著作的普遍做法。按楊氏此章論述方式也受西方著作影響。此章提及文齊斯得（溫徹斯特，C. T. Winchester）《文

114《中國詩學大綱》，頁 4。
115《朱光潛全集》第 3 卷，頁 3。
116《中國詩學大綱》，頁 4。
117《中國詩學大綱》，頁 31。

學批評原理》（*Some Principles of Literature Criticism*）關於詩的定義的
論述，[118] 見於溫徹斯特著作之第七章詩歌。溫氏此章先評述前人各種說
法之得失，然後自下一詩的定義：詩歌乃文學形式之一，其目的在訴諸
情感，而以韻律形式寫出（Poetry is that form of literature whose purpose
is to appear to the emotions , and which is written in metrical form）。[119] 楊
鴻烈的論述方式大體效法溫徹斯特。楊氏先歸納中國歷代關於詩的定義
為二十七種，如詩是言志的，詩是持人性情的，詩是承人性情的等等。
在條列各種說法之後，分別加以評論。關於詩言志，著者列舉《毛詩
序》「在心為志，發言為詩，情動於中，而形於言」，評論云：「就是發
於情感的『志』，但純文學都是以情感為惟一絕對不可少的原素，這樣
將何以從『戲曲』『小說』裡來區別詩呢？」因而斷定「這個定義沒有
採用的價值」。[120] 又如評朱熹「詩者，人心之感於物而形於言之餘也」
說：「和他種純文學的界限仍然相混。」[121] 在檢討古代諸說之後，楊鴻烈
又總括古人定義之缺點有四：詩的定義與一般文學的定義分別不清，列
舉詩的特點偏而不全，不顧詩的本體而以詩的作用和意味為定義，不是
詩的定義而為定義。著者根據蓋耶勒（Charles Mills Gayley）、司克特
（Fred Newton Scott）《文學批評的方法和材料》（*An Introduction to the
Methods and Materials of Literary Criticism*）關於詩之定義的三個必要
條件：所鋪陳的材料（the subject of treatment），發表的形式（the form
of expression），慘澹經營構思時的歷程（the process of execution），自
己給詩下定義：「詩是文學裡用順利諧合帶音樂性的文字和簡煉美妙的
形式，主觀的發表一己心境間所感現，或客觀的敘述描寫一種事實而都

118《中國詩學大綱》，頁 46。所引溫徹斯特論述見 *Some Principles of Literary Criticism*，
　　頁 227-228。
119 *Some Principles of Literary Criticism*, p. 232.
120《中國詩學大綱》，頁 36。
121《中國詩學大綱》，頁 39。

能使讀者引起共鳴的情緒。」[122]

　　第三章討論中國詩的起源，在當時學術界流行的文學起源論，分心理的起源與歷史的起源兩方面。本間久雄的《新文學概論》第三章文學的起源即是如此。中國學者介紹文學起源，也是如此。如秋原（胡秋原，1910-2004）〈文藝起源論〉（1928）介紹文藝起源論，分心理學生理學的見地，與歷史發生學的社會學見地兩方面。[123] 楊鴻烈討論古代的詩歌起源說也分心理與歷史兩個方面。關於詩的心理起源說，實分兩個層次，一、古代從心理的情感說明詩的起源諸說，包括《毛詩大序》「情動於中，而形於言」說，《漢書・藝文志》「哀樂之心感，而歌詠之聲發」說，韓愈〈送孟東野序〉「不平則鳴」說等；二、引起情感的原因，此又分為二，一是人事引起情感，如鍾嶸《詩品序》「嘉會寄詩以親，離群託詩以怨」等，二是自然引起情感，如《文心雕龍・物色》等。關於詩的歷史起源說，楊鴻烈稱這方面「只簡簡單單的去找出那最先寫成文字的詩是哪幾首？在什麼時代，寫詩的人是一個還是多個」，楊氏列舉了傳統關於最早詩歌的說法，如鄭玄〈詩譜序〉的起於虞舜說等，加以討論。

　　第四章詩的分類，「將中國從古代以來詩的分類，逐一的加以評判，然後舉出他們的共通缺點，又把歐美最有科學精神的詩的分類法引用來參酌情形，定出一個詩的分類大綱」。[124] 本章先討論中國傳統的分類方法，比如論《詩經》的六義，《滄浪詩話》的詩體的分類等，其共通缺點是「複雜冗迤」、「殘缺不全」。楊鴻烈再轉向討論歐美的分類，認為哈得遜（W. H. Hudson）的二分法，即分為「主觀的詩（Subjective poetry）」與「客觀的詩（Objective poetry）」，「更能以簡馭繁，更合乎嚴密的科學分類的法則，並且刻意採用於我們中國詩的分類」。[125]

---

[122]《中國詩學大綱》，頁 45-47。
[123]《北新》第 22 期（1928），頁 33-57。文末亦言及中國傳統文評中的心理起源說。
[124]《中國詩學大綱》，頁 71。
[125]《中國詩學大綱》，頁 92。

　　第五章中國詩的組合的原素，楊鴻烈分內容與外形兩方面，其所列內容原素：情感、想像、思想與形式，即溫徹斯特《文學批評原理》中所列的文學要素。其所列外形方面的原素有二，即文字與格律。在楊鴻烈看來，中國傳統的喜、怒、哀、樂、愛、惡、欲七情，「都不是科學的分類」，而英國心理學家馬可竇（William McDougall，1871-1938）《社會心理學・導言》以懼、惡、好奇、怒、自卑、自尊、慈愛七種原始的情緒，乃是科學的分類。楊鴻烈特別強調愛情在情感中的地位。[126]楊氏討論了古代詩論中關於文字與格律的各種說法，認為「千餘年來的詩逐漸的趨重形式格律方面」，認為胡適的白話詩主張「宣佈格律的死刑」。[127]

　　第六章中國詩的作法，將中國傳統關於詩的作法的論說歸為三類：性情說，學問說，性情學問相輔說。第七章中國詩的功能，指出歐美詩學家將詩的功能分為三類：生理的功能，心理的功能與倫理的功能，楊鴻烈將生理的功能歸併於心理的功能，然後將中國傳統的觀念分倫理的功能與心理的功能兩類加以討論。楊鴻烈認為，希臘原也「把道德當做詩人的分內事」，自亞里斯多德將「詩的藝術的功效」與「教育的功效」區分開來，影響所及，「妨礙文藝創作的道德觀念的衰退」造成「歐洲詩歌的發達」。而在中國，由於「推崇詩的倫理的功能，把詩的本來的心理功能『喧賓奪主』的壓下去，所以偉大純粹的詩章就很難產生出來」。[128]

　　第八章中國詩的演進，楊鴻烈分「詩的退化說」與「詩的進步說」兩類敘述，關於前者，楊氏主要討論章太炎《國故論衡・辨詩》，章太炎認為，「本情性，限辭語，則詩盛；遠情性，喜雜書，則詩衰」，[129]

126《中國詩學大綱》，頁 142-143。
127《中國詩學大綱》，頁 167-168。
128《中國詩學大綱》，頁 215-216。
129 章太炎撰，龐俊、郭誠永疏證：《國故論衡疏證》（北京：中華書局，2008），頁430。

詩歌史恰是由盛到衰的歷史。在楊鴻烈看來，章太炎主張詩的退化說，其錯誤在於「不知道這種詩的退化的趨勢，乃是人類『理智』進步，『感情』『想像』退減的結果；這是自然的結果，並不是人為」。楊鴻烈「從詩的本質上和心理方面觀察」，「相對的」「部分的」「贊同章先生的這種說法」；但「從歷史進化的觀點看來，我們又不能不承認詩是進步的」。[130] 關於詩的進步說，楊鴻烈認為持此觀念者雖然「鳳毛麟角」，但其「有正確的歷史的進化觀念」，「最令人佩服」。楊氏所列持此觀念者有元稹、都穆、方苞、吳雷發、袁枚諸人，而以葉燮《原詩》的論述「所以是進步的原故」「最詳切明盡」。[131]

第九章結論——著者對於新詩人的罪言，乃是基於中國傳統詩學的考察對於新詩的評論。楊鴻烈稱其全書「拿全部精力來闡發詩的本質」，詩的形式雖「能增加本質之美」，卻處於「僕從、陪襯的地位」。按照楊鴻烈的觀察，新文學運動中白話詩的盛行，「詩體得空前的大解放」，但「缺乏詩的本質」，「言之無物」，這背離了胡適提倡白話詩的初衷。其《中國詩學大綱》的目的之一也是為救當今詩壇之弊。著者書末引胡適〈沁園春·誓詩〉云：「要前空千古，下開百世；收他臭腐，還我神奇！為大中華，造新文學，此業吾曹欲讓誰？」[132] 開創新時代的豪情溢於言表。

儘管楊鴻烈充滿豪情與自信，將自己的這部著作與王國維《宋元戲曲考》、魯迅《中國小說史略》並提，但後兩者皆成為學術經典，獨楊著雖矚目當時，1928 年 1 月出版，9 月即再版，1930 年三版，卻很快退出學者的視野。朱光潛、朱自清等研究中國詩論的著作中，都未見到此書的迴響。在今天看來，此書從觀點到方法再到著述的形式都套用西方同類著作，這種做法是不成功的。楊氏只是以西方文學批評的理論架

130《中國詩學大綱》，頁 236。
131《中國詩學大綱》，頁 238-239。
132《中國詩學大綱》，頁 227。

構，將中國傳統詩論的材料放到這一架構中，站在西方詩學的立場上，以其標準來衡量評判，未能揭示中國詩學的內在特質，更未能呈現中國詩學的觀念架構。此書與傅庚生《中國文學批評》同是橫的原理研究的著作，兩者有共同的弊端，命運也相同，其因由值得深思。

五、第一部中國文學批評史：陳鐘凡《中國文學批評史》

　　1927 年，陳鐘凡《中國文學批評史》由上海中華書局出版。這是中國第一部文學批評史著作。此書與著者之《中國韻文通論》原合為一部，總名為《中國文學評論》，中華書局將其析為兩書，獨立印行。[133]

　　與楊鴻烈鮮明的新文學派的文化立場不同，陳鐘凡的文化立場更接近保守的國粹派與學衡派。陳氏入讀北京大學哲學系（1914-1917），與新文學派及國粹派皆有交往，然其學術上與國粹派關聯更多，曾在國粹派的刊物《國故月刊》連載《諸子通誼》（1919）。陳鐘凡曾從學於陳衍，[134] 陳衍《石遺室詩話》卷二十九亦提及其是考據家兼教育家。陳鐘凡亦曾在學衡派的大本營東南大學任中文系主任。其〈二十年來我國之國故整理〉（1937）將整理國故追溯到清代漢學傳統，而將國粹派、新文學派之國故整理皆一併納入，而將其批評史放到整理國故的脈絡之中。此書卷末所列參考書目，有日本學者鹽谷溫《支那文學概論講話》，[135] 兒島獻吉郎《支那文學考》，[136] 鈴木虎雄《支那詩論史》，也可以

---

133 陳鐘凡〈二十年來我國之國故整理〉：「陳鐘凡昔著中國文學評論，以文學批評史弁其簡端：中華書局因分印為中國文學批評史及中國韻文通論兩部。後羅根澤著中國文學批評史，詳盡倍之，郭紹虞著中國文學批評史，益遠過之矣。」《學藝》第 16 卷第 1 號（1937），頁 7。

134 陳衍卒，陳鐘凡有〈哭先師石遺老人〉，載《書林》半月刊，第 2 卷第 4 期（1937 年 8 月），頁 1。

135 此書先由陳彬龢節譯成中文，書名《中國文學概論》（北京：樸社，1926）。孫俍工全譯，《中國文學概論講話》（上海：開明書店，1929）。

136 此書孫俍工譯，改題《中國文學通論》（上海：商務印書館，1935）。

見出日本近代漢學的影響。

　　陳氏整理中國文學批評，要回答中國有無文學批評的問題。《中國文學批評史》第三章中國批評史總述云：「文學評論，遠西自希臘學者亞里斯多德以來，訖於今日，已成獨立之學科矣；中國歷代雖無此類專門學者，然古人對於文藝，欣賞之餘，未嘗不各標所見，加以量裁。」[137]此實肯定中國有文學批評，但陳氏同時承認中國古代對於「批評」，「未能確認其意義」；[138] 除《文心雕龍》、《詩品》為論文的專著，其餘論文著作如詩話詞話等「率零星破碎，概無統系可尋」。[139] 其對中國文學批評傳統特徵的認識大體同於時人。中國有文學批評，這一判斷是其撰著《中國文學批評史》的觀念前提；中國傳統對文學批評之意義認識不清，不成系統，此是其以西洋文學批評為依據的學理前提。

　　陳鐘凡試圖為中國傳統的詩文評建立一個現代的學術觀念架構。其書第一章文學之義界，第二章文學批評，分別定義文學與文學批評，即先建立此一架構。其論述文學及批評觀念分「歷代」與「近世」，將中國觀念歸入「歷代」，而「近世」則專指西洋，表明其歷史觀念也同樣受到新文化運動的洗禮。不僅如此，其著述體例也受西洋著作影響，其先為研究對象下定義，此即西方著述體例。

　　陳氏定義文學，先述歷代文學之義界，再陳近世之定義。其述近世定義，當是櫽栝本間久雄《新文學概論》（1925）而成。陳氏先引法國批評家佛尼（Vinet，1794-1847）、英國批評家埃諾特（Matthew Arnold）的文學定義，然後援引亨德（Theodore Whitefield Hunt）《文學原理及問題》之文學定義：「文學者，藉想像、感情及趣味以表現思想之文字也。」[140] 稱其「精確」。諸說皆見於本間久雄氏著作，以亨德為

137《中國文學批評史》（上海：中華書局，1928），頁9。
138《中國文學批評史》，頁6。
139《中國文學批評史》，頁9。
140 原文：Literature is the Written Expression of Thought, through the Imagination, Feelings and Taste, in such an untechnical form as to make it intelligible and interesting to the

精確亦同。[141] 陳鐘凡評論說：「以遠西學說，持較諸夏，知彼之所言感情、想像、思想、興趣者，注重內涵，此之所謂采藻、聲律者，注重法式。實則文貴情深而壯麗，故感情、采藻二者，兩方皆所並重。」陳氏對於中西文學觀念的整體看法，即以西方重內容，中國重形式。其自定義云：「文學者，抒寫人類之想像、感情、思想，整之以辭藻、聲律，使讀者感其興趣洋溢之作品也。」[142] 這一定義在他而言乃是欲兼有中西文學觀念之長，備及文學的內容、形式及美感功能。

文學批評乃從西方輸入之學說，欲以論述中國文學批評，必先介紹文學批評學說本身。陳鐘凡《中國文學批評史》第二章「文學批評」分二節：一、批評之意義，二、批評之派別。其指出遠西學者言「批評」之涵義有五：指正、讚美、判斷、比較及分類、鑒賞。此說實源自蓋萊與施各德《文學批評的方法和材料》之說，將「批評」一詞歷來的意義分為五類：（1）指摘（Fault-finding），（2）讚揚（to praise），（3）判斷（to judge），（4）比較（to compare）及分類（to classify），（5）評賞（to appreciate），胡愈之〈文學批評——其意義及方法〉一文有介紹。陳鐘凡未有說明來歷，惟本章列有參考書書目三種：1、Winchester's *Principles of Literary Criticism*（溫徹斯特《文學評論原理》），2、Moulton's *The Modern Study of Literature*（莫爾頓《文學的近代研究》），[143] 3、Hudson's *An Introduction to the Study of Literature*（哈德遜《文學研究導論》），並未列蓋萊（Charles Mills Gayley）與施各德（Fred Newton Scott）之書，其說乃引自胡愈之氏文章。其「批評之派別」一節共列十二種批評方法，分別是：1、歸納的批評，2、推理的批評，3、判斷的批評，4、考訂的批評，5、歷史的批評，6、比較的批評，7、解釋的批評，8、道德的批評，9、審美的批評，10、印象的批

---

general mind. 見 Theodore Whitefield Hunt, *Literature: Its Principles and Problem*, p. 24.

141《新文學概論》，頁 3-5。

142《中國文學批評史》，頁 4。

143 Moulton 陳書錯排成 Maulton，或許是手民之誤。

評，11、欣賞的批評，12、科學的批評。陳氏所列這些批評方法從何而來？其本人亦未說明。按照一般著述體例，當以本章所列批評方法出自其所列三種英文參考著作，但事實並非如此。考陳所列批評方法並非直接從此三種英文書中來，而是來自上節所述胡愈之、胡夢華介紹文學批評的文章。

　　陳鐘凡所列第 1 種批評方法為歸納的批評，其解說云：「將各種特殊的文學，加以說明及分類也。」胡愈之文章亦列為第 1 種，並解釋此批評方法云：「把各種特殊的文學，加以說明和分類。」按胡愈之解說乃譯自莫爾頓《文學的近代研究》，原文為：Inductive Criticism: examination of particular literature as it stands, with a view to interpretation and evolutionary classification 。[144] 比勘可知，陳鐘凡之說非譯自莫氏原著，而是來自胡愈之譯文，僅改口語詞為文言詞。第 2 種推理的批評，陳鐘凡解釋云：「借歸納所得之結論，建立文學上之原則及其原理也。」胡愈之亦列為第 2 種，解說云：「用歸納出來的結論，建立文學的原則和文學的哲學。」此條亦出莫氏，原文：Speculative criticism：working toward theory and philosophy of Literature 。按莫氏於上條「歸納的批評」之解釋後，有語云：「這是其他種類批評的必要基礎（this the necessary basis of the other types）。」胡愈之解釋歸納的批評，亦有此句，故此處中譯「用歸納得來的結論」乃承上而出的意譯，以足文意。陳鐘凡解說相同，明顯來自胡愈之文。第 3 種判斷的批評，陳鐘凡解釋：「以前法所得之原則原理，估量各派文藝之價值，判斷其優劣也。」胡愈之：「用這種假定的文學原則，估量文學的價值，判斷文學的優劣。」此條亦出莫氏，原文：Judicial Criticism: the application of assumed principles to the assaying of particular literature 。胡文「估量文學的價值」以下乃意譯，陳說實抄胡文。

---

144 *The Modern Study of Literature: An Introduction to Literary Theory and Interpretation*, p. 222.

　　陳鐘凡所列第 4 至 12 種批評方法，均出自胡夢華的〈文藝批評概論〉。第 4 種為考訂的批評，陳氏解釋云：「訂正作者原著之謬誤，及別裁其真偽也。」胡夢華：「志在訂正作者原著之謬誤。」第 5 種歷史的批評，陳鐘凡云：「敘述作者之生平與其著述之關係，更推論作者之著作思想與其時代環境之關係；更旁徵其所受於前人、時人之影響，及家庭種族之薰陶，以資論斷，謂之歷史的批評。若僅綜合其時人之意見，參以己意，則非精審之批評者所敢取也」。胡夢華云：「敘述作者之生平，與其著作之關係，更從而推及作者之著作思想與其時代環境之關係，處於何種勢力之下，受何種思潮之影響，其著作思想乃由產生，復旁徵其所受於前人，時人，國家種族之薰陶為佐證，以資論斷。或僅綜合其時人之意見，參以己意；但精審之歷時的文藝批評家不取之。」陳說明顯出於胡氏。第 6 種比較的批評，陳鐘凡曰：「分別作者或作品屬於某種、某派，而定批評之方法者也。」胡夢華曰：「有以作者或作品屬於某派某種而定批評之方法者。」第 7 種解釋的批評，陳鐘凡謂：「以一己之意見，解釋各家作品，此類批評，無殊創作，最宜取法。」胡夢華謂：「其方法以運用己之意見以解釋作者之作品。此等解釋的文藝批評，近於創造，最可效法。」以上兩種批評方法之解說，陳說亦來自胡氏。第 8 種道德的批評，陳鐘凡說：「主張人生的藝術派者，每以道德為批評之準的。」第 9 種審美的批評，陳鐘凡云：「主張藝術的藝術派者，則以審美為批評之準的。」道德的批評胡夢華作「訓誨的批評」，並與審美的一併解釋：「訓誨式的文學批評，則以道德為批評之立腳點，安諾德主之最力。愛倫坡（Allen Poe，1809-1849）反之，主唯美主義，因之有為人生的藝術與為藝術的藝術。」陳鐘凡實將胡夢華之並說分立單說。陳著所列第 10 種為印象的批評，解釋云：「對於作品所得之印象，發為讀後感焉」，胡夢華解釋此法「為批評家一時之感觸，而又僅為個人的」，「批評者施其主觀之眼光以批評作品之優劣」。陳氏所列第 11 種為欣賞的批評：「就作品中之優點，加以欣賞而以公正之眼光批評之。」胡夢華云：「其意在襃揚作者之思想與特性，而以公正之眼

光批評之」，「就作者作品內之優點加以欣賞」。陳氏所列第 12 種為科學的批評：「純採科學的方法，搜集材料，比較而評論之。」胡夢華云：「主張純粹用科學的方法，搜集材料，比較之而評判之。」[145]

　　以上對陳鐘凡文學批評知識的考古學式的考察，旨在說明陳鐘凡的現代文學批評知識，乃是來自當時的中文介紹，但其未列中文文獻，而只標英文著作。此可以見出當時學者奉西方學術為權威的心理及風氣。陳鐘凡在論述中國文學批評時往往也指出其屬於何種批評方法。如謂孔子興觀群怨「純屬道德的批評」，[146]〈詩大序〉「分詩為風、雅、頌三類，尤符歸納的批評之旨焉」。[147]

　　陳氏雖持文學進化觀念，著有〈中國文學演進之趨勢〉（1922），先言世界文學之演進規律：「晚近言文學者莫不謂：世界文學之演進，率由謳謠進為詩歌；由詩歌而為散文」，再論證中國文學之演進：「諸夏文學，原於風謠，進為詩歌，更進而為散體。斯固世界文學演進之趨勢，無間瀛海內外，莫能外是例也。」[148]是證中國文學符合世界文學之普遍演進規律。但是，陳氏論述中國文學批評之歷史卻未持文學進化立場，亦未采純文學觀念，此乃其與新文學家楊鴻烈、郭紹虞等人之中國文學批評著作的重要差異。楊、郭二氏皆將文學進化與純文學觀念結合起來，以趨向純文學觀念為進化，否則為復古。陳鐘凡則否。陳氏說：「漢魏以前，文學界域至寬，凡以文字著於竹帛，不別駢散，有韻無韻，均得稱之為文也。」[149]在他看來，魏晉確認文章之獨立價值，在文學批評史地位重要。其於「魏晉文學批評」一章末云：「中國論文之有專著也，始於魏晉。時人論文，既知區分體制為比較分析的研尋；又能

---

145 以上所引胡夢華〈文藝批評概論〉文字，出其論文第三部分「文藝批評之意義目的與方法」，《東方雜誌》第 21 卷第 4 號（1924），頁 99-100。
146《中國文學批評史》，頁 10。
147《中國文學批評史》，頁 11。
148《文哲學報》第 1 期（1922），頁 1、8-9。
149《中國文學批評史》，頁 3。

注重才程。蓋彼等確認文章有獨立之價值，故能盡掃陳言，獨標真諦，故謂中國文論起於建安以後可也。」[150] 陳氏以為文學獨立成科，起於南朝宋：「魏晉文論，雖較盛前世，然斯時文學猶未嘗別自成科。自宋文帝於儒、玄、史三館外，別文學館，由是文學特立一科。」[151] 晉宋以後有文筆之辨，「有情采聲律者為文，無情采聲律者謂之筆，故文學之界畫，自南朝而始嚴也。」[152] 其總論南朝評文之趨勢為五點：（一）、重聲律，（二）、尚采藻，（三）、緣情致，（四）、驗材性，（五）、覘風會。[153] 文學的範圍從寬趨嚴，若按照楊鴻烈、郭紹虞所持文學進化與純文學觀念，乃是進化，但陳鐘凡無此表述。在他看來，到唐代「以筆為文，文章之界又復漫漶。」韓柳之提倡古文，「由是學者不以聲律采藻相矜尚，而以平易奇奧為古文矣」。[154] 文學的範圍由嚴變寬，如持純文學的觀念看，此乃倒退，但陳氏未作此評判。「宋元以來，文宗散體，相沿未變」，到章學誠、阮元欲重定文界，「從南朝之舊說」，「晚近學者，或以文為偶句韻語之局稱，或以文為一切著竹帛者之達號，異議分起，訖無定論。」在陳鐘凡看來，文學觀念的變化未能合乎進化規律非獨中國為然，「進觀遠西學者之持說，亦未嘗不如是也」。[155]

　　不同於楊鴻烈始終以西方文學觀念衡量組織中國材料，整個架構是西方式的，陳鐘凡一旦進入中國文學批評的歷史敘述，西方文學的觀念往往被擱置，轉而按照傳統的脈絡敘述。其書分周秦、兩漢、魏晉、宋齊梁陳、北朝、隋唐、兩宋、元明、清代諸階段敘述批評史，建立了批評史的歷史階段的架構，其分文評、詩評、詞曲評等體裁敘述，在歷史架構中確立了分體的批評史敘述方式。

150《中國文學批評史》，頁 31。
151《中國文學批評史》，頁 31-32。
152《中國文學批評史》，頁 3。
153《中國文學批評史》，頁 62-64。
154《中國文學批評史》，頁 4。
155《中國文學批評史》，頁 4-5。

　　楊鴻烈《中國詩學大綱》與陳鐘凡《中國文學批評史》皆為以西方文學批評觀念整理中國傳統詩文評的最早著作，前者代表建立理論體系的努力，後者代表建立歷史架構的嘗試。陳氏未有將西洋文學批評觀念貫徹到批評史的具體論述中，未如楊鴻烈、傅庚生一樣賦予傳統詩文評一現代的理論系統，事實上後來的郭紹虞、羅根澤等也都是如此。但在今天看來，楊、傅二氏的系統建構並不成功，陳、郭、羅諸人無論是主觀上無意還是客觀上未能建構一個西方式的架構，反而未失傳統的脈絡與特色。這些早期的探索無論成敗得失都給後來者提供了有益的啟示，值得深入總結與思考。

第三章

純文學、雜文學觀念與中國文學批評史

　　中國文學批評史與文學觀念關係密切。純文學與雜文學觀念之分辨貫穿民國時期文學研究，亦成為論述中國文學批評史的核心觀念。純文學與雜文學術語源自日本，分別在日本明治時期（1892, 1906）提出，其西方學術依據即戴昆西（Thomas De Quincey，1785-1859）「力的文學」與「知的文學」之辨。兩術語20世紀初先後輸入中國學界，兩者在現代中國學術中本為文學內部之區別，後來成為文學與非文學之分界。楊鴻烈（1903-1977）較早以純文學與雜文學觀念論述中國文學觀念的演變，郭紹虞（1893-1984）繼之，以為撰寫《中國文學批評史》之觀念基礎，朱自清則提出質疑，所提出之問題至今仍有重要意義。

一、純文學、雜文學的提出與輸入

　　朱自清（1898-1948）〈評郭紹虞《中國文學批評史》上卷〉（1934）說：

> 「純文學」、「雜文學」是日本的名詞，大約從De Quincey的「力的文學」與「知的文學」而來，前者的作用在「感」，後者的作用在「教」。[1]

1　《朱自清全集》（南京：江蘇教育出版社，1993年第1版，1999年第2次印刷），第8卷，頁197。

其〈什麼是文學〉（1946）亦云：

> 英國德來登早就有知的文學和力的文學的分別，似乎是日本人
> 根據了他的說法而仿造了「純文學」和「雜文學」的名目。[2]

朱自清後面所說的「英國德來登」乃是誤記，實即前面說的 De Quincey
（戴昆西）。按照朱自清的說法，純文學與雜文學的範疇是從日本輸入
的，這對範疇有西方文學理論的依據，即戴昆西「力的文學」與「知的
文學」之說。

　　「純文學」、「雜文學」誠是從日本輸入的術語。「純文學」作為日本
文學術語有兩個涵義：其一是與廣義的文學相對，廣義文學指以文字為
表現媒介的範圍廣泛的作品，狹義的文學指詩歌、戲曲、小說之類以美
的形成為重點的作品。其二是與「大眾文學」、「通俗文學」相對，以不
取媚讀者的純粹藝術感興為軸心而創作的作品。前一義為早期涵義。[3]
朱自清所說的「純文學」乃是指前一義，即跟廣義文學相對者。根據
日本學者的研究，在日本明治三、四年（1870-1871）間，西周（1829-
1897）的《百學連環》曾論及廣義的 Literature 與狹義的 Belles-lettres 之
別；[4] 明治二十五年（1892），內田貢（1868-1929）在《文學一斑》中提
出「純正文學」、「純文學」之說。[5] 在他而言，純文學就是詩，即西方

2　《朱自清全集》（南京：江蘇教育出版社，1996 年第 2 版，1999 年第 2 次印刷），
　　第 3 卷，頁 162。

3　長谷川泉撰「純文學」條，見《現代日本文學大事典（增修縮刷版）》（東京：明
　　治書院，1971），頁 557。

4　《百學連環》是日本啟蒙思想家西周的重要著作之一，他自 1870 年在自宅育英舍
　　講授西方學術知識，有自著筆記《百學連環覺書》。永見裕的講義筆錄《百學連
　　環》，收入大久保利謙編：《西周全集》（東京：宗高書房，1966），第 4 卷。「百學
　　連環」是英語百科全書（encyclopedia）的譯名。Belles-lettres，指美的（beautiful）
　　或好的（fine）作品，即所謂純文學。

5　內田貢（又名魯庵，別號不知庵，文藝評論家，小說家）：《文學一斑》（東京：博
　　文館，1892），頁 20、27。關於內田的文學觀與西方學術之間的關係，日本學者有
　　專門研究，參見吉田亮〈內田魯庵『文學一斑』におけるヘーゲル──その典拠

所謂 Poetry 。[6]明治二十六年（1893），北村透谷（1868-1894）在〈何謂與人生相涉〉（1893）一文中也提出「純文學」之說。[7]

明治三十九年（1906），太田善男（1880- ？）[8]《文學概論》一書中提出「雜文學」範疇與「純文學」相對。其《例言》稱「本書設『雜文學』一綱」，[9]而將文學分為「純文學」（Pure Literature）與「雜文學」（Mixed Literature）兩類。文學的特徵在於內容與外形的美，而純文學與雜文學的分別在於：前者是情的，後者是知的；前者訴諸情，後者訴諸知；前者目的在感動，後者在教導。[10]

鈴木虎雄（1878-1963）《支那詩論史》（1925）已經用純文學論述中國文學批評。在他的論述中，魏是「中國文學上的自覺期」，[11]即認為文學有獨立之價值，而梁代則有「偏重純文學的潮流」，[12]又謂「裴子野嘗著《雕蟲論》批評純文學」。[13]裴子野的文學觀念，若放到純文學與雜

とドラマ論〉（內田魯庵《文學一斑》中的黑格爾──來源與戲劇論），《札幌大學社會學部論集》第 3 號（2015），頁 133-150。

6　《文學一斑》第二「詩」（ポーエトリイ）：「純文學即詩，英語謂ポーエトリイ。」謂純文學即 poetry 。頁 27。

7　北村透谷（評論家、詩人，《文學界》的創始人之一）：〈人生に相涉るとは何の謂ぞ（何謂與人生相涉）〉，《文學界》第 2 號（1983 年 2 月），後收入《透谷全集》上卷（東京：松榮堂書店，1914），頁 72。參見《現代日本文學大事典（增訂縮刷版）》「純文學」條，頁 557。

8　太田善男，東京帝國大學英文科畢業，曾任慶應大學預科教授，著有《文學概論》、《最近思潮批判》、《文藝批評史》等。

9　太田善男：《文學概論》（東京：博文館，1906），頁 2。

10　太田善男：《文學概論》第 3 章「文學の解」，頁 61。

11　《支那詩論史》（東京：弘文堂書房，1924），頁 40。第 2 篇〈魏晉南北朝時代的文學論〉第 1 章「魏的時代──中國文學上的自覺期」：「孔子以來至漢代之傾向，非但不能離道德而觀文學，反而視文學僅為鼓吹道德思想之手段，以為唯有如此，文學才有其價值。然至魏以後，却未必然。文學有其自身價值之思想出現。故吾以魏之時代為中國文學上之自覺時代。」

12　《支那詩論史》頁 88。根據卷首序，其〈魏晉南北朝時代的文學論〉發表於大正 8（1919）年 10 月至 9（1920）年 3 月間的《藝文》上。據此，鈴木氏於 1919、1920 年間已使用「純文學」論中國文學觀念。

13　《支那詩論史》，頁 87。

文學的脈絡中看，屬雜文學觀念，但鈴木氏沒有稱裴子野的理論是雜文學觀念。在日本有關近現代文學的工具書中，未見有「雜文學」術語，此或可解釋為，太田氏提出的「雜文學」一語未能成為學界普遍接受的文學術語。[14] 然在中國，「雜文學」卻與「純文學」一道成為現代文學理論的一對基本範疇。

　　「純文學」「雜文學」術語何時進入中國，目前難以完全考定。然王國維（1877-1927）當是最早使用「純文學」術語者之一。[15] 其〈論哲學家與美術家之天職〉（1905）：「我國無純粹之哲學，其最完備者，唯道德哲學與政治哲學耳。……甚至戲曲小說之純文學，亦往往以懲勸為怡。」[16] 又其〈文學小言〉（1907）：「《三國演義》無純文學之資格」，[17] 此「純文學」之術語當來自日本。王國維在學術界影響巨大，其對輸入日本學語持正面態度，[18] 他之用此術語，當會促進其迅速流行。魯迅〈摩羅詩力說〉（1908）謂「由純文學上言之，則以一切美術之本質，皆在使觀聽之人，為之興感怡悅。文章為美術之一，質亦當然。」[19] 黃人（1866-1913）《中國文學史》（1904-1907）文學觀念受太田善男《文學概論》影響，[20] 但黃人並沒有採用「純文學」、「雜文學」範疇論述中國文學史。不過，黃人所編《普通百科新大詞典》（1911）「文學（Literature）」條中已經明確提到「純文學」：

14　早稻田大學內山精也教授曾代查相關辭書，未見「雜文學」條目。

15　梁實秋〈純文學〉一文指出：「『純文學』一語可能是最早見於王國維《靜安文集》。」所引即〈論哲學家與美術家之天職〉一文。見《梁實秋文集》（廈門：鷺江出版社，2002），第 4 卷，頁 7。

16　載《靜庵文集》，《王國維遺書》（上海：上海書店，1983 年第 1 版，1996 年第 2 次印刷），第 3 冊，頁 537。

17　載《靜庵文集續編》，《王國維遺書》第 3 冊，頁 631。

18　〈論新學語之輸入〉，《王國維遺書》第 3 冊，頁 527-534。

19　《河南》第 2 期（1908），頁 80。又載《魯迅全集》（北京：人民文學出版社，1981），第 1 卷。此文作於 1907 年。

20　參見陳廣宏：〈黃人的文學觀念與十九世紀英國文學批評資源〉，《文學評論》第 6 期（2008），頁 49-51。

以廣義言，則能以語言表現出思想感情者，皆為文學。然注重在動讀者之感情，必當使尋常皆可會解，是名純文學。而欲動人感情，其文詞不可不美，故文學雖與人之知意上皆有關係，而大端在美，所以美文學亦為美術之一。[21]

周作人（1885-1967）〈日本近三十年小說之發達〉（1918 年 4 月 19 日在北京大學文科研究所小說研究會講演）論日本文學，「從前雖受了中國的影響，但他們的純文學，卻仍有一種特別的精神」，[22] 又其〈人的文學〉（1918）論中國傳統文學，「中國文學中，人的文學，本來極少。從儒教道教出來的文章，幾乎都不合格。」「從純文學上舉例」，像淫書、鬼神書等十類，「全是妨礙人性的生長」，「統應該排斥」。[23] 以上所引諸條表明，至遲在 1905 年時，「純文學」術語已經輸入中國，且漸被接受。

　　至於「雜文學」術語之輸入中國學界，當較「純文學」為晚。施蟄存（1905-2003）〈雜文學〉（1937）一文說：「為了與純文學區別起見，『雜文學』這個名字便為創造出來了。」[24] 但既沒有說由誰創造，也未言何時創造。考呂思勉（1884-1957）〈小說叢話〉（1914）提出「純文學的小說」與「雜文學的小說」之分：

小說有有主義與無主義之殊。有主義之小說，或欲借此以牖啟人之道德，或欲借此以輸入智識。除美的方面外，又有特殊之目的者也。故亦可謂之雜文學的小說。無主義之小說，專以表現著者之美的意像為宗旨，為美的製作物，而除此以外，別無

21　黃人編：《普通百科新大詞典》（上海：國學扶輪社校印，清宣統三年，1911），子集，四畫「文」，頁 106。

22　《北京大學日刊》第 141 期（1918 年 5 月 20 日），第 5 版。又載《中國新文學大系》（上海：良友圖書印刷公司，1935），第 1 集《建設理論集》，頁 282。

23　《新青年》第 5 卷第 6 號（1918 年 12 月），頁 579-580。

24　施蟄存：〈雜文學〉，《新中華》第 5 卷第 7 期（1937），頁 81。

目的者也。故亦可謂之純文學的小說。[25]

此雖論小說，然是以「純文學」與「雜文學」相對。《小說叢話》亦受太田善男《文學概論》之影響，[26]「純文學」與「雜文學」之二分說當是從太田氏《文學概論》來。但呂氏有時亦稱「純文學的小說」與「非純文學的小說」，[27] 說法亦未固定。

　　朱希祖（1878-1944）〈文學論〉（1919）引太田氏說云：

> 日本太田善男《文學概論》，亦以詩為主情之文，以歷史、哲
> 理為主知之文，惟稱主情文為純文學，主知文為雜文學，其弊
> 與吾國以一切學術皆謂文學相同，茲所不取。[28]

朱希祖 1916 年編《中國文學史要略》，所持的是廣義文學的觀念，即其師章太炎（1869-1936）的觀點（《國故論衡・文學總略》：「文學者，以有文字著於竹帛，故謂之文；論其法式謂之文學。」）[29] 到 1917 年以後，他主張文學獨立，[30] 已改持純文學觀念，其《中國文學史要略敘》（1920）：

> 《中國文學史要略》，乃余於民國五年為北京大學校所編之講
> 義，與余今日之主張，已大不相同。蓋此編所講，乃廣義之文

---

25 《中華小說界》第 5 期（1914），頁 21。此文目錄下署名成之，篇題下署成。
26 關詩珮：〈呂思勉《小說叢話》對太田善男《文學概論》的吸入──兼論西方小說藝術論在晚清的移植〉，《復旦學報》（社會科學版）第 2 期（2008）。
27 《中華小說界》第 5 期（1914），頁 23。
28 《北京大學月刊》第 1 卷第 1 號（1919），頁 51。
29 朱希祖〈文學論〉：「吾師余杭章先生〈文學論〉，即主此說（引者按：即以一切著於竹帛者皆為文學），……希祖曾據此論編《中國文學史》，凡著於竹帛者，皆為文學。二年以來頗覺此說之不安。」《北京大學月刊》第 1 卷第 1 號，頁 45-46。所引章太炎語，見章太炎撰，龐俊、郭誠永疏證：《國故論衡疏證》（北京：中華書局，2008），頁 247。
30 〈文學論〉：「一年以來，吾國士大夫有倡言文學革命者；鄙人獨言文學獨立。」見《北京大學月刊》第 1 卷第 1 號（1919），頁 48。

學，今則主張狹義之文學矣。以為文學必須獨立，與哲學、史
學及其他科，可以並立，所謂純文學也[31]

正因為朱希祖主張文學獨立，故他對章太炎（1869-1936）將一切
學術皆當文學的廣義文學觀念不滿，太田將文學分為純文學、雜文學，
在他看來，也是廣義文學觀念。朱希祖當時是北京大學教授，亦是新
文學運動的參與者，其〈文學論〉發表在《北京大學月刊》，其影響可
知。胡適（1891-1962）〈什麼是文學——答錢玄同〉（1920）說：「語
言文字都是人類達意表情的工具；達意達得好，表情表得妙，便是文
學。」[32] 他認為文學的內容為情感與思想兩者，[33] 反對純文學與雜文學之
分：「我不承認什麼『純文』與『雜文』。無論什麼文（純文與雜文、韻
文與非韻文）都可分作『文學的』與『非文學』的兩項。」[34] 在這裡，胡
適把「純文」與「雜文」對舉，實相當於「純文學」與「雜文學」。[35] 到
1922 年，楊鴻烈發表〈文心雕龍的研究〉等論文，即以「純文學」與
「雜文學」相對舉（詳第三節）。其後「純文學」與「雜文學」遂成為現
代中國文學批評之一對範疇。1933 年《新中華》第五卷第 7 期「現代
中國文學諸問題特輯」有〈雜文學〉（施蟄存）、〈純文學〉（顧仲彝）兩
文專門介紹此兩種觀念，[36] 即是證明。

31　陳平原編：《早期北大中國文學史講義三種》（北京：北京大學出版社，2005），頁
　　241。
32　〈什麼是文學〉，《胡適全集》（合肥：安徽教育出版社，2003 年初版，2007 年重
　　印），第 1 卷，頁 206。
33　〈文學改良芻議〉，《胡適全集》第 1 卷，頁 5。
34　〈什麼是文學〉，《胡適全集》第 1 卷，頁 209。
35　朱自清〈什麼是文學〉（1946）說：「好像胡先生在什麼文章裡不贊成這種不必要
　　的分目（引者按：指純文學與雜文學的分別）。」當是指此而言。《朱自清全集》
　　第 3 卷，頁 162。
36　施蟄存：〈雜文學〉，載《新中華》第 5 卷第 7 期（1937），頁 81-82。顧仲彝〈純
　　文學〉，載《新中華》同期頁 82-84。

二、純文學、雜文學觀念的西方學術依據

　　純文學與雜文學的分別，其西方學術的依據，誠如朱自清所言，正與戴昆西「知的文學」（literature of knowledge）與「力的文學」（literature of power）之分辨相關。

　　戴昆西，英國著名的文學批評家，1848 發表題為〈蒲伯作品集〉的書評，其中一段文字屢被徵引：

> There is, first, the literature of knowledge, and, secondly, the literature of power. The function of the first is to teach; the function of the second is to move: the first is a rudder; the second an oar or a sail. The first speaks to the mere discursive understanding; the second speaks ultimately, it may happen, to the higher understanding, or reason, but always through affections of pleasure and sympathy.[37]

太田善男《文學概論》第三章「文學的解說」引其語，譯為「文學有二，一為知之文學，一為情之文學」，直接將「the literature of power」

---

[37] "The Works of Alexander Pope", *The North British Review for August*, 1848。全文載《戴昆西著作集》第 16 卷（*The Works of Thomas De Quincey* vol.16, pp. 332-64. London: Pichering and Chatto, 2000-03.）。按戴昆西該文部分內容以〈知的文學與力的文學〉（"Literature of Knowledge and Literature of Power"）為題，被編入《十九世紀早期文學批評文集》（*Critical Essays of the Early Nineteenth Century*, New York: C. Scribner's Sons，1921），頁 339-346。所引該段文字見頁 340。又溫徹斯特（C. T. Winchester）在其《文學批評原理》（*Some Principles of Literary Criticism*）一書將情感的文學（Literature of Emotion）稱作純文學（Pure Literature），其文曰："As the power to touch the emotions is always the distinguishing mark of literature, we may call the writing which makes this its prime object Pure Literature." New York: The Macmillan Company,1905. p. 232. 關於戴昆西此說的內涵及其在英國文學批評史上的地位，參見 René Wellek, *A History of Modern Criticism*, Vol.3 (London: Jonathan Cape,1966), pp. 111-112。

譯為「情之文學」。[38] 太田氏認為文學分內容與外形兩方面，必須兩方皆美，而在文學內部則又分純文學與雜文學，純文學為詩（律文詩、散文詩），雜文學為文（敘述文、評論文），兩者就在於情與知的分別。其《文學概論》云：

> 文學應分為二：純文學（Pure-literature）與雜文學（Mixed-literature）。所謂純文學，乃詩之別名。其內容為美的思想，而其外形可分為歌的形式（吟式詩）與讀的形式（讀式詩）。前者即所謂律語，後者乃散文詩。純文學之特色不止內容與外形俱美，一般而言，要點在其為情的。不是訴諸知，而是訴諸情。所謂雜文學乃純文學以外文學之總稱。其性質與詩異。雜文學可分為敘述文與評論文兩類。其既亦稱文學，其內容外形自當共美。雜文學之特色，其要在其為知的。換言之，與詩之專以感動為目的相反，此則以教導為目的。[39]

很明顯，太田氏關於純文學與雜文學分別的觀念依據就是戴昆西「情的文學」與「知的文學」之說。

在中國，黃人《中國文學史》亦引戴昆西之語，其中譯即根據太田氏日譯：

> 科因西哀所著《亞力山大撲浦論》中有曰：文學有二：一知之文學，二情之文學。前者以教人為事，後者以感人為事。知之文學為舵，情之文學為棹與帆也。[40]

38　太田善男：《文學概論》，頁 27。日文為：「文學に二あり、一は知の文學にして、一は情の文學なり。」

39　《文學概論》，頁 60。太田氏分詩為吟式詩與讀式詩，在中國文學史研究中亦有影響。江恒源《中國詩學大綱》（上海：大東書局，1928 年初版，1944 年重印），論詩之分類，即用此說，頁 23。其書編成於 1926 年。

40　黃人：《中國文學史》（蘇州：蘇州大學出版社，2015），頁 59。

太田氏書在中國沒有譯本，黃人《中國文學史》在當時亦影響不廣。[41]
呂思勉〈小說叢話〉（1914）分「純文學的小說」與「雜（不純）文學
的小說」：

> 純文學的小說，專感人以情；雜文學的小說，亦兼訴之知。[42]
> 純文學的小說，與不純文學的小說，其優劣之原，果何自判
> 乎？曰：一訴之於情的方面，而一訴之於知的方面也。[43]

此以情與知作為「純文學的小說」與「雜（不純）文學的小說」的分別
依據，亦即「純文學」與「雜文學」的依據。

謝無量（1884-1964）《中國大文學史》（1918）上世紀 20、30 年代
影響巨大。其書 1918 年初版，1932 年已印至十八版。該書第一編第一
章「文學之定義」，實際上亦受太田正男《文學概論》之影響。其第二
節「外國學者論文學之定義」，實根據太田氏《文學概論》第三章第一
節「文學的意義」撰成。謝氏云：

> 至於文學之名，實出於拉丁語之 Litera 或 Literatura。當時
> 羅馬學者用此字，含文法文字學問三義。以羅馬書證之，用
> 作文字之義者，塔西兌 Tacitus 是也。用作文法者，昆體盧
> Quintianus 是也。用作文學者，西塞羅 Cicero 是也。[44]

此節即根據太田氏《文學概論》。[45] 其引述歐洲諸家論文學之定義，共有

41　參見溫慶新：〈對近百年來黃人《中國文學史》研究的反思〉，《漢學研究通訊》總
　　116 期（2000 年 11 月），頁 27-39。
42　〈小說叢話〉，《中國小說界》第 1 年第 5 期（1914），頁 21。
43　〈小說叢話〉，《中國小說界》第 1 年第 5 期（1914），頁 23。
44　《中國大文學史》（上海：中華書局，1918 年初版，1932 年第 17 次印刷），頁 3。
45　《文學概論》第 3 章「文學の解說」之第 1 節「文學の意義」，頁 23、24。原文：
　　「爰に所謂文學とは、英語のリテラチア（Literature）を飜したるものなり。英原
　　語は英典語の litera 若しくは literatura より出てたるものにして、本來の字義は
　　文典、文字、學問など云はんやうなりしが」、「羅馬時代に在つては、タキッス
　　（Tacitus）は文字の形の義に取り、クキンチリアン（Quintianus）は、文法の義に

四家，亦全出太田氏著作。一是白魯克（Stopford Brooke，1832-1916）
之說：

> 文學云者，所以錄情，發男女之英思，使讀者易娛。故其行
> 文，尤貴典秩，而散文非文學之至也。[46]

此亦太田氏所引第一家，唯較太田氏所引更簡略。其二是亞羅德
（Thomas Arnold，1795-1842）：

> 文學者著述之總稱，非以喻特殊之人，及僅為事物之記識而
> 已。在會通眾心，互納群想，於是表諸言語，而得人人智情中
> 之所同然。斯為合矣。[47]

考、シセロ（Cicero）は學問の義に解し。」

46　謝氏所引見 Brookes 所著《英國文學》（*English Literature*），其所引前句見第一
章 What literature is，原文為：By literature we mean the written thoughts and
feelings of intelligent men and women arranged in a way which will give pleasure to the
reader. (London: Macmillan and Co., 1877），p. 5. Brooke 分文學為散文文學（Prose
literature）與詩歌文學（Poetic literature）兩類，其論散文文學時說，並非所有散
文皆屬文學，唯作品予讀者以娛悅，方可謂之文學。娛悅不止出自所寫之事物，
亦且出自抒寫之方式，惟當其屬辭成章，或謹，或奇，或麗，方可娛人。（Writing
is not literature unless it gives to the reader a pleasure which arises , not only from the
things said, but from the way in which they are said, and that pleasure is only given when
the words are carefully or curiously or beautifully put together in sentences.）又謂惟當
散文有風格與個性，方成為文學。（Prose then is not literature unless it have style and
character.) p. 6. 太田氏節譯上述內容為：「文學と云ふは、聰明なる男女の思想
や、感情やを記錄して、讀者を娛しましむるやう排列したるものなり、而して
散文は、文致と特質とを具へ、且つ精緻なる注意をもて物したるに非ずんば、こ
れを文學なりと云ひ難しと。」見《文學概論》，頁 25。謝氏當是撮譯以上內容。

47　引文出 Thomas Arnold 所著 *A Manual of English Literature, Historical and Critical:
With an Appendix on English Metres* (London: Longmans, Green, and Co., 1877), p. 396.
原文為：What remains after these deductions is literature in the strict or narrower sense:
that is , the assemblage of those works which are neither addressed to particular classes,
nor use words merely as the signs of things, but which, treating of subjects that interest
man as man, and using words as the vehicles and exponents of thoughts, appeal to the
general human intellect and to the common human heart. 太田氏譯文：「文學とは左

此亦為太田氏所引第二家。太田氏所引第三家乃 Thomas Davidson 新編
《詞匯》之「文學」條，謝氏沒有徵引。謝氏所引第三家即是戴昆西：

> 戴昆西 De Quincey⋯⋯嘗釋文學曰：文學之別有二：一屬
> 知，一屬情。屬知者，其職在教；屬情者，其職在感。譬則舟
> 焉，知如其柁，情為帆棹，知標其理悟，情通於和樂，斯其義
> 矣。[48]

謝氏直接把「力（power）」譯作「情」，同於太田氏。如此，則知識與
情感之分遂成為兩類文學之別。謝氏稱「前三說中，戴氏之說，較為明
瞭。然所謂知之文學，未定其範圍。」[49]此說亦大體採取太田氏之議論。

謝氏所引第四家乃龐科士（Henry S. Pancoast，1858-1928），著有
《英國文學導論》，其言曰：

> 文學有二義焉。（甲）兼包字義，統文書之屬。出於拉丁語之
> Litera。[50]首自字母，發為記載，凡可寫錄，號稱書籍，皆此類
> 也。是謂廣義。但有成書，靡不為文學矣。（乙）專為述作之
> 殊名。惟宗主情感，以娛志為歸者，乃足以當之。文學雖不規
> 規於必傳，而不可不希傳，故其表示技巧，同工他藝。知繪畫
> 音樂雕刻之為藝，則知文學矣。文學描寫情感，不專主事實之

記の如き諸述作の總稱なり、即はち特殊の人々に訴ふる為めに作られ、若しく
は、單に事物の符號としてのみ言語を用ひたるものに非ずして、普通一般の人
心に興味ある題目を採りて、思想の運搬器兼表章として言語を用ひ、全般の人
智と、普通の人情とに訴ふるものとすと。」見《文學概論》，頁 26。

48　謝無量：《中國大文學史》，頁 4。太田氏譯文為：「文學は二あり、一は知の文學
　　にして、一は情の文學なり。前者は教ふるとを職分とし、後者は感ぜしむるを
　　職分とす。知の文學は舵なり情の文學は棹若しくは帆なり。前者は理解せしめ
　　ん為めに語り、後者は常に快樂若しくは同情の感情を通じて高き理解と理由と
　　を與へしめん為に語る。」見《文學概論》，頁 27。

49　《中國大文學史》，頁 4。

50　謝著原作 Initera，當作 litera，茲據英文原著改。

智識。世之文書，名曰科學者，非其倫也。雖恒用歷史科學之
事實，然必足以導情陶性者而後採之，斥厥專知，擷其同味，
有益挺不朽之盛美焉。此於文學，謂之狹義。如詩歌、歷史、
傳記、小說、評論等是也。[51]

謝氏稱其「論文學定義，最詳審」。[52] 謝氏所引四家之說不僅內容、順
序與太田氏《文學概論》第三章「文學的解說」相同，而且謝氏的翻譯
也是參考了太田氏的日譯，尤其是所引戴昆西之說，受日譯影響尤為明
顯。[53]

　　謝氏主張「文學為施於文章著述之總稱」，[54] 屬所謂廣義文學觀，其

---

[51] Henry S. Pancoast, *An Introduction to English Literature* (New York: Henry Holt and Company, 1894), pp. 1-2. 其原文為：The word literature is used in two distinct senses: (a)Its first and literal meaning is--something written, from the Latin, litera, a letter of the alphabet, an inscription, a writing, a manuscript, a book, etc. In this general sense the literature of a nation includes all the books it has produced, without respect to subject or excellence.
(b) By literature, in its secondary and more restricted sense, we mean one especial kind of written composition, the character of which may be indicated but not strictly defined. Works of literature, in this narrower sense, aim to please, to awaken thought, feeling, or imagination, rather than to instruct: they are addressed to no special class of readers, and they possess an excellence of expression which entitles them to rank as works of art. Like painting, music, or sculpture, literature is concerned mainly with feelings, and, in this, is distinguished from the books of knowledge, or science, whose first object is to teach facts. Much that is literature in the strictest sense does deal with facts, whether of history or of science, but it uses these facts to arouse the feelings or to please the imagination. It takes them out of a special department of knowledge and makes them of universal interest, and it expresses them in a form of permanent beauty or value. Shakespeare's historical plays, Carlyle's French Revolution, or an essay of De Quincey or Macaulay, while they tell us facts, fulfill these conditions, and are strictly literature; and, in general, poetry, history, biographies, novels, essays, and the like, may be included in this class. 又太田氏日譯：《文學概論》，頁 28-29，文長不錄。
[52] 《中國大文學史》，頁 4。
[53] 謝無量於 1903 年東渡日本，並學習日語、英語、德語。見〈謝無量自傳〉，《國學學刊》第 1 期（2009）。
[54] 《中國大文學史》，頁 1。

在第一章第四節「文學之分類」中謂「自歐學東來，言文學者，或分知之文與情之文二種」，[55] 當是指太田氏之《文學概論》，即以戴昆西之說，將文學分為兩類。謝氏未有直接採用太田氏純文學、雜文學二分之說，只是第三章第二節題「夏之雜文學」，[56] 不過並非在與純文學相對的意義上使用，而且論述其他時代文學亦未用此語，儘管如此，「雜文學」一語卻是在文學史著作中出現了。謝氏文學史在早期現代中國文學研究界影響巨大。其「雜文學」之語當為時人所熟知。

20 世紀上半期，戴昆西此段論述在中國學術界影響甚大，被認為是廣義文學與狹義文學分別之依據。當雜文學與純文學術語出現並逐漸代替廣義文學與狹義文學，其論述遂成為雜文學與純文學分辨的理論基礎。

錢基博（1887-1957）〈我之中國文學的觀察〉（1923）論文學之定義有廣狹二義，他本人採取廣義，其總結云：

> 然則文學者，述作之總稱；用以會通眾心，互納群想，而表諸文章，兼發知情；知以治教；情以彰感；譬如舟焉，知如其柁，情為帆棹；知標理悟，情通和樂；得乎人心之同然矣。[57]

此總結即欒栝謝無量所譯亞羅德與戴昆西之說，採亞氏廣義文學定義，而以戴氏知、情二分為文學內部的分別。

馬宗霍（1897-1976）《文學概論》（1925）第一篇第一章「文學之界說」列文學之廣狹二義，同樣以戴昆西說作為廣狹二義文學之區分依據：

> 戴昆西（De Quincey）謂「文學之別有二：一屬於知，一屬

---

55 《中國大文學史》，頁 6。
56 《中國大文學史》，頁 18。
57 錢基博編：《國學必讀》（上海：中華書局，1923 年 4 月初版，1924 年再版），卷上，頁 329。

於情。屬於知者，其職在教；屬於情者，其職在感。譬則舟焉，知如其柁，情為帆棹，知標其理悟，情通於和樂，斯其義矣。」[58]

錢鍾書（1910-1998）評周作人《中國新文學源流》（1932）中說：

周先生把文學分為「載道」和「言志」。這個分法本來不錯，相當於德昆西所謂 the literature of knowledge 和 literature of power。[59]

此同樣是把戴昆西之說與文學的廣狹二義相連。

當雜文學與純文學之說等同並逐漸取代廣義文學、狹義文學之術語時，戴昆西之說遂被視為雜文學與純文學分類的依據。曹百川（1903-2002）《文學概論》（1931）先引謝無量所譯戴昆西語，並云：

我國學者類別文學，亦有相似之說。曾國藩〈湖南文徵序〉云：「人心各具自然之文，約有二端：曰理，曰情，二者人之所固有。就吾所知之理，以筆諸書而傳諸世；稱吾愛惡悲愉之情，綴辭以達之，若剖肺肝而陳諸簡策；斯皆自然之文。」理知之文，以供世人實用為目的，故亦稱「實用文」或曰「雜文學」。情感之文，以使讀者興美感為目的，故亦稱「美術文」，或曰「純文學」。美術文雖不若實用文之能直接施諸日用；然隱儲偉大勢力，間接有關於社會之存在及進步，佔重要之位置。[60]

曹百川以戴昆西說結合中國文學觀念，加以發揮，直接作為劃分純文學

---

58 《文學概論》（上海：商務印書館，1925 初版，1932 年新第 1 版），頁 5-6。
59 《人生邊上的邊上》，《錢鍾書集》（北京：三聯書店，2019 年第 2 版第 34 次印刷），頁 248。
60 《文學概論》（上海：商務印書館，1931 年初版，1933 年重印），頁 10-11。

與雜文學之依據。雜文學表現理知，以實用為目的；純文學表現情感，以美感為目的。這大體代表了當時對於純文學與雜文學觀念的主流看法。

　　本來純文學與雜文學之分只是文學內部的分別，但到 20 年代末至 30 年代初，主張純文學的人直接否定雜文學是文學。陳源（西瀅，1896-1970）〈論翻譯〉（1929）：

> 英國的批評家 De Quincey 曾經說過，文學可以分為二類：有「智的文學」，有「力的文學」。智的文學是教導的，力的文學是感化的；智的文學是說明事實的，力的文學是描寫真理的；智的文學是訴諸吾人的理解力的，力的文學是訴諸情感，更從同情或好感以達到高一級的理解力或理智的。只是這樣的分類，像大多數的分類一樣，界限極不容易分明。一部二十四史是「力的文學」呢，還是「智的文學」呢？即如赫胥黎的《天演論》是不是只是「智的文學」呢？大都的人不免要說它們是教導的而兼感化的了。可是無論如何，一本植物學教科書是教導的，李杜的詩是感化的，是毫無疑問的定論。不過在普通公認的分類，只有力的文學才是文學，純粹的智的文學卻不能享受這一個名稱。所以智的文學與力的文學的分別只是文學與非文學的分別。[61]

陳氏重譯了戴昆西的著名論述，將 literature of power 改譯為「力的文學」，顯然較謝無量所譯更準確，但「力的文學」在中文語境中卻不如「情的文學」易於理解。陳氏這段話表明，在 1929 年左右，「在普通的公眾的分類」中，「智的文學」即雜文學已經不算文學，純文學與雜文學的分別，本來屬於文學內部的區分，遂成為文學與非文學的區別。趙

61　《新月》第 2 卷第 4 號（1929 年 6 月），頁 3-4。又載陳子善、范玉吉編：《西瀅文錄》（瀋陽：遼寧教育出版社，2000），頁 57。

景深（1902-1985）《文學概論》（1932）：

> 台昆西（De Quincey 1785-1850）就是這樣把純文學和一般文
> 字這樣分開的，「先有知識的文學，其次有力的文學；前者的
> 職能是教，後者的職能是動。」動即感動，亦即感情。這自
> 然比章太炎和安諾德要高明些，[62] 但他還是不爽快。我們要把
> 知識的，教的文學撇開，不當它文學；只承認力的，動的文
> 學。[63]

在純文學的觀念支配下，文學概念的範圍發生了變化，雜文學被從文學
中剔除，文學就是純文學，雜文學不是文學。此種文學觀念體現在文體
上，詩歌、小說、戲曲被認定為文學體裁。

1932 年周作人《中國新文學的源流》第一講關於文學之諸問題：

> 近來大家都有一種共通的毛病，就是：無論在學校裡所研究
> 的，或者個人所閱讀的，或是在文學史上所注意到的，大半都
> 是偏於極狹義的文學方面，即所謂純文學。

此可見到 1932 年時，純文學觀念已經成為主流的文學觀念，所以周作
人稱作「共通的毛病」。

周作人的說法可以拿當時的文學史研究來印證。金受申《中國純文
學史》（1933）便是基於純文學觀念，該書〈緒論〉說：

> 我們研究中國純文學史，應該先知道什麼是純文學；純文學就
> 是有情感的文學──活文學，力的文學──中國文學的分類
> 家，把講哲理的文字，載道的文字──死文學，硬性文學，知

---

62 安諾德當指 Thomas Arnold，即謝無量《中國大文學史》所引亞諾德，持廣義文學
　　觀。章太炎文學觀已見前節。
63 《文學概論》（上海：世界書局，1932）；又編入《文藝講座》（上海：世界書局，
　　1935），上編。引文見《文藝講座》上編，《文學概論》，頁 4。

的文學，雜文學──都拉入文學範圍之內，這是一件極大的錯
誤。[64]

金氏認為純文學才是文學，雜文學不是文學，因而其文學史便把雜文學
驅除出文學史。

　　劉經庵《中國純文學史綱》（1935 初版，1933 年著成）也是基於純
文學觀念。其「編者例言」聲明「本編所注重的是中國的純文學」，[65]
所述體裁僅包括詩歌，詞，曲，小說。其〈緒論──一般文學與中國文
學概說〉中，先論文學的定義，稱「無論中外，皆有廣狹之別」。在述
外國文學的廣狹定義時，他列舉了二人。一是英國文學家龐科士（Pan
Coast），一是戴昆西。而他所標舉之純文學即狹義的文學。陳介白‧序
說：「他側重於純文學之分類的敘述，這並不是偏愛，也不是趨時，只
是純文學如詩歌詞曲小說等，含有藝術的成分稍多，且較少傳統的載道
思想，正足保持其文學的真面目，……而那些含有文學成分以外還有很
多別的分子存在的雜文學──如《莊子》、《左傳》、《論語》等──在哲
學歷史經學內也往往論及，………他就略而不論，這種判斷的精神，的
確是他編著上一種新穎的見解。」[66]

　　梁啟勳（1876-1965）撰《中國韻文概論》（1938）亦是主純文學
觀念。梁氏於〈序〉云：「純文學原是『唯美』的，乃精神作用，娛
情而已。」[67]〈總論〉云：「文學之與純文學略有差別，文章原是一種工
具，……但純文學則有時專為作文而作文。……此類文章，多屬於韻文
方面。」[68] 正因為韻文屬於純文學，故其專論韻文。

64　《中國純文學史》（北平：文化學社，1933），頁 1。
65　《中國純文學史綱》（北平：著者書店，1935，上海書店「民國叢書」影印本），頁
　　1。
66　〈中國純文學史綱‧序〉，頁 2。陳介白序後署 1934 年 1 月 15 日。
67　《中國韻文概論》（長沙：商務印書館，1938），頁 1。
68　《中國韻文概論》，頁 2。

三、純文學、雜文學之辨與中國文學觀念的進化

在中國古代文學批評方面，楊鴻烈是較早以純文學與雜文學觀念論述中國古代文學觀念者。他在 20 年代初期連續發表了數篇論文，皆在論述中國古代文學觀念。

1922 年，楊氏發表《文心雕龍的研究》，[69] 以純文學與雜文學的觀念論述《文心雕龍》；1924 年發表了〈為蕭統的《文選》呼冤〉，認為蕭統提出了純文學觀念。同年，發表〈中國文學觀念的進化〉，則是以純文學、雜文學觀念對中國文學觀念的演變歷史作了總體性歷史性論述。〈中國文學觀念的進化〉一文有兩個核心範疇：一是歷史觀上的進化論，二是文學觀上的純文學觀。文學進化觀念雖然在胡適已經提出，但楊鴻烈自稱其服膺的是莫爾頓（Richard Green Moultom，1849-1924）。楊氏在此文開首先言達爾文的進化論經赫胥黎發揚光大，不僅致「生物學奐然改觀」，而且「一切自然科學和社會科學」如果離了它，都不能「解釋得圓滿透徹」，「文學也是這樣」。莫爾頓正是用進化論解釋文學的人。楊鴻烈說：

> 一般作「文學史」的人對於文學上各種五花八門的變化，很少有精當，明確，妥洽的解釋，到了近年美國支加哥大學教授摩爾頓（Prof. Richard Green Moulton）才應用「進化」原理研究文學，他根本推翻那各種「定而不變」的原理（Static principles），採用為普遍所承認，非固定的，乃「有發展，能分明前後相續的種種階段與以解釋」的進化原理，這樣便能將各時代的文學說明得異常可靠，異常合理了！我是深受他的影響的人，所以應用這個進化原理來解說中國古今書裡所有的文學定義，使讀者知道文學觀念的正確的程度，與一時代一作家

69　《晨報副刊》，1922 年 10 月 24 日至 29 日，收入楊鴻烈《中國文學雜論》（上海：亞東圖書館，1928 年初版。臺北：中新書局，1977）。

的文藝品有很密切重大的關係。[70]

楊氏所說摩爾頓以進化原理解釋文學的著作，乃是其《文學的現代研究：文學理論與詮釋導論》一書。[71] 在這本書的「引論」中，莫爾頓主張區分文學研究上的兩種態度：一種是「靜止的態度」（static attitude），另一種是「進化的態度」（evolutionary attitude）。傳統研究者所持的是前種態度，採用「靜止的原理」（static principles）研究文學，堅持「固定的觀念」（fixed ideas）和「固定的標準」（fixed standards）；而正確的則應該是「進化的態度」，以「發展的原理」（developing principles）研究文學。[72] 在本書第三部分，他分別論述了詩歌、散文、史詩、戲劇及抒情詩的進化過程。[73]

　　楊鴻烈將進化論與純文學、雜文學觀念結合起來，以論述中國文學觀念的進化，其所謂進化者就是從雜文學觀念向純文學觀念的進化。他認為，先秦時代，孔子「把一切包括在書籍裡的東西都叫做文學」，[74] 而到墨子、韓非子，則「凡政教禮制，言談書簡，學術文藝都是文學，這樣的文學觀念當然比孔子要進化得有限制了。」[75] 一直到漢代司馬遷仍受這種觀念支配。至東漢，班固在〈兩都賦序〉中把文章分為兩類：一類是「言語侍從之臣」的作品，一類是「公卿大臣」的作品，「這樣就隱隱的有分前一類做純文學，後一類做雜文學的意思了。這樣的趨勢，到了晉以後，才大大的顯明出來，中國文學觀念的進化，到了那時代才有

70　《京報副刊》，1924 年第 1 期，頁 3，又載楊鴻烈：《中國文學雜論》（臺北：中新書局，1977），頁 175-176。

71　*The Modern Study of Literature: An Introduction to Literary Theory and Interpretation*, Chicago, Illinois: The University of Chicago Press, 1915.

72　頁 7-8，楊氏論文中所引詞句出自頁 8。

73　「世界文學史所呈現的文學進化」（Literary Evolution as Reflected in the History of World Literature），*The Modern Study of Literature: An Introduction to Literary Theory and Interpretation*, pp. 117-218.

74　《京報副刊》第 1 期（1924），頁 3。《中國文學雜論》，頁 176。

75　《京報副刊》第 1 期（1924），頁 4。《中國文學雜論》，頁 177。

一度的正確。」[76]

　　在楊氏看來，曹丕的〈典論・論文〉「就很推重一些作詩作賦的文學家」，這是推重純文學的表現。而到了晉代，「就有所謂『文筆之分』，即純文學與雜文學有分別，狹義的文學與廣義的文學有分別，這是文學觀念進化的一件可喜的事。那時所謂的『文』，就是純文學；所謂的『筆』，就是雜文學。」[77] 到梁昭明太子和梁元帝二人，則是「能明白，透徹，完全的確定文學觀念的人」，[78] 昭明太子「從文學所涉及的外圍來確定文學的觀念，就是排除『經』『子』『史』於文學範圍之外，他只以『事出沉思，義歸翰藻』的當作文學」，[79] 梁元帝「只是以最富於感情『吟咏風謠，流連哀思』的才能叫他做『文學』」，「這樣觀念的正確，真值得在中國文學史上大書特書的把他鄭重的記載下來」。[80]

　　楊氏 1924 年發表的〈為蕭統的《文選》呼冤〉一文，[81] 正是從文學觀念進化的角度肯定蕭統所持的是純文學觀念，他根據〈文選序〉，稱蕭統「認為是文學的，必須有兩個條件：在內容方面要有情感，在形式方面要美麗」，他認為非文學的則「缺少了這兩個條件，如經，史，子，和其他種類的雜文。」[82] 他說：「這樣文學觀念在齊梁時代就有過，這很可以算中國在世界文學史上的一件光榮的事！」[83] 但是，在他看來，「千餘年來的讀者，都不明白他的著作如《文選》那樣的有價值」。[84]

　　劉勰在中國文學觀念進化中的位置，是楊鴻烈非常早關注的問題。他 1922 年已發表〈文心雕龍的研究〉，將《文心雕龍》放到文學觀念

76　《京報副刊》第 1 期（1924），頁 4。又見《中國文學雜論》，頁 178。

77　《京報副刊》第 2 期（1924），頁 10。又見《中國文學雜論》，頁 178。

78　《京報副刊》第 2 期（1924），頁 11。又見《中國文學雜論》，頁 180。

79　《京報副刊》第 2 期（1924），頁 11。又見《中國文學雜論》，頁 181。

80　《京報副刊》第 3 期（1924），頁 19。又見《中國文學雜論》，頁 183。

81　《京報副刊》第 7 期（1924），頁 50-53。又見《中國文學雜論》，頁 23-31。

82　《京報副刊》第 7 期（1924），頁 51。又見《中國文學雜論》，頁 25。

83　《京報副刊》第 7 期（1924），頁 51。又見《中國文學雜論》，頁 26。

84　《京報副刊》第 7 期（1924），頁 50。又見《中國文學雜論》，頁 23。

進化的過程中去透視。在他看來，雖然晉以後的文學觀念進化得正確，但在創作上，「做文章的就專注整煉的功夫，並且理由要說得圓滿，事情要敘得緻密，還要講究奇偶；從美的一方面去看，固是很好，可是從齊梁以後就弄得太過了，⋯⋯犯了浮濫靡麗，華而不實的毛病」。[85] 針對當時文壇的弊端，劉勰是作為「文學革新」者出現的。他認為《文心雕龍》有「三大好處」，其一是「主張自然的文學——要用自然的思想情感來描寫」，其二是「矯正當時不可一世的雕琢的文學，依據他自定的標準去逐一的批評」，其三是「能看出並且能夠闡明文學和時運的關係」。[86] 但他認為此書的「最大的缺點，最壞的地方，就是『文筆不分』，換句話說，就是他把純文學和雜文學的界限完全的打破混淆不分罷了。在他那文學觀念已經大為確定明瞭的時代，他偏要出來立異，想要文以載道，這是他最大的錯誤。」[87] 因為純文學在內容上是抒情的，載道在內容上來說就已經不屬純文學，這樣就模糊了純文學與雜文學的界限。就文學觀念看，這是錯誤的；從進化論的觀念看，這不是進化，而是復古，是倒退。

在楊鴻烈看來，劉勰「偏於復古一面，接著唐代那般古文傳統派出來，文學的觀念便暗晦得無比了」。[88]「韓愈便糊塗得萬分！他的文學的觀念就是『載道』」，他把孔子「所認為不可不學的純文學的『詩』，也降一格看待，幾乎不承認詩是文學」。[89] 楊鴻烈列舉韓愈以降的文道說，如柳宗元「文者以明道」（〈答韋中立論師道書〉），歐陽修「道勝者文不難而自至也」（〈答吳充秀才書〉），司馬光「君子有文以明道」（〈迂書〉），宋濂「明道謂之文」（〈論文〉），顧炎武「文之不可絕於天地之間

85　《中國文學雜論》，頁 2。
86　《中國文學雜論》，頁 4。
87　《中國文學雜論》，頁 4。
88　〈中國文學觀念的進化〉，《京報副刊》第 3 期（1924），頁 19。又見《中國文學雜論》，頁 185。
89　〈中國文學觀念的進化〉，《京報副刊》第 4 期（1924），頁 28。又見《中國文學雜論》，頁 185。

者，曰明道也」（《日知錄》卷十九），劉大櫆「作文本以明義理」（《論文》）。楊鴻烈認為，這些文以明道的觀念都是「文學觀念的不正確」，「影響於文學的進步，很是重大。唐以後文學在傳統派手裡，所以變成死物，不能不說這是唯一的原因了」。[90]

　　但楊氏在明清「文學觀念的不正確」的潮流中也舉出清代「最先懂得文學的真諦」的「幾個思想家」，即黃宗羲、袁枚、魏際瑞。黃宗羲云：「文以理為主，然而情不至，則亦理之郛廓耳。」（〈論文管見〉）魏際瑞說：「詩文不外情事景，而三者情為本。」（〈論文〉）黃、魏二人都重情，這是純文學觀念。楊鴻烈特推重袁枚，撰有《袁枚評傳》，[91]稱其為「中國罕有的大思想家。」[92]《評傳》一書中評述了袁枚的人生哲學、文學、史學、政治經濟學和法律學、教育學、民俗學、食物學諸方面。在文學方面，楊鴻烈強調兩點：一、重情，且重男女愛情為文學之基本要素，二、強調文學的獨立性。楊氏說：「在文學上，以文藝當為德育輔助，即為倫理的附庸而無獨立性，差不多全世界佔大多數的文論家都如此說，只有袁子才以為文學自文學，道德自道德，並把文學不朽的價值，擡高和政教功業等量齊觀。……又文藝裡抒寫男女愛情是中國禮教之邦所嚴謹，只有子才先生放言高論尊愛情為一切文藝的根本要素。……可以稱為前無古人了。」[93]

　　楊鴻烈還評價了阮元、章太炎二人的文學觀念。他留意到二人「都用一個『定義式』的話來表示它們對於文學所保持的見解」，阮元〈書

90　〈中國文學觀念的進化〉，《京報副刊》第 4 期（1924），頁 28、29。又見《中國文學雜論》，頁 186。

91　〈袁枚評傳〉，《晨報副刊》第 40 期（1925 年 2 月 23 日）、41 期（1925 年 2 月 24 日）、42 期（1925 年 2 月 26 日）連載，1927 年作者出版《袁枚評傳》一書（上海：商務印書館，1927），共 11 章，《晨報副刊》連載內容為第 1 章導言。

92　〈袁枚評傳〉，《晨報副刊》1925 年第 40 期（2 月 23 日），第 1 版。又載《袁枚評傳》第 1 章導言，頁 1。

93　〈袁枚評傳〉，《晨報副刊》1925 年第 40 期，第 1 版。同上刊 1925 年第 41 期（2 月 24 日），第 2 版。又見《袁枚評傳》第 1 章導言，頁 4、5。

昭明太子文選序後〉說：「惟沉思翰藻，乃可名之為文」，此一定義上承蕭統，屬於純文學觀念，楊氏固然肯定之，但楊氏認為阮元「拘泥誤解了昭明的意思，取六朝有韻者文，無韻者筆的一種說法，以為『韻』就是『聲音』，『聲音』就是『文學』，於是凡沒有聲音（散文）的，就都是『筆』，這是很不對的話！」[94]有韻為文，無韻為筆，劉勰《文心雕龍》即主此說，楊鴻烈認為，晉宋以來的文筆之分是純文學、雜文學的分別，而不是有韻、無韻之辨，無韻者也可以是純文學。章太炎說：「文學者，以有文字，著於竹帛，故謂之文，論其法式，謂之文學。」（〈國故論衡・文學總略〉）在楊鴻烈看來，章太炎「不知道真的文學和非文學的區別」，「懂不得文學的本質是在深刻的感情」，「下了一個比原始的孔子說的文學的意義還要廣泛的定義」，「章先生那個文學定義是無用的」。[95]

　　清人桐城派與文選派的文論，被楊鴻烈放到了純文學與雜文學的現代文學觀念框架中，以文選派的文學觀體現了純文學觀念，桐城派體現了雜文學觀念；他又將兩派觀念置於進化論的框架中，桐城派的文學觀念是復古的，不正確的；認為文選派的文學觀念是進化的，正確的，儘管楊氏對文選派也有批評。楊鴻烈認為，「文學革命」是「中國人文學根本的發動改變處」，他列舉了陳獨秀（1879-1942）、劉半農（1891-1934）、羅家倫（1897-1969）關於文學的觀念與定義，認為這些「由歐美文學上集合而成的定義，使我們中國人得有一個正確明瞭的觀念，從此文學上的介紹和創作，在中國就闢了個新天地」。[96]

　　楊鴻烈是現代學術界最早系統將純文學、雜文學及文學進化觀念用

94　〈中國文學觀念的進化〉，《京報副刊》第 4 期（1924），頁 29。又見《中國文學雜論》，頁 187。此段引文《京報副刊》文字有誤植，依《中國文學雜論》改。
95　〈中國文學觀念的進化〉，《京報副刊》第 4 期（1924），頁 29。第 5 期（1924），頁 35。又見《中國文學雜論》，頁 188-190。
96　〈中國文學觀念的進化〉，《京報副刊》第 5 期（1924），頁 35。又見《中國文學雜論》，頁 191-193。

來梳理中國文學批評觀念之人。他自 1924 年 9 月起在《文學旬刊》連續發表其《中國詩學大綱》，1928 年 1 月由商務印書館出版。這部書與1924 年出版的鈴木虎雄的《中國詩論史》是上世紀 30 年代之前兩部研究詩歌理論的專著，鈴木氏的著作是縱的歷史的論述，楊氏則是橫的體系性的論述。他認為中國有「詩學原理」並力圖系統地闡述之，但他認為這種闡述要借助西方文學理論。他說：「我們現時絕對的要把歐美詩學書裡所有的一般『詩學原理』拿來做說明或整理我們中國所有豐富的論詩的材料的依據」。[97] 此書 1928 年 1 月出版後，同年 9 月就再版，可見在當時的影響。由於楊氏後來轉而研究中國法律史，且其中國文學研究有套用西方理論之弊，故其在文學批評研究方面的成績與歷史地位漸被後人遺忘或忽略。

　　郭紹虞被公認為是中國文學批評史研究的真正開創者。他論述中國古代文學批評，也是基於進化論與純文學、雜文學觀念。其〈文學觀念及其含義之變遷〉（1928）論文學觀念的演進與復古，便是基於純文學與雜文學二分之說。他認為周秦到魏晉南北朝的文章觀念是「演進」，其實就是從雜文學觀念到純文學觀念的演變；隋唐到北宋的文章觀念為「復古」，即是文章觀念從純文學又回到了雜文學觀。[98] 這種論述成為其《中國文學批評史》（1934）的基本觀念架構。《批評史》論魏晉南北朝文章觀念說：

> 迨至魏晉南北朝，於是較兩漢更進一步，別「文章」於其他學術之外，於是「文學」一名的含義，始與今人所用者相同。而且，即於同樣美而動人的文章中間，更有「文」、「筆」之分：「筆」重在知，「文」重在情；「筆」重在應用，「文」重在美

---

97 《中國詩學大綱》，頁 31。

98 〈文學觀念及其含義之變遷〉，刊載於《東方雜誌》第 25 卷第 1 號（1928 年 1月），收入《照隅室古典文學論集》（上海：上海古籍出版社，1983），上編，頁88-104。

感：始與近人所云純文學雜文學之分，其意義亦相近。[99]

雜文學重知、重實用，純文學重情、重美感，此正是當時流行的觀念。郭紹虞雖然沒有直接說明劉勰的文學觀念是純文學還是雜文學觀念，但在他的論述中，《文心雕龍》一方面體現出南朝純文學觀念，另一方面又是後來復古思潮的萌芽。就前方面言，劉勰提出「形文」、「聲文」、「情文」，郭紹虞認為，前兩者屬文章之外形美，而後者屬重情感，正符合純文學之觀念。[100] 就後方面言，劉勰主張原道、徵聖、宗經，體現出儒家文學觀，從這方面看又回到了雜文學觀，所以具有復古的傾向。[101]到了隋唐北宋時代，「一再復古，而文學觀念又與周秦時代沒有多大的分別」[102]，站在純文學觀的立場上看，這是文學觀念的倒退，郭氏稱為「逆流的進行」[103]。這些論述都與楊鴻烈相當一致。

　　但是，郭紹虞在論述唐宋及其以後復古的文學觀時，區別「文以貫道」與「文以載道」。唐人李漢提出「文者貫道之器也」（〈韓昌黎集序〉），周敦頤提出「文所以載道也」（《通書》），郭紹虞認為「貫道是道必藉文而顯，載道是文須因道而成，輕重之間分別顯然」，在他看來，貫道的文學觀是古文家古文的觀念基礎，古文家「雖口口聲聲離不開一個『道』字，但在實際上只是把道字作幌子，作招牌；至其所重視者還是在修詞的工夫。」載道是道學家古文的觀念基礎，「偏於重道而只以文作為工具」。[104] 郭紹虞的這種分辨較之楊氏更為細密。儘管如此，整體上說來，郭紹虞關於中國文學觀念演進的總體論述實與楊鴻烈大體一

---

99 《中國文學批評史》（上海：商務印書館，1934 年初版，1947 年 4 版），上冊，頁 3。此段論述亦主要出自〈文學觀念及其含義之變遷〉，見《照隅室古典文學論集》上編，頁 97。

100《中國文學批評史》上冊，頁 3。此段論述亦主要出自〈文學觀念及其含義之變遷〉，見《照隅室古典文學論集》上編，頁 97。

101《中國文學批評史》上冊，頁 163-168。

102《中國文學批評史》上冊，頁 3。

103《中國文學批評史》上冊，頁 3。

104《中國文學批評史》上冊，頁 4-5。

致，且晚於楊氏。此前，學術史研究者包括本人往往強調郭紹虞首先運用純文學、雜文學觀念論述中國文學批評，[105] 未能注意到楊鴻烈已論之在先。

　　「純文學」、「雜文學」術語雖是輸自日本，但其觀念基礎還是西方文學理論，以之論述中國文學傳統是否恰當？朱自清已有質疑。朱自清固然認為以西方文學觀念重建中國文學史具有其合理性，他說：

> 「文學批評」一語不用說是舶來的。現在學術界的趨勢，往往
> 以西方觀念（如「文學批評」）為範圍去選擇中國的問題；姑
> 無論將來是好是壞，這已經是不可避免的事實。[106]

但是，他對「直用西方的分類來安插中國材料」卻主張應該「審慎」。[107] 基於此，他對郭紹虞以純文學與雜文學論述中國文學觀念並不贊同：

> 所謂純文學包括詩歌、小說、戲劇而言。中國小說、戲劇發達
> 得很晚；宋以前得稱為純文學的只有詩歌，幅員未免過窄。而
> 且這裡還有一個問題，漢賦算不算純文學呢？再則，書中說南
> 北朝以後「文」「筆」不分，那麼，純與雜又將何所附麗呢？
> 書中明說各時代文學觀念不同，最好各還其本來面目，才能得
> 著親切的瞭解；以純文學、雜文學的觀念介乎其間，反多一番
> 糾葛。[108]

在西方文學理論中，狹義文學觀念（純文學）落實到體裁層面，是指詩

---

105 參見張健：〈文學觀念與文學批評史：二十世紀三十年代關於郭紹虞《中國文學批評史》的評論〉，《中國文學學報》（香港：香港中文大學出版社，2010），第 1 期。見本書第五章。
106 〈評郭紹虞《中國文學批評史》上卷〉，《朱自清全集》第 8 卷，頁 197。
107 〈評郭紹虞《中國文學批評史》上卷〉，《朱自清全集》第 8 卷，頁 197。
108 〈評郭紹虞《中國文學批評史》上卷〉，《朱自清全集》第 8 卷，頁 197。

歌、小說、戲劇諸體裁而言；純文學觀念應用到中國文學傳統中，也面臨體裁層面的認定問題。從積極的層面說，傳統不登大雅之堂的戲曲與小說，因為符合西方狹義文學的體裁範圍，得以進入文學的核心文體，成為「純文學」，其價值隨之被重估。從消極的方面說，原來屬於核心的文體，如被稱為「大手筆」的實用文、載道的古文，都因其不純而被剔除出文學的範圍之外。根據純文學觀念重建起來的文學史與文學批評史與其「本來面目」已有巨大的不同。朱自清是主張借用西方的文學批評的「明鏡」照見中國詩文評的「本來面目」的，[109] 故他對郭著此一方面有所質疑。

純文學與雜文學觀念塑造了現代學術意義上的中國文學批評史，影響至今。考察此一形塑過程及其得失，對於當今的中國文學批評研究依然具有借鑒意義。

---

109 參見張健：〈借鏡西方與本來面目：朱自清的中國文學批評研究〉，《北京大學學報》2011 年第 1 期，頁 61-70。見本書第四章。

第四章
借鏡西方與本來面目：
朱自清與中國文學批評的體系研究

Chapter 4

　　20 世紀 20、30 年代，在「以科學的方法整理國故」及「重新估定一切價值」的思潮之中，現代學術意義上的中國文學批評學科建立起來。像哲學、史學等學科一樣，中國文學批評學科也一直面臨著如何處理中西關係的問題。朱自清（1898-1948）對中國文學批評研究中如何處理中西關係有著非常自覺的思考與認識，並且體現在其研究著作中，其對待中西關係的態度與方法對我們今天思考中國文學批評研究的中西問題依然具有借鑒意義。

一、借鏡西方與本來面目

　　中西關係問題，朱自清將之概括為「借鏡西方」與「本來面目」的關係。1934 年，朱自清在其撰寫的清華大學〈中國文學系概況〉中說：文學鑒賞與批評研究「自當借鏡於西方，只不要忘記自己本來面目」。[1]這裡，「自己本來面目」與「借鏡西方」相對，顯然是指中國文學傳統本身的獨特面目。既要「借鏡西方」，又不要忘「本來面目」，這是朱自清對如何處理中西關係的立場。對於此一立場，朱自清在其 1945 年撰寫的書評〈詩文評的發展〉中有更明確的說明：

　　「文學批評」原是外來的意念；我們的詩文評雖與文學批評相

1　載 1934 年 6 月 1 日《清華週刊》。《朱自清全集》（南京：江蘇教育出版社，1993年第 1 版，1999 年第 2 次印刷），第 8 卷，頁 416。

當，卻有它自己的發展。……寫中國文學批評史，就難在將這
兩樣比較得恰到好處，教我們能以靠了文學批評這把明鏡，照
清楚詩文評的面目。2

「文學批評」是西方的理論，「詩文評」是中國的傳統，西方理論是鏡
子，借用西方文學批評，其目的是用來照清中國文論傳統的面目。

　　借鏡西方與本來面目的關係，用朱自清本人的話概括起來有三條：
一、「將文學批評還給文學批評」，二、「將中國還給中國」，三、「一
時代還給一時代」。朱自清說：

詩文評裡有一部分與文學批評無干，得清算出去；這是將文學
批評還給文學批評，是第一步。還得將中國還給中國，一時代
還給一時代。按這方向走，才能將我們的材料跟那外來意念打
成一片，才能處處抓住要領；抓住要領以後，才值得詳細探索
起去。3

按照朱自清的說法，借西方文學批評的明鏡還中國詩文評的本來面目，
這是中國文學批評研究應走的方向。「將我們的材料跟那外來意念打成
一片」，這是朱自清心目中理想的中西結合之境界。

　　借鏡西方與本來面目的關係不僅是中國文學批評研究中的問題，也
是整理國故中的普遍問題。胡適（1891-1962）主張輸入學理，以科學
的方法整理國故，自然面臨西方學術與中國傳統的關係。1923 年，他在
〈《國學季刊》發刊宣言〉中，借用段玉裁（1735-1815）「校經之法，必

2　《朱自清全集》（南京：江蘇教育出版社，1996 年第 2 版，1999 年第 2 次印刷），
　　第 3 卷，頁 25。按此文收入《語文拾零》，原未署寫作年月，然朱自清 1945 年 3
　　月 9 日日記：「寫《中國文學批評史》書評，但進展甚慢。」載《朱自清全集》（南
　　京：江蘇教育出版社，1998 年第 1 版第 1 次印刷），第 10 卷，頁 337。3 月 17 日
　　日記：「寫《中國文學批評史》書評。」（同上書，頁 338）3 月 25 日日記：「寫完
　　書評。」（同上書，頁 339）
3　〈詩文評的發展〉，《朱自清全集》第 3 卷，頁 25。

以賈還賈，以孔還孔，以陸還陸，以杜還杜，以鄭還鄭，各得其底本，而後判其理義之是非」之說（《經韻樓集・與諸同志書論校書之難》）論整理國故，稱：

> 整治國故，必須以漢還漢，以魏晉還魏晉，以唐還唐，以宋還宋，以明還明，以清還清；以古文還古文家，以今文還今文家；以程朱還程朱，以陸王還陸王，……各還它一個本來面目，然後評判各代各家各人的義理的是非。[4]

此是所謂「本來面目」之說。胡適同文中又論「博採參考比較的數據」云：

> 我們現在治國學，必須要打破閉關孤立的態度，要存比較研究的虛心。第一，方法上，西洋學者研究古學的方法早已影響日本的學術界了，……我們此時應該虛心採用他們的科學的方法，補救我們沒有條理系統的習慣。第二，材料上，歐美日本學術界有無數的成績可以供我們的參考比較，可以給我們開無數新法門，可以給我們添無數借鑒的鏡子。[5]

此是所謂借鏡西方日本之說，而借鏡日本根本上也是借鏡西方。整理國故要還本來面目，整理國故要借鑒西方（包括日本），這是胡適的主張。

朱自清對胡適著作甚為熟悉，他有〈《胡適文選》讀法指導大概〉，而《胡適文選》所選的文章正包括〈《國學季刊》發刊宣言〉一文，故其「借鏡西方」與「本來面目」之說受到胡適的影響殆無可疑。朱自清將胡適所論整理國故的思想方法運用到中國詩文評的研究上來，正是合理的運用與延伸。

4　《胡適全集》（合肥：安徽教育出版社，2003 年初版，2007 年重印），第 2 卷，頁 8。

5　《胡適全集》第 2 卷，頁 16-17。

　　事實上，朱自清並非只關注文學批評研究中的中西關係問題，他對整個國故整理中的中西文化關係問題都十分關注，他所思考的文學批評中的中西關係問題乃是他所關注的中西文化關係問題的一部分。朱自清1934年10月9日日記：

> 馮友蘭給我看他在國際哲學會議上的演講稿，題目是〈現代中國哲學〉。他把現代中國哲學史的發展分為三個時期：第一個時期是知識界熱衷於以舊說舊，即以老的思想方法闡述過去的哲理；第二個時期是說明東西方哲理的差別；第三個時期是用類比的方法使東西方的哲理更為人所瞭解。最後一個時期的學者樂於對東西方哲理作相互解釋，並不像外國刊物那樣熱衷於相互批評。馮認為，我們不久將會看到，中國的哲學思想將用歐洲的邏輯和明確的思維加以闡明。不過，在我看來，中西文化如何結合仍然是一個沒有解決的大問題。[6]

馮友蘭（1895-1990）所謂最後一個時期即「對東西方哲理作相互解釋」其實就是以他本人為代表的，他宣稱不久將會看到「中國的哲學思想將用歐洲的邏輯和明確的思維加以闡明」，其實就是指他的《中國哲學史》。朱自清特別關注中西文化如何結合的問題，他所論「借鏡西方」與「本來面目」的關係正是他本人對於中西文化如何結合問題的回答。

　　由於〈中國文學系概況〉是朱自清作為中國文學系主任對於中文系概況所作的官式說明，那麼上述立場似乎就不僅僅代表了朱自清本人的立場，也可以視為清華中文系的集體立場。如果我們將朱自清對文學研究中的中西關係論述放到中西文化關係背景中看的話，其「自當借鏡於西方，只不要忘記自己本來面目」之說與他的清華同事陳寅恪（1890-1969）也具有某種一致性。

6　《朱自清全集》（南京：江蘇教育出版社，1998年第1版第1次印刷），第9卷，頁322-323。

　　恰好是在 1934 年，陳寅恪在〈馮友蘭中國哲學史下冊審查報告〉中說：

> 竊疑中國自今日以後，即使能忠實輸入北美或東歐之思想，其
> 結局當亦等於玄奘唯識之學，在吾國思想史上，既不能居最高
> 之地位，且亦終歸於歇絕者。其真能於思想上自成系統，有所
> 創獲者，必須一方面吸收輸入外來之學說，一方面不忘本來民
> 族之地位。[7]

「一方面吸收輸入外來之學說，一方面不忘本來民族之地位」，這是陳寅恪對輸入學理與整理國故問題的回應。陳氏的這種立場可以追溯到王國維（1877-1927）。1905 年，王國維〈論近年之學術界〉稱：

> 西洋之思想之不能驟輸入我中國，亦自然之勢也。況中國之民
> 固實際的，而非理論的，即令一時輸入，非與我中國固有之思
> 想相化，決不能保其勢力。觀夫三藏之書已束於高閣，兩宋之
> 說猶習於學官，前事不忘，來者可知矣。[8]

王國維所論輸入西洋思想與中國固有思想的關係，如果表述為正面的主張，即是西洋思想的輸入要與中國固有思想相化。陳寅恪的論述，不僅立場與王氏一致，即所舉例證也相類，其受王國維影響是很明顯的。

　　朱自清是新文化陣營裡的人物，在對待新舊文化的價值立場上與王國維、陳寅恪自然有異，但在處理借鑒西方與中國傳統之間關係的方法問題上，卻顯示出某種一致性。此一點或顯示出朱自清身處清華的學術環境之中不能不受到王、陳等人的影響。[9] 其實，這種一致性不僅存在

7　此文載於 1934 年 8 月商務印書館出版之《中國哲學史》，《金明館叢稿二編》（北京：三聯書店，2001），頁 284-285。

8　《王國維遺書》（上海：上海書店出版社，1996），第 3 冊，頁 526。

9　朱自清 1934 年 6 月 9 日日記載：「上午訪振鐸，振鐸談以『五四』起家之人不應反動，所指蓋此間背誦、擬作、詩詞習作等事。」（《朱自清全集》第 9 卷，頁

於朱自清與陳寅恪之間，也存在胡適與陳寅恪之間。他們在借鑒西方學術以整理國故方面具有共同性，儘管他們對待國故的價值立場有異。

我們再看 1933 年夏畢業於清華的錢鍾書（1910-1998）。他在 1933 年作〈中國文學小史序論〉：

> 作史者斷不可執西方文學之門類，鹵莽滅裂，強為比附。……
> 文學隨國風民俗而殊，須各還其本來面目，削足適屨，以求統
> 定於一尊，斯無謂矣。[10]

反對強以西方文學門類比附中國文學，主張還其本來面目。這種主張與朱自清也可以說是精神相通。

借鏡西方與本來面目的關係，可以說是中國現代學術建立過程中面臨的共同問題，但兩者之間具有一定的張力，究竟如何借鏡，借鏡到何種程度，不同學術傾向的學者往往有不同的理解，因而他們所還原的「本來面目」自然也會面貌各異。

二、借鏡西方：將文學批評還給文學批評

朱自清所謂「借鏡西方」，涉及到價值、理論及方法等不同的層次。首先，在整個學科的意義上說，是要借鑒西方的學科體系，建立一個現代學術意義上的中國文學批評學科。

中國原本沒有文學批評的範疇。在西方的文學批評範疇引進中國之前，中國只有詩文評、詞評、曲評、小說評點等等。在舊的學術傳統與價值系統裡面，「詩文評」是中國傳統四部中集部的一類，處於一種附

298）朱自清正是以「五四」起家的人，鄭振鐸此言至少在他看來是針對自己的。
10 《人生邊上的邊上》，《錢鍾書集》（北京：三聯書店，2019 年第 2 版第 34 次印刷），頁 95。按此文分兩次分別發表於 1933 年 10 月 16 日及 12 月 1 日《國風》半月刊，此時錢已從清華大學畢業，任教於上海光華大學。參見《錢鍾書年表》，《錢鍾書楊絳研究資料集》（武漢：華中師範大學出版社，1990），頁 10。

庸的地位。朱自清說：

> （詩文評）老名字代表一個附庸的地位和一個輕蔑的聲音——
> 「詩文評」在目錄裡只是集部的尾巴。原來詩文本身就有些人
> 看作雕蟲小技，那麼，詩文的評更是小中之小，不足深論。[11]

隨著西方學術的輸入，有了現代（其實是西方）學術意義上的「文學」
範疇，在這個「文學」範疇的基礎上，又有了現代學術意義上的文學史
與文學批評。說「文學批評」，是西方的學術；說「詩文評」，是中國的
傳統。這在當時的分別是十分明顯的。朱自清說：

> 「文學批評」是一個譯名。我們稱為「詩文評」的，與文學批
> 評可以相當，雖然未必完全一致。……現在通稱為「文學批
> 評」，因為這個名詞清楚些，確切些，尤其鄭重些。[12]

「文學批評」是現代（即西方）的學術體系中的獨立學科，有獨立的價
值。借鏡西方，建立中國文學批評，首先就意味著建立一個現代意義上
的獨立學科。「中國文學批評」本身就意味著以西方的文學批評的學科
範疇及標準建立起來的新的學科之意。這個學科是新的學科體系的一
個獨立部分，具有獨立的價值，不再是集部的尾巴，不再處於附庸的地
位。

　　然而，當借鏡西方，把西方文學批評觀念引進中國，用西方文學批
評的觀念審視傳統的詩文評時，就遇到了問題：中國的詩文評（還有詞
曲評、小說評點等）有自己的傳統，與西方文學批評有很大的差異。
那麼，用西方文學批評的標準看，中國的詩文評究竟能不能算是文學批
評？這一問題在 20、30 年代是有爭議的。蘇雪林（1897-1999）在 1935
年發表的〈舊時的「詩文評」是否也算得文學批評〉中說：

---

11 〈詩文評的發展〉，《朱自清全集》第 3 卷，頁 23。
12 〈詩文評的發展〉，《朱自清全集》第 3 卷，頁 23。

這問題有人以為很難回答。那些史書藝文志的「文史類」和
《四庫全書》的「詩文評類」所收的歷代詩話，詞話，曲話文
話等書，雖然是汗牛充棟，但一問內容：則有的記敘見聞，啟
抒胸臆，好像是隨筆小品；有的羅網軼聞，摭拾掌故，近似作
家身邊瑣事；有的列舉形式，談論作法，有如修辭學；有的高
標神悟，微示禪機，則又疑為玄談；還有那些分立門戶，出主
入奴，借批評為黨同伐異的工具的，更品斯下矣。繩以西洋嚴
格的文學批評法則，我們說中國沒有文學批評這回事，也不算
是什麼奇論吧？ 13

蘇雪林以上所列舉的說法，其實正是主張詩文評非文學批評的理由，當
然，蘇氏本人認為詩文評應屬於文學批評，只是比西方落後。在 1935
年，這一問題還被提出來加以討論，可見即便是在那時，對詩文評是否
屬於文學批評還沒有完全統一的認識。直到 1945 年，朱自清撰〈詩言
志辨序〉，說：「詩文評雖然極少完整的著作，但從本質上看，自然是文
學批評。前些年蘇雪林女士曾著專文討論，結論是正的。現在一般似乎
都承認了詩文評即文學批評的獨立的平等的地位。」14 據此，大致上可以
說，到 40 年代，對詩文評即文學批評的認識基本上趨於一致，中國文
學批評的獨立地位也得到了承認。

詩文評在性質上相當於文學批評雖然得到確認，但中國的詩文評與
西方的文學批評差異甚大，要建立現代學術意義上的中國文學批評，
朱自清認為就要用西方文學批評觀念為標準清理中國傳統的詩文評。其
〈評郭紹虞《中國文學批評史》上卷〉說：

「文學批評」一語不用說是舶來的。現在學術界的趨勢，往往

---

13 鄭振鐸、傅東華編：《文學百題》（上海：上海書店，1935），頁 282。
14 據朱自清《日記》，〈詩言志辨序〉（《朱自清全集》〔南京：江蘇教育出版社，1996
    年第 2 版，1999 年第 2 次印刷〕，第 6 卷，頁 128）始撰於 1945 年 12 月 16 日，
    成於 18 日。見《朱自清全集》第 10 卷，頁 323、324。

以西方觀念（如「文學批評」）為範圍去選擇中國的問題；姑
無論將來是好是壞，這已經是不可避免的事實。[15]

〈詩言志辨序〉又說：

詩文評的專書裡包含著作品和作家的批評，文體的史的發展，
以及一般的理論，也包含著一些軼事異聞。這固然得費一番爬
梳別抉的工夫。[16]

「以西方觀念為範圍去選擇中國的問題」，具體到文學批評來說，就是用
西方的文學批評觀念作為標準審視中國傳統的詩文評，判定哪些屬於文
學批評的問題。 比如「作品和作家的批評」、「文體的史的發展」、「一
般的理論」，就是西方文學批評的問題與觀念，用這些觀念和問題看中
國傳統的詩文評，其相符合的，就確定為討論的範圍。「軼事異聞」不
符合西方文學批評的觀念和問題，就要「剔」出去。朱自清說：「詩文
評裡有一部分與文學批評無干，得清算出去。」[17] 所謂「與文學批評無
干」，自然是用西方文學批評的觀念作為標準加以判斷的結果。在列入
詩文評的專書之外，也有與文學批評相關的材料，則應歸入文學批評
的範圍。朱自清說：「經史子集裡還有許多，即使不更多，詩文評的材
料，直接的或間接的。」「至於選集、別集的序跋和評語，別集裡的序
跋、書牘、傳志，甚至評點書，還有《三國志》、《世說新語》、《文選》
諸注裡，以及小說、筆記裡，也都五光十色，層出不窮。」[18]

用西方文學批評觀念清算詩文評，把不符合文學批評的內容清除出
去，這就是朱自清所謂「將文學批評還給文學批評」。通過這種清算，
使得中國傳統的詩文評具有了相當於西方文學批評的性質，或者說具有

---

15 《朱自清全集》第 8 卷，頁 197。
16 《朱自清全集》第 6 卷，頁 129。
17 〈詩文評的發展〉，《朱自清全集》第 3 卷，頁 25。
18 〈詩言志辨序〉，《朱自清全集》第 6 卷，頁 129。

了現代學術性質。

　　這個清算的過程，就文學批評本身說，其實就是理論判定的過程，也就是以西方文學批評的理論審視中國的詩文評，認定其內容相當於西方文學批評中的什麼理論問題，用朱自清的話說，就是「借了『文學批評』的意念的光，將我們的詩文評的本來面目看得更清楚了」。[19] 為什麼我們的詩文評的本來面目要借西方的文學批評範疇（意念）才能看得更清楚呢？西方文學批評輸入中國之前，古人難道就不清楚？其實朱自清所謂看清，是指看清楚詩文評的內容的性質，而其性質是用西方文學批評的範疇為據來判斷的。他評羅根澤（1900-1960）《魏晉六朝文學批評史》說：

> 他在《魏晉六朝文學批評史》裡特立專章闡述「文體類」的
> 理論……從前寫文學史及文學批評史的人都覺得這種文體論
> 瑣屑而凌亂，沒有給予充分的注意。可是讀了羅先生的敘述和
> 分析，我們能以看出那種種文體論正是作品的批評。不是個別
> 的，而是綜合的；這些理論指示人們如何創作如何鑒賞各體文
> 字。[20]

魏晉南北朝的文體類的內容之所以早前沒有受到充分的注意，主要是因為對這類內容的性質認識不清楚，借助西方文學批評的範疇，這類內容的性質得以認識清楚，它們是綜合的作品批評。這樣，這部分內容用西方文學批評的標準衡量就是文學批評，就有了價值，於是就進入了討論的範圍。朱自清還指出，魏晉時代以後，除文體論外，還有各種的批評，羅根澤借用西方的創作論、鑒賞論來論述這些問題，「面目也更清楚了」。[21]

19　〈詩文評的發展〉，《朱自清全集》第 3 卷，頁 29。
20　〈詩文評的發展〉，《朱自清全集》第 3 卷，頁 29。
21　〈詩文評的發展〉，《朱自清全集》第 3 卷，頁 29。

三、本來面目：將中國的還給中國，時代的還給時代

　　朱自清主張，一方面要借鏡西方，另一方面也要保存本來面目。他說：「我們的詩文評有它自己的發展。」[22] 所謂「自己的發展」就是其獨特性，就是其本來面目。這主要包括兩方面：一是中國文學批評有其自己的問題及範疇，二是有其自己的歷史脈絡。前者是橫向的，是體系的；後者是縱向的，是歷史的。要保存自己的本來面目，就是要「將中國還給中國」，將「一時代還給一時代」。

　　先說第一方面。前面說其所謂借鏡西方，重要的一點就是用西方文學批評的觀念清算中國的詩文評，但另一方面他又注意到詩文評有其獨特的內容與問題。他評羅根澤《隋唐文學批評史》說：

> 《隋唐文學批評史》（三冊）開宗明義是兩章「詩的對偶及作法」上下。乍看目錄，也許覺得這種瑣屑的題目不值得專章討論，更不值得佔去兩章那麼重要的地位；可是仔細讀下去，才知道它的重要性比「音律說」（在二冊中佔兩章）有過之無不及，著者特別提出，不厭求詳，正是他的獨見；而這也正是切實的將中國還給中國的態度。[23]

音律說與對偶作法之類是中國詩論中特有的問題，如果以西方文學批評的標準作為取捨的標準，這些問題可能會被捨棄。

　　朱自清所謂不忘自己本來面目的第二個方面，是說中國文學批評有其自身的歷史脈絡，其脈絡由不同的環節構成，研究者應該還原這些環節，客觀呈現其歷史脈絡，「將一時代還給一時代」。以先秦時代為例，朱自清認為「春秋時代是『詩』和『辭』的時代；那時『詩』也當作『辭』用，那麼也可以說春秋是『辭』的時代。戰國還是『辭』的

22　〈詩文評的發展〉，《朱自清全集》第 3 卷，頁 23。
23　〈詩文評的發展〉，《朱自清全集》第 3 卷，頁 26。

時代。」[24] 從歷史的角度來說，這是中國文學批評的重要的一環。但是由於「向來都將『文』與『辭』混為一談，又以為『辭』同於後世所謂的『文辭』，因此就只見其流，不見其源了」。[25] 這正是「失掉了一環」。他指出，蕭統的〈文選序〉曾提出戰國的「辭」，「但沒有人注意」。「清代阮元那麼推重《文選》」，「卻也將這一點忽略了」。羅根澤《周秦兩漢文學批評史》裡有「古經中的辭令論」，注意到了，但「僅僅提了一下沒有發揮下去」。[26] 事實上，朱自清早已注意到「失掉的一環」，而且一直努力補上這一歷史環節。他在 1937 年 11 月所撰〈〈文選序〉「事出於沉思，義歸乎翰藻」說〉一文中，就已經指出蕭統〈文選序〉中論及戰國的「辭」，而阮元忽略了。[27] 成書於 1942 年的《經典常談》，其論文一篇中已經論及春秋戰國時代的「辭」。[28] 1947 年 9 月撰成的《中國文學史講稿提要》於春秋戰國部分專門列「辭說、辭本義」一章，分「文告」、「專對」、「游說」三節專門討論辭的問題。[29] 可見朱自清對此一問題的持續重視。

又如論南朝以來的文學觀念演變，〈什麼是文學〉（1947）云：

> 南朝所謂「文筆」的文，以有韻的詩賦為主，加上些典故用得好，比喻用得妙的文章；昭明《文選》裡就選的是這些。這種文多少帶著詩的成分，到這時可以說是詩的時代。宋以來所謂「詩文」的文，卻以散文就是所謂古文為主，而將駢文和辭賦附在其中。這可以說是到了散文時代。[30]

24　〈詩文評的發展〉，《朱自清全集》第 3 卷，頁 29。

25　〈詩文評的發展〉，《朱自清全集》第 3 卷，頁 30。

26　〈詩文評的發展〉，《朱自清全集》第 3 卷，頁 30。

27　《朱自清全集》第 8 卷，頁 278。

28　《經典常談‧文第十三》，《朱自清全集》第 6 卷，頁 103-106。

29　《朱自清全集》（南京：江蘇教育出版社，1998 年第 1 版第 1 次印刷），第 11 卷，頁 333-334。

30　〈什麼是文學〉，《朱自清全集》第 3 卷，頁 162。

以上對文學觀念演變歷史的宏觀觀察非常富有啟發性。他又論述現代文學觀念與古代的聯繫：「現代中國文學的發展，雖只短短的三十年，卻似乎也是從詩的時代走到了散文時代。初期的文學意念近於南朝的文的意念，而與當時還在流行的傳統的文的意念，就是古文的文的意念，大不相同。但是到了現在，小說和散文似乎佔了文壇的首位，這些都是散文，這正是散文時代。特別是雜文的發展，使我們的文學意念近於宋以來的古文家而遠於南朝。」[31] 這樣論現代文學觀念與傳統觀念的關係，也是創見。

朱自清主張對待歷史應該有客觀的態度，這也是其「將一時代還給一時代」的重要前提。他評羅根澤《中國文學批評史》說：

> 就一般的文學批評而言，隋唐顯與魏晉南北朝不同，所以分為兩期。但唐初的音律說，則傳南北朝衣鉢，便附敘於南北朝的音律說後。他要做到章學誠所謂「盡其天而不益以人」的客觀態度（一冊三六至三八面）。能夠這樣才真能將一時代還給一時代。[32]

唐初的音律說與南北朝音律說之間有歷史的承續，羅根澤將其放到一起論述，在朱自清看來，這就是客觀的態度。其〈現代人眼中的古代〉說：「對古代文化的客觀態度，也就是要設身處地理解古人的立場，體會古人的生活態度。」[33] 但是，客觀的態度並不意味著不持立場，朱自清指出，「立場大概可別為傳統的和現代的」，他主張現代的研究應該有現代人的立場。「馮友蘭先生提出『釋古』作為我們研究古代文化的態度。他所說的『釋古』，……教我們客觀的解釋古代。但這是現代人在解釋，無論怎樣客觀，總不能脫離現代人的立場。」[34] 在朱自清，現代的

31　《朱自清全集》第 3 卷，頁 162。
32　〈詩文評的發展〉，《朱自清全集》第 3 卷，頁 25-26。
33　《朱自清全集》第 3 卷，頁 203。
34　〈現代人眼中的古代〉，《朱自清全集》第 3 卷，頁 202。

立場並不妨礙客觀的態度。「自己有立場，卻並不妨礙瞭解或認識古文學，因為一面可以設身處地為古人著想，一面還是可以回到自己立場上批判的」。[35] 客觀的態度是設身處地，同情的理解；自己的立場是價值的評判。朱自清說「一時代還給一時代」，主要靠客觀的態度，理解古人；但要論古人著作的價值，則就要有自己的立場。「這是現代，我們有我們的立場。得弄清楚自己的立場，再弄清楚古文學的立場，所謂『知己知彼』，然後才能分別出那些是該揚棄的，那些是該保留的。」[36]

　　借鏡西方，免不了要用西方的理論為標準來取捨；保存本來面目，就要承認中國的獨特性，不能用西方的標準取捨，兩者之間存在著某種程度的緊張關係。兩者之間如何平衡，既借鏡西方，又保存本來面目，在朱自清看來，這是中國文學批評史研究者面臨的重要課題。

四、中國間架與西方間架

　　朱自清所謂借鏡西方與本來面目，除了涉及理論問題本身，還涉及到理論表述的框架問題。中國文論要用什麼架構來表述？西方的？中國的？這個不僅是一個價值問題，也是一個技術性問題。朱自清對此十分留意。其 1933 年 4 月 21 日日記載：

> 下午顧羨驥來講〈辛稼軒及其詞〉，全用中國批評方法。……
> 因憶前晚與江清（按指浦江清）談今日治中國學問皆用外國模
> 型，此事無所謂優劣，惟如講中國文學史，必須用中國間架，
> 不然則古人苦心俱抹殺矣。即如比興一端，無論合乎真實與
> 否，其影響實大，許多詩人之作，皆著眼政治，此以西方間架
> 論之，即當抹殺矣。[37]

35　〈古文學的欣賞〉，《朱自清全集》第 3 卷，頁 198。
36　〈古文學的欣賞〉，《朱自清全集》第 3 卷，頁 198。
37　《朱自清全集》第 9 卷，頁 213。

朱自清所謂模型、間架其實就是我們今天所謂理論框架或架構，就文學批評而言，所謂架構是由一系列的理論命題構成，下層則是一套範疇。這些問題及範疇的組織體現出內在的邏輯聯繫。西方的間架即所謂西方的理論問題及範疇。比如傅庚生（1910-1984）《中國文學批評通論》（1946年商務印書館出版），其核心即本論部分，分中國文學批評之感情論、中國文學批評之想像論、中國文學批評之思想論、中國文學批評之形式論，就是借用溫徹斯特（Caleb Thomas Winchester，1847-1920）《文學評論之原理》之說，將文學要素分為情感、想像、思想、形式四者。在朱自清看來，中國文學批評的問題及範疇有其自身的內在聯繫，對於這些問題及範疇的論述應該按照中國文論自身的邏輯，呈現出自己的構架，而不用西方的構架。這個理論構架或架構，朱自清稱作「間架」。

其實，朱自清不僅關注中國古代文學及批評的框架問題，也關注其它學科的類似問題。1935年11月12日，朱自清讀了馮友蘭《中國哲學史》後，在日記中寫道：

> 讀完馮芝生的《中國哲學史》，是本好書。作者運用現代釋義
> 法，但在思想表達上並無外國之模式。[38]

馮友蘭雖然用西方的學說解釋中國哲學，但他並沒有採用西方哲學的理論框架來論述，按照朱自清的說法，他用的是中國間架。1943年，朱自清序王力（1900-1986）《中國現代語法》，其中評論《馬氏文通》云：「系統的『語法』的意念是外來的。中國的系統的語法，從《馬氏文通》創始。」「著者馬建忠借鏡拉丁文的間架建築起我國的語法來」，「那間架究竟是外來的，而漢語又和印歐語相差那麼遠，馬氏雖然謹嚴，總免不了曲為比附的地方」。[39]朱自清這裡指出了外來的間架運用於中國語

---

38 《朱自清全集》第9卷，頁389。
39 〈中國語的特徵在那裡：序王力《中國現代語法》〉，《朱自清全集》第3卷，頁56。

言的問題，即比附。當然朱自清也看到這種比附在不同文化接觸過程中的不可避免性：「兩種文化接觸之初，這種曲為比附的地方大概是免不了的；人文科學更其如此，往往必需經過一個比附的時期，新的正確的系統才能成立。」[40] 比附雖不可避免，但畢竟不是正確的。朱自清覺得在他的時代不應再比附，故他對運用外國間架論述中國文學保持極大的警惕，其本人儘量避免。

朱自清對郭紹虞（1893-1984）《中國文學批評史》評價甚高，其關注點之一就是中西間架問題。他在書評中認為郭著「直用西方的分類來安插中國材料，卻很審慎。書中用到西方分類的地方並不多，如真善美三分法（六三、一八九面），各類批評的名稱（一〇三面）偶爾涉及，無庸深論；只有純文學、雜文學二分法，用得最多，卻可商榷。」[41]「用西方的分類來安插中國材料」其實就是用西方的理論範疇及框架來討論中國文學批評，即所謂用西方的間架。朱自清對用西方間架持保留甚至否定態度，所以他肯定郭著在這方面很審慎，肯定其用西方分類的地方少。但對於郭著以純文學、雜文學觀念來討論中國文學卻提出了批評：

> 這種分法，將「知」的作用看得太簡單（知與情往往不能相離），未必切合實際情形。況所謂純文學包括詩歌、小說、戲劇而言。中國小說、戲劇發達得很晚；宋以前得稱為純文學的只有詩歌，幅員未免過窄。而且這裡還有一個問題，漢賦算不算純文學呢？再則，書中說南北朝以後「文」「筆」不分（一四一面），那麼，純與雜又將何所附麗呢？書中明說各時代文學觀念不同，最好各還其本來面目，才能得著親切的瞭解；

---

40 〈中國語的特徵在那裡──序王力《中國現代語法》〉，《朱自清全集》第 3 卷，頁56。

41 〈許郭紹虞《中國文學批評史》上卷〉，《朱自清全集》第 8 卷，頁 197。朱文中所標頁碼皆商務印書館 1934 年版頁碼。

> 以純文學、雜文學的觀念介乎其間，反多一番糾葛。42

在他看來，郭紹虞以純文學、雜文學的間架來討論中國文學，反倒不能說明其本來面目。

朱自清與浦江清（1904-1957）在私下談論時，亦曾將中國文學批評放到西方文學批評的框架中討論。1933 年 5 月 28 日日記：

> 午江清（浦江清）在此便飯，論批評派別，余等同意中國批評乃古典的，而歸於政治，所謂褒貶美刺之觀念影響極大，此可謂之歷史的。知人論世即此種態度。另一種為藝術批評，江清謂中國批評大抵欣賞，評點者大抵如此，抑指出作者用心，乃說明的，此則當歸於溫柔敦厚或褒貶美刺一類去。又論金聖嘆之批評，亦是欣賞，且重在論事。江清主歷史的批評，但非政治的之謂，蓋取泰恩（Taine）之說，考作者之環境性格。又論以新理論應用於古作品，而不用新術語，可能否？江清以為不可。43

朱、浦二人試圖用西方文學批評的流別來分類中國文學批評，將之歸類為古典的，歷史的，欣賞的諸類，此正與前述郭紹虞的做法相似。但是，當他在正式的著述中討論時，卻不用西方的間架。1933 年 10 月 19 日日記：

> 余意作文論流別分比興論、道德論、淵源論、才性論、興象論、文章論數端。文章論或當稱筆法論，才性論或當稱品質論。44

這個分類顯然沒有用西方的分類名稱。1933 年 11 月 11 日，他撰成

---

42 《朱自清全集》第 8 卷，頁 197。
43 《朱自清全集》第 9 卷，頁 227。
44 《朱自清全集》第 9 卷，頁 258。

〈中國文評流別述略〉一文，正是討論中國文學批評的分類。但是，他卻沒有像日記中與浦江清討論的那樣，用西方文論的範疇來分類，而是用中國原有的術語，將中國文評分為六大類（原文為五大類，但後文列舉為六大類）：一、論比興，二、論教化，三、論興趣，四、論淵源，五、論體性，六、論字句。對此，他有個說明：

> 所謂流別，只是說有這些種評法而已。……這裡姑不確定類名，只標出他們所論的主體；因為借用外國名字，苦於不貼切，自定名字，又嫌閉門造車，怕不合式。[45]

當他試圖對中國文學批評流別作出分類，其背後顯然是西方分類的影響。西方文學批評有分類，中國文學批評也可以分類，此兩者之所同，也是朱自清借鏡西方的所在。但是，朱自清認為，中國的分類有自己的特點，不能用西方的分類去套用。西方的分類就是西方的間架，一旦套用西方的間架就不能凸顯出中國特點出來，不能還中國文學批評的本來面目。

中國文學批評有自己的理論問題及內在邏輯，如果用西方的間架就是用西方的理論問題及框架來處理，就失去了中國文論的本來面目。

五、《詩言志辨》與《中國文學批評研究講義》

朱自清「借鏡西方」與「本來面目」之結合的主張在其《詩言志辨》及《中國文學批評研究講義》中得到了體現。

與郭紹虞等著重文學批評的歷史不同，朱自清更關注文學批評的體系。他對此有非常清楚的自覺意識。其《中國文評流別述略》說郭著是「縱剖的敘述」，他自己是「橫剖的看」。縱剖的代表是批評史，橫剖的是理論的系統。這兩種形式在西方文學批評研究中各有其傳

---

45 《朱自清全集》第 8 卷，頁 147。

統。在當時，縱剖的批評史研究著作在中國最有影響的是森次巴力（G.
Saintsbury，1845-1933）的《歐洲文學批評及趣味史》，[46] 橫剖的體系性
研究著作則是溫徹斯特的《文學評論之原理》。[47] 這些著作都為當時的文
學批評研究者提供了研究方法及著述方式的典範。朱自清在〈中國文評
流別述略〉中說郭紹虞的《中國文學批評史》是「縱剖的敘述」，而他
自己則是「橫剖的看」，特別關注中國文學批評的橫向的理論系統問題。

　　由於關注橫向的理論系統，所以朱自清特別重視中國文學批評範疇
的研究，其〈詩言志辨序〉說：

> 現在我們固然願意有些人去試寫中國文學批評史，但更願意有
> 許多人分頭來搜集材料，尋出各個批評的意念如何發生，如何
> 演變——尋出它們的史跡。這個得認真的仔細的考辨，一個字
> 不放鬆，像如漢學家考辨經史子書。[48]

他辨析範疇一方面用歷史的方法探討範疇的源流變化，如《詩言志辨》
即是如此。另一方面，他也受到瑞恰茲（I. A. Richards，1893-1979）、
燕卜遜（W. Empson，1906-1984）等新批評理論家意義理論的影響，
特別注意辨析範疇的多重含義。其《語文影及其他·序》中說：「大概
因為做了多年國文教師，後來又讀了瑞恰慈先生的一些書，自己對於
語言文字的意義發生了濃厚的興味。」[49] 這既可以從他的書評中見出，尤
能從他本人的研究中體現出來。他評馮友蘭的哲學著作《新世訓》，指

46　《歐洲文學批評及趣味史》（*A History of Criticism and Literary Taste in Europe from
　　the Earliest Texts to the Present Day*, London:Blackwood, 1900-1904），共三卷，其
　　有關英國文學批評的部分經增訂別行為《英國文學批評史》（*A History of English
　　Criticism*）。此書雖未譯成中文，但在民國時期中文著述中卻常被提及。羅根澤
　　〈中國文學批評史·緒言〉中提及其《文學批評史》者實即此書。

47　《文學評論之原理》（*Some Principles of Literary Criticism*, New York: The macmillan
　　company, 1905.），景昌極、錢堃新譯，1922 年商務印書館初版，1969 年編入臺灣
　　商務印書館「人人文庫」。

48　《朱自清全集》第 6 卷，頁 129。

49　《朱自清全集》第 3 卷，頁 333。

出「本書的特長在分析意義；這是本書成功的一個主要原因」。「這種多義或歧義的詞，用得太久太熟，囫圇看過，總是含混模糊，寬泛而不得要領。著論的人用甲義，讀者也許想到乙義；同一篇論文裡同一個詞，前面用甲義，後面就許用乙義丙義，再後面或者又回到甲義。這樣是不會確切的，也不能起信。所以非得作一番分析的工夫，不能有嚴謹的立論。」[50] 朱自清特別強調意義的辨析對於文學批評研究的重要性。〈詩文評的發展〉云：

> 分析詞語的意義，在研究文學批評是極重要的。文學批評裡的許多術語沿用日久，像滾雪球似的，意義越來越多。沿用的人有取這個意義，有時取那個意義，或依照一般習慣，或依照行文方便，及其錯綜複雜。要明白這種詞語的確切的意義，必須加以精密的分析才成。[51]

他評郭紹虞《中國文學批評史》，特別論及其對於批評術語意義的辨析：「郭君還有一個基本的方法，就是分析意義，他的書的成功，至少有一半是在這裡。例如『文學』、『神』、『氣』、『文筆』、『道』、『貫道』、『載道』這些個重要術語，最是纏夾不清；書中都按著它們在各個時代或各家學說裡的關係，仔細辨析它們的意義。懂得這些個術語的意義，才懂得一時代或一家的學說。」[52] 他評羅根澤《中國文學批評史》也指出其這一方面的成績。[53] 朱自清本人的論文〈「好」與「妙」〉，就是這方面分析的典範；《詩言志辨》及《中國文學批評研究講義》中分析、解釋了很多範疇，這些都與他借鑒西方文學批評的方法有關。

　　儘管朱自清在研究中借鑒了西方的理論與方法，但是，他對中國文學理論體系的梳理與論述卻是運用中國間架，注重中國文論的本來面

50　〈生活方法論——評馮友蘭《新世訓》〉，《朱自清全集》第 3 卷，頁 47。
51　〈詩文評的發展〉，《朱自清文集》第 3 卷，頁 30。
52　〈評郭紹虞《中國文學批評史》上卷〉，《朱自清全集》第 8 卷，頁 196-197。
53　〈詩文評的發展〉，《朱自清全集》第 3 卷，頁 30。

目。

其《詩言志辨》由四篇論文組成：〈詩言志說〉（1937）、〈賦比興說〉（1937）、〈詩教說〉（1943）、〈詩正變說〉（1945），闡述中國詩論的四個核心問題，揭示其歷史流變及內在邏輯聯繫，從而呈現出中國古代詩論的基本理論範疇及其構架。此書原擬名《詩論釋詞》，「後來因為書中四篇論文是一套，而以『詩言志』一個意念為中心，所以改為今名」。[54] 書名的改動表明朱自清對這些範疇及命題關係認識的深化。「詩論釋詞」只表明他解釋的是幾個詩學範疇，而「詩言志辨」則確認「詩言志」是核心命題。正是他在此書序中所言，「詩言志」是開山綱領。這部書從理論問題到理論邏輯都是中國文論本身的內在問題及邏輯，而他在理論表述上也沒有套用西方的術語。

這部書的學術史價值主要有兩點：一是其於縱向的批評史研究之外，開闢了橫向的系統研究，建構了中國詩學理論的基本框架；二是此書沒有套用西方的理論框架，這也是一條建立中國文學理論體系的新路。朱光潛（1897-1986）評論說：

> 每個民族都有幾個中心觀念──或則說基本問題──在歷史過程中生展演變，這就成為所謂「傳統」──或則說文藝批評者的傳家衣鉢。……懂得了這些中心觀念的來踪去向，其它的一切相關問題自然迎刃而解。佩弦先生看清了這個道理，在中國詩論裡抓住了四大中心觀念來縱橫解剖，理清脈絡。這四大中心觀念就是（一）詩言志，（二）比興，（三）詩教，（四）正變。在表面上他雖似只弄清了這四大問題，在實際上他以大處落墨的辦法畫出全部中國文學批評史的輪廓。[55]

---

54 《朱自清全集》第 6 卷，頁 131。

55 〈朱佩弦先生的《詩言志辨》〉，《朱光潛全集》（合肥：安徽教育出版社，1996），第 9 卷，頁 494-495。

朱光潛的這個評價指出了此書的特色與價值，十分確當。葉競耕《詩言志辨》書評（1948）：「這本《詩言志辨》在方法上指出一種研究的新路子。研究文學批評就得先從文學批評的本身——批評的意念入手，用史的眼光，分析考辨，找尋中間的脈絡，也即是歷史的發展，然後貫串起來，才能真正的建立起文學批評史的間架。」[56] 指出了此書在方法論上的示範意義。

《詩言志辨》代表了朱自清對詩學理論系統的基本思考，根據朱自清 1945 年 11 月 4 日致葉聖陶（1894-1988）信，他在完成《詩言志辨》之後，「擬作《詩緣情說》，正收集材料中」。[57] 由於朱自清的早逝，可惜沒有能撰成。

2004 年，天津古籍出版社出版了西南聯大學生劉晶雯所記錄的朱自清「中國文學批評研究」課程講義。根據卷端劉晶雯〈寫在前面的話〉，這本筆記是朱自清 1945 年秋至 1946 年春夏之交「中國文學批評研究」課程的記錄。[58]《中國文學批評研究講義》代表了朱自清對整個文學批評體系的思考。

這個講義的突出特點就是他把眾多的中國文論範疇（意念）建立了一個系統，這個系統由不同的層次組成，這雖然不是一個最終的完成品，但是可以看出，朱自清在中國文學批評體系建構方面的思路。講義分四章：第一章言志與緣情，「偏於內容方面」，第二章模擬，「偏於形

---

56 《國文月刊》第 65 期（1948 年 3 月 10 日），頁 30。

57 〈致葉聖陶〉16，《朱自清全集》第 11 卷，頁 106。

58 據劉晶雯〈寫在前面的話〉，當時只有三個學生選課：劉晶雯，楊天堂（後來是暨南大學教授）及一名研究生。今檢朱自清日記，可與劉說相印證。1945 年 9 月 8 日記：「開始寫中國文學評論講稿。」（《朱自清全集》第 10 卷，頁 365）。10 月 28 日載：「訪劉雯晶。」（當即劉晶雯。頁 372）。11 月 3 日記：「上午想起昨日忘記今日的文學批評課，趕緊準備。」（頁 373）1946 年 3 月 15 日記：「開始準備文學評論講稿第四章。」（頁 396）3 月 28 日：「準備文學批評的講課稿。」（頁 397）1948 年 5 月 26 日：「劉晶雯來訪，對宋代文學批評提出了幾個問題。」（頁 508）1946 年 6 月 4 日日記：「楊天堂來訪。」（頁 406-407）6 月 9 日閱畢學生試卷。6 月 11 日，讀完楊天堂文章。6 月 14 日離開昆明。（頁 407-408）

式」，[59] 第三章文筆，「說及文分多少體，來源如何，及文學意念之變遷發展等」，[60] 第四章品目，「乃是把歷來用來表明文學價值之德性詞，分類加以說明」。[61] 這四章的劃分，大致可以看出朱自清將中國文學批評分為內容、形式、體裁、價值四個大的方面來論述，這四個方面是朱自清把握中國文學批評的四個大的面向。他用這四個大的面向作為理論架構（「間架」）把中國文學批評的範疇組織了起來。

講義第一章「言志與緣情」，共分四節：甲、詩言志，乙、文以載道，丙、詩緣情，丁、辭達。每節下分若干目，每目中分若干條，分述古代之命題、術語，這些層次的組織呈現出概念命題的系統。本章中「言志」與「緣情」是詩學命題，「載道」是文論命題，「辭達」則為詩文論共同命題。講義所以將「載道」置於「言志」之後者，是因為在作者看來，「載道」內涵上同乎「言志」。他說：「此語（指『文以載道』）與『言志』之傳統是一氣的。⋯⋯這意念與『詩言志』相連接。」[62] 這種觀點糾正了周作人《中國新文學的源流》所謂「言志」與「載道」的對立。講義關於詩言志的討論大體即是其《詩言志辨》中的觀點。講義論「文以載道」，分「道」為自然、教化、德性三義，分「文」為天文、人文、君子之文三義。關於「文道相依」，講義列明道、貫道、載道三說，明道為劉勰所崇，貫道說為王通、李漢所主，載道說為周敦頤所倡。明道說包括自然與教化二義，貫道主教化，載道說強調德性方面；[63] 明道、貫道二說雖重教化，但都仍重文；載道說，周敦頤重道，但仍說文，到朱熹，認為「『道』外無文」，「簡直把文完全抹煞了」。桐城派重文，但仍講道。[64] 講義在「文以載道」一節還列「道與藝」一

59　朱自清：《中國文學批評研究講義》（天津：天津古籍出版社，2004），頁 86。
60　《中國文學批評研究講義》，頁 126。
61　《中國文學批評研究講義》，頁 169。
62　《中國文學批評研究講義》，頁 28。
63　《中國文學批評研究講義》，頁 30-31。
64　《中國文學批評研究講義》，頁 34-35。

目，論述「德成而上，藝成而下」、「言之無文，行之不遠」兩個命題，從另一側面論述文道關係。

前言朱自清擬撰《詩緣情說》，惜未能成稿，不過我們從講義第一章「詩緣情」一節可以瞭解其大致的內容。按照朱自清的觀點，傳統所謂「緣情」範圍小於現代所說「抒情」。現代抒情說包括傳統的言志與緣情：「我們後來說『抒情』，範圍較大，是受外國影響的，把對宇宙人生的觀感都包括在內。這就是把『言志』與『緣情』混合起來了。」[65]「緣情之範圍較抒情小。對宇宙人生之看法等，從前屬於言志。」[66] 講義「詩緣情」一節列有四目：一、綺靡，二、興趣，三、情性，四、性靈。此可見朱自清所理解的「詩緣情」傳統所包括的基本範圍。

「緣情」出陸機《文賦》「詩緣情而綺靡」，朱自清認為，「綺靡」代表魏晉至齊梁的傳統，綺是講顏色、花樣；靡是講聲音方面。「詩緣情」與曹丕「詩賦欲麗」之說有淵源關係，曹丕所說「麗」包括「對偶整齊、鋪張」。[67]「緣情」說後接六朝的「娛玩」（蕭統《文選序》：「譬陶匏異器，並為入耳之娛，黼黻不同，俱為悅目之玩。」）。與此相關，他們主張「妍巧」，「重妙聲」，主張「情靈搖蕩」，即能「震動人的心弦」。[68]「娛玩」主張體現在創作上就是宮體。這是魏晉六朝緣情傳統的主流。

魏晉六朝緣情傳統的另一系是「自然」，其代表人物為劉勰及鍾嶸。朱自清將此一系概括為自然，顯然是要與主流的綺靡妍巧相對。他所謂自然包括兩個方面：一是創作過程中感物之自然，二是藝術表現上「反對聲律和用典」。關於前一方面，他舉《文心雕龍・明詩》「感物吟志，莫非自然」，與鍾嶸《詩品》的「氣之動物，物之感人」為例；關

---

65 《中國文學批評研究講義》，頁 55。
66 《中國文學批評研究講義》，頁 37。
67 《中國文學批評研究講義》，頁 38。
68 《中國文學批評研究講義》，頁 39-40。

於第二方面，他舉《詩品》之主張自然為例。[69]

緣情傳統在唐宋時期有兩條線：一是興趣說，一是性情說。關於「興趣」說，朱自清說：「唐、宋人多主『興趣』，尤其是在詩的方面。」包括「象外之境」、「文外之意」及「妙悟」，劉禹錫、皎然、戴叔倫、司空圖、嚴羽諸人為其代表，這是一個連續的傳統。[70]「性情」說包括韓愈的「不平則鳴」以及歐陽修的「窮而後工」說，朱自清認為韓、歐之論上接六朝感物說。北宋梅、歐、蘇、黃等詩趨散文化，南宋劉克莊則提出「風人本色的主張」。[71]

明清時代的「緣情」傳統主要有「性情」與「性靈」兩條脈絡。「性情」派主張包括王士禛的「神韻」說以及紀昀的「性情」說。值得注意的是，朱自清未把王士禛的神韻說置入「興趣」說傳統中去，而是放到「性情」說中來。「性情」說與「性靈」說的差別在於，「情性派總是要有節制」，性靈派「極重個性」。性靈派源頭可追溯到南宋楊萬里的「風趣」，[72] 包括明代公安、竟陵兩派之主「真」，清代袁枚之「我」。公安派之主「真」是「重自我」，竟陵派之「真」乃「重視社會人群之外」，「毛病在幽僻，好處亦在表現自我」。袁枚所謂性靈「就是『我』的表現」，「提出『我』的重要」，但性靈說的「我」「其範圍太輕，不夠大」。朱自清認為，「詩緣情」至袁枚「可告一結束」。[73]

第一章第四節是「辭達」，這一節重在討論「辭」即形式層面的理論。無論言志、緣情與載道，都必然涉及辭的問題，本節將傳統文論關於辭的主要觀念歸入「辭達」的總命題之下，包括「修辭立誠」、「沉

---

69 《中國文學批評研究講義》，頁 40-41。

70 《中國文學批評研究講義》，頁 42-46。

71 《中國文學批評研究講義》，頁 47-49。

72 朱自清認為楊萬里風趣說見《誠齋詩話》，誤，實出袁枚《隨園詩話》卷一：「楊誠齋曰：『從來天分低拙之人好談格調，而不解風趣，何也？格調是空架子，有腔口易描，風趣專寫性靈，非天才不辦。』余深愛其言。」按此說不見於楊萬里《誠齋詩話》及其他著作。

73 《中國文學批評研究講義》，頁 52-55。

思翰藻」、「言有序」、「意義」四目。前三目依次為先秦時代、魏晉至唐初、唐宋及其後來古文家的主流觀念，「意義」一目則涵蓋言意關係的理論。朱自清認為，「辭達」是代表孔子及其以前時代的共同觀念，而戰國以後則少有言之，直至唐宋古文運動以後，才又重新討論。其因在於文體變化。漢以後辭賦興起，文章「用語言者少，用文字者多」。但用文字也有文字與情感的問題，故後來再討論便涉及文字層面。先秦時代，「辭達」與說話多少有關，他引《儀禮‧聘禮記》「辭多則史，少則不達」證之。《曲禮》「不辭費」，《尚書‧畢命》「辭尚體要」，都與「辭達」的說話多少相關。「修辭立其誠」出《易‧繫辭》，是要信。《左傳》「言語有章」、《詩經‧都人士》「出言有章」及《易‧艮》「言有序」都是有條理。宋代蘇軾再談「辭達」，從口手關係解釋，涉文字方面問題，與先秦有不同。[74]

「沉思翰藻」出《文選序》：「事出於沉思，義歸乎翰藻」，涉及事類、比體、麗辭、聲律四個方面，代表魏晉至唐初的觀念。[75]唐宋以後古文家則重視「言有序」，包括氣與法。朱自清解釋韓愈「氣盛言宜」說「要求文字合乎口語標準，重自然語氣」，「使文合乎語言之自然，故要參差、長短、高下」。蘇軾主張文章如行雲流水，也是「要文與語言接近」。桐城派重聲調，主張「因聲求氣」，「注重讀」。「韓愈要語言性，不太重音樂性，又重理。而桐城派則既重音樂性，又重表情，特別以表哀情見長」。[76]

第二章模擬，實際是以如何學詩為中心，而重心又在模擬上，整章基本都是圍繞此一問題展開。此章五節：甲、釋義，乙、源流，丙、體裁，丁、格調，戊、古今。在「釋義」中，朱自清從「學古」、「求似」、「脫化」三方面來講模擬的含義。學古的方式有誦讀，有仿作，而兩者

---

74 《中國文學批評研究講義》，頁 55-58。
75 《中國文學批評研究講義》，頁 60-67。
76 《中國文學批評研究講義》，頁 68-70。

結合起來就是師法。為什麼有要學古的觀念呢？因為古人有尊古的思想，以為古勝於今。要學古，就有態度與方式的問題。「求似」與「脫化」，是朱自清所列出的古人對待學古態度的兩個大的方面。求似就是學古人要似，即所謂「肖古」，朱自清認為，明代的李夢陽、何景明就是這樣主張。其實李、何在這方面態度有異，而後七子李攀龍、王世貞更主張「肖古」。此《講義》中未有提及。「脫化」與「求似」相對，是另一種態度，就是要變化，與古人不同。朱自清分「變形」、「融鑄」與「獨造」三目討論了古人關於脫化的三種方式。「變形」理論以黃庭堅「脫胎換骨」說為代表，是從字句方面改變。「融鑄」說以姚鼐、曾國藩的散文理論為代表，是就整篇文章而言，主張模擬一家得似之後，再模擬另一家，如此模擬數家之後，融鑄古人，自成一體。關於「獨造」，朱自清認為「獨造與融鑄實不能分開」，他以韓愈為例，韓愈雖然說「惟陳言之務去」，他一方面繼承秦漢文體，一方面又有獨造精神。這是朱自清對於模擬問題的最基本理解。[77]

　　「模擬」一章中「源流」一節，源流是承繼的關係。朱自清認為，這個承繼關係正與模擬相關。在他看來，鍾嶸《詩品》之講淵源，說誰源出於誰，就是模擬。說淵源，就其特徵而言，就是體。鍾嶸所說的是個人之體，到後來則有時代之體，如嚴羽所論即是。不僅分體，還有品第，高下的品第，確立了模仿的標準。朱自清認為「派別」也與模擬有關係。在朱自清看來，派有自覺與不自覺之分，自覺的流派其共同性與模仿有關。他認為，自覺的流派在文學史上有三：西崑體、江西詩派、桐城派，而真正稱派者只有後兩者。[78]

　　朱自清在「模擬」一章中也討論體裁問題，即文體的分類。此一部分何以與模擬相關，《講義》中沒有記載。但其第一先討論曹丕《典論・論文》中的才性論問題，謂不同的才性擅長不同的文體。由此為學

77　《中國文學批評研究講義》，頁 87-95。
78　《中國文學批評研究講義》，頁 96-104。

作文而模擬，亦與文體相關。但是朱自清在第三章「文筆」中專門討論文體，兩者難免重複。

　　第三章文筆，討論的是文體問題。講義說：「這章說及文分多少體，來源如何，及文學意念之變遷發展等。」分為四節：甲、文學，乙、文變，丙、文筆，丁、詩文。這四節基本上以時間先後為序展開，討論了從先秦到清代文體觀念的演變，而文體觀念的演變則主要體現在文體範疇的變化上。甲、「文學」，討論的是先秦「文」與「文學」、兩漢「文章」與「文辭」的含義，認為到兩漢「文章」（「文辭」義同）從學術中分離出來。乙、「文變」，謂漢代文章從學術中分離出來而獨立，由文章獨立而又發展出不同的文體，由文章獨立也就有了文人，文人創作多而結集，於是就有了文集，這些都是「文變」。丙、「文筆」，討論的是南朝文筆說，就是南朝時代的文體分類及觀念問題。丁、「詩文」，則討論宋以後的文體分類及觀念。朱自清認為，六朝雖有「詩」「筆」之分，但猶以「文」「筆」對稱為主，然唐代「詩更盛」，故以「詩」「筆」對稱，到宋代則變成以「詩」「文」對稱，文又有駢與散的分別。駢散的分別自唐以後即有，而清代則多有討論。[79]

　　第四章品目，討論「歷來用來表明文學價值的德性詞」，即文學價值範疇。朱自清把用於評價的範疇分四類組織起來。此四類分別是：甲、體用，乙、文質，丙、神氣，丁、辭情。對於這四個類別的劃分，《講義》解釋說：「『體用』說的是人生、社會與文學；『文質』說的是時代與文學」；「神氣」「則是說個人與文學」，[80]「辭情是說文學本身的表現關係」。[81]體用是就文學的性質與功用方面的範疇，如順逆、誠偽、勸懲、雅俗、厚薄、虛實、大小、深淺等，文質方面的範疇包括雕率、渾劃、新古、華素，神氣方面包括風神、氣，辭情方面的範疇包括剛柔、

79　《中國文學批評研究講義》，頁 126-168。
80　《中國文學批評研究講義》，頁 196。
81　《中國文學批評研究講義》，頁 202。

奇正、莊諧、繁簡、顯晦、難易、工拙。[82]

如果從邏輯性的角度看，朱自清的這部講義，其系統不夠嚴密，有些部分甚至失之凌亂。但是，我們可以清楚地看出，他有意避免採用當時流行的西方文學理論的構架（像傅庚生），而是試圖用中國的「間架」建構一個中國文論的範疇體系。而中國的間架是什麼？在他之前，並沒有人給予系統的闡述。正是朱自清，在這方面做了開創性的探索，留下了寶貴的值得重視的遺產。

借鏡西方與本來面目的關係是中國文論研究近百年來的核心問題。近百年來，我們一直在借鏡西方，儘管借鏡的對象不同；我們也一直努力探求中國文論的本來面目。兩者之間如何結合，直到今天，也還沒有能夠得到很好的解決。正因為如此，朱自清在數十年前對此一問題的思考，對我們來說，不僅具有學術史的價值，也具有現實的意義。

---

82 《中國文學批評研究講義》，頁 169-212。

第五章
文學觀念與文學批評史：
郭紹虞《中國文學批評史》及評論

　　郭紹虞（1893-1984）《中國文學批評史》的寫作與當時文化學術思潮密切相關，郭氏持文學進化及純文學觀念，將文學批評史分為三期：周秦至六朝文學觀念朝向純文學演進，為演進期；唐至北宋背離純文學觀念，為復古期；南宋以後綜合前兩期，為完成期。著者屢請胡適（1891-1962）寫序，然胡序僅肯定其史料價值，卻否定其整體論斷。郭氏雖主文學進化，但其論述卻不符合進化論，胡適以為唐宋之復古正是進化，南宋以後仍在進化，不存在完成。郭紹虞雖未用胡序，卻在〈自序〉中暗作回應。錢鍾書（1910-1998）〈論復古〉對郭著提出批評，而郭氏〈談復古〉作出回應。郭氏站在文學進化及純文學立場，以唐宋復古文學觀念為逆流；錢氏站在古典主義立場，質疑文學進化論及純文學觀，以為復古之實質是法自然，並非逆流。在當時，新文學派主文學進化，復古派主古典主義，二人雖討論批評史之復古問題，實則涉及新舊文學之爭。朱自清（1898-1948）肯定郭氏以自己的材料與方法建立起中國文學批評的新的系統，但對其以純文學觀論述中國文學批評史提出質疑，認為無助於認識中國文學批評的本來面目。林庚（1910-2006）則對郭著與羅根澤（1900-1960）批評史作了比較評價，認為郭著是一元的史觀，羅著則是多元的；郭氏所有論述都圍繞史觀展開，羅氏則認為文學史多元發展，因而分別敘述。四人評論涉及文學觀念與文學批評史撰述諸問題，值得後人再思考。

　　在中國文學批評史研究領域，郭紹虞被公認為這一學科的奠基者，

其《中國文學批評史》雖然不是同類著作的第一部，但朱自清說「可還得算是開創之作」。[1] 這部著作已經成為中國文學批評史研究領域的學術經典，是所有從事這一學科研究及相關學科研究者必須研讀的基本著作。

今天，學者們關注這部著作，主要著眼其在中國文學批評及古典文學研究範圍之內的學術意義。這是自然的，也是正當的。但是，如果從學術史的角度，將其放回到誕生之初即上世紀 30、40 年代的學術文化脈絡中，[2] 則它與當時學術文化思潮之間的密切關係就呈現出來。本文選擇 30 年代有代表性的四位學者的評論加以考察，試圖從一個角度進入當時的文化學術脈絡當中，重建此書與當時文學思潮的聯繫，展示當時不同立場的學者對於文學觀念與文學批評史著述諸方面問題的思考。

一、塵封多年的事實：關於胡適〈郭紹虞中國文學批評史序〉

郭紹虞《中國文學批評史》上卷乃商務印書館 1930 年代出版的「大學叢書」之一種。[3] 馮友蘭（1895-1990）《中國哲學史》、錢穆（1895-1990）《近三百年中國學術史》等都屬於此叢書，其中的許多著作已經成為學術經典。按照「商務印書館印行大學叢書章程」，入選叢書要經過

1　〈評郭紹虞《中國文學批評史》上卷〉，《朱自清全集》（南京：江蘇教育出版社，1993 年第 1 版，1999 年第 2 次印刷），第 8 卷，頁 196。

2　《中國文學批評史》上卷 1934 年由商務印書館出版，下卷商務印書館出版於 1947年。1955 年，作者對原著進行了改寫，由中華書局上海編輯所（即後來的上海古籍出版社）出版，此即通行的一卷本。1959 年，作者再次改寫，受當時意識形態影響，以現實主義與反現實主義為貫穿文學批評史的主線，並更名為《中國古典文學理論批評史》，由人民文學出版社出版，但僅出版上冊。1999 年，天津百花文藝出版社重版了兩卷本，王運熙（1926-2014）撰寫〈前言〉，認為「從整體質量上看，修改本（按：指 1955 年改寫本）較舊著遜色」。

3　1932 年 10 月始，商務印書館開始組織大學叢書委員會，有 55 名委員。叢書於1933 年 4 月開始出版。見王雲五：《商務印書館與新教育年譜》（臺北：臺灣商務印書館，1973），頁 363、366、634。

「大學叢書」編輯委員會一人以上審定，[4] 馮友蘭《中國哲學史》的審查者是陳寅恪（1890-1969）、金岳霖（1895-1984）二人，其審查報告都保存下來，並已經成為學人們所常引用的經典文字。然其他各書之審查者為誰氏？恐大多已難以確知。[5] 不過，郭紹虞《中國文學批評史・自序》說：「此書之列為大學叢書，由於胡適之先生的審查。」據此，郭著的審查者當為胡適。郭氏〈自序〉又說：「我很感謝胡先生於審閱後再指示一些意見。」[6] 此後便引述了胡適的兩段文字。如果按照郭氏行文的語氣，我們可能會得出結論：其所引的兩段文字當是出自胡氏的審查意見。

　　然而事實並非如此。安徽教育出版社出版的《胡適全集》第 12 卷載有〈郭紹虞中國文學批評史序〉，其文云：「郭君屢次要我寫一篇序。我在假期中讀完此書，勉強寫了這篇短序。」[7] 郭氏〈自序〉中所引胡適的兩段文字就在此序當中。據此可知，郭氏〈自序〉所引原來並非出自審查報告，而是胡氏序文的內容。

　　在進一步討論胡序之前，我們先要交待一下胡適與郭紹虞的關係。郭紹虞原未上過大學，由於他曾給傅斯年（1896-1950）、羅家倫（1897-1969）、顧頡剛（1893-1980）諸人所辦的《新潮》雜誌撰稿，於是被介紹加入該社。顧頡剛又介紹其做《晨報》副刊特約撰稿員，故郭紹虞於 1919 年秋來到北京，並在北大哲學系旁聽，[8] 當時胡適正在北大教授中

4　《商務印書館印行大學叢書章程》：「大學叢書經各委員徵集或由本館約編之稿本，須經委員一人以上之審定。」見王雲五：《商務印書館與新教育年譜》，頁 365。

5　王雲五《商務印書館與新教育年譜》於民國 22（1933）年列出了 5 種著作的審定者，如《普通物理學》乃丁燮林審定，《羅馬法》乃吳經熊審定等，見該書頁 387。

6　〈自序〉，《中國文學批評史》上冊，頁 3。

7　《胡適全集》（合肥：安徽教育出版社，2003 年初版，2007 年重印），第 12 卷，頁 236。

8　〈悼念頡剛〉，《照隅室雜著》（上海：上海古籍出版社，2009），頁 552。又〈我是怎樣學習中國文學批評史的〉，同上書，頁 403。

西哲學史，[9]郭氏與胡適相識，或在此時。約在 1921 年，福建協和大學（今福建師範大學前身）要創辦中文系，向北大要人，由胡適、顧頡剛保薦，郭紹虞由山東第一師範到福建協和大學任教，[10]可見胡、郭二人有相當程度的熟悉，而胡適對郭氏亦有提攜之恩。

　　大概正是由於這種關係，郭紹虞才能「屢次」請胡適為其著作寫序。據《胡適遺稿及密藏書信》影印件，胡適序原說：「郭君屢次要我寫一篇短序」，又將「短」字圈去，[11]我相信原來的說法當是真實的。因為屢次要胡適寫序，因胡適一直未能寫出，故要求其寫短序。既然郭先生屢次請胡適寫序，胡氏也勉強寫了序，為什麼郭著出版只有自序，而沒有胡序？不僅如此，郭先生也隻字不提胡序呢？這其中大有緣故。

　　胡序末題「廿三，二，十七夜」，即 1934 年 2 月 17 日夜作成。郭氏〈自序〉題「二十三年二月二十二日」，比胡序晚五天作成。這五天中二人之間發生了什麼？按胡適原稿首頁頁端有自注云：「此序寫成後，我寫信與作者，能不用最好。他回信贊成不用，而將序末二段收入〈自序〉中。此文作廢。適之，廿三，二，廿五。」[12]原來如此！當胡適自注其序文作廢時，郭紹虞〈自序〉已經完成三天，郭氏或許將〈自序〉隨信寄給胡適，或者只是在給胡適的信中言及自序引胡氏序文末二段，而並未將自序原文寄給胡適。[13]

　　胡適序郭氏《中國文學批評史》一事，可謂確切無疑。但是，這裡就引出了問題。按照郭紹虞〈自序〉中的說法，即郭氏著作列為「大學叢書」是由於胡適的審查。郭紹虞所說是事實呢，還是為掩飾胡適作序而故作的託詞？胡適也是「大學叢書」委員會成員，由其審查郭著，

9　參見胡適 1919 年日記，《胡適全集》第 29 卷，頁 8-45。

10　〈我是怎樣學習中國文學批評史的〉，《照隅室雜著》，頁 404。按郭紹虞本文說：「我在大學教書，還不到二十八歲。」郭紹虞 1893 年生，28 歲當在 1921 年。

11　《胡適遺稿及密藏書信》（合肥：黃山書社，1994），第 12 冊，頁 275。

12　《胡適遺稿及密藏書信》第 12 冊，頁 269；《胡適全集》第 12 卷，頁 234。

13　檢《胡適全集》，未見致郭紹虞信，日記中亦無記載，在已出版郭紹虞著作中亦未見有關文字。

其可能性完全是存在的。但是，胡適序中說是為了寫序而在假期中讀完其書，並沒有言及審查之事。又檢胡適日記及書信集，亦未見有關的記載。而且胡適序原稿中有「因為書已排成」一句，後又刪去。[14] 由此知胡適作序時，其書已經排印完成，亦可見此書之通過審查早在胡適作序之前。如果胡適確實是此書的審查人，那麼他在審查時並未通讀其書，直到郭紹虞屢次要其寫序時，才讀完此書。如果胡適實未審查其書，則郭氏所謂胡適審查者只不過是掩飾郭氏作序而云然。因為郭氏屢次請胡氏作序，胡適既然作了，郭紹虞若不用胡序，而且隻字不提，從情理上難以向胡適交待；如果提胡適作序，又不用胡序，也難以向讀者說明；於是便含糊其辭，言胡適審閱其書並提出意見，並徵引兩條以示尊重。以上兩種情況，均有可能。真相究竟如何？還有待進一步澄清。

　　胡適生前沒有公開其作序之事，外人亦無從知道內情。但這篇胡適標明作廢的文章偏偏在胡、郭兩人作古之後被公開了出來，由此後人才得以對事情的原委有所瞭解。

二、文學觀念與歷史分期：郭紹虞與胡適的對話

　　前面已引胡適說自己是「勉強」寫序的，此表明胡適並不情願，只是因為郭紹虞「屢次」要他寫，才勉強為之。他為什麼覺得「勉強」呢？既然「勉強」寫了序，何以又告訴郭氏「能不用最好」？以上問題需從胡序中找答案。

　　我們且看胡序。胡氏在文末說自己勉強寫這篇短序，「一半是要介紹這部很重要的材料書，一半是想指出一兩點疑義，供作者與讀者的參考」。[15] 這裡說得很明白，其序一半是介紹與肯定，一半是質疑。而且其所肯定的只是這部著作的材料價值，而非觀點。胡適既是一個有原則

---

14 《胡適遺稿及密藏書信》第 12 冊，頁 275。
15 《胡適全集》第 12 卷，頁 236。

的人，也頗通世故。他堅持說自己的真實意見，這是他有原則的一面，但他也知道此序對郭紹虞會造成某些負面的影響，故他建議郭氏不用其序。他的這個「能不用最好」的建議恰好給了郭氏一個最好的臺階，有了這個臺階，郭氏才好「贊成不用」。不過，郭紹虞雖然沒有採用胡適序，以胡適的地位及影響，其序中的評價，郭紹虞自然不能不介意，於是便在〈自序〉中暗自對胡適序作了回應。我們將胡序與郭氏自序對讀，可以視為兩人關於中國文學批評問題的一場對話。

1、材料與論斷

　　前面已經說過，胡適肯定郭著是一部「很重要的材料書」。我們且看胡適的說法：

> 作者搜集材料最辛勤；這一千多年中關於文學批評的議論，都保存在這書裡，可省去後來治此學者無窮的精力。讀者的見解也許不一定和郭君完全一致，但無論何人都不能不寶貴這一巨冊的文學批評史料。[16]

胡適這種評價固然肯定了郭著搜羅材料之功，肯定其史料價值，但說其是「一巨冊的文學批評史料」，背後其實隱含著對郭著觀點論斷的否定。也就是說，胡適只肯定其材料，並不肯定其觀點。此一點後面再說。

　　對於胡適「材料書」之說，郭紹虞自然明白其言外之意。他在〈自序〉中說：

> 在此書中，固然重在材料的論述，然亦時多加以論斷的地方。如文筆之辨析，八病之解釋以及古文家與道學家所論文與道的關係等等，……又所加論斷，實際也等於說明。我總想極力避

---

16 《胡適全集》第 12 卷，頁 234。

免主觀的成分，減少武斷的論調。所以對於古人的文學理論，
重在說明而不重在批評。即使對於昔人之說，未能愜懷，也總
想平心靜氣地說明他的主張，和所以致此的緣故。因為，這是
敘述而不是表彰，是文學批評史而不是文學批評。總之，我想
在古人的理論中間，保存古人的面目。[17]

很明顯，這裡是對胡適「材料書」之說的回應。郭氏強調，他的著作不
僅是材料書，也多有論斷。只是他的論斷是客觀的敘述與說明，而不是
主觀武斷的批評，因為他寫的是中國文學批評史，重在保存古人的面
目。

其實，保存古人的面目，正是胡適的主張。胡適提倡整理國故，其
中就有一條是「各家都還他一個本來真面目」，[18]但胡適並非只是要還各
家之本來面目，他還要評斷，「各家都還他一個真價值」。[19]要還各家真
價值，就需要論斷。其實，郭著不是沒有論斷，他對於中國文學批評史
的演變有大論斷；胡適也並非認為郭氏沒有論斷，只是他對郭氏的論斷
不滿罷了。

胡適雖然肯定郭著在材料方面的價值，但是，也指出其在材料方面
的問題。他稱郭著論「孔門之文學觀」，引用不可深信的《禮記‧表記》
中孔子「情欲信，辭欲巧」之語，以證孔子「尚文」，而不引《論語》
中孔子「辭，達而已矣」之說，「未免被主觀的見解影響到材料的去取
了」。[20]我們知道，胡適提倡用科學的方法整理國故，對於材料的鑑別十
分重視。他曾批評柳詒徵（1880-1956）「是一位不曾受過近代史學訓練
的人，所以他對於史料的估價，材料的整理，都不很謹嚴」。[21]可見在他

---

17 〈自序〉，《中國文學批評史》上冊，頁 2-3。
18 〈新思潮的意義〉，《胡適全集》第 1 卷，頁 699。
19 〈新思潮的意義〉，《胡適全集》第 1 卷，頁 699。
20 《胡適全集》第 12 卷，頁 236。
21 〈評柳詒徵編著《中國文化史》〉，《胡適全集》第 13 卷，頁 120。

看來，對待材料的態度及處理方法是判斷一個學者是否具有近代史學訓練的標準之一。對於胡適所指出的此一問題，郭紹虞沒有辯解，將之採入了〈自序〉中，這表明郭紹虞認可胡適的批評。

2、文學觀念的演變與分期：文學進化與純文學問題

胡適只推崇郭著是一部很重要的材料書，其實他並非以為郭氏無論斷，序云：「郭君的論斷未必處處都使讀者滿意，但他確能抓住幾個大潮流的意義，[22] 使人明瞭這一千多年的中國文學理論演變的痕跡。」郭氏的論斷固然不能處處都使讀者滿意，但關鍵是首先不能使胡適滿意。其中最讓胡適不滿的，就是其整部著作的根本性論斷：中國文學批評史的三個歷史時期的劃分。在郭紹虞而言，這是他的大論斷；而在胡適看來，這卻是錯誤的論斷。

郭紹虞從文學觀念變化的角度，把中國文學批評史分作三個大時期：第一時期乃周秦至南北朝，為文學觀念演進期；第二時期是隋唐到北宋，為文學觀念復古期；第三期是南宋以後，為文學觀念完成期。[23]

郭氏三個階段劃分的背後，是其所持的基本文學觀念：其一是文學進化論，其二是純文學觀。他將二者結合起來，其所謂文學的進化就是指從雜文學到純文學的進化。他持這種觀念看中國文學觀念的變化，

---

22 「意義」，安徽教育出版社《胡適全集》第 12 卷頁 234 作「意象」，然核對黃山書社《胡適遺稿及密藏書信》第 12 冊頁 269 原稿複印件，當作「意義」，茲據改。

23 郭紹虞對於文學觀念演變的分期是有變化的。1928 年，其在〈文學觀念與其含義之變遷〉一文中劃分為兩個時期：「大抵自周秦以迄南北朝，則文學觀念逐漸演進，——進而至於逐漸辨析得清之時代也。自隋唐以迄明清，則文學觀念又逐漸復古，——復而至於以前辨析不清之時代也。其中區別，界畫儼然。」《東方雜誌》第 25 卷第 1 號，頁 133。此文收入《照隅室古典文學論集》（上海：上海古籍出版社，1983），上編，作者已修改為如下的表述：「就文學觀念與其含義之變遷言，應當區分為兩個階段：從周秦到南北朝，是文學觀念逐漸演進，也即是對於文學的認識逐漸明確的時代；從唐到宋，由於復古思想的影響，於是文學觀念也成為逆流，依舊變得認識不清了。」見該書頁 88。

認為可以分為三個時期：從周秦到南北朝階段，「文學」觀念從周秦時代的文章與博學不分，到兩漢時代的「文」（文章）與「學」（文學）分離，再到南北朝時代文章之中又有「文」、「筆」之分，「文」的涵義接近純文學。站在郭紹虞的立場上看，這是文學觀念的演進，是進化，所以他稱這一時期是文學觀念的演進期。但到了隋唐北宋時代，「一再復古，而文學觀念又與周秦時代沒有多大的分別」，[24] 站在純文學觀的立場上看，這是文學觀念的倒退，郭氏稱為「逆流的進行」，[25] 這是文學觀念的復古期。第三個時期，從南宋到現代「一方面完成一種極端偏向的理論，一方面又能善於調劑融合種種不同的理論而匯於一以集其大成」，[26] 所以是文學觀念的完成期。郭紹虞認為第一時期偏於從形式方面認識文學的特徵，第二期偏於從內容方面認識文學的特徵，前兩期乃是分途發展的時期，第三期從總的趨勢上說則屬於綜合。

　　郭紹虞是主張文學進化論的，但是，在他的論述中，中國文學觀念的歷史並不是進化的。這裡就出現了一個極大的問題：中國文學觀念變化的歷史不符合進化論。郭紹虞主張文學進化論，中國文學批評的歷史卻沒有體現出進化的規律。如果說中國文學批評史不是進化的，那就意味著進化論不是普遍的規律；如果相信文化進化是真理，則中國文學批評史也應該體現出進化的規律，如此則就意味著郭紹虞的論述出了問題。

　　胡適正是認為郭紹虞的論斷有問題。其序中說：

這三個階段的名稱，我個人感覺得不很滿意，因為從歷史家的眼光看來，從古至今，都只是一個不斷的文學觀念演變時期；所謂「復古」期，不過是演變的一種；至於「完成」，更無此日；南宋至今，何嘗有個完成的文學觀念，然而我們若撇開了

24　《中國文學批評史》上冊，頁 3。
25　《中國文學批評史》上冊，頁 3。
26　《中國文學批評史》上冊，頁 2。

這三個分期的名稱，平心細讀郭君的敘述，還可以承認他的錯

誤不過是名詞上的錯誤。27

根據《胡適遺稿及秘藏書信》第 12 冊此序複印件，「這三個階段的名
稱，我個人感覺得不很滿意」一句，原作「這個分段法，我個人認為是
錯誤的」，後改如上說。改前、改後兩種說法，輕重大異。按照原來的
說法，郭氏三個階段的劃分是錯誤的；按照改後的說法，只是「名詞上
的錯誤」。前後兩種說法之間，我們相信，改前的說法更能夠代表胡適
的真實想法，大概他覺得這樣說得太重，所以修改得和緩一些。

　　胡適何以認為郭氏的分段法是錯誤的呢？關鍵就在於郭著的分段法
沒有能夠體現出文學的歷史進化的觀念。

　　胡適所持的文學觀是「歷史的文學觀念論」，28 這種「歷史的文學觀
念論」也就是一種文學進化論，29 一言以蔽之，就是「一時代有一時代
之文學」，30 但是，胡適並不主張純文學觀，他說：「語言文字都是人類
達意表情的工具；達意達得好，表情表得妙，便是文學。」31 他認為文學
的內容為情感與思想兩者，32 反對純文學與雜文學之分：「我不承認什麼
『純文』與『雜文』。無論什麼文（純文與雜文、韻文與非韻文）都可分
作『文學的』與『非文學』的兩項。」33

　　由於胡適不主張純文學觀念，所以他不認為唐宋古文家的文學觀念
是逆流，而認為是演進的一種形式，所以他認為韓柳的古文運動不是復
古，而是革命。其作於 1917 年的〈歷史的文學觀念論〉說：

27　《胡適全集》第 12 卷，頁 234-235。
28　〈歷史的文學觀念論〉，《胡適全集》第 1 卷，頁 30。
29　〈文學改良芻議〉，《胡適全集》第 1 卷，頁 6。又〈文學進化觀念與戲劇改良〉，
　　《胡適全集》第 1 卷，頁 139。
30　〈歷史的文學觀念論〉，《胡適全集》第 1 卷，頁 30。
31　〈什麼是文學〉，《胡適全集》第 1 卷，頁 206。
32　〈文學改良芻議〉，《胡適全集》第 1 卷，頁 5。
33　〈什麼是文學〉，《胡適全集》第 1 卷，頁 209。

古文家又盛稱韓柳，不知韓柳在當時皆為文學革命之人。彼以
六朝駢儷之文為當廢，故改而趨於較合文法，較近自然之文
體。其時白話之文未興，故韓柳之文在當時皆為「新文學」。
韓柳皆未嘗自稱「古文」，古文乃後人稱之之辭耳。[34]

按照胡適的觀點，韓柳古文觀念不是文學觀念的復古，而是文學觀念的
革命。

郭紹虞所持的也是文學進化論的觀念，但他的文學進化論是跟純文
學、雜文學之辨聯繫在一起的。在他看來，文學進化的方向應該是朝向
純文學演進，唐以前文學觀念正是如此，但唐宋復古的文學觀念是回到
漢以前文學與學術不分的狀態，這就不是進化，而是退化。這是郭紹虞
與胡適的根本分歧所在。

郭紹虞與胡適之間還有一個重要分歧，那就是郭紹虞將文學創作與
文學批評分別開來，認為此一時期「就文學言則是進化，是革新；由批
評言則成退化成復古」。[35] 郭著第二章「復古運動的高潮時期」第四目
「白居易與元稹」中說：

胡適之先生的《白話文學史》謂：「元和、長慶的時代，真是
中國文學史一個很光榮燦爛的時代。這時代的幾個領袖文人，
都受了杜甫的感動，都下了決心要創造一種新文學。」由文學
的方面說，的確是如此。若就文學批評的方面說，則這時代的
幾個領袖文人，都受了陳子昂和李白的感動，都下了決心要完
成他們復古的文學主張。[36]

郭紹虞明確指出，此一時期批評與創作兩者在趨向上是背離的。從文學
創作角度言，郭氏贊同胡適之說，認為此一時期是進化，但從批評角度

34　《胡適全集》第 1 卷，頁 32。
35　《中國文學批評史》上冊，頁 216。
36　《中國文學批評史》上冊，頁 213-214。

言，郭紹虞則認為是退化是復古。對於這種批評與創作相背離的「矛盾的現象」，[37] 郭紹虞解釋說：

> 社會上一切文物的進化，大都是循環式的進化，波浪式的進化。作家之受批評界之影響，固也；但是批評界的復古說儘管高唱入雲，而歷史上的事實，終究是進化的。所以作家雖受復古說的影響，而無論如何終不會恢復古來的面目，維持古來的作風。非惟如此，作家因這種影響，反足以變更當時的作風，反因復古而進化。這是所謂循環式的進化。但是他不是如循環然的周而復始的，後人的復古決不仍是以前的古而是後人的古，所謂後波逐前波，後波的起伏同於前波的起伏，而後波決不便是前波，這是所謂波浪式的進化。[38]

按照郭紹虞的論述，文學創作上的進化與批評上的復古之間的矛盾，並非有意的相對立。就主觀的意圖上來說，兩者毋寧說是一致的，作家與批評家在主觀上說都是追求復古，但就客觀情勢上說，雖然作家主觀上追求復古，但終究不能真正恢復古來的面目，因而落實到創作，客觀上最終成為進化。郭紹虞這樣論進化，實際上等於認為有兩種進化：一種是作家有意追求的進化，如第一期的進化；一種是作家無意追求但事實上不可避免的客觀的進化，如第二期創作上的進化。

　　胡適的理解顯然與郭紹虞不同。在他看來，這一時期無論是在創作上還是批評上都是有意的革新，只不過是「託古而革命」，復古只是形式，實質還是革新。郭紹虞則理解為在文學觀念上是主觀有意復古，在創作上則是客觀事實上革新，而非主觀有意革新。但是，郭紹虞這樣論述，就帶來了另外一個問題，即文學進化論在創作與批評上的差異。文學批評的歷史不符合進化論，而文學創作的歷史則符合進化論，或者說

37　《中國文學批評史》上冊，頁 216。
38　《中國文學批評史》上冊，頁 216。

文學史是進化的，文學批評史則不是進化的。認為文學史符合進化論，這與胡適同；認為批評史不符合進化論，此與胡適異。

批評史是不是進化的歷史，這在胡適看來是根本性的大是大非的問題，他堅決主張批評史是進化的，所以他認為郭氏的分段法是錯誤的。但是，我們在前面已經說過，他在序中把郭著分段法「是錯誤的」表述，修改成「是名詞上的錯誤」，這樣一改，郭氏的「錯誤」就變得輕了。他在序中說：

> 我們若撇開了這三個分期的名稱，平心細讀郭君的敘述，還可以承認他的錯誤不過是名詞上的錯誤，他確已看出了中國文學觀念到隋唐以後經過一個激烈的大變化，這個大變化在形式上是復古，在意義上其實是革新。從隋唐到北宋的文學運動是一種「文藝復興」，是一個「再生」時代，是一個託古而革命的階段。這時期的文學批評只是那個文學運動的自覺的理論，所以也不免顯出一點復古的色彩。用這種眼光來看此書，我們還可以承認郭君的判斷在實質上是有見地的。[39]

胡適這樣說，其實是將郭紹虞的論述作了胡適式的解釋：創作與批評一致，都是形式上復古，實質上革新。經過這種胡適式的解釋之後，郭氏的判斷才能「在實質上是有見地的」。但是，很明顯，胡適的肯定不過是禮貌上的，即便是這種禮貌上的肯定在文末總結時也被取消了，只說郭著是「材料書」。

我們再看郭紹虞〈自序〉中的回應：

> 自周秦至南北朝，是文學觀念由混而析的時期；而其後一時期
> ——自隋唐以至北宋，卻又成為文學觀念由析而返於混的時
> 期。所以自表面看來，似乎一個是演進，而一個是復古。即就

---

39 《胡適全集》第 12 卷，頁 235。

這兩個時期的文學理論而言，也似乎前一個時期重在新變，而
後一個時期重在則古。實則「歷史上的事實終究是進化的。作
家雖受復古說的影響，無論如何終不會恢復古來的面目，維持
古來的作風。非惟如此，作家因受這種影響，反足以變更當時
的作風，反因復古而進化。」[40]

從郭紹虞的回應看，他強調了自己與胡適的相同之處，即創作上的進
化，但他卻回避了其所謂文學批評方面復古的問題。郭紹虞之所以引自
己書中語，正是表明自己書中所論正與胡適相一致，證明自己也已經看
到胡適所說的問題。

郭紹虞稱南宋以後為文學觀念之完成期，此一點胡適也甚不滿。以
胡適的文學觀念說，文學是進化的，一代有一代之文學，文學批評與文
學創作一樣，因而不存在所謂完成。在郭紹虞看來，文學創作與文學批
評不同，唐宋以後文學批評不符合進化論。郭氏所謂完成期，也是就文
學批評而言的，而不是就文學創作而言的。對於胡適的批評，郭紹虞在
〈自序〉中回應說：

南宋以後，不復看到以前分途發展的情形；縱使偶有異軍突
起，不為前說牢籠者，而就大體言之，其最有勢力的正統文
評，則仍是繼承前一期的傳統。因此，南宋以後的文學批評，
姑名之為文學批評的完成期。曰復古，曰完成，都是不甚愜當
的名詞，亦強為之名而已。[41]

郭紹虞承認「復古」、「完成」的名詞不夠準確，等於認可了胡適「名詞
錯誤」的批評。郭紹虞的回應並沒有說到問題的實質。他何以不直接揭
出自己的觀點，反倒承認自己有誤呢？因為郭紹虞實際上面臨一個重要
的理論問題，作為文學研究會的成員，其對於文學的基本觀念就是認為

40　〈自序〉，《中國文學批評史》上冊，頁 1-2。
41　〈自序〉，《中國文學批評史》上冊，頁 2。

文學是進化的，這是新文學運動的理論依據。郭紹虞認為文學創作是進化的，但文學批評是不是進化的呢？當他說唐宋文學觀念是復古的，說宋以後是文學觀念的完成期，就已經意味著中國文學批評不是進化的，但是，如果要上升到理論的層次上討論時，就變成一個重大的理論問題：文學批評、文學觀念是否可以不遵循進化論？或者說進化是否文學領域的普遍規律？如果進化不是普遍規律的話，那麼，郭紹虞主張文學進化論的理據是什麼？這對以進化論的歷史觀作為基本價值立場的郭紹虞來說，顯然是一個困難的問題。而對胡適來說，他的進化論立場是統一的。在當時的文化及理論背景之下，郭紹虞難以應對胡適的問題。

今天我們回頭看，郭紹虞的分期論恰恰是他不受文學進化論拘束之所在。雖然郭紹虞主張文學進化論，但當他面臨文學批評史的歷史實際時，他還是尊重歷史事實。

3、曲說古史及其他

胡適批評郭著的另一點是「曲說古史」。胡序說：

如本書第二篇論古代文學觀念，即使我們感覺不少的失望。最不能使人滿意的是把「神」、「氣」等等後起的觀念牽入古代文學見解裡去。如孟子說「浩然之氣」一章與文學有何關係？如〈繫辭傳〉說「知幾其神乎」，與文章又有何關係？如《莊子》說庖丁解牛「以神遇而不以目視」，這與文章又有何關係？千百年後儘管有人濫用「神」、「氣」等字來論文章，那都是「後話」，不可用來曲說古史；正如後世妄人也有用陰陽奇正來論文的，然而《老子》論奇正，古書論陰陽，豈是為論文而發的嗎？[42]

---

[42] 《胡適全集》第 12 卷，頁 235-236。

胡適強調整理國故應該有歷史進化的眼光，他說「前人研究古書，很少有歷史進化的眼光的，故從來不講究一種學術的淵源，一種思想的前因後果」，他主張「要尋出每種學術思想怎樣發生，發生之後有什麼影響效果」。[43] 按照胡適的觀點，討論神、氣這樣的範疇應該採用一種歷史進化的眼光，將其產生、變化的來龍去脈梳理清楚，《易傳》、《莊子》之講神，孟子說浩然之氣，都不是文學理論的範疇，不能牽進來講。如果強牽進來的話，就成了「曲說古史」，即主觀扭曲地講述歷史，不符合歷史的真來面目。這在胡適看來，也是個大問題。

　　胡適這裡對郭著的批評涉及兩個方面：一、《易傳》、《莊子》之論神，孟子之論氣與文學批評是否有關？這是一個事實認定的問題。二、如果是後來人引申到文學批評上，即所謂「後話」，能否作為對後世的影響放到先秦時代來敘述？這是一個敘述方式問題。

　　郭紹虞〈自序〉回應說：

> 此書編例，各時期中不相一致，有的以家分，有的以人分，有的以時代分，有的以文體分，更有的以問題分；這種凌亂的現象，並不是自亂其例，亦不過為論述的方便，取其比較地可以看出當時各種派別各種主張之異同而已。尤其在講儒家和道家的時候，牽涉到「神」與「氣」的問題。這亦因為論述的方便而附及之者。所以只說是「及於後世文學批評之影響」，而不說這是儒道二家之文學觀。我本想把這兩節移到後面論及「神」與「氣」之時述之，不過以其不能說得詳盡，而且不易看出他的關係。所以利用孟子知言與養氣的關係，利用莊子之以藝事相喻，牽連及之。然而卻不免得其糟粕而棄其精華了，不免近於曲說古史了。[44]

---

43 〈新思潮的意義〉，《胡適全集》第 1 卷，頁 698。
44 〈自序〉，《中國文學批評史》上冊，頁 3。

按照郭氏的說法，他並非是說神、氣問題是儒道二家的文學觀，這就是說他與胡適對此一問題的認識是相同的。他在先秦部分談神、氣，只是就其對後世的影響言，是為了論述的方便而放到先秦部分去講。他承認，這樣處理的效果不佳，近於曲說古史，這實際上是承認自己在敘述的技術性問題上有失誤。

　　我們再來看郭氏批評史中的論述。按郭著第二篇第一章在「孔門文學觀之影響」一目中，以為孔門文學觀之影響分兩方面，「一是道的觀念，一是神的觀念」。[45] 關於神的觀念，郭著說「可於《易》與《春秋》中求之」，但他也承認「其說似較為後起」，他之所以要放到孔門文學觀中論述，是因為其觀念「與孔子思想並非沒有關係，故亦附帶述之」。[46] 郭紹虞從「作」和「評」兩方面論述儒家「神」與文學批評之關係及其對後世文學批評的影響。從「作」的方面言，郭紹虞認為儒家的「神」的觀念影響文學上，「是基於他正名主義的修辭問題」。[47] 他論證的邏輯是：《易·繫辭傳》說：「知幾其神乎！」儒家的「神」就是「知幾」。「幾」是「將變而未顯之兆」，「《易》所以說明這個變，《春秋》所以防止這個變。《易》是說明宇宙現象的變，《春秋》是防止人事狀況的變」。[48] 防止人事狀況的「變」的手段就是正名，而正名從文學的角度說就是修辭。郭氏 1928 年發表的《儒道二家論「神」與文學批評之關係》中說：「正名主義應用到文學上，即是修辭學中所謂鍊字煉句的法門。」[49] 這樣從「神」是「知幾」，「幾」是將變之兆，《春秋》通過正名防變，正名在文學上是修辭，「神」與修辭就聯繫上了。其論證在今天看來十分牽強。

---

45 《中國文學批評史》上冊，頁 15。
46 《中國文學批評史》上冊，頁 16。
47 《中國文學批評史》上冊，頁 18。
48 《中國文學批評史》上冊，頁 17。
49 《照隅室古典文學論集》（上海：上海古籍出版社，1983）上，頁 141。按郭氏〈儒道二家論「神」與文學批評之關係〉一文對此討論較具體，《中國文學批評史》中所言即其要旨。詳見《照隅室古典文學論集》上，頁 138-145。

　　郭紹虞認為，儒家「神」的觀念與文學批評關係的第二方面是「評」，「即是體會的方法」。[50] 為什麼「神」的觀念與文學批評的關聯是體會的方法？他的論證邏輯是：儒家的神是「知幾」，但「書不盡言，言不盡意」，所以要「知」，就要靠「體會」。體會的方法有二：「一是在本文內體會的，一是在本文外體會的。在本文內體會者猶不離本文的原意；所以是近於科學的。其在本文外體會者，有時竟與原意絕無關係，所以又簡直是『非科學』的。」[51]

　　郭氏對儒家「神」的觀念與文學批評關係的論述也是十分牽強的，所以在後來改寫本《中國文學批評史》中，這部分內容都刪去了。郭紹虞講這一部分雖然也稱「及於後世的影響」，但從他的論述看，他也認為其與文學批評有直接的關係。

　　郭著論道家之「神」的觀念說：「由文學或文學批評的觀點而言，自然的頂點，本也即是神境；所以莊子論神，雖與文學批評無關，而其精微處卻與文藝的神秘性息息相通。」[52] 郭紹虞論道家之神也分創作與批評兩方面說，於「作」的方面是指一種神化的創作境界，於批評方面則是立一個標準。[53]

　　至於郭著中論孟子「浩然之氣」，也確實指出「不是他論文的見解」，[54] 但他又指出，「孟子這個『氣』的觀念，雖非論文，但並非與文學批評絕無關係」。[55] 因為養氣與知言有關，知言與文學批評有關。又養氣可以知他人言之所蔽，由養氣亦可以使自己言無所蔽，這樣養氣就與文學聯繫起來了。[56]

　　值得注意的是，胡適批評他論神時舉了他論儒家之神的例子，而郭

---

50 《中國文學批評史》上冊，頁 19。
51 《中國文學批評史》上冊，頁 19。
52 《中國文學批評史》上冊，頁 34。
53 《中國文學批評史》上冊，頁 34。
54 《中國文學批評史》上冊，頁 21。
55 《中國文學批評史》上冊，頁 24。
56 《中國文學批評史》上冊，頁 24-25。

紹虞回應時所舉的是道家之神，而不提他對儒家之神的論述。這是因為他在論道家之神的觀念時明確指出了「與文學批評無關」，[57] 而論儒家之神的觀念時，卻是認為它本與文學批評有關的。從郭紹虞的回應看，他強調自己本意並非「曲說古史」，但他也承認，由於敘述安排等方面的技術原因，在效果上確實有「曲說古史」之嫌。

胡適在序中還對郭著提出另外一條批評，即郭著第二篇第二章「墨家之文學觀」，「割裂三表的論證法，說前兩表為『學術的散文之二種』，而第三表為『尚用的文學觀』，也很牽強。」下面胡適說明「墨家注重論辯方法」，認為其「辯證之論正是古代哲人對文學理論的重要貢獻，不應當忽視的」。[58] 郭紹虞在〈自序〉中略去了胡適批評其「割裂」「牽強」的數句，而把後面說明墨家辯證方法的部分摘引入〈自序〉當中。

從郭紹虞〈自序〉看，他將胡適序中兩條批評摘入自序中，而其他的批評則作了回應。雖然郭著沒有用胡序，但他對胡序的重視是顯而易見的。

三、進化與復古：錢鍾書與郭紹虞的爭論

1934 年 10 月 17 日，錢鍾書在《大公報》文藝副刊上發表了〈論復古〉一文，對郭著提出了批評。僅隔一週，10 月 24 日，郭紹虞在《大公報》發表了〈談復古〉作為回應。[59] 錢氏的書評語含譏諷，而郭氏之回應亦帶意氣。恰好，朱自清日記記述了郭紹虞當時對錢文的反應。朱自清於 1934 年 10 月 20 日記中載：

57　《中國文學批評史》上冊，頁 34。
58　《胡適全集》第 12 卷，頁 236。
59　此文收錄於《照隅室雜著》，頁 198-204。《大公報》文末注：「十，十九。」知此文作成於 1934 年 10 月 19 日，次日即給朱自清過目。

> 郭紹虞來訪，給我看一篇他回答錢鍾書批評的短文，頗感情用
> 事。我為之刪去一些有傷感情的詞句。有一點得注意，錢在選
> 擇批評的例子時是抱有成見的，這些例子或多或少曲解了作者
> 的本意。[60]

此所謂回答錢鍾書批評的短文，即是郭氏〈談復古〉。從朱自清的日記
看，郭紹虞對錢鍾書的批評甚為動氣，故其回應「頗感情用事」。儘管
朱自清為其刪去了「一些有傷感情的詞句」，但從發表出來的文章來
看，其不滿之情還是溢於言表。錢鍾書在〈論復古〉中說他還要寫下
篇，但終未見發表。

1、論復古的背後

錢、郭二人爭論的中心是復古問題，表面上看是中國文學批評史範
圍的問題，實則涉及當代文學及文化論爭。錢鍾書〈論復古〉說：

> 讀了郭紹虞先生大作《中國文學批評史》上冊，發生好多感
> 想，論復古也是一個。目的倒並不在批評郭先生，也非為復古
> 辯護，更不是反對復古，雖然郭先生是不甚許可復古的。我只
> 想把歷史的事實研究、分析，看它們能給我什麼啟示，能否使
> 我對與復古採取和郭先生同樣的態度。藐視復古似乎是極時髦
> 的態度；假使我學不像時髦，這是我的不幸。[61]

「藐視復古似乎是極時髦的態度」，顯然是針對當時文化及文學界而言
的，又說郭紹虞「不甚許可復古」，雖然語氣稍緩，卻仍是把郭氏歸入
反對復古一派當中。此一點郭紹虞自然明白，故〈談復古〉說：「我是

---

60 《朱自清全集》（南京：江蘇教育出版社，1998 年第 1 版第 1 次印刷），第 9 卷，頁
   324-325。
61 《人生邊上的邊上》，《錢鍾書集》（北京：三聯書店，2019 年第 2 版第 34 次印
   刷），頁 327。

學時髦嗎？我是為學時髦而敵視復古嗎？」[62] 郭紹虞自然也沒有忘記回敬對方，說自己「固然說不上『不甚許可復古』，然而卻也不是古典主義的信徒」。[63] 此處話中有話，實乃以錢鍾書為古典主義的信徒。這樣，批評史的復古問題就從歷史走到現實中來了。

在 20、30 年代新舊文化及文學之爭中，捍衛舊文學者被稱為復古派。其代表為甲寅派與學衡派。甲寅派以章士釗（1881-1973）為代表，學衡派以胡先驌（1894-1968）、梅光迪（1890-1945）、吳宓（1894-1978）等人為代表。鄭振鐸（1898-1958）在〈中國新文學大系・文學論爭集導言〉中說：

> 復古派在南京，受了胡先驌，梅光迪們的影響，彷彿自有一個小天地；……胡先驌們原是最反對新文學運動的。他對胡適的《嘗試集》曾有極厲害的攻擊。又寫了一篇〈中國文學改良論〉。梅光迪也寫了一篇〈評提倡新文化者〉。他們的同道吳宓，也寫著〈論新文化運動〉一文。他們當時都在南京的東南大學教書，彷彿是要和北京大學形成對抗的局勢。林琴南們對於新文學的攻擊，是純然的出於衛道的熱忱，是站在傳統的立場上來說話的。但胡、梅輩卻站在「古典派」的立場來說話了。……在南京的青年們竟也有一小部分是信從著他們的主張。[64]

又說：

> 在一九二五年的時候，章士釗主編的《甲寅週刊》出版了。在這個「老虎」報上，突然出現了好幾篇的攻擊新文化運動及新

---

62 《照隅室雜著》，頁 198。
63 《照隅室雜著》，頁 199。
64 《中國新文學大系・文學論爭集》（上海：上海文藝出版社影印本，1981），頁 13。

文學的文字。[65]

文學研究會與復古派對立，並且抨擊復古派。鄭振鐸在〈文學論爭集導言〉中說：「文學研究會對復古派和鴛鴦蝴蝶派攻擊得最厲害。當然也召致了他們的激烈的反攻。」[66]郭紹虞也指出文學研究會「反對學衡派的提倡復古傾向的舊文學」。[67]

　　由於學衡派捍衛舊文學的學理上的依據是古典主義，所以主張新文學者往往對古典主義持批判態度。我們且看郭紹虞本人的說法：

> 古典派的文學只重形式，有的金玉其外，敗絮其中，有的長篇累牘，缺少變化，讀者亦望而生畏，不感趣味了。[68]

> 在古典主義盛行的時候，當時一輩人的批評，亦每流於古典的批評。這種批評，是依據於古人傳說的標準，拘泥於偏頗的形式上之法則，束縛於狹隘的舊套，總是把舊時法度奉為金科玉律，以判定作品的價值。[69]

> 古典的批評，因為拘泥於偏頗的形式上的法則，所以狹隘陳腐。[70]

郭紹虞是文學研究會的創始人之一，對於復古派也持批評態度。延伸至中國文學批評史當中，他稱復古是「逆流」，正體現出這種態度。明白這些，再看他「古典主義的信徒」之說，乃是貶義的，暗指錢鍾書屬復古派。

　　我們再看錢鍾書。其立場實近於學衡派，屬於所謂「古典派」。其

65　《中國新文學大系・文學論爭集》，頁 14。
66　《中國新文學大系・文學論爭集》，頁 13。
67　〈「文學研究會」成立時的點滴回憶〉，《照隅室雜著》，頁 528。
68　《藝術談》89「詩的屬辭」，《照隅室雜著》，頁 169-170。
69　《藝術談》46「古典藝術與古典的批評」，《照隅室雜著》，頁 80。
70　《藝術談》47「主觀的批評與客觀的批評」，《照隅室雜著》，頁 81。

〈論復古〉云：

> 道學家所求在「道」，古文家所求在美（郭先生所謂「終偏於
> 文」）。「古昔聖賢的著作」可作「標準」，就因它們在美學上的
> 價值。按照英國新實在論，美和「道」是同性質的，是一樣超
> 出時間性的。所以，古文家的「上規姚姒」，在原則上並非因
> 為「姚姒」的古，還是因為「姚姒」的永久不變的美（至少在
> 古文家的觀點說來）。西洋古典主義者像 Boileau 說法古就是法
> 「自然」（naturel），[71] 不是可作他山之鑒麼？[72]

認為有「永久不變的美」，經典體現了永久不變的美，法古實質上是法
自然。這正是郭紹虞所批判的古典主義立場。站在這種立場上，其對於
復古的態度可想而知。

　　不止如此。若從家學淵源上，其父錢基博（1887-1957）正屬於復
古派。錢基博乃是章士釗主編《甲寅》的重要撰稿人。對於錢基博與章
士釗的關係，周作人（1885-1967）1927 年在〈南北之禮教運動〉（隨感
錄四十八）中云：

> 錢公基博上書，分載於二十號以下各冊（引者按：指《甲
> 寅》），社主（按指章士釗）答書中云：「《古文辭類纂》解題
> 及其讀法粗讀一過，詳審為自來談桐城流派者所不及，以此津
> 逮後學，功用必大。……近館中擬將同光以來及今存者各家，
> 略師姚氏之例，精選一集，使學生年盡二百萬部《水滸》《紅
> 樓》之餘，少以餘力及之，以延文脈於一線，君亦願主其事

71　Boileau（1636-1711），布瓦洛，法國著名詩人，古典主義文藝理論家，有《詩藝》
　　一書。有關其人的中文論述，參朱光潛《西方美學史》上卷第 7 章「三　布瓦洛
　　的《詩藝》：新古典主義的法典」，《朱光潛全集》第 6 卷（合肥：安徽教育出版
　　社，1990 初版，1996 年第 2 次印刷），頁 208-221。
72　《人生邊上的邊上》，頁 333。

否？」[73] 而錢公自謙云：「博本不能文，亦實不欲以文名，而朋
儕之阿好者輒以能文見譽，且曰此桐城家法也。」[74] 則錢公之為
桐城正統蓋無疑矣。[75]

據此可知，錢基博在當時是被目為桐城派之繼承者的，而錢氏本人轉述
他人之言，實亦是以桐城正統自認的。其文化與文學立場與新文學相左
可知。周作人同文又說：

> 收到在南京教育界的一位朋友的來信，內中有一節云：「……
> 江蘇中大，[76]……暗中亦有取締白話，聽說凡新生國文卷用白話
> 寫者一概不取，主持者為錢基博，該大學之國文系主任也。」[77]

此可見錢基博對於新文學之態度。如此，錢基博無疑也屬復古派。

正因為有如上的背景，所以錢鍾書與郭紹虞雖討論文學批評史中
的復古問題，不可避免要涉及到其基本的文學及文化立場，由於立場相
異，觀點相左，其擦槍走火，也就不足為異了。

2、進化與復古

前面說過，郭紹虞持文學進化的立場，雖然在他的論述中，中國文
學批評史不是進化的，但從其價值立場上來說，文學批評應該是進化
的，故他稱復古為「逆流」。胡適批評郭紹虞，是嫌其沒有認識到文學
批評史事實上正是進化的。而錢鍾書對進化論的立場提出批評。

73　錢基博上章士釗書，載《甲寅》第 1 卷第 20 號（1925）以〈十年〉為題，摘載部
　　分內容，章士釗答書亦載此期，見頁 10-12。
74　錢氏此書載《甲寅》第 1 卷第 26 號（1926），頁 15-16，此所引載頁 15。
75　陳子善、張鐵榮編：《周作人集外文》（海口：海南國際新聞出版中心，1995），下
　　集，頁 268。
76　按即國立第四中山大學，1927 年由東南大學改組合併其他院校成立，張乃燕任校
　　長，錢基博為國文系主任。
77　《周作人集外文》下集，頁 268。

　　錢鍾書指出，文學進化關涉兩個方面，一是事實層面，一是價值層面，兩者應該區分清楚。他說：

> 「文學進化」是否就等於「事實進化」？「事實進化」只指著由簡而繁，從單純而變到錯綜，像斯賓塞爾所說。「文學進化」似乎在「事實」描寫外更包含一個價值判斷：「文學進化」不僅指（甲）後來的文學作品比先起的文學作品的內容上來的複雜，結構上來得細密；並且指（乙）後來的文學作品比先起的文學作品價值上來得好，能引起更大或更高的美感。這兩個意義是要分清楚的，雖然有「歷史觀念」的批評家常把他們攪在一起。（甲）是文學史的問題，譬如怎樣詞會出於樂府，小說會出於平話等等；（乙）才屬於文學批評的範圍。承認意義（甲）文體的更變並不就是承認意義（乙）文格的增進；反過來說，否認（乙）並不就否認（甲）。[78]

「後來的文學作品比先起的文學作品的內容上來的複雜，結構上來得細密」，此是指進化的事實。而「後來的文學作品比先起的文學作品價值上來得好，能引起更大或更高的美感」，此是指價值上的進化。錢鍾書認為兩者應該區分清楚。

　　在錢鍾書看來，主張新文學的人常把事實的進化與價值的進化「攪在一起」。這裡，「有『歷史觀念』的批評家」既指郭紹虞，也包括其他主張新文學的人。郭紹虞主張文學進化，他在批評史中說《舊唐書》的編者劉昫「本於歷史的觀念以批評文學，當然能知文學的進化」，[79] 錢鍾書引其說，稱「『本於歷史的觀念以批評文學』的人像劉昫——不用說，還有郭先生自己——『當然能知文學的進化』」。[80] 可見，錢鍾書所

---

78 《人生邊上的邊上》，頁 328-329。
79 《中國文學批評史》上冊，頁 301。
80 《人生邊上的邊上》，頁 328。

謂把事實的進化與價值的進化「攪在一起」的批評家也指郭紹虞。但其所指尚不止郭紹虞一人。因為胡適主張「歷史的文學觀念論」，即文學的進化論，成為新文學運動的重要理論依據，主張新文學的人大體都屬於「有『歷史觀念』的批評家」之列，故錢氏所謂「攪在一起」的人也包括胡適等人在內。

　　在事實上的進化與價值上的進化之間，錢鍾書對事實上的進化觀念持保留態度，而對價值上的進化觀念持反對態度。關於前者，他說：

> 專就「歷史事實」而論，對於「進化」兩字也得斟酌。「進化」
> 包含著目標（destination or telos）；除非我們能確定知道事物
> 所趨向的最後目標，我們不能倉卒地把一切轉變認為是「進
> 化」。[81]

在他看來，所謂進化是朝向目標的演進，若沒有目標，則事物的變化是否進化，就沒有一個判斷的標準。基於這種認識，錢鍾書強調轉變並不等於進化。至於價值意義上的文學進化論，他認為是難以成立的。價值上的進化論是說後來的文學價值高於先前的。錢鍾書說：「『後來居上』這句話至少在價值論裡是難說的。」[82] 他以郭著與劉昫為例說：「從『內質』說來，郭先生的大作當然比劉昫的《舊唐書・文苑傳序》精博得多了！但是在『外形』的優美上，郭先生也高出於劉昫麼？恐怕郭先生自己就要謙讓未遑的。」[83] 這一有些狡黠的例子確實讓郭紹虞難以回答。

　　站在錢鍾書的立場上看，郭紹虞論文學觀念的演進，乃是預設了一個演進的目標：純文學。以純文學的目標衡量，周秦到六朝的文學觀念是朝向純文學方向變化的，所以是進化，是正確的；而唐宋的復古理論是背離此一方向的，故是退化，是逆流。錢鍾書引郭著幾段文字如下：

81　《人生邊上的邊上》，頁 329。
82　《人生邊上的邊上》，頁 329。
83　《人生邊上的邊上》，頁 329。

文學觀念經了以上兩漢與魏晉南北朝兩個時期的演進，於是漸歸於明晰。可是，不幾時復為逆流的進行，……一再復古。[84]

因此文學方面，亦盡可不為傳統的衛道觀念所支配，而純文學的進行遂得以絕無阻礙，文學觀念亦得離開傳統思想而趨於正確。[85]

不過歷史上的事實總是進化的，無論復古潮流怎樣震盪一時……以成為逆流的進行，而此逆流的進行，也未嘗不是進化歷程中應有的步驟。[86]

凡是作家，總無有不知新變的。劉昫這樣不主尊古、不主法古……這當然因為他是史家。他本於歷史的觀念以批評文學，當然能知文學的進化，而不為批評界的復古潮流所動搖了。[87]

很明顯，郭紹虞以純文學為文學演變的方向目標，所謂「正確」、「逆流」等價值判斷，皆以純文學觀念作為衡量的標準。因為郭紹虞認為魏晉南北朝文學觀念的演進是正確的，所以錢鍾書說他「主張魏晉的文學觀念」。[88]

但是，何以純文學觀念就一定是文學觀念演進的目標和方向呢？如果不能確定純文學觀念是演進的目標，那麼，周秦到六朝文學觀念的變化就不一定是進化，唐宋的復古就不一定是退化或逆流。錢鍾書說：

假使有一天古典主義出翻過身來（像在現代英國文學中一樣），那麼，郭先生主張魏晉的文學觀念似乎也有被評為「逆

84　《人生邊上的邊上》，頁 327。引文見《中國文學批評史》上冊，頁 3。
85　《人生邊上的邊上》，頁 327。引文見《中國文學批評史》上冊，頁 8。
86　《人生邊上的邊上》，頁 327。引文見《中國文學批評史》上冊，頁 10。
87　《人生邊上的邊上》，頁 327-328。引文見《中國文學批評史》上冊，頁 301-302。
88　《人生邊上的邊上》，頁 330。

流」的希望。在無窮盡、難捉摸的歷史演變裡，依照自己的
好惡來定「順流」、「逆流」的標準——這也許是頂好的個人
主義，不過，無論如何，不能算是歷史觀。有「歷史觀念」的
人「當然能知文學的進化」；但是，因為他有「歷史觀念」，
他也愛戀著過去，他能瞭解過去的現在性（The presentness
of the past），[89] 他知道過去並不跟隨撕完的日曆簿而一同消
逝。[90]

在錢鍾書看來，郭紹虞以純文學作為進化的目標，並以此為標準來對文
學觀念的歷史作「順流」、「逆流」的價值評判，其標準缺少理據，只是
依據個人好惡的個人主義標準，不能算作是歷史觀。

　　錢鍾書說，不是所有的變化都是進化，郭紹虞也是如此認為，在他
看來，唐宋的復古就是退化；錢鍾書說，進化意味著有個目標，郭紹虞
實際上就是默認了目標：純文學；錢鍾書質疑郭氏以純文學為目標缺乏
理據，認為只是他個人的好惡，其實純文學觀念並非郭氏一人的主張，
在當時為一派之主張。到這裡，就觸及到二人根本文學觀念的差異，
即純文學與雜文學之辨。事實上兩人都承認唐宋復古的事實，但由於所
持文學觀念不同，對復古的評價就有差異。換句話，兩人在事實認定上
同，在價值評判上異。

　　我們看郭紹虞的回應。首先，關於復古的事實問題。郭紹虞說：
「復古是歷史上的事實。我們不能而且也不容抹煞歷史上的事實。」[91] 其

89　按「瞭解過去的現在性」，語出艾略特〈傳統與個人才能〉一文。錢鍾書的老師
　　葉公超發表於 1933 年 9 月 27 日《大公報》「文藝副刊」上的〈文學的雅俗觀〉一
　　文，也引用此語：「文學裡所謂『新』的典則，或『新』的格式，遠非一個作家憑
　　空幻想出來的，乃根據以前的格式變化成功的。所以，美國詩人愛略特說：『傳
　　統的意義……不但要領略過去的過去性，並且要領略過去的現存性。』」見陳子善
　　編：《葉公超批評文集》（珠海：珠海出版社，1998），頁 24。
90　《人生邊上的邊上》，頁 330。
91　〈談復古〉，《照隅室雜著》，頁 199。

次，對復古的態度即所謂價值評判問題。郭紹虞稱自己對於復古「何嘗有絲毫藐視的意見」，他引證自己書中的論述說，自己「著眼在客觀的敘述而加以公平的論斷」。[92] 他反對近人「對道學家之文論往往一筆抹煞」，[93] 指出「他們（指道學家）的主張無論如何趨於極端或不合現代潮流，而在文學批評史上總有他相當的地位與價值」，[94] 道學家之詩論「較之詩人之論詩轉能有些獨到之見」。[95] 對於其「順流」、「逆流」之說，郭紹虞辨明：「曰順流，曰逆流，初無褒貶的意思，不過取其容易表示這兩種相反的傾向而已。」[96]

在錢鍾書看來，郭紹虞所謂「順流」、「逆流」之說是含有價值判斷的，但郭紹虞則稱其「順流」「逆流」之說只是一種客觀的描述，而不含價值判斷。其實，郭紹虞有其整體的文學史立場，這個整體立場就是文學進化及純文學論，認為文學的流變就如江河之流動一樣有一個方向，正因為有一個方向，所以才有順流與逆流的問題，如果沒有方向，就無所謂順流、逆流；正因為有一個方向，所以方向本身就預設了價值判斷，以符合方向者謂正確，以不符合方向者謂錯誤。事實上，郭紹虞確實是以魏晉南北朝的文學觀念為正確的。[97] 在這一點上說，錢鍾書並沒有曲解郭紹虞。

不過，郭紹虞雖然有其整體的文學史價值立場，但在具體的論述中，他也確實比較注意全面與客觀。但是，由於預設了整體立場，所以其具體論述的所謂客觀性只是局部的，相對的。比如復古文學觀在總體方向上是背離文學進化方向的，是逆流，但不妨其具體觀點有可取之處。郭紹虞拿其具體論述中對復古派文學觀的局部肯定來回應錢鍾書對

92　〈談復古〉，《照隅室雜著》，頁 198。
93　〈談復古〉，《照隅室雜著》，頁 198。
94　〈談復古〉，《照隅室雜著》，頁 198。
95　〈談復古〉，《照隅室雜著》，頁 198。
96　〈談復古〉，《照隅室雜著》，頁 198。
97　《中國文學批評史》上冊，頁 8。

其整體性價值立場的質疑，而又否認自己有整體價值立場，所以其說服力是不足的。

3、文學的內質與外形

郭紹虞主張純文學觀念，認為文學的對象應該是情感。按照郭紹虞的觀點，文學的特徵可以從內質與外形兩方面來認識。[98] 所謂「外形」是指文學的形式特徵，比如音律、對偶等。所謂「內質」是具體來說是文學的題材內容方面。郭紹虞認為中國文學批評史第一期即周秦至魏晉南北朝時期「重在外形方面」，第二期即隋唐至北宋「重在內質方面」。即第一期注重從形式方面認識文學的特徵，而第二期則注重從內質方面認識文學的本質。但是，「由文學的外形以認識文學之面目，其事易；由文學的內質以辨別文學之本質，其事難。」[99] 第一期從外形即形式方面認識文學的特徵，分別了文學與學術，文學觀念趨於獨立，此是正確的；[100] 第二期從內質方面認識文學的本質，但於內質方面論，「覺得漫無標準，遂不得不以古昔聖賢之著作與思想為標準了。以古昔聖賢之著作與思想為標準，此所以愈變愈古而成文學觀念的復古期了。」[101] 所謂「以古昔聖賢的著作與思想為標準」，具體說就是指唐人的「文以貫道」（以古昔聖賢的著作為標準）及宋人的「文以載道」（以古昔聖賢的思想為標準）說。在主張純文學的郭紹虞看來，以道作為文學的題材內容，雖是對文學的內質的認識，卻不是正確的認識，因為文學的本質是抒情。這樣上一期所逐漸建立起來的文學與學術的界限復歸於無，故他稱

---

98 「內質」與「外形」的說法，非自郭紹虞提出。早在 1922 年，吳宓已以此論文學，其〈詩學總論〉，謂「天之美人美器，妙文妙詩，皆合其外形之美與內質之美而成。……以詩言之，詩所表示之思想感情，其內質之美也，韵律格調，則外形之美也。」見《學衡》1922 年第 9 期，頁 3。

99 《中國文學批評史》上冊，頁 4。

100《中國文學批評史》上冊，頁 6。

101《中國文學批評史》上冊，頁 4。

這一期為復古期。

　　錢鍾書主張，文學的本質不應從題材內容而應從功用方面來界定。「他學定義均主內容（subject-matter），文學定義獨言功用——外則人事，內則心事，均可著為文章，只須移情動魄——斯已歧矣！他學定義，僅樹是非之分；文學定義，更嚴美醜之別，雅鄭之殊。」[102] 按照錢鍾書的說法，文學一是要動人，二是要有美感。文學之為文學不在於一定要抒情，而在於能動人之情。他說：「抑文章要旨，不在其題材為抒作者之情，而在效用能感讀者之情。」[103] 能動人之情的作品，就其題材內容來說有兩種情況：

> 專就感動讀者而論，亦須稍予區別：一則題材本為抒感言情而能引起讀者之同情與美感者，一則題材不事抒感言情而能引起讀者之同情與美感者；竊謂 literature of power 與 literature of knowledge 政宜以此辨別，若 De Quincey 所云「教訓」（teach）與「激動」（move），則似乎文學與非文學之分而非文學本身中之範劃矣。[104]

感動讀者的作品，其題材內容既可以是情感本身，也可以是非情感的。德昆西（Thomas De Quincey，1785-1859）區分「知的文學」（literature of knowledge）與「力的文學」（literature of power），以為「知的文學」功能在「教訓」（teach），「力的文學」功能在「激動」（move）。錢鍾書認為前者接近於「載道」，後者相當於「言志」，[105] 但他以為兩者應該為文學內部的劃分，屬於文學題材上的差異，而不是文學與非文學的

---

102 〈中國文學小史序論〉，《人生邊上的邊上》，頁 92。
103 〈中國文學小史序論〉，《人生邊上的邊上》，頁 102。
104 〈中國文學小史序論〉，《人生邊上的邊上》，頁 102。
105 錢鍾書評周作人《中國新文學源流》說：「周先生把文學分為『載道』和『言志』。這個分法本來不錯，相當於德昆西所謂 literature of knowledge 和 literature of power。」見《人生邊上的邊上》，頁 248。

區別。在錢鍾書看來，無論是載道之文，還是言志之作，作為文學，其功能都應該是「激動」，站在這種立場上看，戴昆西說「知的文學」在「教訓」而非「激動」，兩者的分別就不是文學內部的，而為文學與非文學的分別了。錢鍾書對此顯然是不滿的。

錢鍾書對文學的理解亦可追溯到其父錢基博的影響。錢基博〈我之中國文學的觀察〉二「文學之定義」中指廣義之文學，有狹義之文學，他是取廣義的。他稱：「然則文學者，述作之總稱；用以會通眾心，互納群想，而表諸文章，兼發知情；知以治教；情以彰感；譬如舟焉，知如其柁，情為帆棹；知標理悟，情通和樂；得乎人心之同然矣。」[106] 此段文字正是暗用了戴昆西「知的文學」、「力的文學」之說，而認為文學應該包括兩者，錢鍾書主張兩者應屬於文學內部的分類，正同於乃父。

郭紹虞所持的是純文學觀念，而錢鍾書則否，故兩人對中國文學批評史中的許多問題會有不同的見解。錢鍾書雖然聲明「我絕對沒有把我的文學觀念來跟郭先生的較短長」，[107] 但「較短長」實在是不可避免的情形。錢鍾書揭示郭紹虞文學觀的矛盾說：

> 郭先生以為文學要從「外形」來「認識」（第四頁），所以魏晉南北朝的文學觀念是「正確」的觀念；同時郭先生又主張「純文學」才是「正確」的文學觀念，而郭先生解釋「純文學」則云：「同樣美而動人的文章（密圈是我冒昧加的）中間，更有『文』『筆』之分：『筆』重在知，『文』重在情；⋯⋯始與近人所云純文學雜文學之分，其意義亦相似。」（第三頁）我不大明白！好像是說，「雜文學」「外形」雖跟「純文學」同樣「美而動人」，但是算不得「正確」的文學觀念的根據，因為他的「內質」側重在「知」；反過來說，「純文學」之所以能為「正確」文學觀念的根據，倒並不在它的「外形」——因為「雜文

106《國學必讀》（上海：中華書局，1923 年 4 月初版，1924 年再版），卷上，頁 329。
107〈論復古〉，《人生邊上的邊上》，頁 327。

學」也「同樣」具有「美而動人」的能力──還是在他的「內質」的側重「情」。說來說去，跟郭先生所不甚贊成的「復古派」一樣，還是從「內質」來「認識」文學，當然「內質」的性質是換過，不是「道」而是「情」了。……我只覺得至少郭先生說話上前後有些矛盾。[108]

按郭紹虞本人並沒有說過文學要從「外形」來認識的話，他辯解說：「我只謂這兩個時期的人對於文學是從這兩方面來認識，幾曾謂文學要從外形來認識呢？」[109] 朱自清日記中說錢鍾書有曲解郭紹虞之處，大概指此而言。但錢鍾書何以會認為郭紹虞主張文學應該從外形來認識呢？他是從郭紹虞的理論邏輯推論出來的。因為郭氏認為漢魏六朝文學觀念是正確的，又說漢魏六朝是從外形來認識文學的，由此，錢鍾書推出，郭紹虞主張文學應該從外形來認識。然後錢氏又進一步指出，郭紹虞主張純文學觀念是正確的，而純文學與雜文學的區別關鍵在於純文學的內質重情，這又是主張從內質上來認識文學，故其自相矛盾。

4、文道關係

　　與復古密切相關的是文道關係問題。郭紹虞以宋儒的文以載道說作為宋代文學觀念的代表，認為其主張文以載道，背離了向純文學觀進化的方向，故為復古。對此，錢鍾書亦提出異議：

我們無須問郭先生，道學家能否代表全部宋人，我們只須問：
（一）道學家的「文以載道」說，能否被認為文學批評？……
（二）「文以載道」在道學家的意義上能否被認為「復古」？[110]

108〈論復古〉，《人生邊上的邊上》，頁328。
109〈談復古〉，《照隅室雜著》，頁200。
110〈論復古〉，《人生邊上的邊上》，頁331。

首先，道學家能否代表全部宋人？錢鍾書所謂「無須問」者，在他看來，乃是明顯有問題的，無須再問。錢鍾書在引郭著「文學觀到了北宋，始把文學作為道學的附庸」之後，[111]說「似乎北宋的文評，給道學家的『載道』觀籠罩住了。然而不然！……原來『文以載道』等等，雖說是宋人之說，卻又並不是宋人『古文家』之說。……郭先生還明明告訴我們宋代的古文家與道學家『各立統系以相角勝』呢！我不明白！大約郭先生又在獨演矛攻盾的武藝了。」[112]顯然，錢鍾書認為道學家不能代表全部宋人。

再看第一問。在錢鍾書看來，「文以載道」「只限於道學的範圍」，不能算作是文學批評。因為「一切學問都需要語言文字傳達，而語言文字往往不能傳達得適如其量；因此，不同的學科對於語言文字定下不同的條件，作不同的要求。這許多條件都為學科本身著想，並沒有顧到文學，應用它們的範圍只能限於該學科本身，所以『文以載道』之說，在道學家的坐標系（system to reference）內算不得文學批評。」[113]錢鍾書認為，道學家談論道學與文學問題時，其立場是不同的，「道學家若談文學，也會『文以貫道』的」。[114]他所舉的例證就是「最偉大的道學家」朱子「做有韋、柳般精潔的五言詩，有歐、曾般雍容的古文，摹仿陳子昂〈感遇〉而作中國最精微的玄學詩〈感興〉」，朱子並且還說「作詩先看李杜」。[115]

再看第二問。錢鍾書先以「文以載道」不屬於文學批評，將之歸入道學的範圍，再問在道學的範圍內看，「文以載道」之道究竟算不算復古。郭紹虞說北宋主張文以載道，是以古昔聖賢的思想為標準。對此，

---

111 〈論復古〉，《人生邊上的邊上》，頁 330。所引郭語見《中國文學批評史》上冊，頁 4。
112 〈論復古〉，《人生邊上的邊上》，頁 330-331。
113 〈論復古〉，《人生邊上的邊上》，頁 331。
114 〈論復古〉，《人生邊上的邊上》，頁 331。
115 〈論復古〉，《人生邊上的邊上》，頁 331。

錢鍾書作了三層辯難：一、「我們根本代宋儒否認『道』便是『古昔聖賢的思想』」。二、「否認『道』便是『古昔聖賢的思想』，並不就是否認『古昔聖賢的思想』可以算是『道』」。三、「『道』並不隨『聖賢的思想』而生，也不隨『聖賢的思想』而滅。」[116] 在錢鍾書看來，道與古昔聖賢思想之間，道是更高一層的範疇，是永恒的，「『古昔聖賢』只能明道傳道，不能創造道」，[117] 因而古昔聖賢的思想只是道的一部分，而不是相反。即便道學家之文以載道是以古昔聖賢思想為標準，那也是「因為『古昔聖賢的思想』有合於道」，[118] 道無古今，因而「道學家在原則上並非『復古』」。[119]

　　既然文以載道不能代表全部宋代，也不能算是文學批評，即便是在道學的範圍內也不能算是復古，那麼，郭紹虞以「文以載道」作為宋代文學觀的代表，以宋代文學觀念為復古，這一大的論斷就不能成立了。

　　錢鍾書以為，不僅道學家文以載道不能算是復古，唐宋古文家「以文貫道」也不是復古。根據郭紹虞的觀點，「唐人論文以古昔聖賢的著作為標準；……所以雖主明道，而終偏於文」。[120] 錢鍾書以為郭紹虞所謂「偏於文」者即偏於美，但他以為「美和『道』是同性質的，是一樣超出時間性的。」古文家以古昔聖賢的著作為標準，在原則上並非因為其古，而是因為其「永久不變的美」。這樣說，古文家所追求的實質上是永久不變的美，並非復古。[121]

　　對於此點，郭紹虞回應說：「至於法古就是法自然云云，古昔聖賢的思想就是道的一部分云云，這在本書第五篇二章二節『文與文化』一目中也有同樣意思。」按郭著第五篇「隋唐五代」第二章「復古運動的

116〈論復古〉，《人生邊上的邊上》，頁332。
117〈論復古〉，《人生邊上的邊上》，頁332。
118〈論復古〉，《人生邊上的邊上》，頁332。
119〈論復古〉，《人生邊上的邊上》，頁333。
120《中國文學批評史》上冊，頁4。
121〈論復古〉，《人生邊上的邊上》，頁333。

高潮時期」第二節「文壇的復古說」，第一目「文與文化」中云：

> 《文心雕龍》之所謂「道」，究指自然之道乎？抑僅就儒家言之
> 乎；這個問題，似乎不易解答，但是可於唐人的文論中看出其
> 關係。蓋劉勰之所謂「道」，誠指自然之道，誠指萬物之情，
> 然「作者曰聖」，聖文固原於道，所原的固是自然之道。而
> 「徵聖立言」，則後人之文亦正所以明其道或載其道；那麼所
> 明的或所載的便成為儒家之道了。所其（當作以）唐人論文，
> 最初恒以文化為文；以文化為文，則所明者即自然之道也。其
> 後乃以為文主教化；以文主教化，雖也以文化為文，而已偏於
> 儒家的意旨了。[122]

郭紹虞認為劉勰所謂道是自然之道，但唐宋的明道或載道，其道便是儒家之道，或者說即是古昔聖賢的思想了。這雖然涉及到錢鍾書所說的問題，但兩人實有不同。在郭紹虞，載道是復古；在錢鍾書，載道的實質不是復古。

　　站在錢鍾書的立場看，古文家的理論、道學家的理論實質上都不能算是復古，論到此，郭紹虞所謂唐宋文學觀念為復古的說法就不能成立了，而其以唐宋文學觀念為「逆流」，自然也不能成立。復古不能蔑視，不論是古代，還是現代。錢鍾書在〈論復古〉文末說：

> 我希望在下篇中能證明（一）文學革命只是一種作用
> （function），跟內容和目的無關；因此（二）復古本身就是一
> 種革新或革命；而（三）一切成功的文學革命都多少帶些復古
> ——推倒一個古代而另抬出一個古代；（四）若是不顧民族的
> 保守性、歷史的連續性，而把一個絕然新異的思想或作風介紹
> 進來，這個革新定不會十分成功。[123]

122《中國文學批評史》上冊，頁 224-225。
123《人生邊上的邊上》，頁 333。

就現在所能搜集到資料看，錢鍾書並沒有寫出下篇。但從他所列出下篇所要論證的四點看，他乃是要從對郭著的評論進而談復古與文學革命的關係。我們知道，在新文學派，文學革命是與復古對立的；而錢鍾書則認為兩者並非對立，復古就是一種革命，而革命亦不能完全脫離傳統；如此，則當代的文學革命不要傳統，而將西方文學移植過來，在錢鍾書看來不是正確的道路。這才是錢鍾書〈論復古〉的關鍵之所在。

四、材料、方法與系統：朱自清的評價

在 30 年代的評論者中，朱自清是最為肯定郭著價值的一位。朱、郭二人交往比較密切，從朱自清日記可以明顯看出。[124] 郭著 1934 年 5 月出版，但朱自清在 1933 年 7 月 10 日已經讀完其著作。其當天日記載：

> 讀紹虞《中國文學批評史》上卷竟，覺其分析精確，頭頭是道。其論文筆之別及八病最密（論蜂腰據蔡寬夫及《杜詩詳注》，謂六朝以清濁為平仄，此是甚大之一問題）。至主要觀念則主純文學，不以傳統的文學觀為然。[125]

1933 年 11 月 11 日《中國文評流別述略》：

> 近年讀郭紹虞先生《中國文學批評史》講義（周、秦至北宋），別具條理，跟坊間的文學史文學批評史大不相同，確是一部好書。[126]

據此文，朱自清所讀的當是講義本。郭著正式出版後，到 1934 年，朱

---

124 郭、朱二人不僅談學術，也談私人問題。見《朱自清全集》第 9 卷，頁 207、247。
125《朱自清全集》第 9 卷，頁 237。
126《朱自清全集》第 8 卷，頁 147。

自清撰寫書評〈評郭紹虞《中國文學批評史》上卷〉，發表在《清華學報》1934 年第 4 期。

1、方法與系統

　　朱自清對郭著有肯定，有商榷。其肯定，可以用一句話來概括，即以自己的材料與方法建立了中國文學批評的系統。朱自清說：

> 現在寫中國文學批評史有兩大困難。第一，這完全是件新工作，差不多要白手起家，得自己向那浩如煙海的書籍裡披沙揀金去。第二，得讓大家相信文學批評是一門獨立的學問，並非無根的游談。換句話說，得建立起一個新的系統來。這比第一件實在還困難。[127]

朱自清所謂兩大困難，一是材料上的，一是觀點上的。從朱自清所謂兩大困難中，也可以看出其主張，即中國文學批評史應該在廣泛搜集及梳理材料的基礎上，建立其一個新的文學批評的系統。在當時的學術話語裡，有系統沒系統，是新舊學術的分界之一。胡適說「古代的學術思想向來沒有條理，沒有頭緒，沒有系統」，整理國故，就是「從亂七八糟裡面尋出一個條理脈絡來；從無頭無腦裡面尋出一個前因後果來」。[128]從整理國故的角度說，有沒有系統是評價其成果的一個重要的價值尺度。朱自清也是如此。在他看來，文學批評能不能成為一門獨立的學問，關鍵要看能否建立起一個的新的系統來。

　　在郭著之前，早在 1927 年，陳鐘凡（1888-1982）的《中國文學批評史》已經問世，但朱自清說：「那似乎隨手掇拾而成，並非精心結撰。取材只是人所熟知的一些東西，說解也只是順文敷衍，毫無新意，

---

[127]〈評郭紹虞《中國文學批評史》上卷〉，《朱自清全集》第 8 卷，頁 195-196。
[128]〈新思潮的意義〉，《胡適全集》第 1 卷，頁 698。

所以不為人所重。」[129] 以朱自清的標準來看，陳著在材料上沒有突破，在觀點上也沒有新的東西，更說不上建立起一個新系統，沒有能夠奠定中國文學批評作為一個新的獨立學科的基礎，雖然是第一部，但從學科的建立角度說，不能算是開創。而郭著則不然，「雖不是同類中的第一部，可還得算是開創之作；因為他的材料與方法都是自己的」。[130]

　　從材料上說，朱自清肯定郭著搜集範圍甚廣，「不限於文學方面」，也涉及思想方面。他說：

> 郭君相信「文學批評又常與學術思想發生相互連帶的關係，因此中國的文學批評，即在陳陳相因的老生常談中，也足以看出其社會思想的背景」（一至二面），所以隨時印證思想方面的事件。這已不止於取材而兼是方法了。[131]

郭著所以涉及思想方面的材料，乃是因為著者以為文學批評與思想關係密切。在朱自清看來，把文學批評與學術思想聯繫起來，從思想背景看文學批評，從文學批評見出思想背景，這是郭著在方法上的特點，郭著的系統就是在以上方法的基礎之上建立起來的：

> 用這個方法為基本，他建立起全書的系統來。《自序》裡說「此書編例，各時期中不相一致，有的以家分，有的以人分，有的以時代分，有的以文體分，更有的以問題分」（三面），關鍵全在思想背景的不同。思想影響文學批評之大，像北宋的道學，人人皆知；但像儒道兩家的「神」「氣」說，就少有注意到的。書中敘入此種，才是探原立論。[132]

在郭著裡，思想的系統是文學批評系統的重要依據，文學批評的系統是

---

129 〈評郭紹虞《中國文學批評史》上卷〉，《朱自清全集》第 8 卷，頁 196。
130 〈評郭紹虞《中國文學批評史》上卷〉，《朱自清全集》第 8 卷，頁 196。
131 〈評郭紹虞《中國文學批評史》上卷〉，《朱自清全集》第 8 卷，頁 196。
132 〈評郭紹虞《中國文學批評史》上卷〉，《朱自清全集》第 8 卷，頁 196。

在思想與文學關係的基礎上建立起來的。

　　朱自清所謂自己的方法之二是分析意義，也就是今天所謂的範疇分析。其書評說：

> 郭君還有一個基本的方法，就是分析意義，他的書的成功，
> 至少有一半是在這裡。例如「文學」、「神」、「氣」、「文筆」、
> 「道」、「貫道」、「載道」這些個重要術語，最是纏夾不清；書
> 中都按著它們在各個時代或各家學說裡的關係，仔細辨析它
> 們的意義。懂得這些個術語的意義，才懂得一時代或一家的學
> 說。他的分析也許還有未盡透徹的地方，如「情文」的分類
> （一二〇面）等，但大體是有結果的。[133]

朱自清本人受到當時在清華任教的新批評派瑞恰茲（I. A. Richards，1893-1979）的影響，特別注重文學批評範疇的語義辨析。正因為如此，他特別看重郭著在這方面的成就，以為其著作一半以上的成功端在於此。而朱自清本人後來的中國文學批評研究恰是欲以範疇分析為中心，建立中國文學批評的理論系統。

2、借鑒西方與本來面目

　　朱自清認為中國文學批評應該建立一個新的系統，要建立新的系統，自然不免要借鑒西方學術。文學批評也是如此。朱自清說：

> 「文學批評」一語不用說是舶來的。現在學術界的趨勢，往往
> 以西方觀念（如「文學批評」）為範圍去選擇中國的問題；姑
> 無論將來是好是壞，這已經是不可避免的事實。[134]

現代學術是以西方學術觀念為基準建立起來的，現代學術意義上中國文

133〈評郭紹虞《中國文學批評史》上卷〉，《朱自清全集》第 8 卷，頁 196-197。
134〈評郭紹虞《中國文學批評史》上卷〉，《朱自清全集》第 8 卷，頁 197。

學批評學科的建立以西方「文學批評」觀念為基礎，朱自清認為這是不可避免的。中國傳統的詩文評必須用西方的文學批評觀念加以整理之後才能轉化為中國文學批評。朱自清說「以西方觀念為範圍選擇中國的問題」，就文學批評而言，就是以西方的文學批評觀念來衡量中國的詩文評，看看那些與西方的文學批評相當，其相當者就成為中國文學批評的論述範圍。

但是，借鑒西方究竟借鑒到什麼程度？朱自清有他自己的看法。他在 1934 撰寫的清華大學《中國文學系概況》中說：文學鑒賞與批評研究「自當借鏡於西方，只不要忘記自己本來面目」。[135] 借鏡西方與本來面目之間存在著張力，但又恰恰是這種張力構成了現代中國學術的特徵。唯其要借鑒西方學術，才是所謂的現代學術；唯有存其「本來面目」，才是中國學術。

在朱自清看來，郭紹虞《中國文學批評史》也不可避免地要借鑒西方的文學批評觀念，但是對於借鑒的程度，朱自清卻有不同意見。其書評在謂「以西方觀念為範圍選擇中國的問題」不可避免之後，說：

> 但進一步，直用西方的分類來安插中國材料，卻很審慎。書中用到西方分類的地方並不多，如真善美三分法（六三、一八九面），各類批評的名稱（一○三面）偶爾涉及，無庸深論；只有純文學、雜文學二分法，用得最多，卻可商榷。[136]

頭一句肯定郭紹虞在用西方的分類安插中國材料方面很審慎，也顯示出朱自清對此一問題的態度。事實上，朱自清對此一問題較之郭紹虞更加審慎。唯其如此，他一方面肯定郭著的審慎，但另一方面也指出其問題。

---

[135]《朱自清全集》第 8 卷，頁 413。按此文原載 1934 年 6 月 1 日《清華週刊》第 41 卷第 13、14 期合刊。

[136]〈評郭紹虞《中國文學批評史》上卷〉，《朱自清全集》第 8 卷，頁 195。

　　朱自清所指出郭著偶爾涉及西方分類之處，有真、善、美三分法，此見於郭著有關王充（第三篇第四章）、劉知幾《史通》（第五篇第一章第三節）文學理論的論述，郭紹虞以為王充主真、主善，[137] 劉知幾亦主真、善。[138] 其用西方文學批評方法分類來論中國文學批評，見郭著第四篇第二章第一節「南朝在文學批評史上的地位」：

> 此期的批評家能應用種種批評的方法，如文體的分類及說明，則歸納的批評也；《文選序》之以沈思翰藻為文，《文心雕龍》之《原道》、《宗經》諸篇則推理的批評也；四聲八病之說，則判斷的批評也；論詩而溯流別以及《文心・時序》諸篇，則歷史的批評也；蕭子顯《南齊書・文學傳論》之分作家為三體，《文心・體性篇》之分八體，則又比較的批評也。他如道德的批評，審美的批評，考證的批評，及賞鑒的批評等亦隨處有之，雖不必出主入奴，互成派別，而各種批評的方式殆無不具備。[139]

此處列舉九種文學批評的方法，不過並沒有在其他章節中用這些批評方法展開論述，只是在第五節標題中列「鍾嶸與歷史的批評」，所以朱自清說是「偶爾涉及」。

　　但是，朱自清對郭著用「純文學」、「雜文學」的分類卻不認同，他說：

> 「純文學」、「雜文學」是日本的名詞，大約從 De Quincey 的「力的文學」與「知的文學」而來，前者的作用在「感」，後者的作用在「教」。這種分法，將「知」的作用看得太簡單（知與情往往不能相離），未必切合實際情形。況所謂純文學包括

---

[137]《中國文學批評史》上冊，頁 63。
[138]《中國文學批評史》上冊，頁 189。
[139]《中國文學批評史》上冊，頁 103。

詩歌、小說、戲劇而言。中國小說、戲劇發達得很晚；宋以前得稱為純文學的只有詩歌，幅員未免過窄。而且這裡還有一個問題，漢賦算不算純文學呢？再則，書中說南北朝以後「文」「筆」不分（一四一面），那麼，純與雜又將何所附麗呢？書中明說各時代文學觀念不同，最好各還其本來面目，才能得著親切的瞭解；以純文學、雜文學的觀念介乎其間，反多一番糾葛。[140]

前面說過，胡適不主張純文學、雜文學之分，錢鍾書也質疑純文學觀。朱自清則從另外一個角度提出問題。他不論純文學、雜文學觀念本身的是非問題，而是從外來觀念是否適合分析中國文學傳統的角度提出質疑。在他看來，郭紹虞以純文學、雜文學的間架來討論中國文學，反倒不能說明其本來面目。

　　值得一提的是，根據朱自清日記記載，葉公超（1904-1981）1933年12月27日曾與朱自清談論過郭氏批評史：

　　公超晚來談紹虞《批評史》若分背景、文則、具體批評三部分言之較佳，今以純文學、雜文學分，似太陋也。[141]

此時郭著尚未正式出版，葉公超所讀的當也是講義本。葉氏對郭著以純文學、雜文學論中國文學批評甚為不滿，此種態度與朱自清正相一致。

五、一元與多元的史觀：林庚的比較性評論

　　1935年1月3日，林庚在《大公報》「圖書副刊」發表〈介紹兩部中國文學批評〉一文，[142] 對郭紹虞《中國文學批評史》上冊及羅根澤

140〈評郭紹虞《中國文學批評史》上卷〉，《朱自清全集》第8卷，頁197。

141《朱自清全集》第9卷，頁271頁。

142《學風》雜誌第5卷第4期（1935年）所載振佩〈評羅著『中國文學批評史1』〉

《中國文學批評史》第一冊（北京：人文書店，1934）作了比較性評論。

　　林庚指出：「郭先生是一元的，想把一個大的史觀來籠罩一切；而羅先生是多元的，願分別敘述，以求其間的關係」。這種概括確實敏銳地抓住了兩部著作各自的特徵。

　　林庚指出郭紹虞有一個「一元的大的史觀」，具體地說，就是指郭著上卷對於從周秦到北宋的文學觀念演變的兩個時期的劃分，即周秦至六朝為演進，唐至北宋為復古。林庚指出，這個大的一元的史觀不是作者憑空臆想出來的，而是「從漫無頭緒的材料中整理出一條一貫的法則，把許多材料又都集攏在這一貫的法則之下，於是材料得以有系統的整理起來，而法則也隨處得到它充分的證實」。林庚的觀察可謂相當敏銳。郭著確實是有一個總的史觀統攝全書，那就是「總論」部分關於文學觀念演變的論述，他的整部批評史從邏輯上說都是在證明這種觀點。誠如林庚所說，這個大的史觀貫穿全書，郭紹虞「是用整部書來做一個系統的說明」。

　　具體到各時期的論述，林庚指出，「郭先生以『隋唐五代』為『復古時期』，即要證明其整個的都在復古運動中；特別於『詩國的復古』說中，更就陳子昂，李白，杜甫諸人，詳為解說」。在林庚看來，這正是郭著一元史觀的鮮明體現。他的史觀是從材料中提煉出來的，在論述中，文學批評史的各個時期的展開都要符合其總體的史觀。

　　對於以一個一元史觀統攝全書的特點，林庚評論說：「大約將到史的問題，總容易產生出一個史的看法來；而一種能成立的史觀，其中便最少含有一部分的真理，雖然沒有一種史觀敢說是完全絕對的；郭先生的文學批評史即在這方面與我們以特別醒目的啟示。」既然沒有一種史

　　一文引及此文，謂載 1935 年 1 月 13 日《大公報》「圖書副刊」，查清華大學出版社 2005 年出版之《林庚詩文集》未收入，遂委託北京大學中文系胡琦先生代查，經查，其文載 1935 年 1 月 3 日《大公報》第 11 版「圖書副刊」第 60 期，而 1 月 13 日所載為林庚另一文〈讀談希臘的悲劇書後〉（第 11 版「文藝副刊」134 期），《林庚詩文集》亦失收。謹向胡琦君致謝。

觀是完全絕對的，那麼郭紹虞的一元史觀也不是完全絕對的，只是「含有一部分的真理」。但是具體到郭氏的史觀，其不完全在哪裡？林庚沒有指出。從林文的語氣中，可以感到，林庚肯定對郭著也有一些商榷的意見，其所以不逕直說出來的原因，大概是他覺得自己太年輕，對於前輩的著作不便提出直接批評。

林庚與錢鍾書同歲，但他的批評態度與錢氏形成鮮明的對照。其實，錢鍾書對郭著的批評正觸及到郭著一元史觀的問題。比如錢鍾書質疑郭著將「文以載道」作為宋代文學觀念的代表是否合理，就觸及到此一問題。宋代古文家的理論也是重文的，在郭紹虞的論述中，是屬於唐代「文以貫道」的延續，在北宋時代，歐、蘇等古文家的影響遠比周、程大，但是，郭紹虞為了說明唐宋復古運動有「文以貫道」與「文以載道」的不同階段，就將「文以載道」作為宋代文學觀念的代表，錢鍾書指出其總體論述與具體論述自相矛盾。如果從林庚所說的史觀角度看，正是史觀與史實之間的矛盾。郭紹虞在其總論中主要論述其史觀，他要將中國文學觀念的演變說得有一個清晰的邏輯，就像西方文學批評史那樣顯得秩序井然，他就不得不剪去許多與演變邏輯不相符合的史實；在具體的論述中，他又力求照顧到文學批評史的事實，儘管這些史實是不符合總論中的演變邏輯的。但是，這種史觀與史實之間的矛盾在郭紹虞看來並不是矛盾，他在〈談復古〉中辯護說：「在總論中，只就大概而言，故可以載道說代表北宋，而於分論北宋文論之時，當然須說明道學家與古文家之角立。」[143] 郭紹虞所謂「大概」換成現代的術語說就是主流、主潮，照郭紹虞本人看，他的總論是就主潮而言的，他並不否認支流的存在，至於他所謂主潮究竟是否真的是主潮，那就是見仁見智的問題了。正如林庚所言，「一種能成立的史觀，其中便最少含有一部分的真理」，所以站在郭紹虞的立場上說，他也自有他的道理。

在林庚看來，與郭著形成鮮明對照的是，「羅先生的文學批評史卻

143《照隅室雜著》，頁 200。

是另外一種冷靜的風度，這本書裡很明顯的並沒打算把整個文學批評史歸納成一條史觀」。具體而言，指的是羅根澤關於中國文學史的一個基本論述：中國文學之不同文體是分途發展的。正是基本這種基本觀念，羅根澤主張分體編纂文學史，他自己也正是如此實踐的。文學批評史正是其分體研究的一部分。在羅根澤看來，文學是分途發展的，文學批評也是如此。各代文學批評沒有一個一以貫之的統一的觀念，所以林庚稱之為「多元的」。比如唐代文學批評，在郭紹虞看來，總的傾向是復古，復古就是一個統一的觀念。但在羅根澤看來，唐代詩與文正好趨向相反。文的方面是由駢趨散（由駢文到古文），而詩的方面則是由散趨駢（由古體到律體），這兩個相反的方向就不能用一個統一的觀念來概括，只能分別敘述。

　　對於郭、羅二氏之一元與多元的史觀及敘述方式，林庚並未軒輊，認為兩部著作「各有其獨特的價值」。

　　1980 年，郭紹虞在談及其當初撰寫批評史狀況時說：「當時人的治學態度，大都受西學影響，懂得一些科學方法，能把舊學講得系統化，這對我治學就有很多幫助。」[144] 所謂「當時人」云云，其實就是指胡適所倡導的以科學的方法整理國故，惟因有所忌諱，故沒有明說。郭氏接受的是文學進化論及純文學觀念，這在當時是流行並且是主流的文學觀念，他以之整理中國傳統的詩文評，對其加以系統的闡述，確實如朱自清所說建立起一個新的文學批評的系統。但是，對於這個系統，中國文學進化論的倡導者胡適批評其沒有真正地體現文學進化論，而有古典主義立場的錢鍾書則批評其以進化論及純文學論貶低唐宋文學觀念的價值。朱自清沒有討論郭氏所持文學觀念的是非，而是關注西方的文學觀念對於整理中國文學批評傳統的適用限度問題，並且關注其是否建立起一個系統，認為新系統的建立是文學批評成為一門獨立學問的關鍵。林

────────

144 〈我怎樣研究中國文學批評史的〉，《照隅室雜著》，頁 434。

庚關注的是史觀及論述方式問題，他對郭、羅二人著作的比較評論是頗中肯綮的。

　　以上四家對郭著的評論，使我們對郭著與當時學術思潮之間的關係有了更深入的認識，而他們所爭辯的文學進化、純文學、雜文學、系統性、中西以及史觀等問題，已經超出郭著本身，對於文學批評研究來說具有普遍的意義。這些問題至今也還或明或暗地存在，他們的觀點至今也還具有啟發性，值得進一步思考。

補證

　　耿雲志主編《胡適遺稿與秘藏書信》第 33 冊載有郭紹虞致胡適信 9 通，其末篇正是關於胡適序郭著《中國文學批評史》者。當時失檢，今附載文後。根據此信，可以補證如下：郭紹虞《中國文學批評史》在出版前原有油印本，曾送呈胡適請教。《中國文學批評史》之被列入「大學叢書」，需要至少一人審查，郭紹虞曾致信商務印書館王雲五，建議其著作送交胡適審查，王雲五接受郭氏建議，於此書排成後送請胡適審查。胡適之審查報告今不得見，或已不存，但胡適當同意出版。因郭紹虞曾多次請胡適為其書作序，胡適在審查的同時為序其書。胡適將序寄示郭紹虞，因對郭著評價不高，故建議最好不用。郭紹虞對胡序大失所望，遂決定不用胡序。郭著原有一篇文白夾雜的自序，在收到胡適序後，重新撰寫自序，時在 1934 年 2 月 22 日。當天，郭紹虞亦寫信給胡適，說明不用其序的緣由，並將新撰自序一併寄呈胡適。2 月 25 日，胡適收到郭紹虞信後，於原稿注「此文作廢」。

附　郭紹虞 1934 年 2 月 22 日致胡適信

適之先生：

　　昨日接奉手教，真使生深深地感謝──感謝　先生老實的指摘。生此前致王雲五先生的信，所以希望歸　先生審閱，即因　先生肯直言指

教。現在果副所望，真是說不出的愉快和感謝。生少以家境關係未能好好從事學問，重以性情孤介，所以又不甚得到前輩的指導。現在所得到的一知半解的知識，全自冥行盲索得來。生總不大肯——實在是不大敢——時常進謁名流，因為恐怕人說跡近奔競的緣故。所以即對於素所景仰而且比較熟識的先生，而　先生又是素不以驕態臨人的，猶且蹤跡很疏，很少領教的機會。　先生，或者看得出生的性情了吧？這一些話若不是寫信，當著面時還說不出口呢！景仰只景仰在心中，感謝亦感謝在心中。

同時以性情孤介之故，頗想邀好，亦頗肯努力。所以最希望在未版前得到老實的指摘，則在出版後便可減少一些批評。可惜商務的大學叢書是排好後送請審閱的，否則我真願意詳細地再修改一下呢！

先生的一篇文字以恐耳食者震於先生之言先存著成見以看此書，而且生是膽子較小臉皮較嫩的人，所以最希望在出版前得以指摘而修正，因此也就遵照一些　先生的話，就沒有用。先生能原諒嗎？但是對於先生所指示的地方卻完全接受。別寫一篇序文敬請再於百忙中細看一過。

生所以欲換一篇序文的緣故，一來因此序文體不一致，二來即由論道論神氣的地方恐怕誤會，所以欲再加說明。

關於文體的方面，生固然主張白話，然以近來過於歐化的語句，覺得不大順利，所以也想嘗試嘗試在語體文中參用文言，希望誦讀的時候比較順利一些。前幾年時寫文字即想在此方面努力，覺得平伯似乎也有此傾向。但是現在覺悟到此路不通，覺悟到這種試驗的失敗了。這種文白互雜的語句，至多只適用在簡單酬應的信件中間。

書中論到載道說，似乎有傾向載道的嫌疑，論神氣也似乎有些烏煙瘴氣，恐怕人家誤會，所以想說明一下。現在再看到先生所指出的「復古」與「完成」二名稱，所以也在序中說一說明。這些話在生自己說時，比較好一些，先生能原諒嗎？

先生，關於此書，除先生所指出的以外還有許多不大滿意的地方嗎？先生所看的是商務的排印本，抑是上次送交　先生的油印本。如其

是油印本，不知上邊有沒有什麼批語，生真很願意連到些微的小小不滿意之處都能夠知道。因為這——在現在雖不能夠改正，但至少在以後寫文時可得到一個教訓。真的，生近來愈研究，膽子愈小，愈不敢說話，愈覺得彷徨無所適從。不曉得經過這一個時期以後能夠改變一些，能夠有所進益嗎？　先生，肯再不棄加以指導嗎？如其要修改的地方真是太多的話，生再願意擔任商務的排印費從事修改呢！

　　先生信中論到振鐸的文學史，不知　先生對於此書的見解如何？以生的一部書較此書又若何？很奇怪的，近來不大有自信的能力。

　　拙寫的自序，看後請批示寄還，以便修改。

謝謝先生的指教。

敬頌　春安

生 紹虞，二，廿二

（載《胡適遺稿及密藏書信》第 33 冊，合肥：黃山書社，1994 年，頁263-266。）

Chapter 6

第六章
從分化的發展到綜合的體例：
重讀羅根澤《中國文學批評史》

　　現代學術意義上的中國文學批評史學科的建立與西方的文學批評及歷史觀念的輸入有密切的關係，其著述形態也深受西方（包括日本人借鑒西方體例的著述）同類著作的影響。歷史觀、文學批評觀與系統的論述形式被視為現代學術區別於傳統學問的重要標誌，因而倍受現代學者重視。在中國文學批評史學科的建立過程中，如何處理西方觀念與中國傳統之間的關係，也是當時學者關注的中心問題。羅根澤（1900-1960）是中國文學批評史學科的早期建設者之一。其《中國文學批評史》第一冊初版於 1934 年，修改並續寫後，於 1940 年代重版。在 30 年代，他主張借鑒西方學術的科學方法，而反對比附；他持的是西方的「純文學」觀，但他卻借用並改造了周作人（1885-1967）中國化的「載道」「言志」說，用「緣情」的術語來表述；他在接受西方的文學進化論的同時，試圖找出中國文學發展的特殊的規律，提出中國文學的史的發展是「分化的發展」，區別於西方文學的「混合的發展」；與「分化的發展」史觀相對應，在著述體例上，他提出「分類的文學史」。但到 40 年代，羅根澤放棄了其「分化的發展」的文學史觀，而提出「時代」、「個人」、「體類」互相作用的綜合的發展史觀；在著述體例上，也改提「綜合體」。從史觀到體例的變化，呈現出其對中國文學批評史及論述形式的探索過程。

　　朱自清（1898-1948）〈詩言志辨序〉說：「西方文化的輸入改變了我們的『史』的意念，也改變了我們的『文學』的意念。我們有了文學

史。」[1] 此言道出了現代中國文學史學科建立的學術文化背景。文學史以文學觀與歷史觀為基礎，而中國文學史是在西方文學觀與歷史觀的基礎之上建立起來的。對於文學批評史學科來說，還要加上「文學批評」觀念的輸入。朱自清說：「『文學批評』原是外來的意念，我們的詩文評雖與文學批評相當，卻有它自己的發展。」[2] 在當時，建立中國文學批評史學科，就是用西方的歷史觀念、文學觀念以及文學批評觀念乃至於著述體例對中國傳統的詩文評（包括詞曲、小說評論）進行省察、整理、組織與論述，使之成為具有西方現代科學特徵的知識系統。

在這一過程中，如何處理西方觀念與中國傳統之間的關係是著述者面臨的重大問題。「寫中國文學批評史，就難在將這兩樣比較得恰到好處，教我們能以靠了文學批評這把明鏡，照清楚詩文評的面目。」[3] 這代表了當時學術界的主流論述。但朱自清的這一論述的背後也隱含如下的問題：一、寫中國文學批評史是否一定要依靠「外來的意念」（觀念、範疇）？二、如果「外來的意念」發生了變化，那麼中國文學批評史是否就要重建？現在，文學批評史學科正面臨著如上的問題。上世紀20、30 年代以來至今，西方的文學批評觀念已經發生了巨大的變化，用來「照清楚詩文評的面目」的西方文學批評「這把明鏡」的性質已經發生了變化，如果鏡子的性質發生了變化，那麼所照見的詩文評的面目自然就會不同。如果中國詩文評的面目要靠西方的文學批評觀念來照清的話，中國文學批評史必須用新的西方文學批評觀念來重寫；如果中國文學批評史的著述不必依靠「外來的意念」，那麼中國文學批評史應該如何重建呢？羅根澤作為中國文學史及中國文學批評史學科的早期建設者之一，對如何處理西方觀念與中國傳統之間的關係有自己的思考。我們

---

1 〈詩言志辨序〉，《朱自清全集》（南京：江蘇教育出版社，1996 年第 2 版，1999 年第 2 次印刷），第 6 卷，頁 127。

2 〈詩文評的發展〉，《朱自清全集》（南京：江蘇教育出版社，1996 年第 2 版，1999 年第 2 次印刷），第 3 卷，頁 25。

3 〈詩文評的發展〉，《朱自清全集》第 3 卷，頁 25。

這以其《中國文學批評史》為中心，對相關的問題加以學術史的考察。

一、從「批評家的寫真」到「批評的歷史」：羅根澤的宣言

1934 年 8 月，《中國文學批評史》第一冊出版，羅根澤在〈自序〉中稱：

> 古爾芒說：「文學史已經不復是一串作家的寫真了；現在的問題是詩的問題或歷史的問題，不是詩人或歷史家的問題了。」[4]
> 同樣文學批評史也已經不復是一串批評家的寫真，而是批評的歷史。以故我這本書裡，雖然對幾位偉大的批評家如劉勰、鍾嶸之類，皆有專章敘述，而其餘則十之八九是側重批評，不側重批評家。[5]

羅根澤在這裡借用古爾芒（M. Rémy de Gourmont，1858-1915）的話，宣佈了中國文學批評史研究與著述的一個轉向：從側重批評家到側重批評本身。他的這種宣示，之所以要借助西方學者的話，乃是要表明他的這種轉向是有西方學術理論的依據的，[6] 這正是當時以西方為真理的學術

4　此所引法國人古爾芒語乃摘自英人賽夢慈（Arthur Symons，1865-1945）的〈詩之獨立〉（The Independence of Poetry）一文，載傅東華譯 Ludwig Lewisohn（1882-1955）所編《近世文學批評》（*A Modern Book of Criticism,* Boni and Liveright, Now York, 1919），（上海：商務印書館，1928），頁 188（英文見 p. 107）。參見〈我怎樣研究中國文學史〉，《羅根澤古典文學論文集》（上海：上海古籍出版社，2009），頁 26。

5　〈自序〉，《中國文學批評史（I）》（北平：人文書店，1934），頁 1-2。〈自序〉署「二十三年九月十五日」，晚於版權頁所標「民國二十三年八月初版」，知其書先已排好，而後寫序。

6　周木齋（1910-1941）在 1935 年發表的書評中肯定其側重文學批評的說法，但稱：「理由並不一定要限於古爾芒的說法，過去中國文壇的實際情形確也限定要這樣。」《文學》第 4 卷第 1 號（1935），頁 190。

心態的表現；[7]而放到當時的學術語境中說，顯然是聲明自己的著作有別於以前的文學批評史，不僅獨樹一幟，而且代表了一種正確的方向。

在羅氏本人的著作問世之前，在中國，中國文學批評史著作已經有兩部：一是陳鐘凡（1888-1982）《中國文學批評史》，1927 年出版；一是郭紹虞（1893-1984）《中國文學批評史》，其上卷 1934 年 5 月出版。此外，方孝岳（1897-1973）《中國文學批評》，1934 年 5 月出版，雖不以史名，卻也帶有史之性質。不過，羅根澤〈自序〉中明確提到的只是陳、郭二氏的著作。郭著的出版時間雖僅比羅著早數月，但由於郭著早已作為講義流傳，羅氏本人肯定讀過，故其〈自序〉中說受到郭著「提示很多」。因而在當時的學術語境中，羅根澤這種轉向的宣示，無異於說，陳、郭二氏的批評史側重批評家，自己的著作則是側重批評本身。而我們也從這種宣示的字裡行間，分明感受到一種開創新時代的意氣。

羅根澤具有這種豪氣是有理由的。同時畢業於清華、燕京兩所大學研究院，又出自梁啟超（1873-1929）門下，這一點自不必說，單就其學術成績而言，亦足自豪。早在 1932 年，羅根澤就出版了《樂府文學史》，成為其規模宏大的文學史類編計畫的最早成果；而在 1933 年，由其所編《古史辨》第 4 冊《諸子叢考》出版，這標誌著羅根澤正式成為「古史辨派」的重要成員。鑒於「古史辨派」在當時的鉅大影響與聲望，無疑也給 34 歲的羅根澤帶來了學術聲譽。我們從羅氏《古史辨》第 4 冊的〈自序〉中分明已經感到了這種豪氣。[8]

7　余英時（1930-2021）曾指出，現代中國知識分子有一種崇拜西學的普遍心態，可以用《國粹學報》時期鄧實所說「尊西人如帝天，視西籍若神聖」來概括。〈試論中國人文研究的再出發〉，《文史傳統與文化重建》（北京：三聯書店，2004），頁522。羅根澤一方面批評緣附西方，另一方面潛意識中又流露出崇拜西方的心理，也是一個典型的例子。

8　在現代學術史上，羅根澤在諸子學、文學史及文學批評史領域的建樹，周勛初（1929-）、陳平原（1954-）已有確當的論述。陳平原亦論及其淵源梁啟超、王國維二氏處。周勛初：〈羅根澤先生在學術領域中的多方開拓〉，載《學林往事》中冊（北京：朝花出版社，2000），頁 570-593。陳平原：〈「哲學」與「考據」視野中的「文學史」──新版《羅根澤古典文學論文集》序〉，《學術研究》（廣州）第 10 期

　　但與羅根澤的豪氣形成對照的是，其《中國文學批評史》第一冊在當時引起的反響並不如羅氏自己的期待，評價存在著鉅大的爭議。1934 年《眾志月刊》第 2 卷第 3 期刊載了北京大學林分的〈評「中國文學批評史」〉一文，文章不無嘲諷地說，「讀者看了這種新穎而且鄭重的宣言，是懷著多麼樣的熱忱，要想看他的書的新面目」，但結果卻是「失望」！文章共列六點談這部著作的「好處」與「壞處」，除第一點「搜羅宏富」是「好處」外，其餘五項全是「壞處」：組織龐雜，濫湊篇章，忽略源流，膠柱不化，望文生意。結論：「功是不能抵過的」。[9] 1935 年，周木齋發表書評，對其根本的史觀提出質疑（見後），並且認為「這書沒達到解釋的任務」。[10] 同年，林庚（1910-2006）發表〈介紹兩部中國文學批評史〉一文，對郭紹虞、羅根澤兩部批評史作了比較性評介，認為郭著是「一元的想把一個大的史觀來籠罩一切」，而羅著是「多元的願分別敘述」，兩部著作「各有其獨特的價值」。[11] 林庚 1930 年至 33 年就讀於清華大學中文系，在此期間郭紹虞、羅根澤兩位都曾兼任清華中文系的「中國文學批評史」課程，[12] 故林庚於郭、羅二人至少都有廣義上的師生關係，可能正是由於此一原因，林庚對二人同等肯定，而無批評。但由於郭紹虞於羅根澤實是前輩，林庚的這種比較性評價本身就已經提高羅著的地位。同樣是在 1935 年，振珮（張振珮，1911-1988）亦發表書評，針對周木齋的質疑而為羅著辯護。[13] 不過應該指出的是，張振珮乃是羅根澤所任教的安徽大學中文系的學生。

　　根據 1934 年版〈自序〉，其《中國文學批評史》全書擬分四冊，第

　　（2009），頁 131-136。

9　《眾志月刊》第 2 卷第 3 期（1934），頁 70-76。

10　周木齋：〈中國文學批評史（一）〉，《文學》第 4 卷第 1 號（1935），頁 190-193。

11　《大公報》1935 年 1 月 3 日第 11 版「圖書副刊」第 60 期。

12　羅根澤 1932 年春天受郭紹虞推薦接替其講授「中國文學批評史」，見羅氏 1934 年版〈中國文學批評史‧自序〉，又見郭紹虞為羅氏《中國文學批評史》第 3 冊所撰〈序〉。

13　振珮：〈評羅著「中國文學批評史 1」〉，《學風》第 5 卷第 4 期（1935）。

一分冊到六朝，第二分冊是唐宋，預備 1934 年暑假出版，第三分冊是元明，第四分冊是清至現代，統擬於 1935 年付印。但結果並未如羅根澤所預告的那樣，其中的緣故也未見後來的說明。根據我的推測，這可能有以下幾方面的原因：一是羅根澤工作的變動影響了寫作，二是第一分冊出版後所受的批評促使他重新思考，三是唐宋以後資料浩如煙海，搜集難度鉅大。

　　1934 年 6 月，羅根澤被清華大學辭聘，[14] 當年秋即赴安慶任教於安徽大學。[15] 1935 年秋，羅根澤任國立北平師範大學國文系教授，又回到北京，直至 1937 年「盧溝橋事變」爆發。在師大任教期間，羅氏撰寫了《隋唐文學批評史》、《晚唐五代文學批評史》，增寫了魏晉六朝〈佛經翻譯論〉一章，[16] 並開始準備撰寫兩宋以下文學批評史，[17] 他與夫人一起輯有《兩宋詩話輯校》，[18] 1936 年在《師大月刊》第 30 期「文學院

14　關於羅根澤被清華大學辭聘事，朱自清日記有記載。1933 年 9 月 27 日日記：「下午晤蔣廷黻，……又談羅雨亭，余謂明年可去之。」《朱自清全集》（南京：江蘇教育出版社，1998 年第 1 版第 1 次印刷），第 9 卷，頁 252。又 1934 年 6 月 26 日日記：「上午與校長商講師事，又函羅雨亭辭聘。」同上，頁 302。羅被辭聘，朱自清至少沒有為其說話，似此前朱先生對羅已有不佳印象。其 1933 年 9 月 12 日日記：「晚訪紹虞，談羅雨亭事，紹虞擬作批評史後序以刺羅，嫌其措語不廣，因勸其從大處言之。紹虞甚恨羅，初以為過；細思之，此為正義而怒乃應有之事也。」同上，頁 247。又同月 19 日日記：「下午訪紹虞，……歸途路遇頡剛，同訪振鐸，囑勿宣揚羅事。」同上，頁 249。此間羅必有事激怒郭紹虞，朱自清認為郭正確。

15　羅根澤 1942 年撰〈中國文學批評史・自序〉：「二十三年（按：1934 年）秋，至二十四年夏，赴安慶，任教安徽大學。」《周秦兩漢文學批評史》，頁 2。

16　1942 年〈自序〉：「四、五兩篇，又在師範大學，講習編著，亦陸續脫稿。」《周秦兩漢文學批評史》，頁 3。〈唐代文學批評研究初稿〉（《學風》第 5 卷第 2、3 期，1935）、〈唐史學家的文論及史傳文的批評〉（《學風》第 5 卷第 4 期，1935）、〈唐代早期古文文論〉（《學風》第 5 卷第 8 期，1935）、〈佛經翻譯論〉（《學風》第 5 卷第 10 期，1935）。

17　1942 年〈自序〉：「六篇以下，屬寫未竟，抗戰軍興，故都淪為異域。」

18　1942 年〈自序〉：「與內子曼淑，……輯出數十種，顏曰兩宋詩話輯校。」羅根澤輯兩宋詩話與郭紹虞「撞車」。郭紹虞輯宋詩話早於羅氏，在 1932 年已經印出，但非正式出版。郭紹虞於 1937 年 2 月 9 日收到羅氏所贈〈兩宋詩話存佚殘輯年代表〉，知羅亦輯宋詩話。郭紹虞《宋詩話輯佚》於 1937 年 8 月作為《燕京學報》

專號」發表〈兩宋詩話存佚殘輯年代表〉，[19] 即可以知道他在輯校並考證宋代詩話。直到 1940 年 1 月，羅根澤由西北聯合大學轉任中央大學教授，開始改寫並續寫《中國文學批評史》周秦至晚唐五代部分，分為四冊，在 1943 年至 45 年間由重慶商務印書館出版，[20] 1947 年 2 月又由商務印書館在上海重版。1957 年，古典文學出版社將四冊併為兩冊出版。而《中國文學批評史》第 3 冊（兩宋文學批評史）乃是其卒後，由中華書局上海編輯所於 1961 年出版。[21] 羅根澤的《中國文學批評史》最終未能完成。

　　修改及續寫後的《中國文學批評史》，與 1934 年版相比，除了內容的增加之外，關鍵的是史觀及體例上的變化。著者在新版中抽掉了1934 年版的〈自序〉，重新寫了一篇被時人批評與全書體例不合的文言〈自序〉，[22] 尤其是撤去了舊版的「緒言」，而新寫了一篇長達十四節的「緒言」，從文學觀、史觀到著作體例等問題都作了論述，以作為其整部

專號之十四，由哈佛燕京學社出版。郭紹虞在〈序〉中特別說明自己印出在前，稱：「到現在，我公開的發表似乎反在羅君之後，這反似我犯了嫌疑，所以我不能不說明。」羅根澤所輯內容後來並沒有出版，而郭紹虞〈序〉中與羅根澤相關的話在後來重版時也被刪去。

19　根據此文第一部分「表例」，此表經始於 1935 年秋。見《師大月刊》第 30 期（1936），頁 244。其內容刪改後收入《兩宋文學批評史》第十一章第二節「兩宋詩話年代存佚殘輯表」。

20　以出版次序分別是：《魏晉六朝文學批評史》（1943 年 8 月）、《隋唐文學批評史》（1943 年 11 月）、《周秦兩漢文學批評史》（1944 年 1 月）、《晚唐五代文學批評》（1945 年 7 月）。

21　周勛初說：「《中國文學批評史》第三分冊，即兩宋部分，原稿是在抗日戰爭勝利復員到南京以後寫成的，但一直沒有來得及定稿。羅根澤去世後，只能作為遺著按原樣印出。」〈羅根澤先生在學術領域中的多方開拓〉，《學林往事》中冊，頁578。

22　劉溶池〈評羅著「中國文學批評史」〉：「自序用駢散文寫，書的內容用語體文寫，有失統一之弊。」載《讀書通訊》166 期（1948），頁 14。周勛初指出了其中的緣由：「因為其時他正在中央大學的師範學院中文系任職，而該校文學院中文系的一些教授都是身兼儒林、文苑之長的名流，羅先生在這種環境之下，也要顯示一下下筆能文。」見〈羅根澤先生在學術領域中的多方開拓〉，《學林往事》中冊，頁592。

著作的學理基礎。

　　對於中國文學批評史研究者來說，修改版自是羅根澤論述的代表，1934 年版可以置之不顧，但是從學術史的角度說，30 年代版本到 40 年代版本的變化，正呈現出著者對於中國文學批評的歷史本身以及中國文學批評史的著述方式的探索過程，而對於這一探索過程及其得失的再探討，對於我們今天重新認識中國文學批評傳統以及重寫中國文學批評史具有啟發意義。

二、以「科學的方法」做「整理中國文學和哲學的事業」

　　從學術史的背景看，羅根澤《中國文學批評史》也是屬於 20 世紀 20、30 年代「以科學的方法整理國故」之思潮下的產物。1933 年，羅氏在《古史辨》第 4 冊《諸子叢考》卷之〈自序〉中說，自己的個性志趣「最適於作忠實的、客觀的整理工作」，此所謂「整理工作」，在當時的學術語境中，乃是指「整理國故」。羅根澤稱：

> 利用自己因愛好哲學而得到的組織力和分析力，因愛好文學而得到的文學技術與欣賞能力，因愛好考據而得到的多方求證與小心立說的習慣，來做整理中國文學和哲學的事業。[23]

所謂「整理中國文學和哲學的事業」，正是整理國故的事業的一部分。這是羅根澤的選擇。中國文學批評史的編寫，正是他整理中國文學事業的一部分。有趣的是，在羅根澤的清華導師梁啟超的眼中，胡適（1891-1962）從事的正是整理中國文學與哲學的事業。[24]

---

[23]《古史辨》第 4 冊，〈自序〉（臺北：明倫出版社，1970），頁 1-2。

[24]〈評胡適之的〈一個最低限度的國學書目〉〉說：「胡君正在做中國哲學史、中國文學史，這個書目正是表示他自己思想的路徑和所憑藉的資料。」載《胡適全集》第 2 卷，頁 152。羅根澤雖是梁啟超與馮友蘭的弟子，但從學術脈絡上看，他受胡適的影響當是更大。他在《古史辨》第四冊〈自序〉中談自己研究哲學史的計

按照胡適的說法，「國故學包括一切過去的文化歷史」，[25] 整理國故，其重要的一項就是進行「專史的整理」。經由「專史的整理」，「做成中國文化史」。[26] 按照胡適所列，專史包括民族史、語言文字史等十個方面，而思想學術史與文藝史也在其中。[27] 羅根澤致力於整理中國文學和哲學的事業，要分別編《中國文學史》與《中國學術思想史》，[28] 即屬於文藝史與思想學術史之列。

在當時人的認識中，中國古代學術是沒有系統的。蔡元培（1868-1940）序胡適《中國古代哲學史》說：「中國古代學術從沒有編成系統的記載。」[29] 胡適說：「古代的學術思想向來沒有條理，沒有頭緒，沒有系統。」[30] 而在他看來，「凡成一種科學的學問，必有一個系統，決不是一些零碎的知識。」[31] 梁啟超（1873-1929）也說：「有系統之真知識，叫做科學。」[32] 這樣，中國古代的學術就不能稱作是科學，因為它們沒有系統。胡適提倡「整理國故」，「第一步是條理系統的整理」，「從亂七八糟裡面尋出一個條理脈絡來」。[33] 而把沒有系統的古代學術整理出系統，使其成為現代意義上的科學，其實也正是羅根澤的志向所在。

中國古代學術是無系統的，而科學是有系統的，因而「整理國故」，用胡適的話說就是「用科學的方法來做整理的工夫」，[34] 或如傅斯

畫，其對哲學史的分期雖然與胡適不同，但他以中國學說與外來學說的分合為著眼點顯然受到胡適的影響。其所論研究方法亦多受胡適啟發。對讀胡適《中國古代哲學史》第一篇「導言」與羅氏〈自序〉自明。

25 〈《國學季刊》發刊宣言〉，《胡適全集》第 2 卷，頁 9。
26 〈《國學季刊》發刊宣言〉，《胡適全集》第 2 卷，頁 13。
27 〈《國學季刊》發刊宣言〉，《胡適全集》第 2 卷，頁 14。
28 《古史辨》第 4 冊，〈自序〉，頁 2。
29 《胡適全集》第 5 卷，頁 193。
30 〈新思潮的意義〉，《胡適全集》第 1 卷，頁 698。
31 〈清代學者的治學方法〉，《胡適全集》第 1 卷，頁 387。
32 〈科學精神與東西文化〉（1922 年），《飲冰室文集》之 39，《飲冰室合集》第 3 冊（北京：中華書局，1989），頁 3。
33 〈新思潮的意義〉，《胡適全集》第 1 卷，頁 698。
34 〈新思潮的意義〉，《胡適全集》第 1 卷，頁 699。

年（1896-1950）所說「研究國故必需用科學的主義和方法」，[35] 而羅根澤的導師梁啟超也同樣主張整理國故要用「科學方法」，[36] 總之就是使其科學化。羅根澤要做整理中國文學與哲學的事業，也就是用科學的方法來建立中國文學與哲學的系統的知識。羅根澤說：「過去的學者每以不知科學方法，以致不是支離破碎，便是玄渺而不著實際。」[37]「支離破碎」就是無系統，這正是中國舊學術的特徵，在羅根澤的論述中，這是因為沒有「科學方法」；「玄渺而不著實際」，乃謂其論述缺乏科學性，也是因為沒有「科學方法」。「近來的學者」與「過去的學者」的主要分別就是有無「科學方法」；現代學術與古代學術的分界就是科學不科學，而科學不科學的主要標誌就在於是否有一個系統。羅根澤整理中國文學及哲學，就是要分別建立中國文學與哲學的系統。

按照胡適對於「科學的學問」的定義，中國古代是沒有真正意義上的科學的學問，他雖然認為「漢學家」有「科學方法」，卻是「不自覺的」，是「無形之中」「暗合科學的方法」。[38] 因而真正「自覺的」科學與科學方法乃是西方的，現代學術從方法到系統的範型都應該是西方的。胡適說：「在方法上，西洋學者研究古學的方法早已影響日本的學術界了，……我們此時應該虛心採用他們的科學的方法，補救我們沒有條理系統的習慣。」[39] 他的《先秦名學史》、《中國古代哲學史》都是用西方的科學方法整理國學的範例。胡適在〈先秦名學史·前言〉中說：「最重要而最困難的任務，當然就是關於哲學體系的解釋、建立或重建。在這

---

35 〈毛子水『國故和科學的精神』識語〉，《傅孟真先生集》第 1 冊（上編甲論學類）（臺北：臺灣大學，1952），頁 157。

36 〈治國學的兩條大路〉（1922 年），《飲冰室文集》之 39，《飲冰室合集》第 3 冊（北京：中華書局，1989），頁 111。

37 《古史辨》第 4 冊，〈自序〉頁 9。

38 〈論國故學——答毛子水〉，《胡適全集》第 1 卷，頁 418-419。又〈清代學者的治學方法〉云：「中國舊有的學術，只有清代的『樸學』確有『科學』的精神。」《胡適全集》第 1 卷，頁 371。

39 〈《國學季刊》發刊宣言〉，《胡適全集》第 2 卷，頁 17。

一點上，我比過去的校勘者和訓釋者較為幸運，因為我從歐洲哲學史的研究中得到了許多有益的啟示。只有那些在比較研究中（例如在比較語言學中）有類似經驗的人，才能真正領會西方哲學在幫助我解釋中國古代思想體系時的價值。」[40] 蔡元培序胡適《中國古代哲學史》說：「我們要編成系統，古人的著作沒有可依傍的，不能不依傍西洋人的哲學史。所以非研究過西洋哲學史的人，不能構成適合的形式。」[41]

　　編寫中國哲學史，不能不依傍西洋人的哲學史；編寫中國文學史，不能不依傍西洋人的文學史（日本人編的中國文學史也是依傍西洋人，依傍日本編的文學史，實質上也是依傍西洋）。這不僅是當時學界的共識，也早已經被付諸實踐。羅根澤編中國文學史也是如此。他在 1930 年所撰〈樂府文學史・自序〉中說：

> 現有的中國文學史，各有各的見解，各有各的長處，但是它們的組織，好像是差不多，總是「自從盤古到如今」撦字撦板的敘下。外國文學史便不全是這樣，儘有先分類別，再依時代敘述的。現在，我要將此法偷來編中國文學史，給它一個名字叫《中國文學史類編》。[42]

羅根澤說得很明白，他類編中國文學史的方法也是從外國（西方）「偷來」的。前引他宣示自己的批評史從「批評家的寫真」到「批評的歷史」的轉向也是參照法國學者的觀點。

　　但是，在借鑒西方的科學方法整理國故的時候，如何一方面「博採參考比較的資料」，同時也避免「附會」西洋的學說，這也是當時面臨的重要問題。胡適說：「最淺陋的是用『附會』來代替『比較』：他們說基督教是墨教的緒餘，墨家的『巨子』即是『矩子』，而『矩子』即

40　《胡適全集》第 5 卷，頁 4。

41　《胡適全集》第 5 卷，頁 193。

42　上海書店影印文化學社 1931 年版，頁 1。載《民國叢書》第 3 編 54 冊。

是十字架！……附會是我們應該排斥的，但比較的研究是我們應該提倡的。」[43] 羅根澤的觀點大體與胡適一致，他主張採用西洋的科學方法，又認為不能緣附西洋哲學：

> 我研究諸子學說的根本方法，是：採取西洋的科學方法，而不以與西洋哲學相緣附。（緣附不是比較，以中國某一哲學家與西洋某一哲學家相比較，是很好的方法。）[44]

羅氏所謂「緣附」其實乃是胡適所說的「附會」，他說：

> 近來的學者，知道科學方法了，但又有隨著科學方法而來的弊病，就是好以各不相謀的西洋哲學相緣附，乃至以西洋哲學衡中國哲學。由是孔子成了最時髦的共產主義者，又成了新大陸輓近的行為派的心理學家。……中國的哲學，其價值是不是祇在與西洋某一哲學家相同？假使如此，那末中國哲學，便根本不必研究。[45]

「緣附」即用西方的某一哲學流派來比附中國的哲學，而「以西洋哲學衡中國哲學」則更是以西方哲學作為價值標準來衡量中國哲學，換句話說，即中國哲學的價值要以其符合西方哲學與否以及程度來衡量。這是羅根澤所反對的。

採取西洋的科學方法，而又不緣附，這種態度不僅是羅根澤整理中國哲學的態度，也是其整理中國文學的態度。他在 1944 年版《周秦兩漢文學批評史》卷首「緒言・十三　解釋的方法」中說：

> 學術沒有國界，所以不惟可取本國的學說互相析辨，還可與別國的學說互相析辨。不過與別國的學說互相析辨，不惟不當

---

43 〈《國學季刊》發刊宣言〉，《胡適全集》第 2 卷，頁 15。

44 《古史辨》第 4 冊，〈自序〉頁 9。

45 《古史辨》第 4 冊，〈自序〉頁 9。

妄事糅合，而且不當以別國的學說為裁判官，以中國的學說
為階下囚。糅合勢必流於附會，止足以混亂學術，不足以清理
學術。以別國學說為裁判官，以中國學說為階下囚，簡直是使
死去的祖先，作人家的奴隸，影響所及，豈止是文化的自卑而
已。[46]

此所謂「妄事糅合」即是《古史辨‧自序》中所說的「以各不相謀的西
洋哲學相緣附」，此所謂「以別國的學說為裁判官」即《古史辨‧自序》
中所說的「以西洋哲學衡中國哲學」。前後一脈相承。對於文學批評而
言，所謂「妄事糅合」，即是用西方文學批評的術語直接代替中國文學
術語而以概括中國文學批評理論；「以別國學說為裁判官」則是以西方
學術為標準來衡量中國學術的價值。

正是因為羅根澤堅持既採用西方的科學方法，又不緣附西方的理
論，故如何處理西方的科學方法與中國傳統之間的關係，是他面臨的一
大問題。

三、分化的發展與分類文學史：羅根澤的文學史觀與著述體例

羅根澤深受當時時代思潮的影響，充分認識到史觀與文學觀對於
一部有系統的文學史的重要性。在 1934 年發表的評論鄭賓于（1898-
1986）《中國文學流變史》的書評中，他把中國文學史的編寫分為三個時
期：

> 「五四」以前泰半是用觀念論的退化史觀與載道的文學觀來從
> 事著述，例如謝無量的《中國大文學史》和曾毅的《中國文學
> 史》；「五四」以後則泰半是用觀念論的進化史觀與緣情的文
> 學觀來從事著述，例如陸侃如和馮沅君合編的《中國詩史》，

---

46 《周秦兩漢文學批評史》，頁 35-36。

鄭振鐸的《插圖本中國文學史》，以及本書（按鄭賓于《中國文學流變史》）。最近大出風頭的是辯證的唯物史觀與普羅文學觀，本此以寫成的有賀凱的《中國文學史綱要》和譚洪的《中國文學史綱》。47

這是羅根澤對文學史編寫史的學術史觀察。他以歷史觀與文學觀作為文學史編寫的分期依據，可見在他的心目中史觀與文學觀是一部文學史著作的最根本特徵。因而羅根澤從事文學史（包括文學批評史）著述，也極為重視史觀與文學觀的問題。他試圖建立自己的一套論述，自成系統。

在羅根澤看來，文學批評史屬於整個文學史的一部分，因而他對文學批評史的論述從屬於其對文學史的大論述。他在《中國文學批評史》1934 年初版第一篇緒言中說：

中國文學之史的發展，除開最近的文學革命，差不多都是分化的發展，而不是混合的發展。48

所謂「分化的發展」，是說各種文體在同一時代具有不同的趨向，沒有發展上的時代共同性；而「混合的發展」則相反，各種文體在發展趨向上具有時代的共同性。在羅根澤看來，中國文學史是「分化的發展」，這是中國文學史的獨特規律與特徵，而與此相對的「混合的發展」，雖然他沒有講明，但其實乃是指西方文學史的發展的特徵。中國文學史是「分化的發展」，這是羅根澤的根本文學史觀。

羅根澤認為自己的這種文學史觀並非憑空建立，而是基於對中國文學歷史的整體觀察。他說：

此在數千年的文壇上莫不如此，而最好的例證則為唐代。唐代

---

47 〈鄭賓于著《中國文學流變史》〉，《羅根澤古典文學論文集》，頁 57。
48 《中國文學批評史（I）》，頁 1。

> 在「文」一方面是由駢趨散，由六朝的儷偶的枷鎖鐐銬裡爬出
> 來，而創作比較自由的古文；但在「詩」一方面是由散趨駢，
> 放棄六朝的比較自由的古體，而自己戴上枷鎖鐐銬以創作極端
> 束縛的律絕詩。[49]

唐代的文的發展是由駢趨散，詩則相反，由散趨駢。因而唐代文學的發
展是分化的，其趨向因文體而異；而不是混合的，因為文體不同故沒有
共同的趨向。羅根澤又舉周秦時代以證其說：

> 其實這種詩文分道揚鑣的情形，周秦已經如此。就以孔老夫子
> 的話作例吧：他謂「詩可以興，可以觀，可以羣，可以怨，」
> （詳後）自然有緣情的傾向；文呢，則他謂「敏而好學，不
> 恥下問⋯⋯謂之文。」（亦詳後）雖與詩之緣情沒有顯著的牴
> 牾，但也有顯著的不同了。[50]

他又論述說，不僅同一時代的文學「因文體不同而趨勢亦異」，即便是
同一個人，其觀點也會因文體不同而趨勢相異。他舉韓愈的私淑老師獨
孤及為例，認為在文的方面，獨孤及「自然贊成載道的簡易的古文，反
對緣情的繁縟的駢文」，但在詩的方面，卻「反而提倡緣情的綺靡的律
詩，反對質樸的古詩」。[51]

　　羅根澤舉時代及個人的例證反復要證明的就是：中國文學史是「分
化的發展」，而不是「混合的發展」。幾千年來的歷史都是如此，只有當
代的「文學革命」例外。羅根澤的這一論述實是強調中國文學史的發展
有不同於西方的獨特規律，他將這一獨特規律揭示出來，就成為他的文
學史觀。

　　如果我們將羅氏「分化的發展」放到更大史觀範疇之下，可以看

---

49 《中國文學批評史（I）》，頁 1。
50 《中國文學批評史（I）》，頁 4。
51 《中國文學批評史（I）》，頁 2-3。

出，其「發展」史觀正屬於他所謂的「觀念論的進化史觀」，即是文學
進化論，認為文學是發展的。但進化或者發展是中西文學共同的規律，
中國文學的進化或發展有什麼特殊規律呢？羅根澤的答案是：「分化
的發展」。因為史觀在文學史著述中地位極為重要，而羅根澤又極其重
視，故「分化的發展」說對於羅根澤之整個中國文學史、文學批評史著
述之關鍵可想而知。也惟其如此，他便要在《中國文學批評史》的「緒
言」中旗幟鮮明地提出來。

　　羅根澤這種「分化的發展」的史觀與錢鍾書（1910-1998）對於中
國文學批評的看法具有某種程度的一致性。1932 年 11 月，錢鍾書在
《新月月刊》第 4 卷第 4 期發表書評，評論周作人本年出版的《中國新
文學的源流》一書，指出：「在傳統的批評上，我們沒有『文學』這個
綜合的概念，我們所有的只是『詩』、『文』、『詞』、『曲』這許多零碎的
門類。」正是因為沒有「文學」這一綜合的概念，所以各種文體各自獨
立，各有其獨特性：「『詩』是『詩』，『文』是『文』，分茅設蕝，各有
各的規律和使命」。[52] 正惟如此，故「許多講『載道』的文人，做起詩
來，往往『抒寫性靈』，與他們平時的『文境』絕然不同」。[53] 在錢鍾書
看來，這是因為「詩本來是『古文』之餘事，品類（genre）較低，目
的僅在乎發表主觀的感情──『言志』，沒有『文』那樣大的使命」，[54]
他以劉熙載（1813-1881）《藝概》為例，說「《藝概》一書中，〈文概〉
與〈詩概〉劃然打作兩橛！〈文概〉裡還是講『經誥之指歸，遷雄之氣
格』，〈詩概〉裡便講『性情』了。這一點，似乎可資研究中國傳統的
文學批評的人參考。」[55] 錢鍾書 1933 年 10 月發表在《國風半月刊》上的
〈中國文學小史序論〉中再次申述其上述觀點：「吾國文學，體制繁多，

52　〈中國新文學的源流〉，《人生邊上的邊上》，《錢鍾書集》（北京：三聯書店，2019
　　年第 2 版第 34 次印刷），頁 249。
53　〈中國新文學的源流〉，《人生邊上的邊上》，頁 250。
54　〈中國新文學的源流〉，《人生邊上的邊上》，頁 249。
55　〈中國新文學的源流〉，《人生邊上的邊上》，頁 250。

界律精嚴，分茅設蕝，各自為政。」[56] 中國古代特嚴文體之間的界限，不同文體，性質功能各異，同一人於文可以「載道」，於詩可以「抒寫性靈」。錢鍾書是從文學觀的角度論述不同文體的各自獨立，羅根澤是從歷史觀的角度闡明不同文體的分化發展，二人角度雖然不同，但「分化的發展」的史觀，在某種程度上正是基於文體差異的觀念。二人之間的這種一致性，或者是「英雄所見略同」，或者是羅受錢的啟發。

這種「分化的發展」文學史觀其實正是羅根澤分類文學史的學理上的依據。他說：

> 我們知道了這種分化發展史的事實，那末「中國文學史」的編纂，便不應當混合各種文體的文學而純依時代敘述，便應當依據歷史上的客觀的情形而分類敘述。[57]

在羅根澤看來，分類的文學史並不僅僅是一個著述體例的問題，文學史的敘述方式不僅僅是技術的問題，它要有所依憑，按照羅根澤的說法，它要「依據歷史上的客觀的情形」，換句話說，文學史的著述體例或敘述方式不應該是主觀任意選擇的，而應該符合文學史的客觀實際。事實上，羅根澤所說的「歷史上的客觀的情形」是他本人所觀察到的情形，他對這種情形的概括就是他的文學史觀。故羅根澤上面的論述無寧是認為文學史的著述體例或敘述方式是與文學史觀密切相關的，應該是文學史觀的體現。

以上是 1934 年版《中國文學批評史》中羅根澤提出的關於中國文學史發展以及文學史著述的大論述。放到當時的學術史背景來看，這一論述實是有意要與「混合的發展」史觀與「混合的敘述」方式相區別，而後者正是主流的文學史觀及著述方式。當時的文學史著述中，認為文學的發展具有共同的時代意識，不同文體的發展呈現出共同的時代特

---

56 〈中國文學小史序論〉，《人生邊上的邊上》，頁 94。

57 《中國文學批評史（I）》，頁 4-5。

徵。與此相應，文學史的敘述方式，也是以時代為序。這種主流的著述體例實是借自西方文學史（包括日本人借鑒西方文學史所著中國文學史），羅根澤的「分化的發展」文學史觀與分類編寫的體例，無論是在史觀與著述體例上都與眾不同，獨樹一幟。

但是，這個中國文學分化發展的文學史觀在羅根澤並非一開始就很明確的。他在 1930 年撰《樂府文學史》時雖有萌芽，卻沒有這樣斬截地提出。其〈樂府文學史・自序〉說他「偷來」了外國文學史的「先分類別，再依時代敘述」的方法，用來編中國文學史。但這種著述體例及敘述方法上的借用是否有學理上的依據？是否符合中國文學史的實際？羅根澤在〈自序〉中也論及學理上的依據：

> 我相信一種文學的變遷的原因，和並時的其他文學的影響，終不及和前代的同類文學的影響大。譬如五言詩的全盛時期是建安時代，其所以能臻全盛的原因，是因為自東漢章、和以來，五言詩即繼續發展，一步一步地走到建安時代，遂至登峰造極的地位；和當時的賦，當時的散文，並沒有多大的關係。[58]

羅氏認為，一種文學（即某一文類）的變遷，有本文類內部的原因和外部的其他文類的影響，但文類內部的原因是主導因素。依據這種觀念，羅氏擬分八類撰寫一部《中國文學史類編》，這八類分別是：一、歌謠；二、樂府；三、詞；四、戲曲；五、小說；六、詩；七、辭賦；八、駢散文。其《樂府文學史》正是文學史類編中的一類。根據羅根澤的說法，他在敘述方式上是「以類為經，以時為緯」，體現在著作結構上是「以類為編，以時為章」。[59]

羅根澤的這一學理上的論述並沒有放到中西比較的層次上，將之上升為中國文學史發展特徵的論述。但到 1934 年《中國文學批評史》的

---

58 《樂府文學史》，頁 2-3。
59 《樂府文學史》，頁 8。

「緒言」中，則被明確地提煉概括成「分化的發展」的文學史觀，作為中國文學歷史發展的獨特特徵而與西方文學的「混合的發展」相對。在「緒言」中，他把《樂府文學史》所提出八類中的歌謠與詩合併成一類「詩歌」，而將批評史加入，仍舊分為八類。他說：「後來覺得文學批評，雖然不似一班偏見者所說，也是一種創作，但確是創作的導師，在文學史上自有它不能磨滅的價值，所以又將它列入了。」[60] 依照這一文學史觀，文學批評史也是「分化的發展」。按照羅根澤的理論邏輯，他的批評史應該是分類的論述：

> 論理我現在講「中國文學批評史」，應當依照我的《中國文學史類編》的七類，分別講述。但時間太短促，分類太多了，事實上容易多佔時間，恐怕弄得課未完而時已畢。純依時代敘述吧，又與歷史的事實顯然違背。那末怎麼辦呢？我想祇好寓分類於分時之中。就是雖然依時代敘述，但不似一般的「中國文學批評史」之混合敘述，而分類敘述；不似一般的「中國文學批評史」之側重文學批評者，而側重文學批評。不過遇有混合的批評者，則亦混合述之；遇有最重要的批評家，則亦略述其對一切的文學之批評而已。[61]

事實上，羅氏沒有能真正做到分類敘述，即先分類，在分類之中再分時。究其原因，羅根澤歸之教學上的需要，因上課要編講義，講義要服從課時的安排。學術著作的體例應當服從學術之理念，講義要照顧教學，兩者出現了矛盾。為了解決這一矛盾，他採取了折衷的方式，即「寓分類於分時之中」。但是，如果這樣，他的著述體例就與他的文學史觀念相背離。不僅如此。羅根澤在分類敘述之外，也存在混合敘述，還存在以批評家為中心的敘述，這兩種敘述方式在學理上都未能與其「分

60　〈自序〉，《中國文學批評史（I）》，頁 1。
61　〈緒言〉，《中國文學批評史（I）》，頁 5。

化的發展」史觀相契合。著述體例與學術觀念不一致，即便說對於一本教材來說是可以理解的，但對於特別強調著述體例之學理依據的學術著作而言，不能不說是一種缺憾。

現在看 1934 年版《中國文學批評史》第一冊的目錄：

第一篇　緒言

第二篇　周秦的文學批評

　第一章　周秦諸子的詩說

　第二章　先秦諸子的所謂「文」與「文學」

第三篇　兩漢的文學批評

　第一章　詩之崇高與汨沒

　第二章　「文」與「文學」及其批評

　第三章　對於辭賦及辭賦作家的批評

　第四章　王充的文學批評史

第四篇　魏晉六朝的文學批評

　第一章　文體論

　第二章　文氣與音律

　第三章　文筆之辨

　第四章　何謂文學及文學的價值

　第五章　文學觀的變遷

　第六章　創作論

　　第七章　　鑒賞論

　　第八章　　論文專家之劉勰

　　第九章　　論詩專家之鍾嶸

根據目錄，我們可以看出，羅根澤在論述周秦、兩漢文學批評史時是分體敘述的，但其論述魏晉六朝的文學批評，前七章是混合的敘述，後兩者是按批評家來敘述，雖然此兩人分別被標以「論文專家」與「論詩專家」（事實上劉勰也論詩，不能稱作「論文專家」，此種分法已經不能符合其所強調的歷史事實了）。以上總共十五章的內容，其中九章都不符合其所主張的分類敘述的體例，這在學理上就有了問題。

　　羅根澤本人也意識到此一問題，並試圖解決此一矛盾。他在安徽大學任教的學生熊鵬標 1935 年發表〈關於中國文學批評史的分期問題〉，[62] 記述了羅根澤在 1934 至 1935 年間對於編寫體例的論述：

　　根澤先生上課的時候還告訴了我們好多。他說：為講中國文學
　　批評史的編製，就不能不講一班史書的編製，一班史書的編製
　　不出下列四種：

　　一、編年體——側重時間

　　二、紀傳體——側重人物

　　三、紀傳（按當為事）本末體——側重事項

　　四、混合體——三體的混用

　　使用混合體的史書，現在還不很多見，我願大膽的做一次嘗
　　試，因此我的中國文學批評史的編製是：

62　安徽大學文史學會：《文史叢刊》（安慶），1935 年，頁 59-69。文末注：「一九三
　　五，六月五日脫稿於展程書屋。」

一、採用編年體的精神，然不按年編製，以顯示時代觀念。

二、採用紀事本末體，以便對中國文學批評史上所討論的問題及對某文體的批評，作系統的敘述。

三、採用紀傳體，以便對能以推動時代的偉大批評家——如劉勰鍾嶸之類，作整個的論次。[63]

根據這裡的記述，羅根澤是在對其著述體例進行學理的說明，強調其著述體例的傳統與創新。但是，羅根澤的史觀與體例是矛盾的，這裡強調體例的學理依據，並沒有調整史觀，因而史觀與體例的矛盾還是沒有得到解決。

四、文學批評因時代、批評家與文體而變：
史觀的調整與「綜合體」的確立

在 1944 年 1 月出版的修改本《中國文學批評史》第一分冊即《周秦兩漢文學批評史》中，羅根澤撤掉了 1934 年版的「緒言」，代之以一個長達十四節的新的「緒言」，新版「緒言」對其批評史研究、著述背後所涉及的學理問題作了總體論述，包括文學及文學批評的定義、文學批評史觀念、研究方法、著述體例等等。

在新版「緒言」中，羅根澤的文學史觀也發生了變化。他放棄了初版所提出的「分化的發展」史觀，提出兼顧時代、個人及文體三方面的文學史觀。

事實上，早在羅根澤《中國文學批評史》第一冊出版的翌年，即 1935 年，周木齋（1910-1941）在書評中就對羅氏「分化的發展」提出質疑。唐代詩文的分化發展，是羅氏「分化的發展」史觀的最有力證

63　安徽大學文史學會編：《文史叢刊》（1935），頁 65。

據，周木齋卻說：

> 這裡，說文一方面是由駢趨散是對的，說詩一方面是由散趨駢
> 卻錯了。著者說的唐代似太籠統，應該加以辨別。初唐的律絕
> 詩，正是沿襲了六朝的聲病及儷偶的格式而成就的，到盛唐更
> 達於確定的純熟的境域。文的由駢趨散，是中唐古文運動的結
> 果，同時，古文大師韓愈，在文的一方面，也曾以散文的方法
> 應用於詩，提出以文為詩的主張來。此外，白居易也主張以話
> 為詩。詩和文的發展，正出於同一的路徑，由駢趨散，不是分
> 化的，而是混合的。不過詩的解放，成就不如文大罷了。[64]

羅根澤看到了周氏的評論，他回應說：

> 最近周木齋先生在《文學》上批評我所編《中國文學批評
> 史》，也附帶的批評到我的分類編輯的方法。但在我的信念
> 上，以為文學的轉變，固由於社會經濟，同時也由於自己的內
> 在矛盾，所以欲了解文學變遷，一方面固應求之社會經濟，同
> 時也應求之文學的自己運動的鎖鑰。……惟其如此，所以文學
> 的各部門，可以合流發展，也可以分化發展。[65]

「文學的各部門，可以合流發展，也可以分化發展」，這種說法與1934
年版「緒言」所說中國文學是「分化的發展，而不是混合的發展」有明
顯的區別，代表了羅根澤的新文學史發展觀。與之相應，他也調整了此
前的中國文學史應該分類敘述而不應混合敘述的說法，改稱「分類文學
史並不妨礙分期文學史」，他自己也打算「先寫各類文學史，俟各類文
學史寫訖之後，再合起來寫一部整個的文學史」。[66]

64　周木齋評〈中國文學批評史（一）〉，《文學》第 4 卷第 1 號（1935），頁 191。

65　〈研究中國文學史的計劃〉，原載安徽大學文史學會編：《文史叢刊》第 1 卷第 1 期
　　（1935），收於《羅根澤古典文學論文集》，頁 34。

66　〈研究中國文學史的計劃〉，《羅根澤古典文學論文集》，頁 35。

　　在 1944 年版「緒言」中，羅根澤放棄了「分化的發展」與「混合的發展」（或「合流發展」）的表述，而從文學批評與時代意識、批評家、文體三者關係的角度論述文學的發展，提出「文學批評隨時代而異，隨人物而異，也隨文體而異」，[67] 這是一種新的文學史觀論述。他說：

> 文學批評的對象是文學，演奏者是文學批評家，演奏的舞台是空間和時間。所以可隨空間時間而異，也可隨文學批評家而異，也可隨文學體類而異。[68]

羅根澤用空間來解釋國別文學批評的不同，「橫的各國文學批評異同，大半基於空間關係」，而以時間來解釋一國文學批評的歷史變化，「縱的一國文學批評流別，大半基於時間關係。」具體地說就是「時代意識」，即「一個時代的根本觀念」，[69]「時代意識」決定了某一時代文學批評的共同特徵，也決定了此一時代文學批評不同於其他時代的特徵。其實，「時代意識」是羅根澤用來說明「合流發展」或「混合的發展」的依據。在他看來，「時代意識的形成，由於社會、經濟、政治、學藝、及其所背負的歷史」。[70] 這種說法已多少帶有一些唯物史觀的色彩。

　　羅根澤認為文學批評的發展也與批評家有關，因批評家個性的差異而帶有個人的特徵。「時代意識」是說明一個時代文學批評的共性，批評家個人因素是解釋一個時代文學批評共性中的個性。羅根澤引用小泉八雲（Lafcadio Hearn，1850-1904）[71] 的說法，人等級越高，個性越強，

67　《周秦兩漢文學批評史》（上海：商務印書館，1947），頁 38。
68　《周秦兩漢文學批評史》，〈緒言　六・文學批評與時代意識〉，頁 17。
69　《周秦兩漢文學批評史》，頁 30。
70　《周秦兩漢文學批評史》，頁 17。
71　Patrick Lafcadio Hearn（日文名：小泉八雲），生於希臘，長在愛爾蘭，當過美國新聞記者，後居住日本，與日本人結婚，入日本籍。在東京大學任文學教授（1896-1902）。其演講集被編印成四冊，前兩冊名 *Interpretations of Literature*（《文學導解》）。1920 至 30 年代，其著作頗受中國學界重視，有不少介紹。朱光潛早年亦

「至成為智識階級的人，其個性特別發達」。[72] 這種分別體現在文學批評上，有「一般的批評」與「專家的批評」，「一般的批評」「差別較少」，而「專家的批評」差別甚大。「一般的批評」受制於時代，是「時代的應聲蟲」，而「專家的批評」雖亦不能不受時代影響，但往往或「批判時代」或「領導時代」（「緒言」七「文學批評與批評家」）。[73]

至於文學批評因文體而異（「緒言」八「文學批評與文學體類」），這乃是其過去所主張的「分化的發展」的另一表述。不同的是，在初版中，「分化的發展」是中國文學發展的規律；在這裡，它只是制約文學發展的一個因素。

時代意識、批評家、文體，這三者共同影響與制約文學批評的發展，構成了羅根澤的新文學史觀。在初版中，「分化的發展」是中國文學發展的特殊規律；在新版中，羅根澤並沒有這樣的宣稱。中國文學發展的獨特規律是什麼？羅根澤不再追問。

羅根澤主張著述方式應該跟歷史實際狀況相一致，「編著之最好的客觀方法，……是盡依『事實的歷史』之真」。他借用章學誠的話說就是「盡其天而不益以人」。[74] 但是，在 1934 年版中，他觀察到的中國文學史的歷史事實是「分化的發展」，與之相應，編著體例應該是分類敘述。但在 1944 年版中，他觀察到的文學史（包括文學批評史）的發展事實顯然已經不同已往所論，「文學批評隨時代而異，隨人物而異，也隨文體而異」。[75] 編著體例也應該與之相應，加以調整。

前面說過，1935 年熊鵬標發表的〈關於中國文學批評史的分期問題〉中已經記載羅根澤借用傳統史書體例將著述方式分為「編年體」、

曾著文〈小泉八雲〉加以介紹，載《朱光潛全集》第 3 卷（合肥：安徽教育出版社，1996），頁 453-467。

72 《周秦兩漢文學批評史》，頁 20。

73 《周秦兩漢文學批評史》，頁 21。

74 《周秦兩漢文學批評史》，頁 36。

75 《周秦兩漢文學批評史》，頁 38。

「紀傳體」、「紀事本末體」與「混合體」。在 1944 年版《周秦兩漢文學批評史》之「緒言」第十四節「編著的體例」中，羅根澤對其體例作了再論述。他把現代學術研究中各種著述體例或敘述方式放到傳統的史書著述體例中，把按時代前後敘述的方式歸入「編年體」，把依人而論述的方式歸入「紀傳體」，把各種分類及專題史著述方式歸入「紀事本末體」。羅根澤認為，這三種體分別對應因時代、批評家與文體而異的三種狀況：

> 假設依照編年體，則隨時代而異的批評可以弄得清清楚楚；……假設依照紀傳體，則隨人物而異的批評，可以弄得清清楚楚，……假設依照紀事本末體，則隨文體而異的批評，可以弄得清清楚楚。[76]

但是，無論哪一種體都不能單獨敘述清楚以上三種情況，於是羅根澤「兼攬眾長」，融三種體於一書，創立一種「綜合體」（前稱「混合體」），就可以從體例上解決批評史的敘述方式問題。

　　按照羅根澤此前主張的「分化的發展」史觀，對應的著述體例是分類的敘述，也就是所謂「紀事本末體」；依照現在的史觀，對應的是「綜合體」。但有趣的是，1934 年版《中國文學批評史》採用的敘述方式事實上已經是所謂的「綜合體」了。而修改後的周秦至六朝部分（即《周秦兩漢文學批評史》、《魏晉六朝文學批評史》），除增加內容及章節結構上的少量調整外，基本的體例及敘述方式並沒有改變。我們上節說，初版（1934 年版）批評史存在著史觀與著述體例不一致的問題。在羅根澤的新論述中，文學批評因時代而異，那麼批評史就應該依時代來敘述，在著述體例上對應「編年體」。這樣，初版中沒有學理依據的先分時代後分體的著述體例與敘述方式就有了學理的依據。在初版中，按照批評家敘述的方式（如述劉勰、鍾嶸兩章）也不符合其「分化的發

---

76 《周秦兩漢文學批評史》，頁 38。

展」史觀應有的著述體例，但在新的論述中，文學批評的發展亦因批評家而異，與之相應，批評史也應依批評家來敘述，在體例上對應「紀傳體」。這樣，初版中沒有學理依據的按批評家敘述的方式也有了學理的依據。在初版中，也有混合不同文體一起敘述的方式，這也不合分類敘述的體例，但在新的論述中，「紀事本末體」既可以依文體分，也可以按問題分（跨文體），這樣，混合敘述的方式也有了合理性。

文學批評史的發展是時代、批評家、文體三者共同作用的結果，這種修正後的文學史觀我們或許可以稱作「綜合的發展」史觀。與此相對應的著述體例與敘述方式是「綜合體」。總之，1944 年版「緒言」在理論上解決了 1934 年版史觀與著述體例的矛盾問題，使得史觀與體例達到了一致。於是，「綜合體」成為羅根澤《中國文學批評史》的著述體例標誌。

五、載道、緣情與中國文學觀念的演變

按照羅根澤的新史觀，「一個時代有一個時代的根本觀念，就是所謂『時代意識』」。就文學批評史來說，所謂「根本觀念」就是根本的文學觀念。既然有「時代意識」、「根本觀念」，那麼，文學批評史之重要任務就是要探討並論述一個時代的根本文學觀念，以及一個時代之根本文學觀念到另一時代之根本文學觀念的變遷及其原因。又因為文學批評因批評家、文體而有差異，故文學批評史便要在一個時代共同的「根本文學」觀念之下，敘述不同文體間及批評家個人間的差異。

但是，當我們回頭看羅根澤的批評史，就發現書中並沒有對一個時代的根本文學觀念及不同時代根本文學觀念變遷作系統的論述。當羅根澤在 1934 年版宣稱中國文學是「分化的發展」而非「混合的發展」時，他不需要這種論述，因為按照這種史觀，文學發展沒有超越文體的一時代的共同觀念；但當他在修改版中宣稱文學有「時代意識」即一個時代的根本文學觀念時，從學理上說，這一論述就不可或缺了。

其實羅根澤並非沒有意識到這一問題，他本人也並非沒有一套完整的看法。事實上，他是以「載道」與「緣情」來概括中國古代的根本文學觀念，在他的論述中，整個中國文學批評史是「載道」和「緣情」交替螺旋發展的歷史。

1935 年，羅根澤的學生熊鵬標在〈關於中國文學批評史的分期問題〉[77]一文中記述了羅氏關於中國文學批評史分期的觀點，這段文字極為珍貴，使我們得以了解羅根澤對於中國文學批評史的整體見解。熊文乃直接引述課程講義，故採用第一人稱：

大體說來，我的分期如下：

1. 周秦：實用主義的分立期

2. 兩漢：實用主義的混合期或集成期

3. 魏晉六朝：緣情的唯美期

4. 隋唐：貫道期

5. 晚唐五代：緣情第二期

6. 兩宋：載道期

7. 元明：緣情第三期

8. 清代：載道第二期

9. 五四前後：緣情的資產階級的羅曼期

77　安徽大學文史學會編：《文史叢刊》（1935），頁 59-69（文末注：一九三五，六月五日脫稿於展程書屋）。

10. 民二十前後：載道的社會主義的寫實期 [78]

熊氏在引述了羅根澤的分期後說：

> 根澤先生的見地，即是說文學內容的變遷，一方面是歷史的孕
> 育，另方面又是社會的薰染。它的進化總由於緣情與載道的兩
> 種力的對立矛盾。所謂載道第二期並不同於載道期，而道的內
> 涵與文的外式也隨時地揚棄與變遷的。換句話說，就是螺旋
> 式的演變，而不是直線的邁進式周而復始的循環。並常講到
> 「五四」以後，中國文學或不會再走入周期病的重軌。這種見
> 解於原則上是正確的。[79]

根據上述的講義，我們知道羅根澤乃是以「載道」與「緣情」來概
括中國古代的根本文學觀念，整個中國文學批評的歷史乃是「載道」與
「緣情」文學觀念的「螺旋式的演變」。

值得注意的是，羅根澤是在文學觀的層次上使用「載道」與「緣
情」兩個範疇的，也就是說，他把「載道」與「緣情」從其產生的歷史
脈絡中抽取出來，上升為關於文學觀念的普遍性學說，用來指稱和概括
文學批評史上的文學觀念流派。比如「載道」雖然是宋人提出的，但是
也可以用來指稱周秦兩漢的文學觀（他將周秦、兩漢的「實用主義」歸
入「載道」文學觀）。他在 1934 年版《中國文學批評史》中說：

> 載道文學的目的在「載道」。第一，美的形式，不見得宜於
> 「載道」；第二，形式太美，恐人取形略質，所以不注重形式。
> 緣情文學的目的在表現自己的情感，以喚起別人的情感。形式
> 不美，第一，自己的情感不快；第二，不足以惹人尋味，所以

---

78 安徽大學文史學會編：《文史叢刊》（1935），頁 65-66。根據注九：「羅根澤先生講
的，我的筆記」，見頁 69。

79 同上，頁 66。

注重形式。[80]

根據羅根澤的論述，「緣情」的文學觀一是重情感，二是重形式。「載道」的文學觀一是重道（理智），二是不重形式。這樣文學觀就分為「載道」與「緣情」兩派。他在《隋唐文學批評史》中說：「我們通常分文學為『緣情』『載道』兩大派。」[81] 正是此意。

早在1934年版《中國文學批評史》中，羅根澤已經用「載道」與「緣情」來論述文學觀念的歷史變遷了，他說：「兩漢的載道文學觀，……過渡到魏晉六朝的緣情文學觀」。[82] 兩漢的「實用主義」文學觀是「載道」的文學觀，周秦的文學觀也是「實用主義」的，故也是「載道」的文學觀；魏晉六朝則是「緣情」的文學觀。

在1944年版《周秦兩漢文學批評史》之「緒言」中，也可以看到羅根澤用「載道」與「緣情」兩派論述文學觀念的歷史演變的痕跡。他在「緒言」｜「歷史的隱藏」一節中說：

> 編著中國文學史或文學批評史者，如沾沾於載道的觀念，則對
> 於六朝、五代、晚明、五四的文學或文學批評，無法認識，無
> 法理解。如沾沾於緣情的觀念，則對於周、秦、漢、唐、宋、
> 元、明、清的文學或文學批評，無法認識，無法理解。[83]

這段話雖然不是正面論述文學觀念的演變，但我們可以從其論述中看出他的有關意識。按照這裡的論述，周、秦、漢、唐、宋、元、明、清屬於「載道」文學觀的時代，而六朝、五代、晚明與五四新文學屬於「緣情」文學觀的時代。我們將其與熊鵬標筆記所載的內容相對照，可以發

---

80 《中國文學批評史（I）》（北京：人文書店，1934），第四篇第五章「文學觀的變遷」，頁 235。
81 《中國文學批評史》（二）（上海：古典文學出版社，1957），頁 130。
82 《中國文學批評史》（一）（上海：古典文學出版社，1957），頁 124。
83 《周秦兩漢文學批評史》，頁 27。

現兩者是一致的。

　　根據以上所述，可以肯定，羅根澤在 1934 年版《中國文學批評史》中，至遲在 1935 年，就已經對中國文學批評的根本文學觀念及其歷史演變有了完整的看法。但是，為什麼羅根澤沒有在其中國文學批評史中正面集中地加以論述？如果說 1934 年版限於「分化的發展」的史觀，他不能敘述共同的觀念，但在修改版中，他調整了史觀，強調「時代意識」、「根本觀念」，照理時代的根本文學觀念及其演變正是其批評史的應有之義，何以沒有展開論述呢？其「緒言」有十四節之長，並且專門討論了「時代意識」，但只討論詩歌範圍內的時代意識，而未論及超越文體之上的時代意識，即根本文學觀念，這是為什麼？下面我試圖對其原因加以解釋。

　　我們先看羅根澤有關「載道」與「緣情」兩派文學觀的來歷。我們知道，在現代學術史上，周作人是最早用「載道」與「言志」作為兩派文學觀來論述古今文學者。朱自清說：

> 我們對現代中國文學所用的評價標準，起初雖然是普遍的——其實是借用西方的——後來就漸漸參用本國的傳統的，如所謂「言志派」和「載道派」——其實不如說是「載道派」和「緣情派」。[84]

朱自清所說的「起初」與「後來」的分界就是上世紀 30 年代初，代表人物就是周作人。在上世紀 20、30 年代學者的了解中，西方對於文學的界定有廣義、狹義之不同，因而有所謂「雜文學」與「純文學」之別。德昆西（Thomas De Quincey，1785-1859）論文學區分「知的文學」（literature of knowledge）和「力的文學」（literature of power）之說，正好成為廣狹兩義的文學的代表論述。[85] 在當時，純文學成為主流

84　〈詩文評的發展〉，《朱自清全集》第 3 卷，頁 24。
85　〈評郭紹虞《中國文學批評史》上卷〉，《朱自清全集》（南京：江蘇教育出版社，

的文學觀念。1930 年 3 月，周作人在〈草木蟲魚·金魚〉一文中說：
「文學上永久有兩種潮流，言志與載道。」[86] 1930 年 9 月又在〈冰雪小
品選序〉中說，「古今文藝的變遷曾有兩個大時期，一是集團的，一是
個人的」，[87]「文以載道」代表了集團的文學主張，「詩言志」代表了個
人的文學主張。[88] 在 1932 年出版的《中國新文學的源流》中，周作人以
「載道」與「言志」的交迭論述了文學史的發展，說「這兩種潮流的起
伏，便造成了中國的文學史」，[89] 按照周作人的劃分：晚周、魏晉六朝、
五代、元及明末是言志的時代，而兩漢、唐、兩宋、明、清是載道的時
代，「五四」新文學上接「言志」的傳統。[90] 周作人在〈小引〉中言及
其論述之來源云：

> 並非依據西洋某人的論文，或是遵照東洋某人的書本，演繹應
> 用來的。……假如要追尋下去，說到底是那裡的來源，那麼我
> 只得實說出來：這是從說書來的。它們說三國什麼時候，必定
> 首先喝道：且說天下大勢，合久必分，分久必合。我覺得這是
> 一句很精的格言。我從這上邊建設起我的議論來。[91]

雖然周作人聲稱他的論述是來自於中國的傳統，但其背後還是有西洋
文學觀的背景和眼光在。錢鍾書就指出：「周先生把文學分為『載道』
和『言志』。這個分法……相當於德昆西所謂 literature of knowledge 和
literature of power 。」[92]

　　1993 年第 1 版，1999 年第 2 次印刷），第 8 卷，頁 197。

86 《看雲集》(上海：開明書店，1932)，頁 35。

87 《看雲集》，頁 189。

88 《看雲集》，頁 190。

89 《中國新文學的源流》第二講「中國文學的變遷」(北平：人文書店，1932)，頁
　　34。

90 《中國新文學的源流》，頁 35。

91 《中國新文學的源流》，頁 3-4。

92 〈中國新文學的源流〉，《人生邊上的邊上》，頁 248。

　　周作人以中國傳統文評「載道」與「言志」兩說論述中國文學（包括新文學），在當時具有很大影響，曾引起熱烈的討論。我們對照羅根澤有關「載道」與「緣情」的論述，可以看出，羅根澤顯然是借用並改造了周作人的相關論述。周作人在文學觀意義上使用「載道」與「言志」，羅根澤也在文學觀意義上使用「載道」與「緣情」；周作人說文學永久有「載道」與「言志」兩種潮流，羅根澤說「我們通常分文學為『緣情』『載道』兩大派」；[93] 周作人用「載道」與「言志」來論述中國文學史，羅根澤用「載道」與「緣情」來論述中國文學史及批評史，兩人對於相關歷史時期的劃分基本一致。我們可以肯定地說，是羅根澤把周作人的論述借用過來，稍加改造，將周氏「載道」與「言志」變成「載道」與「緣情」，用以論述中國文學批評史。

　　羅根澤把周作人論述中的「載道」與「言志」的對立換成「載道」與「緣情」的對立，這表明羅根澤已經意識到在傳統文論中「言志」與「緣情」的差別。在傳統文論中，與「載道」相對的乃是「緣情」。現在學者一般認為，是朱自清最早指出在傳統文論中「詩言志」相當於「文以載道」，而「載道」相對的是「緣情」。上面所引朱自清 1945 年所撰〈詩文評的發展〉即是指出了此點。[94] 他在《詩言志辨》中也有申說。但是，《詩言志辨》中最早的一篇〈詩言志說〉發表於 1937 年，[95] 此文中雖然提到周作人《中國新文學的源流》所說的「言志」「其實等於抒情」，[96] 但並未提及「緣情」。只是到了朱自清《詩言志辨序》說：

　　現代有人用「言志」和「載道」標明中國文學的主流，說這兩

93　《中國文學批評史》（二）（上海：古典文學出版社，1957），頁 130。
94　〈詩文評的發展〉，此文收於《語文拾零》，未署寫作年月，然朱自清 1945 年 3 月 11 日日記：「寫《中國文學批評史》書評，但進展甚慢。」見《朱自清全集》（南京：江蘇教育出版社，1998 年第 1 版第 1 次印刷），第 10 卷，頁 337。又 3 月 25 日日記：「寫完書評。」同上書，頁 339。
95　清華大學中國文學會編：《語言與文學》（上海：中華書局，1937），頁 1-44。
96　《語言與文學》，頁 36。

個主流的起伏造成了中國文學史。「言志」的本義原跟「載道」

差不多，兩者並非衝突；現時卻變得和「載道」對立起來。[97]

在朱自清的論述中，「緣情」說與「言志」說相對。按照朱自清的論述，周作人所說的「言志」與「載道」的兩派應該表述成「緣情」與「載道」。

事實上，錢鍾書在 1933 年發表之〈中國文學小史序論〉中已經將「載道」與「抒情」相對，他說：「論文者亦以『義歸翰藻』為觀點而已，於題材之『載道』與『抒情』奚擇焉？」[98]「蓋吾國評者，夙囿於題材或內容之說──古人之重載道，今人之言『有物』，古人之重言志，今人之言抒情，皆魯衛之政也。」[99] 而羅根澤則是直接以「緣情」與「載道」相對。

從學術史的角度看，羅根澤早於朱自清就明確將「載道」與「緣情」看作相對的文學觀念。他在 1934 年發表的評論鄭賓于《中國文學流變史》一書的書評中說：「『五四』以前泰半是用觀念論的退化史觀與載道的文學觀來從事著述」，「『五四』以後則泰半是用觀念論的進化史觀與緣情的文學觀來從事著述」。[100] 這種表述中，「載道的文學觀」與「緣情的文學」明顯是對立的，這種二分對立化的表述顯然是與周作人的「載道」與「言志」的二分對立有關。這種二分的表述在 1934 年版《中國文學批評史》中也多次使用。

文學觀意義上的「載道」與「緣情」的二分相當於西方的「知的文學」與「力的文學」或「雜文學」與「純文學」的二分，羅根澤之所以不用西方的術語，而採用中國傳統的表述，固然與周作人論述的影響有

97　《朱自清全集》第 6 卷，頁 130。

98　《人生邊上的邊上》，頁 102。

99　《人生邊上的邊上》，頁 103-104。

100　〈鄭賓于著《中國文學流變史》〉，《羅根澤古典文學論文集》（上海：上海古籍出版社，2009），頁 59。

關，也跟他對待借鑒西方的立場一致。他在《古史辨》第四冊〈自序〉中說：

> 研究中國哲學的人，為什麼總是仰賴西洋哲學，最大的原因，
> 就是沒有《中國哲學名辭辭典》，所以不能不使中國哲學家披
> 上西洋的外衣。我久想寫一篇〈由西洋哲學鐵蹄下救出中國哲
> 學〉的論文，揭穿這種中貨西裝的把戲。但這是事實使然，不
> 是空談可以挽迴狂瀾的。補救的辦法，祇有設法建立《中國哲
> 學名辭辭典》。[101]

羅根澤反對論述中國哲學總是要用西方的名辭術語，而不是用中國的名辭。在他看來講中國哲學應該用中國自己的概念。他的這種對待傳統哲學的態度，正可以解釋他為什麼接受了周作人用「載道」與「言志」論述中國文學，因為周作人用的是中國的「名辭」（術語、範疇）。

羅根澤以「載道」與「緣情」論述中國文學基本觀念的演變，其來歷既明，我們就可以說，除了將周作人的「言志」換成「緣情」之外，其論述基本上沒有新意。試想如果羅根澤的批評史沿著「時代意識」即根本的文學觀念的演變來展開論述，則其著作的大的觀念框架與線索基本就是周作人論述的翻版。如果他不採用「載道」與「緣情」的表述，而用外來的概念，即用「雜文學」與「純文學」來論述中國文學觀念的變遷，就與郭紹虞《中國文學批評史》非常相似。而郭紹虞的這種做法已經受到朱自清的質疑。[102] 總之，羅根澤對於中國古代的根本文學觀念及其變遷並未形成自己的一套論述，這恐怕是他雖然要談「時代意識」、根本觀念，卻沒有展開正面論述的重要原因。

除上述原因之外，還有另一個原因。講「時代意識」、根本文學觀念強調的是一個時代的共同性，如周秦、兩漢是「載道」，唐代是「載

---

[101]《古史辨》第 4 冊，頁 12。
[102]〈評郭紹虞《中國文學批評史》上卷〉，《朱自清全集》第 8 卷，頁 197。

道」等，但是，如何處理文體間的差異呢？比如根據羅根澤的論述，唐代的根本文學觀念是「載道」的，但是唐代前期的詩論卻是「緣情」的。在 1934 年版《中國文學批評史》「緒言」的論述中，唐代的文論是「載道」，詩論是「緣情」，這是其「分化的發展」史觀的證據，但是在新的論述中，文的「載道」上升為根本的文學觀念，成為「時代意識」，為什麼詩論中「緣情」觀念不是根本的文學觀念？這種論述的依據是什麼？這些都是需要說明的，但羅根澤恐怕難以給出有說服力的論證。

六、關於羅氏批評史的評價及其學術史地位

羅根澤深知史觀、文學觀與著述體例對於一部有系統的文學史或文學批評史的意義，但是，他始終未能完全處理好大的史觀、文學觀與具體的文學批評論述之間的關係。在 1934 年版中，他的「分化的發展」的史觀與他的具體的論述體例不合；不僅如此，就在此書中，他已經有兩漢載道、六朝緣情的說法，這種說法事實上是承認一時代有超越文體之上的共同趨向，此是與「分化的發展」觀不合的，不過因為他未有上升為完整的論述，故不容易見出其破綻。在修改新寫版中，他明確提出「時代意識」與「根本觀念」之說，以「載道」、「緣情」文學觀指稱之，但他並沒有在具體論述中完整地呈現出來。就具體論述而言，從初版到修改版是前後相承一貫的，除了內容的增補及一些局部的調整之外，並沒有實質性的改變。同一具體論述既可以放到前期的「分化的發展」的史觀之下，也可以放到修改版的「綜合的發展」史觀之下，因而可以說，羅根澤的大的史觀乃是外在於具體論述的，並沒有真正滲透到具體的論述之中。反觀郭紹虞，從大的史觀及文學觀角度說，他提出了自己的一套見解，他根據進化論的史觀和純文學觀，將文學批評史分為演進期、復古期及完成期，儘管他的史觀、文學觀大論述與具體論述之間也有某些衝突，以致引起爭議及質疑，但其批評史的具體論述就是圍

繞此一大論述展開的。[103] 郭、羅二人都有意要建立中國文學批評史的歷史與義理架構，要寫成一部像西方文學批評那樣的有系統的著作，但郭著的系統是建立起來了，儘管也有破綻；羅著的系統雖然在「緒言」的論述中建立起來了，但具體的論述並沒有真正地與「緒言」中的大論述契合一致。

羅根澤在體例上提出了「綜合體」之說。其實，郭紹虞《中國文學批評史》在著述體例上也是羅根澤所謂「綜合體」。郭紹虞在〈自序〉中說：「此書編例，各時期中不相一致，有的以家分，有的以人分，有的以時代分，有的以文體分，更有的以問題分；這種凌亂的現象，並不是自亂其例，亦不過為論述的方便，取其比較地可以看出當時各種派別各種主張之異同而已。」[104] 郭著也是先分時代，此即羅氏所謂「編年體」；郭著也按問題敘述（如論「復古運動」等），也依文體敘述（如「北宋的詩論」等），此即羅氏所謂「紀事本末體」；郭著也按批評家敘述（甚多，不用列舉），此即羅氏所謂「紀傳體」。只是郭紹虞沒有從方法論的角度對其學理依據加以論述，而羅根澤則有學理上的論述。從學術史的角度看，羅根澤《中國文學批評史》在體例上的特色主要是「紀事本末體」，即分文體及問題的敘述。這一體例及敘述方式將一個時代的相關問題的材料組成在一起，提供了一個問題史的框架及研究模式，能夠比較清晰地梳理出某一體裁理論及某一問題理論的脈絡。

關於羅根澤《中國文學批評史》的評價，在當時最為人注意的無疑是朱自清的書評，即〈詩文評的發展〉一文，但這篇書評作於 1945 年，1946 年 7 月發表於《文藝復興》第 1 卷第 6 期，所評的是新版本。前面說過，郭紹虞、羅根澤二人批評史初版同年出版。郭紹虞、羅根澤、朱自清都研究中國文學批評史，郭、羅二人都曾在清華大學中文

---

103 參見張健〈文學觀念與文學批評史：二十世紀三十年代關於郭紹虞《中國文學批評史》的評論〉，載北京大學中文系、香港中文大學中文系主編：《中國文學學報》第 1 期（2010 年 12 月），頁 225-260。見本書第五章。
104《中國文學批評史》上卷，頁 3。

系講授中國文學批評史，郭、朱二人交往甚多，羅、朱二人也有交往。
我們知道，郭紹虞《中國文學批評史》上冊出版，朱自清當年（1934
年 10 月）就撰寫書評，高度評價。[105] 對於同年出版的羅根澤的著作，
朱自清當時並沒有書評。這其中是否暗示出朱自清對於二人著作的不同
態度？恰好朱自清日記中留下了他對 1934 年版羅著的看法。朱自清在
1942 年 9 月 9 日日記中說：

> 讀羅雨亭《中國文學批評史》第一冊。與郭著相比，新材料
> 多，亦有新意見，然覺較粗略浮淺。而評論者卻有「本書取材
> 宏博，議論有獨到處」等語。[106]

這裡所說第一冊即是 1934 年版，因修訂版第一分冊《周秦兩漢文學批
評史》1944 年才出版。從日記中，可以看出朱自清對羅著 1934 年版的
真實看法，即肯定其「新材料多」及「有新意見」，但總體上是「較粗
略浮淺」。朱自清所說的評論者云云當是指林庚發表在《大公報》上的
書評，「取材宏富」是林先生書評中原話，「議論有獨到處」當是林評
中「有其獨特的價值」的轉述。可以看出，朱自清顯然不認同林庚的評
價。

　　朱自清是出言極為謹慎的人，他公開發表的意見多經再三斟酌，而
其日記原不擬公開示人，故更可以見出其真實的看法。他所說的「粗略
浮淺」是很重的話，就字面意義而言，「粗略」就是不細密，「浮淺」乃
是不深入。但具體到羅著來說，究竟指的是什麼？我們通過對讀其相關
論述，大體可以看出其意之所在。他評郭紹虞《中國文學批評史》說：

> 郭君還有一個基本的方法，就是分析意義，他的書的成功，
> 至少有一半是在這裡。例如「文學」、「神」、「氣」、「文筆」、
> 「道」、「貫道」、「載道」這些個重要術語，……書中都按著它

105〈評郭紹虞《中國文學批評史》上卷〉，《朱自清全集》第 8 卷，頁 195-198。
106《朱自清全集》第 10 卷，頁 196。

們在各個時代或各家學說裡的關係，仔細辨析它們的意義。[107]

朱自清受到當時在清華任教的瑞恰慈（I. A. Richards，1893-1979）的影響，關注理論術語的意義分析。他極力肯定郭紹虞對於理論術語的仔細辨析，即與此有密切關係。他的《詩言志辨》等正是術語分析的代表作。再看他評羅根澤《批評史》：

> 本書《緒言》中說到「解釋的方法」，有「辨似」一項，就是分析詞語的意義，在研究文學批評是極重要的。文學批評裡的許多術語沿用日久，像滾雪球似的，意義越來越多。沿用的人有時取這個意義，有時取那個意義，或依照一般習慣，或依照行文方便，極其錯綜複雜。要明白這種詞語的確切的意義，必須加以精密的分析才成。[108]

朱自清接著也肯定了羅著有相關的辨析：

> 書中如辨漢代所謂「文」並不專指「詩賦」（一冊九八面），又如論到辭賦的獨特價值就是在不同於詩，而漢人將辭賦看作詩，「辭賦的本身品性，當然被他們埋沒不少，辭賦的當時地位，卻賴他們提高好多」（一冊一二〇面），都是用心分析的結果，這才能辨明那些疑似之處。[109]

朱自清所舉出羅著辨析的例子乃是「文」與「詩賦」的區別，並未有列舉其他術語。事實上，羅著對理論術語的辨析較少且較簡略。我們對讀朱自清對於郭、羅二人關於同一問題所作的評論，就不難看出，在朱自清的心目中，郭、羅之間分量的不同。羅根澤在理論方面的深度不及郭紹虞。

---

107 〈評郭紹虞《中國文學批評史》上卷〉，《朱自清全集》第 8 卷，頁 196-197。
108 〈詩文評的發展〉，《朱自清全集》第 3 卷，頁 30。
109 〈詩文評的發展〉，《朱自清全集》第 3 卷，頁 30-31。

　　1944 年，朱自清收到羅根澤寄贈的《魏晉六朝文學批評史》，他在致羅氏信中說：「《南北朝》一冊，弟已拜讀，編排安詳，敘次簡練，似更勝第一冊，佩佩！」[110] 這裡是對《魏晉六朝文學批評史》的評價，認為其超出 1934 年版第一冊。[111] 這裡「簡練」一語當然是讚語，言其簡潔精煉，但如果我們聯繫到朱自清前面的「粗略浮淺」之評，感到此處所謂「簡練」與前評「粗略」雖然褒貶有殊，其實所指的事實都是簡略。朱自清在 1944 年 6 月 24 日回羅根澤信說：「擬俟三冊全寄到後再行作評。」[112] 同年 7 月 3 日又致羅氏信說：「尊著弟自當作一評文。」[113] 從語氣推測，當是羅氏請其作書評，朱自清故云。而書評的撰寫及完成則在 1945 年 3 月，[114] 即〈詩文評的發展〉一文。這篇書評評論了羅氏《中國文學批評史》第一、二、三分冊及朱東潤的《中國文學批評史大綱》。

　　如何處理西方觀念與中國傳統之關係是朱自清關注的重要問題，也是他評價羅著的主要立足點。朱自清在〈詩文評的發展〉中評論說，「羅先生的這部書的確能夠借了『文學批評』的意念的光將我們的詩文評的本來面目看得更清楚了」，[115] 惟其看清了中國詩文評的面目，所以做到了「將中國還給中國」；其理出了時代變遷的脈絡，所以能「將一時代還給一時代」。[116] 朱自清認為這是羅著的主要價值。

　　但是，對於羅氏有關中西文學批評特徵的比較論述，朱自清則提出異議。羅根澤在新版「緒言」第五節「中國文學批評的特點」中說：

110〈致羅根澤〉一，《朱自清全集》（南京：江蘇教育出版社，1998 年第 1 版第 1 次印刷），第 11 卷，頁 162。

111 此第一冊非指修改後《中國文學批評史》第 1 分冊，即《周秦兩漢文學批評史》，因同封信說：「迄今只收到《南北朝》一冊。」

112《朱自清全集》第 11 卷，頁 162。

113《朱自清全集》第 11 卷，頁 163。

114 朱自清 1945 年 3 月 11 日日記：「寫《中國文學批評史》書評，但進展甚慢。」見《朱自清全集》第 10 卷，頁 337。又同年 3 月 17 日日記：「寫《中國文學批評史》書評」，同上書，頁 338。3 月 25 日：「寫完書評」，同上書，頁 339。

115《朱自清全集》第 3 卷，頁 29。

116《朱自清全集》第 3 卷，頁 25。

「西洋的文學批評偏於文學裁判及批評理論，中國的文學批評偏於文學理論。」[117]朱自清則認為：「所謂文學裁判，在中國雖然沒有得著充分的發展，卻也有著古久的淵源和廣遠的分佈」，[118]朱自清列舉《楚辭章句》以來的選本、詩話文話、序跋及文苑傳等中的作家作品評論為據。羅根澤說：「中國的批評，大都是作家的反串，並沒有多少批評專家。作家的反串，當然要側重理論的建設，不側重文學的批評。」[119]朱自清對「作家的反串就當然要側重理論」並不認同，認為是需要「商榷」的。他以曹丕、曹植為例，認為「他們都並不側重理論」。關於中西文學批評的差異，在羅根澤看來，最重要的是自然原因，因為歐洲文化發源於溫和的地中海沿岸，其特徵是「尚知重於尚用，求真重於求好」，中國文化發源於寒冷的黃河上游，其特徵是「尚用重於尚知，求好重於求真」。[120]朱自清認為，「在文學批評裡，理論也罷，裁判也罷，似乎都在一面求真，同時求好。我們可以不必在兩類之間強分輕重。」[121]

　　朱自清一方面肯定羅著「借了『文學批評』的意念的光，將我們的詩文評的本來面目看得更清楚了」，另一方面又質疑其對詩文評的「本來面目」並未能都看清楚。

　　聞一多（1899-1946）對於羅著未有公開的評論，但在朱自清日記中卻記錄了其對羅著的評價。朱自清日記一九四五年三月十九日載：

> 上午訪一多，彼謂已為選拔委員會看過羅根澤的書，並建議給羅以二等獎。一多認為羅在文學方面造詣不深，因其對西方文學之進展一無所知。[122]

117《周秦兩漢文學批評史》，頁 14。
118〈詩文評的發展〉，《朱自清全集》第 3 卷，頁 29。
119〈緒言〉，《周秦兩漢文學批評史》，頁 15。
120〈緒言〉，《周秦兩漢文學批評史》，頁 17。
121〈詩文評的發展〉，《朱自清全集》第 3 卷，頁 27。
122《朱自清全集》第 10 卷，頁 338。

根據朱自清所述，聞一多對羅著評價不高，認為羅氏在文學方面造詣不深，而理由是羅氏對西方文學之進展一無所知。文學造詣的深淺取決於對西方文學的了解多少，這種邏輯在今天看來頗成問題，因為根據這種邏輯，潛在的含義就是西方文學是文學的標準。但在當時，實乃是學界主流的看法。聞一多關於羅氏「在文學方面造詣不深」之說與朱自清關於羅著「浮淺」之評正相印證。周勛初說：

> 由於羅先生小時在農村長大，所受的教育很不系統，很難達到
> 掌握外語的高水平。因此他在進行中西文學理論比較研究時，
> 遭遇到的困難是不少的。[123]

這裡一方面道出羅根澤對西方文學缺乏足夠的了解之原因，另一方面也含蓄地指出羅根澤在中西比較方面存在不足，正可以呼應聞一多、朱自清兩先生的評論。[124]

羅根澤受西方思想影響，試圖以一套現代的（其實是西方的）史觀與文學觀論述中國文學批評史，但在今天看起來，羅根澤著作的學術價值恰恰不在其大的史觀及文學觀論述，而在其豐富的材料和具體問題的梳理。其實，郭紹虞的《中國文學批評史》又何嘗不是如此？這

---

123 〈羅根澤先生在學術領域中的多方開拓〉，《學林往事》中冊，頁 574。

124 事實上，羅根澤書中所列舉的西方文論大都是翻譯資料。其《中國文學批評史》第一篇第一章〈緒言〉：「近來的談文學批評者，大半依英人森次巴力（Saintsbury）的《文學批評史》（The History of Criticism）的說法，分為：主觀的、客觀的、歸納的、演繹的、科學的、判斷的、歷史的、考證的、比較的、道德的、印象的、賞鑑的、審美的十三種。」按此所引森次巴力（George Saintsbury，1845-1933）《歐洲文學批評及趣味史》（A History of Criticism and Literary Taste in Europe from the Earliest Texts to the Present Day, London: Blackwood, 1900）其書共三卷，第一卷為古典及中世紀批評，第二卷「文藝復興到十八世紀正統的衰落（1902 初版），第三卷（1904）現代批評，其書中有關英國文學批評的部分經增訂別行為《英國文學批評史》（A History of English Criticism, London: Blackwood, 1911），但檢其書，並沒有列舉此十三種批評。本人求證於陳國球教授，陳教授亦言曾檢原書，未見有關論述。羅氏當未讀原書。

令人想起錢鍾書。錢鍾書對西方學術十分稔熟，但也對西方大論述十分
警惕，[125] 他試圖不以西方大論述為理論架構講述中國文學史，並寫出了
〈中國文學小史序論〉，但可惜的是，我們最終未能見到（很可能他沒有
最終完成）這部《中國文學史》。那麼，如果不憑藉西方的史觀及文學
觀，我們如何寫出一部具有現代學術意義的中國文學史或中國文學批評
史呢？在今天，這仍是一個需要認真思考和回答的問題。

---

125 〈讀《拉奧孔》〉：「許多嚴密周全的思想和哲學系統經不起時間的推排銷蝕，在整
　　體上都垮塌了，但是它們的一些個別見解還為後世所採取而未失去時效。」「眼裡
　　只有長篇大論，瞧不起片言隻語，……那是淺薄庸俗的看法。」《七綴集》（北京：
　　三聯書店，2001），頁 39。

Chapter 7

第七章
〈中國文學小史序論〉與錢鍾書的文學觀

　　現代的中國文學批評研究，錢鍾書（1910-1998）是絕對難以繞開的一大家。但是，錢鍾書的研究與所謂的「現代精神」並不完全一致。在人們的印象中，錢鍾書知識廣博，卻沒有建立一套自己的體系，這種印象似乎也可以在錢鍾書本人的著作中找到佐證。他曾經說「許多嚴密周全的思想和哲學系統經不起時間的推排銷蝕，在整體上都垮塌了，……好比龐大的建築物已遭破壞，住不得人、也唬不得人了」，[1] 儘管錢鍾書承認系統「垮塌」之後，「一些個別見解還為後世所採取」，但可以感覺到他對於系統是不太推崇的。這或許可以解釋錢鍾書本人著作不立系統的原因。在錢鍾書看來，有系統並非現代學術的必要條件。不過，著作沒有系統的形態，並不等於思想沒有系統。就錢鍾書本人而言，別的領域不說，單在文學批評方面，是有自己系統的文學觀念的。這一點錢鍾書本人曾經明確說出。他在 1934 年發表的書評〈論復古〉中稱，「我自己的文學觀念在《國風》第 3 卷第 8 期中講過，現在大體上還是那個意思」。[2]《國風》雜誌上的文章乃是作者 1933 年發表在該刊第 3 卷第 8 期及第 11 期上的〈中國文學小史序論〉。[3] 這是一篇大文

1　〈讀《拉奧孔》〉，《七綴集》（北京：三聯書店，2001 年第 1 版第 1 次印刷），頁 39。

2　〈論復古〉自註，原載 1934 年 10 月 17 日《大公報》，收於《人生邊上的邊上》，《錢鍾書集》（北京：三聯書店，2019 年第 2 版第 34 次印刷），頁 327。

3　關於《中國文學小史》，未見出版，亦未載於錢鍾書著作集。惟錢鍾書〈上家大人論駢文流變書〉曾述及之：「兒撰《文學史》中，有論駢儷數處，亦皆自信為前人未發」，「兒擬於《文學史》脫稿後編次付印一百小冊」，又謂：「商務交稿期在陰

章，比較集中地體現了錢鍾書的文學觀和中國文學史觀。本文擬以此篇為中心，結合作者其他論述，探討錢鍾書對於文學、文學批評、文學史以及中國文學史的一些基本觀念。

一、對實證主義的造反：詞章之學與文學批評

錢鍾書 1978 年在〈古典文學研究在現代中國〉一文中稱，1949 年後馬克斯主義的應用，在古典文學研究中發生了深刻的變革，其一就是「對實證主義的造反」：

> 第一點是「對實證主義的造反」，請容許我借西方文評史家的用語來說。大家知道威來克的那篇文章〈近來歐洲的文學研究中對實證主義的造反〉；他講第一次世界大戰以後，歐洲的文學研究被實證主義所統治，所謂「實證主義」就是繁瑣無謂的考據、盲目的材料崇拜。4

錢鍾書所引威來克（通譯韋勒克，René Wellek，1903-1995）的文章（"The Revolt Against Positivism in Recent European Literary Scholarship"）說：

> 在歐洲，特別是自第一次世界大戰以來，有一股對十九世紀後半葉通行的文學研究方法的造反之風：反對僅僅搜集無關的事實，反對潛在的應以自然科學的方法研究文學的整體預設，考

曆三月底，不匆匆也」。載《光華》半月刊第 7 期（1933 年 4 月 10 日），頁 12。按錢文實為乃父錢基博《駢文通義》之讀後感，《駢文通義》第一篇同載《光華》第 7 期，有題識云：「上海光華大學之東院，時在中華人民造國之二十二年三月十五日。」此當為成書日期，錢鍾書文當撰於 1933 年 3 月中旬至 4 月上旬之間，由上知其《中國文學小史》33 年尚未脫稿，而擬於 34 年春交商務印書館出版，但錢鍾書可能並未完成此書。

4　《人生邊上的邊上》，頁 179。

察因果關係，外部的決定力量，如丹納（Taine）提出的著名
口號：種族、環境與時代。[5]

錢鍾書認為這種文學研究中的實證主義也盛行於現代中國：

> 在解放前的中國，清代「樸學」的尚未削減的權威，配合了新
> 從歐美進口的這種實證主義的聲勢，本地傳統和外來風氣一見
> 如故，相得益彰，使文學研究和考據幾乎成為同義名詞，使考
> 據和「科學方法」幾乎成為同義名詞。[6]

這是錢鍾書對民國時期在「以科學的方法整理國故」思潮影響之下的古
典文學研究的一個總體概括：文學研究中的考據學或實證主義受到尊崇
而盛行。他說：

> 那時候，只有對作者事跡、作品版本的考訂，以及通過考訂對
> 作品本事的索隱，才算是嚴肅的「科學的」文學研究。[7]

文學批評被視為「詞章之學」受到貶斥。他指出1949年以後，馬克思
主義的應用使得中國的古典文學研究發生了深刻的變革，其中之一就是
「對實證主義的造反」：

> 一九五四年關於《紅樓夢研究》的大辯論的一個作用，就是對
> 過去古典文學研究裡的實證主義的宣戰。……文學研究是一門
> 嚴密的學問，在掌握資料時需要精細的考據，但是這種考據不
> 是文學研究的最終目標，不能讓它喧賓奪主、代替對作家和作
> 品的闡明、分析和評價。[8]

5　英文原文見 René Wellek, *Concepts of Criticism*, New Haven: Yale University Press, 1973. p. 256.
6　〈古典文學研究在現代中國〉，《人生邊上的邊上》，頁179。
7　《人生邊上的邊上》，頁179。
8　《人生邊上的邊上》，頁179。

錢先生對中國古典文學研究領域變化的論述中，也透露出其本人的態度，即他不滿文學研究中的實證主義。

　　事實上，早在 20 世紀 30 年代，錢鍾書就已對文學研究中的實證主義「造反」了。他在〈釋文盲〉一文中把「欠缺美感，對於文藝作品，全無欣賞能力」的人稱作「文盲」。[9] 他說：「好多文學研究者，對於詩文的美醜高低，竟毫無欣賞和鑒別。」[10] 錢鍾書這裡並沒有說「好多文學研究者」所指為誰，但既然是文學研究者卻無欣賞和鑒別的美感能力，他們研究什麼呢？錢鍾書下面的話逗漏了其意中的所指：

> 訓詁音韻是頂有用、頂有趣的學問，就只怕學者們的頭腦還是
> 清朝樸學時期的遺物，以為此外更無學問，或者以為研究文學
> 不過是文字或其他的考訂。[11]

「研究文學不過是文字或其他的考訂」，考訂文字是把文學研究樸學化；這裡「其他的考訂」的「其他」指什麼？聯繫上文，我們就可以明白，這是指那些文學研究中的作者事跡、作品版本的考訂以及作品本事的索隱。總之，錢鍾書這裡所指的是文學研究中的樸學，也就是實證主義。錢鍾書說這些人「好多」，顯然不是個別現象，又說「樸學者的霸道是可怕的」，這也可以印證前面所引實證主義者的文學研究是民國主流的說法。錢鍾書在 30 年代已對文學研究中的實證主義不滿。他嘲諷道：「看文學而不懂鑒賞，恰等於帝皇時代看守後宮，成日價在女人堆裡廝混的偏偏是個太監，雖有機會，卻無能力！」[12] 他又借用聖佩韋（Sainte-Beuve，1804-1869）《月曜論文新編》（*Nouveaux Lundis*）中的話，「學會了語言，不能欣賞文學，而專做文字學的工夫，好比向小姐求愛不

9　《寫在人生邊上》，《錢鍾書集》（北京：三聯書店，2019 年第 2 版第 34 次印刷），
　　頁 47。按《寫在人生邊上》結集於 1939 年。
10　《寫在人生邊上》，頁 48。
11　《寫在人生邊上》，頁 48。
12　《寫在人生邊上》，頁 48。

遂，只能找丫頭來替。」錢鍾書評論說：「不幸得很，最招惹不得的是丫頭，你一抬舉她，她就想蓋過了千金小姐。有多少丫頭不想學花襲人呢？」[13] 文學是小姐，文字學是丫頭，錢鍾書借用的這個比喻已經非常明確地表明其本人的態度。

文學研究中的實證主義，在錢鍾書的心目中有兩個代表人物，一是胡適（1891-1962），一是陳寅恪（1890-1969）。錢鍾書〈古典文學研究在現代中國〉一文中指出：

> 譬如解放前有位大學者在討論白居易〈長恨歌〉時，花費博學和細心來解答「楊貴妃入宮時是否處女？」的問題——一個比「濟慈喝什麼稀飯？」、「普希金抽不抽烟？」等西方研究的話柄更無謂的問題。今天很難設想這一類問題的解答再會被認為是嚴肅的文學研究。[14]

很明顯，這位大學者是指陳寅恪。雖然錢鍾書這裡指出的是陳氏考據的一個極端的例子，但這卻是作為文學研究中實證主義傾向的代表出現的。[15] 錢鍾書在 40 年代出版的小說《貓》中寫一個「什麼學術機關的主任趙玉山」，其機關「雇傭許多大學畢業生在編輯精博的研究報告」，趙玉山定的「一個最有名的題目」是《印刷術發明以來中國書刊中誤字統計》，趙氏常宣稱：「發現一個誤字的價值並不亞於哥倫布的發現新大陸」。[16] 這段文字顯然是影射胡適所謂：「發明一個字的古義，與發現一顆恒星，都是一大功績。」[17] 小說《貓》中，還寫了一位「頭腦不

---

13 《寫在人生邊上》，頁 49。

14 《人生邊上的邊上》，頁 179-180。

15 余英時〈我所認識的錢鍾書先生〉謂錢鍾書曾「批評陳寅恪太『trivial』（瑣碎、見小），即指《元白詩箋證稿》中考證楊貴妃是否以『處子入宮』那一節。我才恍然他對陳寅恪的學問是有保留的。」《余英時文集》（桂林：廣西師範大學出版社，2006），第 5 卷，頁 381。

16 《人・獸・鬼》，《錢鍾書集》（北京：三聯書店，2012），頁 33。

17 〈論國故學〉，《胡適全集》（合肥：安徽教育出版社，2007 年重印本），第 1 卷，

好，沒有思想，沒有理想」的李建侯，卻想要著述，小說寫李建侯的心理：「大著作有時全不需要好頭腦，只需要好屁股。……只要有坐性，《水滸傳》或《紅樓夢》的人名引得總可以不費心編成的。這是西洋科學方法，更是 20 世紀學問工具，只可惜編引得是大學生或小編輯員的事，不值得親自動手。」[18]連李建侯這種頭腦不好的人也不屑於編引得，而這恰恰是當時胡適所提倡「以科學的方法整理國故」中的重要內容，即「索引式的整理」。[19]趙玉山所主持的雇傭許多大學畢業生編輯研究報告的「某學術機關」實際上正是中央研究院歷史語言研究所的縮影。歷史語言研究所的創立者傅斯年（1896-1950）在〈歷史語言研究所工作之旨趣〉中說：「歷史學和語言學發展到現在，已經不容易由個人作獨立的研究了，他既要靠圖書館或學會供給他材料，靠團體為他尋材料……集眾的工作漸漸的稱一切工作的樣式了。」[20]雇傭許多大學畢業生編輯研究報告，正是所謂「集眾的工作」。可以肯定地說，錢鍾書對於當時的學界主流是所有不滿的。這也正可以解釋以他如此高的才分，卻沒有加入到「整理國故」的行列中。

在民國時代，理論批評受到輕視，「一切文學批評只是『詞章之學』，說不上『研究』的。」[21]錢鍾書說：

> 在過去，中國的西洋文學研究者都還多少研究一些一般性的文學理論和藝術原理，研究中國文學的人幾乎是什麼理論都不管的。他們或忙於尋章摘句的評點，或從事追究來歷、典故的箋注，再不然就去搜羅軼事掌故，態度最「科學」的是埋頭在上述的實證主義的考據裡，他們不覺得有文藝理論的需要。……

頁 418。

18 《人・獸・鬼》，頁 24。

19 〈《國學季刊》發刊宣言〉，《胡適全集》第 2 卷，頁 9-11。

20 《傅孟真先生集》（臺北：臺灣大學，1952），第 4 冊，頁 181。

21 〈古典文學研究在現代中國〉，《人生邊上的邊上》，頁 179。

就是研究中國文學批評史的人，也無可諱言，偏重資料的搜
討，而把理論的分析和批判放在次要地位。[22]

這裡「態度最科學」的「實證主義的考據」，就是上面所說的中國傳統
的樸學與西方實證主義的合流。「詞章之學」是傳統的說法，「文學批
評」是西方的說法。在研究界盛行的實證主義風氣影響下，文學批評或
詞章之學受貶抑，即便是研究中國文學批評史的人也不能不受此風氣的
影響，重資料搜集而輕理論分析。但是，錢鍾書卻不為時風左右，偏偏
研究詞章之學。錢鍾書於其民國時期最重要的學術著作《談藝錄》，即
自稱「賞析之作」，並以「詩話」自視。可見錢氏在當時是以「詞章之
學」或者說文學批評自居的。

瞭解這一點很重要，在這種背景之下，才能理解〈中國文學小史序
論〉的特殊意義：不重文學史上的實證方面，而是重詞章方面。在錢鍾
書看來，詞章才是文學的核心，才是文學研究的中心。

三、從功能定義文學：動人與美感

編寫文學史首先涉及文學觀念，因為編者所持的文學觀念直接影響
於論述範圍的劃定、材料的取捨以及對於作家作品的評價等諸多方面。

「五四」以來，在文學觀念方面有過激烈的爭論，發生了巨大的變
革。純文學觀逐漸成為主流的文學觀，這種文學觀的核心即是認為文學
是抒情的。對於當時的文學觀念論爭，錢鍾書瞭然於心，而且對各派的
觀點都不認同，他提出了自己獨特的文學觀念。他說：「他學定義均主
內容（subject-matter），文學定義獨言功用——外則人事，內則心事，
均可著為文章，只須移情動魄。」[23] 錢鍾書認為，文學與其他學科不同，
其他學科由題材內容來定義，而文學應該由功用來定義。

---

22 〈古典文學研究在現代中國〉，《人生邊上的邊上》，頁 180-181。
23 〈中國文學小史序論〉，《人生邊上的邊上》，頁 92。

　　錢鍾書對於文學的這種界定是有針對性的，回應了當時關於文學觀念的論爭。「蓋吾國評者，夙囿於題材或內容之說──古人之重載道，今人之言『有物』，古人之重言志，今人之言抒情，皆魯衛之政也。」[24]在錢鍾書看來，我國古今論文者有兩個傳統：古代有載道與言志之說，今有「有物」與「抒情」之說，從「載道」到「有物」是一個傳統，從「言志」到「抒情」是一個傳統。「今人之言『有物』」，乃是胡適〈文學改良芻議〉中的說法。而「載道」與「言志」之相對待，這是周作人（1885-1967）〈中國新文學的源流〉中的提法。[25]錢鍾書認為，兩種文學觀念都是從題材角度定義文學，都不正確。

　　為什麼不應從題材來界定文學？錢鍾書認為，文學沒有專屬的獨立的題材，文學只關涉事物的一方面。他說：

> 竊常以為文者非一整個事物（self-contained entity）也，乃事物之一方面（aspect）。同一書也，史家則考其述作之真贋，哲人則辨其議論之是非，談藝者則定其文章之美惡；猶夫同一人也，社會科學取之為題材焉，自然科學亦取之為題材焉，由此觀點（perspective）之不同，非關事物之多歧。論文者亦以「義歸翰藻」為觀點而已矣，於題材之「載道」與「抒情」奚擇焉？[26]

按照錢鍾書的論述，不同的學科有不同的「觀點」或說「視角」，文學沒有專屬的題材，但有自己的視角即美（翰藻）。站在這種立場上，說文學的對象是道，或者說文學的對象是情，都是從題材角度來定義文學，是不正確的。錢鍾書又從文學史的角度論述文學的題材是變化的，他說：

24　〈中國文學小史序論〉，頁 103-104。
25　錢鍾書曾撰文評《中國新文學的源流》，指「載道」與「言志」在傳統文評中並非相對立的觀念。見《人生邊上的邊上》，頁 249-250。
26　〈中國文學小史序論〉，頁 102。

> 文學題材，隨時隨人而為損益；往往有公認為非文學之資料，
> 無取以入文者，有才人出，具風爐日炭之手，化臭腐為神奇，
> 向來所謂非文學之資料，經其著手成春之技，亦一變而為文
> 學，文學題材之區域，因而擴張，此亦文學史中數見不鮮之
> 事。27

文學題材的變化證明文學不能由題材來定義。換句話說，題材無論是「載道」或者「抒情」，都可以是文學，也都不一定是文學。其《談藝錄》引王濟語「文生於情」，評論說「然而情非文也。性情可以為詩，而非詩也」。28 正與上述觀點一致。

　　錢鍾書主張，應該由功用來界定文學，即文學應該能夠「移情動魄」。「文章要旨，不在其題材為抒作者之情，而在效用能感讀者之情。」29 題材上抒情與效用上動情，此兩者他又稱為「內容抒情」與「風格動情」，認為兩者有差異。30 按照錢鍾書的論述，抒情的題材固然有動情的效果，但這是靠內容本身來動人之情的，單靠內容動情還不是文學，31 還不是錢鍾書所說的動情，他所指的是風格上的感人效果，是靠藝術形式來實現的。題材上抒情與風格上動情，兩者固然可以兼具，也可以不相統一。在風格上有動情效果的，在題材上卻不一定就是抒情的。錢鍾書指出，具有動情效果的作品在題材上可以有兩類：「一則題材本為抒感言情而能引起讀者之同情與美感者，一則題材不事抒感言情而能引起讀者之同情與美感者。」32 何以非抒情的題材卻能動人之情，有感人

---

27 〈中國文學小史序論〉，頁 102。
28 《談藝錄》（北京：三聯書店，2019 年第 3 版第 11 次印刷）五「性情與才學」，頁 107。
29 〈中國文學小史序論〉，頁 102。
30 〈中國固有的文學批評的一個特點〉，《人生邊上的邊上》，頁 130，註腳 1。
31 《管錐編（一）》「一詩譜序」云：「夫『長歌當哭』，而歌非哭也，哭者情感之天然發洩，而歌者情感之藝術表現也。……非徒以宣洩為快有如西人所嘲『靈魂之便溺』矣。」（北京：三聯書店，2019 年第 3 版第 15 次印刷），頁 100。
32 〈中國文學小史序論〉，頁 102。

的功效？錢鍾書認為，「物之感人，不必內容之深情厚意，純粹形式，有體無情者其震蕩感激之力，時復絕倫，觀乎音樂可知已」。[33] 這裡牽涉到一個重大的理論問題，音樂是否有情感內容？按照錢鍾書的說法，音樂是「無情」的，其感人僅在於純粹的形式，是形式本身造就了感人的效果。要之，錢鍾書所說的文學的動人功效是形式風格方面的，與題材本身的抒情與否沒有關係。

　　錢鍾書曾借用德昆西（Thomas De Quincey，1785-1859）「力的文學」（literature of power）與「知的文學」（literature of knowledge）之分別來說明其兩類文學題材的劃分，抒情題材相當於「力的文學」，非抒情題材相當「知的文學」，但在錢鍾書看來，他與德昆西也有明確的分別。德昆西關於「力的文學」與「知的文學」的區分是文學與非文學的區分，即以「力的文學」即題材抒情為真正的文學，以「知的文學」即題材非抒情為非文學，而錢鍾書則認為，兩者的分別不是文學與非文學的分別，而只是文學內部之題材上的區別。在錢鍾書看來，德昆西也還是從題材內容的角度定義文學，而非從功用上界定文學。

　　文學從功能上說具有感人效用，文學的感人是風格上的，與題材本身無關。在錢鍾書看來，感人不僅是界定文學的標準，也是衡量文學價值的尺度。但是，感人之說一旦展開，就有所感者是什麼人、感動者數量的多少以及感動的程度諸問題。錢鍾書認為，感人作為一種價值尺度不應「以感人之多寡為斷」，而應該以「能感之度、所感之人」為依據。換句話說，感動對象的數量不能作為衡量文學價值的尺度，而所感之人的文學修養程度及感人的程度則是衡量文學價值的依據。在錢鍾書看來，「至精之藝，至高之美，不論文體之雅俗，非好學深思者，勿克心領神會」，沒有藝術審美修養的「素人（amateur）俗子（philistine），均不足與於此事，更何有於『平民』（the court chaplains

---

33　〈中國文學小史序論〉，頁 102-103。

of king Demos）？」[34] 按照錢鍾書的論述，曲高必然和寡，但和寡不妨曲
高。這種觀點實有精英文化觀傾向，與當時的大眾文學、通俗文學主張
是相左的。關於「能感之度」，錢鍾書說：

> 以感人而言，亦有講究辨別；鄙見則以為佳作者，能呼起
> （stimulate）讀者之嗜欲情感而復能滿足之者也，能搖蕩讀者
> 之精神魂魄，而復能撫之使靜，安之使定者也。蓋一書之中，
> 呼應起訖，自為一周（a complete circuit），讀者不必於書外別
> 求宣泄嗜欲情感之具焉。劣作則不然，放而不能收，動而不
> 能止，讀者心煩意亂，必於書外求安心定意之方，甚且見諸
> 行事，以為陶寫。故夫誨淫誨盜之籍，教忠教孝之書，宗尚不
> 同，胥歸劣作。何者？以書中所引起之欲願，必求償於書外
> 也。[35]

優秀作品的感人必須能激起其情，又能滿足之；能搖蕩之，又能平靜
之。一部作品之中必須包括「呼應起訖」的全過程，讀者的情感可以在
一部作品中達到最終的平衡，錢鍾書稱之為「一周」，即一個圓形的過
程。

　　但這裡有個問題，錢鍾書此所謂感人效果是由作品的形式風格所引
起呢，還是由作品的題材內容引起？按照錢鍾書的論述邏輯，當然是由
形式風格引起的。但是，當錢鍾書論述劣作之感人時，提出的例證卻是
誨淫誨盜之作、教忠教孝之書，誨淫誨盜、教忠教孝顯然觸及到了題材
內容。如果按照錢鍾書的論述邏輯，作品的感人效果可以與題材內容無
關，而由藝術形式造成，那麼作品的感人效果與淫盜忠孝的題材內容無
關，而由風格造成，但錢鍾書這裡顯然是從題材內容角度說的，在這裡
出現了論述上的矛盾。

---

34 〈中國文學小史序論〉，頁 107。
35 〈中國文學小史序論〉，頁 107。

　　由於錢鍾書認為感人的功效在於藝術形式，與題材內容無關，就引出另一問題：作品情感的真實性問題。按照錢鍾書的論述，感人的作品，其內容未必是真情實感，也就是說，作品的感人效果與作品內容本身是否感人、是否真情實感無關！這種觀點與中國傳統文論實相背離。中國傳統文論主張「修辭立誠」，主張「情動於中而形於言」，內外一致，反對無病呻吟；此一點錢鍾書自然明白，但他認為「此僅可以語於作者之修養，而非所語於讀者之評賞，二事未可混為一談」。[36] 按照錢鍾書的論述，立誠與情動於中不是文學的必要條件，文學在於效果的感人，而感人的效果是通過藝術表現形式造就出來的。因而站在錢鍾書的立場上說，「無病呻吟」恰恰正符合他所主張的文學觀念：「竊以為惟其能無病呻吟，呻吟而能使讀者信以為有病，方為文藝之佳作耳。」他說：

> 文藝上之所謂「病」，非可以診斷得；作者之真有病與否，讀者無從知也，亦取決於呻吟之似有病與否而已。故文藝之不足以取信於人者，非必作者之無病也，實由其不善於呻吟；非必「誠」而後能使人信也，能使人信，則為「誠」矣。[37]

作者之是否有病是一事，作品表現得是否像有病是另一事；前者涉及題材本身是否真實的問題，題材真實與否是經驗世界中的真實；後者關涉效果是否像是真實的問題，效果之像真實乃是藝術世界中的真實。錢鍾書主張：

> 文藝取材有虛實之分，而無真妄之別，此一事也。所謂「真妄」，果取決於世眼乎？抑取決於文藝之自身乎？使取決於世眼，則文藝所言，什九則世眼所謂虛妄，無文藝可也；使取決

36　〈中國文學小史序論〉，頁 105。
37　〈中國文學小史序論〉，頁 105。

於文藝自身，則所言之真妄，須視言之美惡為斷。[38]

世眼中的真妄指題材內容是否具有經驗世界中的真實性，文藝自身世界中的真妄則不問其在經驗世界中真實與否，而是看其效果是否像真實，或者說無病呻吟能否像有病一樣。在錢鍾書看來，這跟藝術表現水平有密切的關係，故錢鍾書說「須視言之美惡為斷」，只有藝術表現水平高，才能夠達到無病呻吟像有病的效果。故錢鍾書又說：「蓋必精於修詞，方足『立誠』」，[39]「立誠」即效果上的真實性有賴於藝術表現，所以「精於修詞」是「立誠」的條件。

錢鍾書這種觀點顯然受了西方文論的影響，認為文學具有虛構特徵。中國傳統文論主張人與文兩者應該一致，作者情感的真實性體現在作品中自然會有作品的真實性，「夫情動而言形，理發而文見，蓋沿隱以至顯，因內而符外者也」（《文心雕龍・體性》），說的就是這個道理。傳統文論中所謂「文如其人」、「文品即人品」等等命題都是建立在作者與作品之間的真實一致的基礎之上。儘管古代文論也承認文學史中存在著不一致的事實，如元好問《論詩三十首》之六：「心聲心畫總失真，文章寧復見為人。高情千古〈閒居賦〉，爭信安仁拜路塵。」但言為心聲、文如其人，說的是當然；不一致的現象在文學史中雖然存在，其在價值上卻是受到否定的。然而按照錢鍾書的論述，現實中潘岳是否「拜路塵」是一回事，在文學的評價中可以不過問，只要其作品表現得好像真有「高情」，那就是成功的佳作。

錢鍾書關於文學的定義，除了以功能的感人來界定之外，還以美感來界定。他稱：

他學定義，僅樹是非之分；文學定義，更嚴美醜之別，雅鄭之
殊——往往有控名責實，宜屬文學之書，徒以美不掩醜，瑜不

---

38 〈中國文學小史序論〉，頁 104。
39 〈中國文學小史序論〉，頁 105。

掩瑕，或則以落響凡庸，或乃以操調險激，遂皆被屏不得與於

斯文之列——蓋存在判斷與價值判斷合而為一。[40]

此所謂「存在判斷」就是判定其是不是文學，「價值判斷」就是判斷其
是否有審美價值。如果缺乏審美價值，即便是應被界定為文學範圍之內
的作品，也被剔除於文學的範圍之外。

　　由錢鍾書所論，知其所謂「文學」關鍵有二：一是動人，二是美
感。站在錢鍾書的立場上說，無論是載道還是抒情可以都是文學，只要
其能感人，只要其有美感。以這種立場編寫文學史，其論述的範圍既不
同於「雜文學」觀的文學史，也有別於「純文學」觀的文學史。

　　錢鍾書雖然對胡適有不少或明或暗的批評，但其這種文學觀卻與
胡適有一致處。胡適在〈什麼是文學〉一文中說：「達意達的好，表情
表的妙，便是文學。」他又進一步解釋說：「文學有三個要件：第一要
明白清楚，第二要有力能動人，第三要美。」[41]胡適也不主張從題材內容
劃分文學與非文學，所以他不承認「純文」與「雜文」的說法，他認為
「無論什麼文，都可分作『文學的』與『非文學的』兩項」。[42]「文學的」
與「非文學的」的區別就在是否有其所謂「三要件」。錢鍾書定義文學
的思路與胡適相合，除了「明白清楚」一項外，錢鍾書所列的文學的兩
要件也與胡適相同。但是，錢鍾書對於「動人」的理解與胡適有不同，
錢氏強調所動之人的代表是「好學深思者」，是雅士文人，而胡適提倡
白話文，他所謂動人的對象其實主要指能夠讀書識字的普通人。在胡適
看來，「大多數的中國舊『文學』」都不動人；而在錢鍾書，卻並非如
此理解。胡適所謂「美」就是明白清楚加上有力動人的結果，而在錢鍾
書，所謂「美」的標準與動人是有區別的。

―――――
40　〈中國文學小史序論〉，頁 92。
41　《胡適全集》第 1 卷，頁 206。
42　《胡適全集》第 1 卷，頁 209。

三、文學批評與文學史

錢鍾書對文學史與文學批評作了嚴格的區分，認為「文學史與文學批評體制懸殊」，他說：

> 一作者也，文學史載記其承遭（genetic）之顯跡，以著位置之重輕（historical importance）；文學批評闡揚其創闢之特長，以著藝術之優劣（aesthetic worth）。一主事實而一重鑒賞也。[43]

錢鍾書認為，「文學演變，自有脈絡可尋」，文學史的任務就是要呈現文學演變的脈絡。錢鍾書所說的這種演變脈絡，是文學自身的內在演變過程，具體說，就是「作者之宗風習尚，相革相承，潛移默變，由漸而著」的過程。[44] 對於一個作家，文學史要考察的是其在文學演變脈絡中的或承或革的事實（「承遭之顯跡」），以確立其在文學演變過程中的歷史地位（「位置之輕重」）。與文學史不同的是，文學批評著眼於作家在藝術上的創造性，確立其審美價值。在錢鍾書看來，作家作品的歷史地位與審美價值不是必然統一的，「重輕（歷史地位）優劣（審美價值）之間，不相比例」。[45]「開宗立派」的作家並不一定有很高的藝術造詣，

---

43 〈中國文學小史序論〉，頁 93。

44 〈中國文學小史序論〉，頁 97。

45 〈中國文學小史序論〉，頁 93。英國批評家阿諾德（Matthew Anold，1822-1888）在其〈詩學研究〉（"The study of poetry"）一文中提出作品的歷史地位與本身價值不相一致現象。一作品在文學發展過程中位置重要，但其作品本身價值未必與此相符。批評家往往因其歷史地位重要而高估其作品本身價值，此乃歷史謬誤。（They may count to us historically. The course of development of a nation's language, thought, and poetry, is profoundly interesting; and by regarding a poet's work as a stage in this course of development we may easily bring ourselves to make it of more importance as poetry than in itself it really is, we may come to use a language of quite exaggerated praise in criticising it; in short, to overrate it. So arises in our poetic judgments the fallacy caused by the estimate which we may call historic.）參見朱光潛：〈歐洲近代三大批評學者──阿諾德〉，《朱光潛全集》第 8 卷，頁 225。

但文學史家不能因其藝術造詣不高，就「抹殺其影響之大」，否認其歷史地位；反之，有些聲名不彰的「小家別子」，雖然其作品的審美價值超過那些聲名籍甚的作家，但是，文學史家也不能不顧歷史事實，將其地位置於當時聲名籍甚的作家之上。錢鍾書的文學史觀實際上是主張審美評價與歷史判斷區分，強調文學歷史的客觀性，要求還原歷史的本來面貌。他說：「史以傳信，位置之重輕，風氣之流佈，皆信之事也，可以徵驗而得。」[46]「傳信」就是載記歷史的客觀事實。作家的歷史地位、文學風氣的流佈，都是客觀的歷史事實，是可以驗證的。

　　基於以上的文學史觀，錢鍾書對當時影響巨大的胡適的文學史論述提出了批評：

> 言「近五十年中國之文學」者，湘綺一老，要為大宗，同光詩體，亦是大事，脫病其優孟衣冠，不如服敔堂秋蟪吟館之「集開詩世界」，而乃草草了之，雖或徵文心之卓，終未見史識之通矣！[47]

胡適有〈五十年來中國之文學〉一文（1922），錢鍾書所批評者即是此文。胡適的這篇文章論述了自 1872 年到 1922 年五十年間的文學。胡適有幾項大論斷：一、此五十年上半是「古文末運史」，所謂桐城中興只是「迴光返照」；二、此五十年之下半是「古文學的變化史」；三、此五十年是白話小說的發達史，是「中國『活文學』的一個自然趨勢」；四、1917 年以來的「文學革命」上承白話文學傳統，是自覺的運動。[48]其間，胡適論述到此五十年間的屬於古文學範疇的詩界，王闓運（1833-1916，號湘綺）、同光體都是他基本否定的對象，[49]而他肯定的則是金和

46　〈中國文學小史序論〉，頁 94。
47　〈中國文學小史序論〉，頁 93-94。
48　《胡適全集》第 2 卷，頁 259-262。
49　《胡適全集》第 2 卷，頁 267、295-296。

（1818-1885，有《秋蟪吟館詩鈔》）和黃遵憲（1848-1905）。[50] 他雖然說王闓運「為一代詩人」，「大名鼎鼎」，卻認為其「只會作模仿詩」，其作品大多是「假古董」，不能代表其時代；同光體的作家也都是模仿。他推崇金和、黃遵憲，因為「這兩個詩人都有點特別的個性，故與那一班模仿的詩人，雕琢的詩人，大不相同」。但在錢鍾書看來，從文學史的事實講，王闓運、同光體在當時都有巨大的影響，儘管他們都是復古，缺乏創新；江湜（1818-1866，有《服敔堂詩錄》）、金和雖然革新詩體，但在當時詩壇卻無大影響。按照錢鍾書的文學史觀，王闓運、同光體都應該在文學史中佔有重要地位，而江湜、金和諸人則否；胡適推重金和諸人之詩，未能給予王闓運、同光體應有的歷史地位，這不符合歷史的客觀事實，不是史家的態度，而是文學批評家的態度。

胡適對五十年文學史的論述帶有強烈的價值判斷，他要透過這五十年文學的歷史證明古文學得了「必死之症」，宣佈「古文學的結束」，同時論證這五十年白話小說的發達，從而證明「文學革命」的必然性與正當性。其實，胡適不僅是論述五十年的文學史，即便是論述整個中國文學史都是如此！而錢鍾書則強調歷史的客觀性，不能以史家一人的價值判斷宰割歷史事實。兩人在文學史觀方面是有分歧的。

四、文學史：因果與分期

文學史是一種歷史現象，那麼這種歷史現象中有無因果關係？換句話說，是什麼因素決定文學現象？此關係到文學歷史的解釋。錢鍾書相信歷史現象有因果關係，謂「吾儕可信歷史現象之有因果關係」。[51] 那麼，文學史作為歷史現象也是有因果關係的。但在錢鍾書看來，說文學史有因果是一回事，如何確定及解釋其因果是另一回事。當時研究界深

---

50 《胡適全集》第 2 卷，頁 269-273、288-297。
51 〈中國文學小史序論〉，頁 99。

受丹納（H. A. Taine，1828-1893）影響，以社會原因解釋文學風格，錢
鍾書對此不滿：

> 每見文學史作者，固執社會造因之說，以普通之社會狀況解釋
> 特殊之文學風格，以某種文學之產生胥由於某時某地；其臆必
> 目論，固置不言，而同時同地，往往有風格絕然不同之文學，
> 使造因止於時地而已，則將何以解此歧出耶？蓋時地而外，必
> 有無量數影響勢力，為一人之所獨具而非流輩之所共被焉。[52]

在錢鍾書看來，文學風格的成因複雜，遠非只時地即時代、環境兩方面
的原因所能解釋，作為文學史家難以盡識。錢鍾書當然並不否認社會環
境對於作品的影響，但他認為社會背景只能解釋作品的成因，不能決定
作品的價值：

> 時勢身世不過能解釋何以而有某種作品，至某種作品之何以為
> 佳為劣，則非時勢身世之所能解答，作品之發生，與作品之價
> 值，絕然兩事；感遇發為文章，才力定其造詣，文章之造作，
> 繫乎感遇也，文章之造詣，不繫乎感遇也，此所以同一題目之
> 作而美惡時復相徑庭也。社會背景充量能與以機會，而不能定
> 價值。[53]

鑒於這種客觀限制，錢鍾書主張「不宜因世以求文」，而應該「因文以
知世」。這是他對文學與社會關係的主張。此一主張在當時也有理論的
依據。其在〈旁觀者〉一文中引述加賽德（José Ortega y Gasset，1883-
1955）之論認為，「一個時代最根本的是它的心理狀態（ideology），政
治狀況和社會狀況不過是這種心理狀態的表現。」他說：「一般把政治

---

52 〈中國文學小史序論〉，頁 99。
53 〈中國文學小史序論〉，頁 100。

狀況和社會狀況認為思想或文學的造因的人，尤其要知道這個道理。」[54]
「從前講『時代精神』，總把時代來決定精神，若照以上所說的觀點看
來，其實是精神決定時代的」。[55] 他主張，「與其把政治制度、社會形式
來解釋文學和思想，不如把思想和文學來解釋實際生活，似乎近情一
些。政治、社會、文學、哲學至多不過是平行著的各方面，共同表示出
一種心理狀態。」[56] 他在〈中國文學小史序論〉中說：

> 鄙見以為不如以文學之風格、思想之型式，與夫政治制度、社
> 會狀態，皆視為某種時代精神之表現，平行四出，異轍同源，
> 彼此之間，初無先因後果之連誼，而相為映射闡發，正可由以
> 窺見此種時代精神之特徵。[57]

這種觀念與唯物主義文學觀有著根本的差異。[58]

　　儘管錢鍾書承認文學與社會現象之間的關係，但他還是主張文學
史應該著眼於文學自身的演變：「文學演變，自有脈絡可尋，正不必旁
徵遠引，為枝節支離之解說也。」[59] 這種脈絡即是所謂文學演變的內在脈
絡。

　　既然是文學史，就必然涉及到歷史分期問題。錢鍾書首先討論的是
文學史可不可以分期？其次是如何分期？對於前一問題，錢鍾書主張文
學史可以分期。他說：「有論者力非文學史之區劃時期，夫文學史之時
期，自不能界域分明，有同框格；然而作者之宗風習尚，相革相承，潛

54　〈旁觀者〉，《人生邊上的邊上》，頁 281。
55　〈旁觀者〉，頁 282。
56　〈旁觀者〉，頁 281。
57　〈中國文學小史序論〉，頁 99-100。
58　錢鍾書關於文學與社會關係的觀念在其《宋詩選注》中發生了變化。這部詩選所
　　體現的關於文學與社會的關係的觀念是基於「社會生活是文學的唯一源泉」、「文
　　學是社會生活的反映」的論述，但《宋詩選注》是特定時代的產物，不完全代表
　　錢鍾書文學觀念的轉變。
59　〈中國文學小史序論〉，頁 99。

移默變，由漸而著，固可標舉其大者著者而區別之。」[60] 錢鍾書主張分期的依據在文學內部，即風尚沿承與變革，文學的風尚呈現出階段性，文學史的時期指的就是文學風尚的階段。錢鍾書認為，文學史的時期與政治史的時期內涵不能混一。比如唐詩分初盛中晚，錢鍾書認為，「所謂初盛中晚，乃詩中之初盛中晚，與政事上之初盛中晚，各不相關。盡可身生於盛唐之時，而詩則暢初唐之體；濟二者而一之，非愚即誣矣！」[61] 詩分唐宋，在錢鍾書看來，也是以風格言之：「曰唐曰宋，豈僅指時代（chronological epithet）而已哉，亦所以論其格調（critical epithet）耳」。[62]《談藝錄》首言「詩分唐宋」，所闡發者即是此意。

儘管錢鍾書主張文學史的分期應以文學風尚為依據，與政治上的時期不同，但是，他也並不否認文學風尚與政治之間的聯繫。從政治與文學風尚的關聯看，文學史上的斷代為期自有其合理性。在他看來，「文學之與鼎革有關」，他分三項論述，一是叔季性情，一是興朝氣象，一是遺民故國之思。他說：

> 吾國易代之際，均事兵戰，喪亂弘多，……當此之時，人奮於武，未暇修文，詞章亦少少衰息矣。天下既定於一，民得休息，久亂得治，久分得合，相與燕忻其私，而在上者又往往欲潤色鴻業，增飾承平，此時之民族心理，別成一段落，所謂興朝（century of hope）氣象，與叔季（Fin de Siécle）性情，迴乎不同。[63]

鼎革之際，興亡之時，有所謂亂世亡國之音，即所謂「叔季性情」；而天下既定有所謂「興朝氣象」，而此時也會存在遺民的故國之思：

60　〈中國文學小史序論〉，頁 97。
61　〈中國文學小史序論〉，頁 97。
62　〈中國文學小史序論〉，頁 97。
63　〈中國文學小史序論〉，頁 98。

> 遺老逸民，富於故國之思者，身世飄零之感，宇宙搖落之悲，
> 百端交集，發為詩文，哀憤之思，懍若風霜，憔悴之音，託於
> 環珧；苞稂黍離之什，旨亂而詞隱，別拓一新境地。[64]

朝代鼎革造成了文學上的周期性現象，因而文學史斷代有其合理性。錢鍾書反對借用西方的模式分上古、中古、近古、近代等，稱「星霜改換，乃天時運行之故，不關人事，無裨文風，與其分為上古、中古或十七世紀、十八世紀，何如漢魏唐宋，斷從朝代乎？」[65]

五、中國文學之特殊面貌：體制與品類

錢鍾書強調一國文學具有其特殊面貌，「文學隨國風民俗而異，須各還其本來面目，削足適屨，以求定於一尊，斯無謂矣。」文學史應該「還其本來面目」，「作史者斷不可執西方文學之門類，鹵莽滅裂，強為比附」。[66]

那麼，中國文學的「本來面目」是什麼呢？錢鍾書認為，中國傳統上沒有西方那樣的綜合的「文學」概念，而只有各種文體類別的觀念。他說：「我們沒有『文學』這個綜合的概念，我們所有的只是『詩』、『文』、『詞』、『曲』這許多零碎的門類。」[67]「相傳談藝之書，言文則意盡於文，說詩則意盡於詩，劃然打為數橛，未嘗能溝通綜合，有如西方所謂『文學』」。[68] 錢鍾書的這個論斷十分重要。如果說中國文學不存在一個統一的文學概念，那麼中國也不存在超越各種文類之上的整體的文學

---

64 〈中國文學小史序論〉，頁 98。
65 〈中國文學小史序論〉，頁 98。錢鍾書在文學史分期的問題上，與其父錢基博亦有不同。錢基博《現代中國文學史》正是將古代文學史分為上古、中古與近古三個時期。
66 〈中國文學小史序論〉，頁 95。
67 見錢鍾書書評〈中國新文學的源流〉，《人生邊上的邊上》，頁 249。
68 〈中國文學小史序論〉，頁 96。

理論，而只存在各體的文學理論觀念。但是，我們認為，錢鍾書的這一論斷恐怕不盡符合中國文學批評史的客觀事實。如果嚴格按照西方關於文學的定義來說，中國文學批評史上確實是沒有一個完全合乎西方關於文學定義的範疇。不過西方的文學範疇本身也有一個歷史演變過程，文學的定義也流動變化，迄今未能有完全統一的定義。如果不按西方的文學定義來界定，中國也有一個超越各種文類之上的統一的範疇，那就是「文」。陸機〈文賦〉之所論包括不同的文體，雖然他也論述到不同文體之間的差異，但在他看來，各種文體也有共同規律。事實上，早在曹丕《典論‧論文》中已經說過「夫文本同而末異」，「末異」是指各種文體的差異，但其根本則是相同的，也就是有共同的原理。此所謂「文」也是超越不同文體之上的統一範疇。《文心雕龍》之「文」也是超越文體之上的綜合範疇。錢鍾書說：「『文』之一字，多指『散文』、『古文』而言，斷不可以『文學』詁之。」[69] 這種論斷與唐宋以後「文」字的用法大體相合，若以曹丕、陸機、劉勰諸人之論述考之，則不能相符。中國「文」的範疇雖然不能與西方「文學」範疇等同，但是，它也可以是一個涵蓋不同文類的統一範疇。

　　錢鍾書認為，中國文學傳統特重體制之辨，品類之別。「吾國文學，橫則嚴分體制，縱則細別品類。體制定其得失，品類辨其尊卑」。[70] 所謂「橫則嚴分體制」，即傳統所謂「辨體」。「吾國文學，體制繁多，界律精嚴，分茅設蕝，各自為政。」[71] 不同文體各有其特徵與功能，界限分明。「『詩』是『詩』，『文』是『文』，分茅設蕝，各有各的規律和使命。」[72] 所謂「縱則細別品類」，是指不同文體之間、同一文類之內的價值判定。體制與品類兩者涉及的方面不同，判定其得失尊卑的標準隨之而異：「體之得失，視乎格調（style），屬形式者也；品之尊卑，繫於題

69　〈中國文學小史序論〉，頁 96。
70　〈中國文學小史序論〉，頁 95。
71　〈中國文學小史序論〉，頁 94。
72　〈中國新文學的源流〉，頁 249。

材（subject），屬內容者也。」[73] 古人論體之得失著眼的是格調，即形式方面，而品之高下著眼的是題材，即內容方面。這是錢鍾書非常敏銳而獨到的觀察與論述。錢鍾書關於中國古代文學的論述正是建基於這一觀察的基礎之上的。

按照錢鍾書的論述，中國文學嚴體制之辨，潛在觀念就是認為不同的文類各有其體，這種「體」實際上是此一文類的審美特質。而辨體就是辨「體之得失」，即是「得體與失體」。錢鍾書說：「得體與失體之辨，甚深微妙，間不容髮，有待默悟。」[74] 他所舉的文學史例證，一是詩文之辨，一是詩詞之辨，一是古文與注疏體之辨。古有「以文為詩」之說，在錢鍾書看來，「以文為詩」說本身即證明古人嚴詩文之辨，「標舉『以文為詩』，正是嚴於辨體之證；惟其辨別文體與詩體，故曰『以文為詩』，借曰不然，則『為詩』逕『為詩』耳，何必曰『以文』耶？」[75] 按照錢鍾書的論述，「以文為詩」說出現的前提就是文體、詩體有別的觀念，因為在邏輯上言，必先有區分文體與詩體的觀念，才會有「以文為詩」之說。

錢鍾書所舉古代嚴分體制的另一例證是詩體、詞體之辨。他從詞類於詩與詩類於詞兩方面論之。詞類於詩者，他舉李清照〈詞論〉為證。李清照認為詞「別是一家」，而晏殊、歐陽修、蘇軾之詞乃是「句讀不葺之詩」。對詩類於詞者，錢鍾書舉王世貞、朱彝尊討論楊基詩句為證。王世貞《藝苑卮言》卷五：

> 楊孟載有一起一聯甚足情致而不及之者。「判醉望愁醒，愁因醉轉增。」[76] 是詞中〈菩薩蠻〉調語。「尚短柳如新折後，已殘

---

73 〈中國文學小史序論〉，頁 96。

74 〈中國文學小史序論〉，頁 94。

75 〈中國文學小史序論〉，頁 94。

76 楊基《眉庵集》卷七〈江村雜興二十首〉其四：「判醉望愁醒，愁因醉轉增。已歸仍似客，投老漸如僧。詩興風樓笛，棋聲雪舫燈。莫言渾不解，此事野夫能。」

花似未開時。」[77] 是〈浣溪沙〉調語故也。

朱彝尊《靜志居詩話》：

> 吳中四傑孟載猶未洗元人之習，故鐵厓亟稱之。王元美《卮言》謂：孟載七律「尚短柳如新折後，已殘梅似半開時」，類〈浣溪沙〉詞中語。予謂不特此也，如「芳草漸于歌館密，落花偏向舞筵多」，「細柳已黃千萬縷，小桃初白兩三花」，「布穀雨晴宜種藥，葡萄水暖欲生芹」，「雨頡風頑枝外蝶，柳遮花映樹頭鶯」，……試填入〈浣溪沙〉，皆絕妙好辭也。（《明詩綜》卷十引）

「尚短柳如新折後，已殘梅似未開時」等詩句為什麼似詞語？錢鍾書說其間顯示出詩體與詞體的細微差異，「間不容髮」，但他本人並沒有具體討論兩者的差異何在，王世貞、朱彝尊亦未明言，不過《四庫全書總目提要》於《眉庵集》提要中曾討論之，可資參考：

> 其詩頗沿元季穠纖之習。……李東陽《懷麓堂詩話》謂：「孟載〈春草〉詩最傳。然『綠迷歌扇』、『紅襯舞裙』，已不能脫元詩氣習；至『簾為看山盡卷西』，更過纖巧；『春來簾幕怕朝東』，直豔詞耳。」故徐泰《詩談》謂其「天機雲錦，自然美麗，獨時出纖巧，不及高啟之沖雅。」王世貞《藝苑卮言》謂其情至之語，風雅掃地。朱彝尊《靜志居詩話》亦摘其詩語類詞者至數十聯，而獨推重其五言古體。（《總目》卷一六九）

從《提要》及所引諸家之論，楊基詩有纖巧及穠麗之風格，這種風格恰恰似詞體的風格，而詩則以「沖雅」為尚，所謂楊基詩語類詞語的依據

---

77 《眉庵集》卷八〈春日白門寫懷用高季迪韻十首〉之一：「得歸雖喜未忘悲，夢裡愁驚在別離。尚短柳如新折後，已殘梅似半開時。江雷殷夜蟲蛇早，山雨崇朝蛺蝶遲。製取烏紗籠白髮，免教春色笑人衰。」「已殘梅」王世貞引作「已殘花」。

當在於此。

　　錢鍾書作為中國古代嚴分體制的第三個方面例證是文體之辨。他舉桐城派為例。桐城派崇信「文以載道」，站在載道的立場上說，「注疏所以闡發經誥之指歸，語錄所以控索理道之竅眇」，都是載道的，但姚鼐卻主張「古文不可有注疏語錄之氣」，在錢鍾書看來，這正證明姚氏「亦知文各有體，不能相雜」。[78] 錢鍾書所舉的另一例證是章太炎〈與友人論文書〉中「謂嚴復文詞雖飭，氣體比於制舉」，[79] 即批評嚴復古文在風格上類於八股文。

　　錢鍾書由上述三個方面的例證論述中國古代嚴分體制。這種論述都是基於文學批評史的客觀事實，但是，錢鍾書所列舉的只是事實的一方面，還有另一方面的事實。中國古代，固然存在嚴分體制的觀念，確也存在突破體制的觀念。用傳統的術語說，嚴分體制的觀念是主正，突破體制的觀念是主變。嚴分體制，遵守正統，體現為審美上的繼承性；突破體制，打破正統，體現為審美上的變革性。以上兩種觀念和取向在中國文學批評史上各有其傳統，從總的趨勢上來說保持著一種動態的平衡。即以詩文分界為例，一方面固然存在錢鍾書所指出的嚴劃詩體、文體界限的傾向，但也存在突破詩文體制界限的取向。「以文為詩」說的提出是基於宋代詩歌史存在的突破詩文之文體界限的現象，而這種創作現象所折射出的詩學取向恰恰是要打破詩文之間的文體界限。宋詩作為「以文為詩」的代表，漸被置於雅頌的傳統之中，其在詩學上被接納和肯定，正體現出突破體制界限的取向。錢鍾書所說的詩詞界限固然是事實，但突破詩詞體制界限也是事實。同樣，古文與時文一方面固有界限，另一方面也存在突破界限的傾向。錢鍾書〈中國文學小史序論〉的論述比較強調中國文學價值系統中主正的一面，而相對忽略了主變的一面。站在主正的立場上說，突破文體界限者為失體，具有負面的價值；

---

78 〈中國文學小史序論〉，頁 95。
79 〈中國文學小史序論〉，頁 94。

但站在主變的立場上說，突破文體界限者為變體，這種突破是正當的，具有正面的價值。

　　事實上，錢鍾書在《談藝錄》中已經改變了〈中國文學小史序論〉的觀點。就詩文體之辨而言，《談藝錄》云：「文章之革故鼎新，道無它，曰以不文為文，以文為詩而已。向所謂不入文之事物，今則取為文料；向所謂不雅之字句，今則組織而斐然成章。謂為詩文境域之擴充，可也；謂為不入詩文名物之侵入，亦可也。」[80] 錢鍾書指出，這不僅是中國文學之道，也是西方文學之道。「西方文學中，此例覀繁。就詩歌一體而論，如華茨華斯（Wordsworth）之力排詞藻（poetic diction），即欲以向不入詩之字句，運用入詩也。雨果（Hugo）言『一切皆可作題目』（Tout est sujet）。希來格爾（Friedrich Schlegel）謂詩集諸學之大成（eine progressive Universalpoesie），即欲以向不入詩之事物，採取入詩也。此皆當時浪漫文學之所以自異於古典文學者。後來寫實文學之立異標新，復有別於浪漫文學，亦不過本斯意而推廣加厲，實無他道。俄國形式論宗（Formalism）許可洛夫斯基（Victor Shklovsky）論文謂：百凡新體，只是向來卑不足道之體忽然列品入流（New forms are simply canonization of inferior genres）。誠哉斯言，不可復易。竊謂執此類推，雖百世以下，可揣而知。」[81]

　　錢鍾書指出，在中國文學觀念中，這種打破文體界限的現象與觀念稱作「破體」。《管錐編》追溯此種「破體」的文學現象至漢代。[82] 他引項安世《項氏家說》，謂賈誼〈過秦論〉、陸機〈辯亡論〉「皆賦體也」，錢鍾書深以為然，並補充謂東方朔〈非有先生論〉、王褒〈四子講德論〉亦是賦體。但「破體」是以文體界限為前提的，賈誼時代是否有文體界限的觀念？比如錢鍾書以〈非有先生論〉、〈四子講德論〉為賦體，當是

80　《談藝錄》四，頁 83。
81　《談藝錄》四，頁 98-99。
82　《管錐編（三）》「全上古三代秦漢三國六朝文」第一五，頁 1429-1432。

指二文皆設為問答以論理，設為主客之問答正是賦體的通行方式。但賈誼、王褒是否有自覺的以賦體形式作論的意識？《莊子》即設為問答以論理，何以非承自《莊子》？從文論史的角度言，最早明確論及文體問題的是曹丕《典論·論文》「四科」「八體」之說，錢鍾書指出，「以『科』之『不同』而『文非一體』，正言類異其體耳」。這表明至遲在漢魏時代，已經有明確的文體意識。

錢鍾書雖肯定打破體制界限的正面意義，但也未否定體制間的界限存在。「詩文各體之修辭律令（register），彼此寬嚴不齊。」[83]《管錐編》指出韻文句法與散文句法的差異。謂「筆、舌、韻、散之『語法程度』（degrees of grammatical ness）各自不同，韻文視散文得以寬限減等。」[84]《談藝錄》又引捷克形式主義論師「詩歌語言」與「標準語言」差別之說，強調「『詩歌語言』必有突出處，不惜乖違習用『標準語言』之文法詞律，刻意破常示異（foregrounding, the intentional violation of the norm of the standard, distortion）」。[85]「藝事之體隨時代而異（Epochestil），顧同時風氣所扇、一人手筆所出，復因題因類而異（Gattungstil），詩、文、書、畫莫不然。」「文章之體可辨別而不堪執著。」[86] 以上皆承認文體界限的存在。

錢鍾書所謂「縱則細別品類」，是從題材內容角度對於各種文類及某一文類內部不同題材類型作品的價值評判，其所依據的標準乃是題材本身的價值：「究其品類之尊卑，均繫於題目之大小（"all depends on the subject"），而所謂大小者，乃自世眼觀之，初不關乎文學。」[87] 在傳統的觀念中，不同文類有其各自適宜的題材內容。從題材內容的角度看，詩文之間，文以載道，詩以言志，道的價值高於志，所以古文在品

---

83 《談藝錄》二，頁 67。
84 《管錐編（一）》「毛詩正義」第五四，頁 249。
85 《談藝錄》六〇，頁 506。
86 《管錐編（三）》，「全上古三代秦漢三國六朝文」第一五，頁 1432、1429。
87 〈中國文學小史序論〉，頁 96。

類上高於詩。「詩本來是『古文』之餘事，品類（genre）較低，目的僅在乎發表主觀的感情——『言志』，沒有『文』那樣大的使命。」[88] 詩與詞之間，詩言志，發乎情，止乎禮義，詞言豔情，故「詞號『詩餘』，品卑於詩」。[89] 如此類推，不同文體之間形成一種價值等級秩序，而這種價值等級是基於其所涉題材本身的價值而確立的。

　　錢鍾書認為，不僅不同文體的價值等級以題材為基準確立，同一文體的不同題材內容的作品，也具有不同的價值等級，「一體之中，亦分品焉」。比如，「同一傳也，老子、韓非，則為正史，其品尊，毛穎、虬髯客則為小說，其品卑」，其原因就在於在「世俗之見」中，「老子、韓非為學派宗師，而虬髯客、毛穎則子虛烏有之倫」；再比如同樣是寫男女的詩，如果是「傷時感事，意內言外，香草美人，騷客之寓言，之子夭桃，風人之託興，則尊之為詩史，以為有風騷之遺意」，如果純粹是男女之情，「緣情綺靡，結念芳華，意盡言中，羌無寄託」，那麼「雖《金荃》麗制，玉溪復生，眾且以庾詞側體鄙之，法秀泥犁之詞，端為若人矣」，[90] 即便如溫、李那樣的華美，也會受到鄙棄，其原因就在於「由世俗之見，則國家之事為大，而男女愛悅之私，無關政本國計」，其題材內容「不得相提並論」。在錢鍾書看來，「自古以來，吾國作者本此意以下筆，論者本此意以衡文」，[91] 這是中國古代創作與批評上的根深蒂固的傳統觀念。

　　衡量體制的標準是形式風格，評判品類的尺度是內容題材，錢鍾書認為，兩個標準互相獨立，「二事各不相蒙」。[92] 從品類上說，詩高於詞，詞是「詩餘」，如果照品類論，以詩為詞，詞類於詩，應該是「高攀」了，但同樣是「失體」。這表明體之得失的判斷標準與品類不同。

---

88 〈中國新文學的源流〉，頁 249。
89 〈中國文學小史序論〉，頁 95。
90 〈中國文學小史序論〉，頁 96。按溫庭筠有《金荃集》。
91 〈中國文學小史序論〉，頁 96。
92 〈中國文學小史序論〉，頁 95。

錢鍾書又舉桐城派為例加以論述。桐城派崇信「文以載道」,按照桐城派的理論邏輯,注疏與語錄應該在品類上高於古文,古文有注疏、語錄氣,按說應該是「高攀」了,但桐城派卻反對古文雜注疏、語錄之氣,此亦證明體制與品類的標準各自獨立。

六、中國文學傳統:雅文學與俗文學

　　錢鍾書對中國文學史的另一項獨特論述是雅文學與俗文學之歷史。錢鍾書的這一論述的背景就是胡適倡導的白話文運動。胡適提倡白話文學,要從文學史上找依據。他宣稱「中國的古文在二千年前已經成了一種死文字」,要為其「發訃文」,「古文死了!死了兩千年了!」而在這兩千年中,白話文學也「在那裡不聲不響的繼續發展」,漢魏六朝樂府、唐代的白話詩和禪宗的白話散文、宋代的白話詞與白話詩、元代的白話曲、明清的白話小說,形成了白話文學的傳統,這是「活文學」。「文學革命」運動繼承的正是白話文學的傳統。[93]胡適的文學史論述雖然是為文學革命張目,但在文學史的層面上涉及到對中國文學傳統的基本認識。在他的論述中,中國文學史自古以來存在著兩個傳統,即古文傳統與白話文傳統。這一論述影響巨大,但錢鍾書不以為然,他說:

> 吾國文學分雅言、俗語二體,此之所謂「雅」、「俗」,不過指行文所用語體之殊,別無褒貶微意。載籍所遺,宋代以前,多為雅言,宋代以後,俗語遂繁,如曲如小說,均為大宗。二體條貫統紀,茫不相接;各闢途徑,各歸流派。故自宋以前,文學線索祇一;自宋以後,文學線索遂二。[94]

---

93 〈五十年來中國之文學〉,《胡適全集》第 2 卷,頁 326-329。
94 〈中國文學小史序論〉,頁 106。

錢鍾書所謂雅言、俗語相當於胡適的古文與白話。在錢鍾書看來，從語體角度分，中國文學史分為兩條線索，一是雅語文學，自先秦至清代自成一傳統，這相當於胡適所謂古文學的傳統；俗語文學自宋代以後自成一傳統，與宋代以前的文學傳統不相接續。若換用胡適的術語表述，就是宋代以前，只有單一的古文學的傳統，宋代以後才有古文學與白話文學兩個傳統，此種看法與胡適大異。在錢鍾書看來，胡適「乃欲以俗語之線索，與宋前之載籍貫串，鹵莽滅裂，未見其可」。[95] 至於胡適將民國新文學上接白話文學傳統，錢鍾書也不以為然。他強調新文學主要受西方文學的影響：「至民國之新文學，淵源泰西；體制性德，絕非舊日之遺，為有意之創闢，非無形之轉移，事實昭然，不關理論。」[96]

在錢鍾書所謂雅語文學範圍內，散文方面，在文學史上有所謂古文與小品文之分，一般認為，小品文出現在晚明。古文的概念涵義有不同，一是與駢文相對，指形式上單行的散體文。一是在散體文內部，與小品文相對。按照周作人的分類，古文與小品文兩者的分界是載道與言志。正統的古文是載道的，小品文是言志的。錢鍾書承認有古文與小品文的分界，但他反對用載道與言志作為劃分的根本依據。他說：「用『言志』、『載道』等題材（subject-matter）來作 fundamental division，是極不妥當的。」[97] 錢鍾書認為兩者的分別是「格調（style）或形式」上的。他認為存在著一種他稱之為「家常體」（familiar style）的傳統。[98] 在他看來，這種「家常體」相當於小品文，且非始自晚明，早在魏晉之世就已經肇端。他說：

在魏晉六朝，駢體已成正統文字，卻又橫生出一種文體來，不駢不散，亦駢亦散，不文不白，亦文亦白，不為聲律對偶

---

95 〈中國文學小史序論〉，頁 106。
96 〈中國文學小史序論〉，頁 106。
97 書評〈近代散文鈔〉，《人生邊上的邊上》，頁 319。
98 書評〈近代散文鈔〉，《人生邊上的邊上》，頁 319。

所拘，亦不有意求擺脫聲律對偶，一種最自在，最蕭閑的文
體。[99]

這是錢鍾書對於家常體的形式與風格的界定。從風格上說，自在，蕭
閑；從形式上說，不拘文與白，不拘駢與散。他以《世說新語》及魏晉
六朝人的書信為這種風格的代表。特別值得注意的是，錢鍾書以為六朝
人的文筆之辨，其所謂「筆」就是「這種自由自在的家常體，介乎駢散
雅（bookish）俗（vernacular）之間的一種文體，絕非唐以來不拘聲韻
的『古文』」。[100] 這樣就把小品文的傳統上溯至魏晉，將之視為一種與正
統古文相對的文體傳統。

　　關於俗語文學傳統，錢鍾書亦有獨特的發現與論述：「舊文學中
曲與小說文體之演展，大致適相反背。」[101] 戲曲文體的演變是：「元人
之曲，俗語之成分居多，及明清士夫為之，雅言之成分加進」；而小說
「復有雅言、俗語之別」，即文言小說與白話小說兩類，白話小說「其俗
語小說之初，如宋人平話，尚多雅言之跡，乃明清所傳遂純為流利之俗
語矣。」[102] 在文言小說中，錢鍾書又分兩類：

雅言小說宜於駢散文同科，然論其結構，亦分二類：一者就事
紀事，盡事而止，既無結構，亦不拈弄，略如今日報紙新聞略
志之類僅得條目（Item），不可謂為成篇，古如《山海經》，後
世如《閱微草堂筆記》中，多屬此類；一者極意經營，用心雕
琢，有佈局，有刻畫，斯為小說之正則，遠則唐人之傳奇，近
則《聊齋志異》中，多屬此種。[103]

99　書評〈近代散文鈔〉，《人生邊上的邊上》，頁 319。
100 書評〈近代散文鈔〉，頁 320。
101 〈中國文學小史序論〉，頁 106。
102 〈中國文學小史序論〉，頁 106。
103 〈中國文學小史序論〉，頁 106。

此兩類的分別即所謂筆記體與傳奇體的分辨。

　　錢鍾書〈中國文學小史序論〉論及了有關文學、文學批評、文學史以及中國文學傳統的基本特徵等重大的問題。錢鍾書其他著述中的許多具體論述都可在此文中找到觀念的源頭，可以互相印證。

第八章
時代與格調之間：錢鍾書的《宋詩選注》

　　錢鍾書（1910-1998）《宋詩選注》脫稿於 1957 年，[1] 初版於 1958 年。[2] 錢鍾書在香港版前言中稱，選注宋詩乃是受命於文學研究所所長鄭振鐸（1898-1958），是遵命的產物；但同時說：「我選注宋詩，是單幹的，花了兩年工夫。在當時學術界的大氣壓力下，我企圖識時務，守規矩，而又忍不住自作聰明，稍微別出心裁。」[3] 他在 1957 年所寫〈赴鄂道中〉其二透露了當時的心態，詩云：「晨書暝寫細評論，詩律傷嚴敢市恩。碧海掣鯨閑此手，祇教疏鑿別清渾。」自注：「《宋詩選注》脫稿付印。」[4] 此詩「碧海掣鯨」句出杜甫〈戲為六絕句〉「或看翡翠蘭苕上，未掣鯨魚碧海中」，謂自己雖有「碧海掣鯨」之才，卻不能動手創作；「祇教疏鑿別清渾」用元好問《論詩三十首》之一「誰是詩中疏鑿手，暫教涇渭各清渾」，言自己只能致力論詩。楊絳（1911-2016）〈記錢鍾書與《圍城》〉云：「據我瞭解，他自信還有寫作之才，卻只能從事研究或評論工作。」[5] 即是此詩意旨的確切說明。不過，錢鍾書既斂其創作之才而入研究評論，亦寄高遠之志於其中。由所引元好問詩句，知錢

1　〈宋詩選注‧序〉末署一九五七年六月十五日。《宋詩選注》（北京：三聯書店，2012），頁 25。楊絳：〈記錢鍾書與《圍城》〉，收入《圍城》（北京：三聯書店，2012），附錄，頁 389。

2　《宋詩選注》，北京：人民文學出版社，1958 年 9 月北京第 1 版。此本封皮標「中國科學院文學研究所編校中國古典文學作品第五種」。

3　〈香港版《宋詩選注》前言〉，《宋詩選注》附錄，頁 479。

4　《槐聚詩存》（北京：三聯書店，2012），頁 109。

5　《圍城》附錄，頁 389。

鍾書對論詩有極大抱負，乃以「詩中疏鑿手」自任，欲別其清濁，清理詩歌史。其詩前二句正言其「疏鑿別清濁」之事，即選注宋詩。「詩律傷嚴」句出《唐子西語錄》：「詩在與人商論，深求其疵而去之。等閑一字放過則不可，殆近法家，難以言恕矣。故謂之詩律。東坡云：『敢將詩律鬭深嚴』，予亦云：『詩律傷嚴近寡恩。』」[6] 在錢鍾書看來，詩有詩律，即自身的法則，因而論詩具有客觀的價值標準。「細評論」即是依據詩律而加以評論。在錢鍾書，一方面是嚴格的意識形態律令，另一方面則是其本人對於「詩律」的深刻洞見與高度自信；一方面是不能自我表達的局勢，另一方面是自我表達的渴望。這兩者之間如何平衡，乃是錢鍾書當時必須面對的問題。錢鍾書力圖在服從意識形態律令的大前提下最大限度地表達自己的詩歌史、詩學見解。「識時務，守規矩」即所謂「趨時」，主要體現在兩方面：一為文學觀念方面向當時意識形態的靠攏。〈宋詩選注序〉的主要理論框架採用了當時主流意識形態的文學理論。最根本的觀念即文學是社會生活的反映，如說「宋代的五七言詩雖然真實反映了歷史與社會，卻沒有全部反映出來」，[7] 引用毛澤東（1893-1976）《在延安文藝座談會上的講話》，認為生活是「一切文學藝術的⋯⋯惟一的源泉」。[8] 在敘述文學的社會背景及對文學進行社會分析時，採用了階級論觀點，如稱「國內統治階級和人民群眾的矛盾」。[9] 在藝術上，錢鍾書沿用當時官方文學理論反形式主義的文學觀念批評宋詩中的形式主義傾向。[10] 二是在選目方面受前述文學觀念的影響，選入大

6　胡仔纂集，廖德明校點：《苕溪漁隱居叢話》（北京：人民文學出版社，1984），前集卷八，頁 49。

7　《宋詩選注・序》，頁 6。

8　《宋詩選注・序》，頁 12。

9　《宋詩選注・序》，頁 2。

10　1978 年 4 月增訂本修改序言，引用〈毛主席給陳毅同志談詩的一封信〉，認為文學應該用形象思維，而宋詩不合形象思維之特徵。正如有研究者所已指出，毛澤東該信寫於 1965 年 7 月 21 日，公開發表於《詩刊》1978 年 1 月號，《人民日報》1977 年 12 月 31 日轉載。據汪榮祖說，錢鍾書曾與他談論過此一問題，認為信中所言乃文學理論的基本知識。（2018 年 10 月 26-27 日，北京大學中文系、北京大

量反映社會生活主要是民生疾苦的作品。這也是其後來受到海外學者批評的主要原因。[11] 但是，正如錢鍾書自己所言，《宋詩選注》也有「自作聰明」、「別出心裁」、「不夠趨時」的另一面。在文學理論層面，他雖然採用了主流意識形態的文學是社會生活反映的大觀念框架，但他用西方文論傳統去詮釋這一觀念，限制了其片面性。[12] 在內容題材方面，錢鍾書確實受主流意識形態的影響，選了大量反映社會現實的作品，但是在同類題材內容之具體篇目的選擇與批評中，錢鍾書並沒有貫徹當時主流文論的「政治標準第一，藝術標準第二」，而是以藝術標準定取捨。在遵從意識形態的大前提下，他儘量避免採用當時流行的意識形態話語，而用自己的語言表達。尤其是在藝術方面，錢鍾書更是要發表自己的見解。《宋詩選注》之前的同一叢書的選本書名不帶「注」字，錢鍾書堅持書名帶上「注」字，表明他特重其「注」。著者實際上是以注出論，借注表達自己的觀點。著者本人的詩學及詩歌史見解固然要依托所選的相應作品來傳達，但也並不完全依賴作品。著者固然可以在選目上妥協，以服從律令，但即便是受限的選目，著者同樣可以用來表達自己的詩學見解。他常常在注中引申發揮，往往超出所注對象的範圍，以致有炫博之質疑，這其實是錢鍾書在受限的條件下自我表達的一種方式。在學術的範圍內，錢鍾書試圖達到三重目的：一、清理宋代詩歌史，二、表達其詩學觀念，三、展開詩歌批評。

學燕京學堂與牛津大學艾克斯特學院聯合主辦「匯通中西：錢鍾書先生人文學術成就國際學術研討會」上的口頭發言）這些方面的分析見陸文虎〈錢鍾書〈宋詩選注・序〉的文論思想〉，《當代文壇》1992 年 1 期，頁 16-20。夏中義〈反映論與錢鍾書《宋詩選注》——辭別蘇聯理論模式的第三種方式〉，《文藝研究》第 11 期（2016），頁 41-50。夏中義〈論錢鍾書學案的「暗思想」——打通《宋詩選注》與《管錐編》的價值親緣〉，《清華大學學報》，第 1 期（2017），頁 28-40。

11 　錢鍾書在香港版《宋詩選注》前言註中引述《胡適之先生晚年談話錄》，謂胡適「對選目很不滿意，並認為迎合風氣」。《宋詩選注》附錄，頁 478 注 2。龔鵬程：〈錢鍾書與廿世紀中國學術〉，載《近代思潮與人物》（北京：中華書局，2007）。

12 　張隆溪〈中西交匯與錢鍾書的治學方法：紀念錢鍾書先生百年誕辰〉，載《張隆溪文集》（臺北：秀威資訊，2013），第 2 卷，頁 374。

一、「宋人之詩」與「宋體之詩」

　　錢鍾書 1933 年在其〈中國文學小史序論〉中說：「曰唐曰宋，豈僅指時代（chronological epithet）而已哉，亦所以論其格調（critical epithet）耳。是以吳之振撰《宋詩鈔》，託始於《小畜集》而寇萊公不與焉，楊錢以下無論矣；蓋抄宋體之詩，非抄宋人之詩。」[13] 錢鍾書認為，這是吳之振此書的「微意」所在，後人「均未識」之。[14] 錢鍾書這段論述提出了文學史研究中的一個重大問題。文學史上的時代劃分是時間意義上的區別，還是風格意義上的差異？就中國詩歌史而言，傳統有所謂唐宋詩之爭，唐詩之中又有初盛中晚之時代的劃分，錢鍾書最早認識到這一傳統問題的現代學術意義，並在比較文學的視野下展開討論。

　　錢鍾書《談藝錄》說：「唐詩、宋詩，亦非僅朝代之別，乃體格性分之殊。」[15] 不僅唐詩宋詩為然，所謂「近代」也是如此。其評沈啟無（1902-1969）編《近代散文鈔》說：「『近代』這個名詞，不僅含有時代的意思，而是指一種風格，像所謂『唐詩』，『宋詩』一樣，不是 chronologically modern，而是 critically "modernistic"」。[16] 以上幾段論述體現出一個共同觀念，即文學史的時代劃分乃是風格意義上的，而非時間意義上的。錢鍾書把中國傳統中的文學時代劃分放到比較文學的視野中，認為與席勒（Schiller，1759-1805）《樸素的詩與感傷的詩》所言正合。他引席勒之言說：「所謂古今之別，非謂時代，乃言體制」。[17] 在錢鍾書看來，風格上的時代僅以作為風格之名，並無嚴格的時間斷限，「斷代分期，皆為著書之便」。[18] 不僅如此，文學的地域性也是風格上

13　《人生邊上的邊上》，《錢鍾書集》（北京：三聯書店，2019 年第 2 版第 34 次印刷），頁 97。

14　《人生邊上的邊上》，頁 97。

15　《談藝錄》（北京：三聯書店，2019 年第 3 版第 11 次印刷）一，頁 3。

16　書評《近代散文鈔》《人生邊上的邊上》，頁 318。

17　《談藝錄》一，頁 4。

18　〈中國文學小史序論〉，《人生邊上的邊上》，頁 98。

的，如江西詩派即繫於風格，而非地域。[19] 錢鍾書概括說，「某一地域的專稱引申而為某一屬性的通稱，是語言裡的慣常現象」。[20] 同理，唐詩宋詩乃是時代的專稱引申而為屬性的通稱，即唐詩宋詩本來指唐代、宋代的詩，後來被概括出時代的共同風格特徵，這樣唐詩宋詩就超越了時間性而成為某些類別風格的通稱。在風格的意義上，唐代詩人的詩作並不一定全部都符合唐詩風格，換言之，時間意義的唐詩不等於風格意義的唐詩，宋詩亦然。

正因為錢鍾書看到文學史時代的風格意義，故吳之振《宋詩鈔》的體例在他眼中就具有了特別的現代學術意義。在他看來，這是一部風格意義上的宋詩選本，所選是「宋體之詩」，而非時間意義上的宋詩選本，所選非「宋人之詩」。如果是時間意義上的宋詩，是「宋人之詩」，那麼，選家就要以時間為基軸，確認宋詩在時間上的開端與終結，把詩人放到時間軸上，按照時間的先後排列詩人；如果是風格意義上的宋詩，選家著眼的則是「宋體之詩」的形成與流變，中心乃在詩體，詩人的選擇與次第安排的依據是詩體。《宋詩鈔》所選的第一位詩人是王禹偁，吳氏在小傳中說：「是時西崑之體方盛，元之獨開有宋風氣，於是歐陽文忠得以承流接響。文忠之詩雄深過於元之，然元之固其濫觴矣。」[21] 吳之振將王禹偁置於《宋詩鈔》之首，乃著眼其「開有宋風氣」，即其在「宋體之詩」中的歷史地位。王禹偁是「宋體之詩」的開端，而非宋代「詩人之詩」的起始。錢鍾書的詮釋給《宋詩鈔》之體例賦予現代的學理意義。

那麼，按照錢鍾書有關論述，其《宋詩選注》作為一部斷代詩選，究竟是「時代」的宋代詩選，還是「格調」的宋體詩選？是「宋體之詩」，還是「宋人之詩」？答曰：錢鍾書的詩選是風格意義上的宋詩

---

19 《談藝錄》一，頁 3。

20 〈中國詩與中國畫〉，《七綴集》（北京：三聯書店，2001 年第 1 版第 1 次印刷），頁 10。

21 吳之振：《宋詩鈔》（上海：三聯書店 1988 年影印本），卷一，頁 5。

選，他是選「宋體之詩」，而非「宋人之詩」。在這一點上，可以說《宋詩選注》與《宋詩鈔》前後相承。錢鍾書的體例不僅有現代學理的依據，也有古代學術的淵源。他在〈序〉中說：「關於宋代詩歌的主要變化和流派，所選各個詩人的簡評裡講了一些。」可見《宋詩選注》的一個重要目的就是揭示宋詩的變化與流派，換句話說，錢鍾書要通過《選注》論述宋代詩歌史。他對宋代詩歌史的見解主要通過兩個方面呈現，一是簡評，二是選目及其詩人的次第安排。《宋詩選注》所選錄的第一個詩人是柳開，因為他是「王禹偁、歐陽修等的先導」。[22] 按照吳之振的說法，王禹偁、歐陽修代表「宋體之詩」形成的脈絡，錢鍾書補上柳開，則更揭示其先導。錢鍾書如此安排實有微意，即欲承吳之振《宋詩鈔》，選「宋體之詩」，而非「宋人之詩」。《宋詩選注》未選九僧詩，西崑體的代表詩人楊億、劉筠詩均未入選，因為他們乃是晚唐詩的餘緒，而非「宋體之詩」的開端。

《宋詩選注》於所選詩人並未嚴格按照生年先後排列，故有學者指出此書「次序先後顛倒者甚多」，列舉歐陽修應移蘇舜欽前，黃庭堅應移秦觀前，陳師道應移張耒前，洪炎、江端友應移徐俯前，宗澤應移賀鑄前，汪藻應移韓駒前，朱弁應移陳與義前，周紫芝應移曾幾前，陸游應移楊萬里前等。[23] 其實，這種「顛倒」恰好說明錢鍾書此書是選「宋體之詩」，而非「宋人之詩」。錢鍾書安排詩人次序著眼的是詩學脈絡、是詩體，而非詩人生年的先後。歐陽修（1007-1072）生年在蘇舜欽（1008-1048）之前，錢鍾書標示甚明，但是他所以將蘇置於歐前，乃是因為「梅堯臣和蘇舜欽對他起了啟蒙的作用」，[24] 從詩人生年的時間順序上看是顛倒了，但從詩學的脈絡看，這樣安排正呈現了詩體演變的歷史順序。黃庭堅（1045-1105）生年在秦觀（1049-1100）之前，錢鍾書當

---

22 《宋詩選注》，頁 1。

23 李裕民：〈錢鍾書《宋詩選注》發微〉，《社會科學評論》（西安）2008 年第 3 期，頁 112。

24 《宋詩選注》，頁 39。

然知道，但黃庭堅不僅被置於秦觀之後，甚至被置於唐庚（1071-1121）
之後。其所以如此安排者，亦是基於詩學的脈絡，著眼的是詩體，而
非詩人的生年。在蘇軾（1037-1101）之後，安排的是蘇門及密切相關
者：秦觀、張耒、孔平仲、張舜民、賀鑄、唐庚，這其實是蘇軾及其影
響下的詩群，這是一個詩學單元。黃庭堅、陳師道、徐俯、洪炎、江端
友、韓駒、呂本中，這是江西詩派詩群。黃庭堅固然出自蘇門，但他
又是江西詩派的宗主，如果按照生年先後把黃庭堅放到秦觀前面，那
麼就不能呈現出江西詩派的詩學脈絡。陳師道（1053-1102）生年在張
耒（1054-1114）之前，按照詩人生年，陳固然應置於張前，但如果這
樣排列，也不能呈現江西詩派的詩學脈絡。其他被質疑順序顛倒者也同
樣可以作如是觀。錢鍾書言吳之振《宋詩鈔》的選詩方式是選「宋體之
詩」，《宋詩選注》的安排同樣是詩體的考慮。錢鍾書賦予選本以更大的
使命，即其所謂「疏瀹別清渾」，通過選本的方式揭示「宋體」的流變
史。本來錢鍾書認為題材內容無關乎文學，[25]《宋詩選注》在選目上考慮
詩的內容題材，以回應當時的意識形態律令；關注詩體自身及其流變，
在當時的主流文學理論話語中有形式主義之嫌，錢鍾書在詩人的編排及
簡評中則力圖呈現之，以表達本人的詩歌史及詩學觀念。這正是錢鍾書
自稱「守規矩」卻又「自作聰明」的表現。

　　關於「宋體」流變，陳衍（1856-1937）《宋詩精華錄》以高棅《唐
詩品匯》四唐之歷史架構論宋詩，亦分宋詩為初、盛、中、晚四期。
以元豐、元祐以前為初宋，其中西崑體，相當於初唐之王、楊、盧、
駱四傑，蘇舜欽、梅堯臣、歐陽修相當於初唐之陳子昂、杜審言、沈佺
期、宋之問。由元豐、元祐盡北宋為盛宋，王安石、蘇軾、黃庭堅、
陳師道、秦觀、晁補之、張耒相當於盛唐的李、杜、高、岑、王昌齡、

25　〈中國文學小史序論〉：「品類之尊卑，均繫於題目之大小（"all depends on the
　　subject"），而所謂大小者，乃自世眼觀之，初不關乎文學。」《人生邊上的邊上》，
　　頁96。

王維。南宋曾幾、陳與義、尤袤、蕭德藻、范成大、陸游、楊萬里為中宋，相當於中唐韓、柳、元、白。「四靈」以後為晚宋，「四靈」相當於晚唐之賈島、姚合，謝皋羽、鄭思肖相當於晚唐之韓偓、司空圖。[26] 陳衍關於宋詩的歷史架構立足於唐宋詩之同，「宋何以異於唐哉」？[27] 錢鍾書與陳衍有交往，並受陳氏的稱賞，其對於《宋詩精華錄》自然熟知，然其《宋詩選注》並未採用甚至未言及陳氏的四分架構，《宋詩選注》所要呈現的是「宋體」的流變史，其所著眼的不是唐宋之同，而是「宋體」自身。錢鍾書試圖通過詩人的選擇與安排配合簡評來呈現「宋體」的流變史，表達其詩歌史觀念。

二、「唐體」與「宋體」

　　唐宋詩之辨始自宋代，其後持續未絕，直至晚清。陳衍《石遺室詩話》云：「自咸同以來，言詩者喜分唐宋。」[28] 對這種喜分唐宋的詩學風氣，錢鍾書有非常清晰的意識。[29] 早在 1935 年，錢鍾書以英文撰成，為李高潔（C. D. Le Gros Clark，1894-1945）英譯《蘇東坡文選》一書作序時即云：「詩分唐宋，乃文評之常談。中國詩一向輕淡精緻（ethereal and delicate），然在宋代，則似著肌附肉，一變而為肌力堅實之物。其所負載思想者尤重。」又稱「宋詩鮮見暗示性（suggestiveness）」，「多赤裸之思想（naked thinking），粗率之議論（outright speaking）」，錢先生借用德國席勒（Schiller）《樸素的詩與感傷的詩》之說，以為唐詩整

26　陳衍評點，曹中孚校注：《宋詩精華錄》（成都：巴蜀書社，1992），卷 1，頁 1、613。

27　《宋詩精華錄》卷 1，頁 1。

28　陳衍：《石遺室詩話》卷 1，《民國詩話叢編》（上海：上海書店，2002），第 1 冊，頁 203。

29　〈中國文學小史序論〉：「言『中國近五十年中國之文學』者，湘綺一老，要為大宗，同光詩體，亦是大事。」《人生邊上的邊上》，頁 93。

體上是「樸素的」（Naive），宋詩則是感傷的（sentimental）。[30] 錢鍾書著《談藝錄》，第一條即「詩分唐宋」，亦是上承咸同以來的詩學脈絡並與之對話。《談藝錄》說：「唐詩、宋詩，亦非僅朝代之別，乃體格性分之殊。天下有兩種人，斯分兩種詩。唐詩多以丰神情韻擅長，宋詩多以筋骨思理見勝。」[31] 錢鍾書以現代學術之眼光、比較文學的視野，從作者心理類型與風格類別關係的角度看待唐宋詩的分別，認為唐詩與宋詩是兩種心理類型在詩歌上的表現。「夫人稟性，各有偏至。發為聲詩，高明者近唐，沈潛者近宋，有不期而然者。」[32] 不僅人可分兩種，而且即同一人也可以分前後兩期。「一生之中，少年才氣發揚，遂為唐體，晚節思慮深沈，乃染宋調。」[33] 由於錢鍾書從心理類型角度看唐宋之分，而且類型可以二分，那麼，一切時代的詩人都可以歸為兩種心理類型，隨之一切時代的詩歌都可以分為唐詩與宋詩兩種風格類型。錢鍾書說：「故自宋以來，歷元、明、清，才人輩出，而所作不能出唐宋之範圍，皆可分唐宋之畛域。唐以前之漢、魏、六朝，雖渾而未劃，蘊而不發，亦未嘗不可以此例之。」[34] 錢鍾書在《談藝錄》中再申席勒之說，「謂詩不外兩宗：古之詩真朴出自然，今之詩刻露見心思：一稱其德，一稱其巧。顧復自注曰：『所謂古今之別，非謂時代，乃言體制。』」「詩區唐宋，與席勒之詩分古今，此物此志。」[35] 依照錢鍾書的說法，古今中外的詩歌都可以分為兩種類型，唐與宋不過是兩種風格類型的名稱而已。

　　但是，在《宋詩選注》中，錢鍾書對於唐宋詩關係的看法發生了變化。在為李高潔英譯〈東坡賦序〉所作弁言及《談藝錄》中，錢鍾書都是將唐宋詩看作兩種並列的風格類型，但在《宋詩選注》中，錢鍾書卻

---

30 "Foreword To the Prose-Poetry of Su Tung-P'o"，收入《錢鍾書英文文集》（北京：外語教學與研究出版社，2005），頁 45、46。

31 《談藝錄》一，頁 3。

32 《談藝錄》一，頁 4。

33 《談藝錄》一，頁 5。

34 《談藝錄》一，頁 4。

35 《談藝錄》一，頁 4。

強調宋詩只是唐詩的繼承與拓展者，而非與唐詩並列的另一類型。其序
云：「有唐詩作榜樣是宋人的大幸，也是宋人的大不幸。看了這個好榜
樣，宋代詩人就學了乖，會在技巧和語言方面精益求精；同時，有了這
個好榜樣，他們也偷起懶來，放縱了摹仿和依賴的惰性。」[36] 又說：

> 宋人能夠把唐人修築的道路延長了，疏鑿的河流加深了，可是
> 不曾冒險開荒，沒有去發現新天地。用宋代文學批評的術語來
> 說，憑借了唐詩，宋代作者在詩歌的「小結裹」方面有了很多
> 發明和成功的嘗試，譬如某一個意思寫得比唐人透澈，某一個
> 字眼或句法從唐人那裡來而比他們工穩，然而在「大判斷」或
> 者藝術的整個方向上沒有什麼特著的轉變，風格和意境雖不寄
> 生在杜甫、韓愈、白居易或賈島、姚合等人的身上，總多多少
> 少落在他們的勢力圈裡。[37]

錢鍾書這裡借用了方回《瀛奎律髓》「小結裹」與「大判斷」之說論
述唐宋詩的關係與高下。宋詩在「大判斷」即整體方向上沒有突破，
而只在「小結裹」即局部細節處有進展。即便是被他視為「宋代在語
言上最創闢的兩家」的李覯與王令，錢鍾書也強調李覯詩「受了些韓
愈、皮日休、陸龜蒙等的影響」，[38] 王令「受韓愈、孟郊、盧仝的影響很
深」。[39] 這意味著宋詩整體上不是一個獨立的類型，此與《談藝錄》迥
乎不同。《談藝錄》言唐宋是兩種類型，既是兩種並列的類型，其區別
就不在「小結裹」，而在「大判斷」。若把《宋詩選注》中的唐宋觀放
到晚清以來詩學史的脈絡中看，其立場與陳衍大體一致。陳氏《石遺室
詩話》云：「余言今人強分唐詩、宋詩，宋人皆推本唐人詩法，力破餘
地耳。廬陵、宛陵、東坡、臨川、山谷、後山、放翁、誠齋，岑、高、

36　《宋詩選注・序》，頁 10-11。
37　《宋詩選注・序》，頁 11。
38　《宋詩選注》，頁 50。
39　《宋詩選注》，頁 89。

李、杜、韓、孟、劉、白之變化也；簡齋、止齋、滄浪、四靈，王、孟、韋、柳、賈島、姚合之變化也。」[40] 又說：「余謂唐詩至杜、韓而下現諸變相；蘇、王、黃、陳、楊、陸諸家沿其波而參互錯綜，變本加厲耳。」[41] 所謂「本唐人詩法，力破餘地」，換成錢鍾書的說法即是「把唐人修築的道路延長了，疏鑿的河流加深了」。惟陳衍批評強分唐宋，認為宋本於唐，有意彌合唐宋之爭；錢鍾書則是站在藝術創造性立場上，認為宋詩未能在唐詩之外，發現新的天地。不過錢鍾書認為宋詩還是在「小結裹」方面有創新。「瞧不起宋詩的明人說它學唐詩而不像唐詩」，「只是他們不懂這一點不像之處恰恰就是宋詩的創造性和價值所在」。[42] 錢鍾書說，「整個說來，宋詩的成就在元詩、明詩之上，也超過了清詩」。[43] 那麼，按照錢鍾書的標準，宋詩不如唐詩，則是必然的結論。這與《談藝錄》的立場差別明顯。

　　整體而言，《談藝錄》將唐宋看作兩種並列的詩歌類型，強調其差異性；《宋詩選注》則放棄了兩種類型說，突出唐宋詩的大同小異。《談藝錄》中所言宋詩特徵在《宋詩選注》中都有了唐代的源頭，所謂宋詩特徵只是大同中的小異，即所謂「不像之處」。《談藝錄》中所謂「筋骨思理」、「思慮深沈」，「刻露見心思」等等，這些都是對宋詩特徵的概括性表述，在《宋詩選注》中，錢鍾書則有具體性的展開。

　　按照錢先生的說法，「宋體」的特徵之一是「以文為詩」。《談藝錄》將「以文為詩」看作文學變革之規律：「文章之革故鼎新，道無它，曰以不文為文，以文為詩而已。向所謂不入文之事物，今則取為文料；向所謂不雅之字句，今則組織而斐然成章。謂為詩文境域之擴充，可也；謂為不入詩文名物之侵入，亦可也。」[44] 故宋人呂惠卿肯定韓愈之以文為

---

40 《石遺室詩話》卷1，《民國詩話叢編》第1冊，頁21。
41 《石遺室詩話》卷14，《民國詩話叢編》第1冊，頁203。
42 《宋詩選注・序》，頁11。
43 《宋詩選注・序》，頁10。
44 《談藝錄》四，頁83。

詩，錢鍾書謂其「論詩識殊卓爾」，[45] 正謂其評價能合乎文章變革之道。按照錢鍾書所言，梅堯臣正是宋詩中以文為詩者。《宋詩選注》梅堯臣簡評：「他要矯正華而不實、大而無當的習氣，就每每一本正經地用些笨重乾燥不很像詩的詞句來寫瑣碎醜惡不大入詩的事物，例如聚餐後害霍亂、上茅房看見糞蛆、喝了茶肚子裡打咕嚕之類。可以說是從坑裡跳出來，不小心又恰恰掉在井裡去了。」[46] 梅堯臣之以文為詩，主要是將「不大入詩的事物」入詩，用「不很像詩的詞句」寫詩。歐陽修之以文為詩則主要是以文法寫詩：「他深受李白和韓愈的影響，要想一方面保存唐人定下來的形式，一方面使這些形式具有彈性，可以比較的暢所欲言而不致於削足適屨似的犧牲了內容，希望詩歌不喪失整齊的體裁而能接近散文那樣的流動蕭灑的風格。」[47] 在歐陽修的影響下，形成了宋代以文為詩的傳統。錢鍾書勾勒宋代「以文為詩」的歷史脈絡云：

> 在「以文為詩」這一點上，他（引者按：歐陽修）為王安石、蘇軾等人奠了基礎，同時也替道學家像邵雍、徐積之流開了個端；這些道學家常要用詩體來講哲學、史學以至天文、水利，更覺得內容受了詩律的限制，就進一步地散文化，寫出來的不是擺脫了形式整齊的束縛的詩歌，而是還未擺脫押韻的牽累的散文。[48]

一方面是詩人之「以文為詩」，另一方面是道學家詩歌的散文化。錢鍾書雖然認為以文為詩是文學變革之道，具有歷史的必然性，但是錢鍾書也承認文體傳統或規範的必要性，故他對於以文為詩並非毫無保留的肯定，在他看來，梅堯臣以不雅之事物入詩、尤其是道學家之以道理為詩即破壞了詩體的傳統，他批評道學家「寫不好詩」、「不寫好詩」，「有時

---

45 《談藝錄》四，頁 97。
46 《宋詩選注》，頁 22。
47 《宋詩選注》，頁 39。
48 《宋詩選注》，頁 39。

簡直不是詩」。「他們那種迂腐粗糙的詩開了一個特殊風氣，影響到許多
詩人」。[49]

與以文為詩密切相關的是說理議論。《宋詩選注・序》云：

> 宋詩還有個缺陷，愛講道理，發議論；道理往往粗淺，議論往
> 往陳舊，也煞費筆墨去發揮申說。這種風氣，韓愈、白居易以
> 來的唐詩裡已有，宋代「理學」或「道學」的興盛使它普遍流
> 播。[50]

道學家認為內容抒情寫景是「閑言語」，就「借講道學的藉口來吟詩或
者借吟詩的機會來講道學」。[51] 錢鍾書所列受道學影響的詩人，其著名
者有黃庭堅、賀鑄、陸游、辛棄疾、劉克莊，小家有吳錫疇、吳龍翰、
陳杰、陳起、宋自適、毛珝、羅與之、周密、朱淑真等。[52] 錢鍾書稱黃
庭堅「也喜歡說教發議論」，意思平凡，議論迂腐，[53] 賀鑄有「像理學
家邵雍的《擊壤集》體」。[54] 江湖詩人羅與之，其所作「道學詩比例上
最多」，[55] 周密筆記中曾描摹道學家醜態，但他的筆名「草窗」，「還是
根據周敦頤和程顥等道學家不拔掉窗前野草的故事」。[56] 工愁善怨的女
詩人朱淑真「也有時候會在詩裡做出岸然道貌，放射出濃郁的『頭巾
氣』」。[57]《談藝錄》對於宋詩以「筋骨思理」見長的肯定，在《宋詩選
注》則成為否定性評價。值得注意的是，錢鍾書指出宋詩的這種特徵源
自唐詩，正符合《宋詩選注》強調唐宋傳統大同小異的立場。

---

49 《宋詩選注》，頁 245。
50 《宋詩選注》，頁 7。
51 《宋詩選注》，頁 245。
52 《宋詩選注》，頁 245-246。
53 《宋詩選注》，頁 156。
54 《宋詩選注》，頁 142。
55 《宋詩選注》，頁 421。
56 《宋詩選注》，頁 246。
57 《宋詩選注》，頁 246。

　　注重形式與修辭，是宋詩的又一特徵。錢鍾書對此一特徵在宋代的形成也有歷史的論述。他稱西崑體「注重形式，講究華麗的詞藻」，梅堯臣起而反對，主張平淡。梅堯臣「用的字句也頗樸素」，[58] 但錢鍾書認為：「他『平』得常常沒有勁，『淡』得往往沒有味。」[59] 蘇舜欽「修辭上也常犯粗糙生硬的毛病」。[60] 在錢鍾書看來，講究修辭是從梅、蘇到王安石、蘇軾的一大變化。他說文同「詩歌也還是蘇舜欽、梅堯臣時期那種樸質而帶生硬的風格，沒有王安石、蘇軾以後講究詞藻和鋪排典故的習氣」。[61] 在王安石小傳中，稱王氏「比歐陽修淵博，更講究修詞的技巧……而後來宋詩的形式主義卻也是他培養了根芽。」[62] 錢鍾書在所選王安石詩的注釋中具體例示了其修辭技巧。其一是〈書湖陰先生壁〉「一水護田將綠繞，兩山排闥送青來」，錢鍾書指出「這兩句是王安石的修辭技巧的有名例子」。其關鍵在於「『護田』和『排闥』都從《漢書》裡來，所謂『史對史』，漢人語對漢人語（葉夢得《石林詩話》卷中、曾季貍《艇齋詩話》）；整個句法從五代時沈彬的詩裡來（吳曾《能改齋漫錄》卷八），所謂『脫胎換骨』。……我們只認為『護田』『排闥』是兩個比喻，並不覺得是古典。」這種用典方式符合中國古代修辭學對於「用事」最高的要求：「用事不使人覺，若胸臆語也。」（《顏氏家訓・文章》記邢邵評沈約語）[63] 錢鍾書所舉另一詩例是〈泊船瓜洲〉中「春風又綠江南岸，明月何時照我還」，王安石煉「綠」字，「也是王安石講究修辭的有名例子」。[64] 對於蘇軾的修辭技巧，錢鍾書強調的主要是博喻。蘇軾小傳中說：「他在風格上的大特色是比喻的豐富、新鮮和貼切，而且在他的詩裡還看得到宋代講究散文的人所謂『博喻』或者西洋人所稱道

58　《宋詩選注》，頁 22。
59　《宋詩選注》，頁 22。
60　《宋詩選注》，頁 34。
61　《宋詩選注》，頁 57。
62　《宋詩選注》，頁 65。
63　《宋詩選注》，頁 76。
64　《宋詩選注》，頁 77。

的沙士比亞式的比喻，一連串把五花八門的形象來表達一件事物的一個
方面或一種狀態。」[65]

　　錢鍾書所指出的另一宋詩特徵是鋪排典故。錢鍾書對於用典並非一
概否定。其 1934 年〈與張君曉峰書〉中說：「在原則上典故無可非議，
蓋與一切比喻象徵，性質相同，皆根據類比推理（Analogy）來。」[66]
〈論不隔〉（1934）有類似的說法，謂典故為「古事比」。[67] 在〈李高潔英
譯東坡賦序〉（1935）中，謂宋代詩人「最可厭者，或其博學而喜用典
故，即對中國人而言，欣賞其作品殆僅少數人堪享之奢侈」（The most
annoying thing about them is perhaps their erudition and allusiveness which
makes the enjoyment of them to a large extent the luxury of the initiated
even among the Chinese）。[68] 此已指出好用典為宋詩之特徵。到《宋詩
選注》，則重點批評用典的弊端。錢先生將宋詩之鋪排典故放到詩歌史
視野下論述：「把古典成語鋪張排比雖然不是中國舊詩先天不足而帶來
的胎裡病，但是從它的歷史看來，可以說是它後天失調而經常發作的老
毛病。」六朝時，蕭子顯《南齊書》卷五十二〈文學傳論〉已經不滿詩
歌「緝事比類……或全借古語，用申今情」，鍾嶸《詩品》更反對「補
假」、「經史」、「故實」，這種傳統被韓愈概括為「無書不讀，然止用以
資為詩」。[69] 在唐代與宋初，李商隱與西崑體詩人是好用典的，錢鍾書對
他們在用典上的特徵做了論述：

　　李商隱和師法他的西崑體作者都愛把古典成語鑲嵌繡織到詩裡
　　去的……。李商隱的最起影響的詩和西崑體主要都寫華麗的事

65　《宋詩選注》，頁 99。
66　《國風》半月刊 1934 年第 5 卷第 1 期，頁 14。按此文未收入《錢鍾書集》。
67　〈論不隔〉：「詞頭、套語或故典，無論它們本身是如何陳腐醜惡，在原則上是無可
　　非議的；因為它們的性質跟一切譬喻和象徵相同，都是根據著類比推理（analogy）
　　來的，尤其是故典，所謂『古事比』。」《人生邊上的邊上》，頁 112-113。
68　"Foreword to the Prose-Poetry of Su Tung-P'o"，收入《錢鍾書英文文集》，頁 46。
69　《宋詩選注》，頁 65-66。

物和綺豔的情景，所採用的字眼和詞藻也偏在這一方面。……
在李商隱、尤其在西崑體的詩裡，意思往往似有若無，欲吐又
吞，不可捉摸；他們用的典故詞藻也常常只為了製造些氣氛，
牽引些情調，彷彿餐廳裡吃飯時的音樂，所以會給人一種「華
而不實」、「文浮於意」的印象。[70]

北宋初的西崑體就是主要靠「撏撦」——鍾嶸所謂「補假」
——來寫詩的。……它「撏撦」的古典成語的範圍跟它歌詠的
事物的範圍同樣的狹小。[71]

按照錢鍾書的說法，宋代詩歌史上，西崑體之後，用典的風氣「在王安
石的詩裡又透露跡象，在『點瓦為金』的蘇軾的詩裡愈加發達，而在
『點鐵成金』的黃庭堅的詩裡登峰造極。」[72] 關於王安石之鋪排典故，錢
鍾書認為「無論在聲響上、在內容上、或在詞句的來源上都比西崑體廣
大得多」。[73] 錢鍾書在王氏小傳中說：

他的詩往往是搬弄詞彙典故的遊戲、測驗學問的考題；借典故
來講當前的情事，把不經見而有出處的或者看來新鮮而其實古
舊的詞藻來代替常用的語言。典故詞藻的來頭愈大，例如出於
「六經」、「四史」，或者出處愈僻，例如來自佛典、道書，就愈
見工夫。有時他還用些通俗的話作為點綴，恰像大觀園裡要來
一個泥牆土井、有「田舍家風」的稻香村。[74]

錢鍾書對於蘇軾詩之用典，主要是從批評的角度說。蘇軾小傳說：

---

70 《宋詩選注》「黃庭堅簡評」，頁 156。
71 《宋詩選注》，頁 67。
72 《宋詩選注》「黃庭堅簡評」，頁 156。
73 《宋詩選注》，頁 67。
74 《宋詩選注》，頁 65。

蘇軾的主要毛病是在詩裡鋪排古典成語，所以批評家嫌他「用事博」、「見學矣然似絕無才」、「事障」、「如積薪」、「窒、積、蕪」、「獺祭」，而袒護他的人就讚他對「故實小說」和「街談巷語」，都能夠「入手便用，似神仙點瓦礫為黃金」。他批評過孟浩然的詩「韻高而才短，如造內法酒手而無材料」，這句話恰恰透露出他自己的偏向和弱點。同時，這種批評，正像李清照對秦觀的詞的批評：「專主情致而少故實，譬如貧家美女，雖極妍麗豐逸，而終乏富貴態」，都可以幫助我們了解在那種創作風氣裡古典成語的比重。[75]

　　錢鍾書將黃庭堅用典放到其論詩主張下論述。他在《宋詩選注》黃庭堅小傳中先引其「無一字無來處」的著名論述，稱「這一段話最起影響，最足以解釋他自己的風格，也算得江西詩派的綱領」。[76] 黃庭堅將「無一字無來處」追溯到杜甫的傳統，錢鍾書說：「杜詩是否處處有來歷，沒有半個字杜撰，且撇開不談。至少黃庭堅是那樣看它，要學它那樣的。」[77] 錢鍾書則把這種傳統追溯到鍾嶸批評的「句無虛語，語無虛字」，而認為黃庭堅是登峰造極。與李商隱及西崑體相比，錢鍾書認為黃庭堅歌詠的內容，「要繁富得多，詞句的性質也就複雜得多，來源也就廣博冷僻得多。」[78]

　　錢鍾書還梳理了黃庭堅影響之下用典在南宋詩壇的演變。他說楊萬里在理論上雖然並沒有跳出黃庭堅所謂「無字無來處」的圈套，但不同於黃庭堅詩「引經據典，博奧艱深」，楊萬里詩卻「輕鬆明白，點綴些俗語常談」。楊萬里對俗語常談並不平等看待、廣泛吸收，而是主張：

---

75 《宋詩選注》，頁 101。
76 《宋詩選注》，頁 155。
77 《宋詩選注》，頁 101。
78 《宋詩選注》，頁 156。

「詩固有以俗為雅，然亦須經前輩取鎔，乃可因承爾。」[79] 他只肯挑選「晉唐以來詩人文人用過的——至少是正史、小說、禪宗語錄記載著的——口語」。「他誠然不堆砌古典了，而他用的俗語都有出典，是白話裡比較『古雅』的部分。」[80]

　　在錢鍾書看來，以上所言這些宋詩的特徵，唐詩中都有其源頭，只不過在宋詩中變得更為突出。

三、「好詩」及其標準

　　錢鍾書所論述的「宋體」特徵如上。第一節說錢鍾書選的是「宋體之詩」，非「宋人之詩」，那麼，說理議論是「宋體」的特徵，道學詩是非常重要的代表，但錢鍾書不選；鋪排典故是「宋體」的突出特徵，但錢鍾書說「學問的展覽和典故成語的把戲也不選」。[81] 我們進一步追問：錢先生所選的是真正的「宋體」嗎？《宋詩選注》的選擇標準是什麼？

　　這裡涉及錢鍾書對《宋詩選注》的整體設計。他有意通過《宋詩選注》表達他對於宋代詩歌史的看法，表達他對「宋體」特徵及其流變的看法。這方面的目標通過詩人的選擇與安排以及簡評中的論述來實現。「宋體」的特徵未必在具體的選目上體現出來。錢鍾書要回應當時的意識形態律令，故要以題材與思想內容作為其選詩的一個標準，此一部分作品在藝術上往往並非「宋體之詩」的代表作品。除此之外，在藝術上，錢鍾書所持的標準為何？王水照（1934-）指出：

> （《宋詩選注》）所選大多是以「淺明俊爽」意境風格者為多，
> 似是宋詩中的「唐詩」，如七絕多達 192 首，佔 1/3，而最能體

79　楊萬里語見〈答盧誼伯書〉，《誠齋集》卷 66，《宋詩選注》，頁 253。

80　《宋詩選注》，頁 253。

81　《宋詩選注・序》，頁 200。

現「宋調」特點的七古（63 首）、七律（54 首）相對較少。[82]

王水照解釋說：「宋詩選本可以選體現『宋調』群體風格的詩，也可以只選宋人所寫的各類好詩或某類好詩，應該是自由的。」「他的確不大理會一般選本所要求的『代表性』和『涵蓋性』」，「對選本的多樣性和自由度，我想是理應得到理解和尊重的。」[83] 很明顯，王水照認為錢鍾書所選不屬於體現「宋調」群體風格的詩，也就是非「宋體之詩」，而是「好詩」；他也認為錢鍾書所選不具有「代表性」與「涵蓋性」。王水照所言意味著三點：一、錢鍾書選擇標準是「好詩」；二、錢鍾書所選是宋詩中的「唐詩」，此意味著「唐詩」是「好詩」；三、「宋調」不是「好詩」。這就引出唐詩、宋詩與好詩的關係問題。

錢鍾書確實有「好詩」之說。《宋詩選注・序》說「假如宋詩不好，就不用選它」，[84] 可見在錢鍾書的心目中是有普遍的「好詩」的標準的。他批評道學家時曾經說過，「道學家是無能力而寫不好詩或者是有原則的不寫好詩」，[85] 也是用「好詩」的標準評價道學家詩作。上節引錢鍾書言宋詩之「缺陷」如何如何，亦是以「好詩」作為標準衡量的結果。在錢鍾書看來，詩分唐宋，是體格上的辨析，而詩別好壞乃價值上的判斷。

「好詩」的標準建立在對詩歌本質的理解之基礎上。錢鍾書對什麼是詩有一個總體的看法，其心目中有詩之為詩的普遍標準。其〈談中國詩〉（1945）說：

中國詩並沒有特特別別「中國」的地方。中國詩只是詩，它該

---

82 〈錢鍾書先生與宋詩研究〉，《文匯報》2002 年 4 月 6 日第 8 版。收入氏著：《錢鍾書的學術人生》（北京：中華書局，2020），頁 188。

83 〈錢鍾書先生與宋詩研究〉，《文匯報》2002 年 4 月 6 日第 8 版，又收入氏著：《錢鍾書的學術人生》，頁 188。

84 《宋詩選注》，頁 10。

85 《宋詩選注》，頁 245。

是詩，比它是「中國的」更重要。好比一個人，不管他是中國
人、美國人、英國人，總是人。……中國詩裡有所謂「西洋
的」品質，西洋詩裡也有所謂「中國的」成分。在我們這兒是
零碎的、薄弱的，到你們那兒發展得明朗圓滿。反過來也是一
樣。[86]

錢鍾書持統一的文學觀念，認為所有詩有其共同的本質，有超越國家民
族的普遍性特徵，因而好詩也有普遍的標準。《談藝錄》說：「夫自運
謀篇，倘成佳構，無不格調、詞藻、情意、風神，兼具各備；雖輕重多
寡，配比之分量不同，而缺一不可焉。」[87]「佳構」即「好詩」。錢鍾書認
為，詩乃由各種元素或部分組合而成，格調、詞藻、情意、風神乃是所
有詩歌的基本構成元素，元素數量及組合方式的不同形成詩歌的風格差
異。好詩應該兼備各種元素。錢鍾書承認風格的多樣性，但也認為審美
的價值有層次之分。《宋詩選注》秦觀簡評云：「藝術之宮是重樓複室、
千門萬戶，決不僅僅是一大間敞廳；不過，這些屋子當然有正有偏，有
高有下，決不可能都居正中，都在同一層樓上。」[88]錢鍾書將詩歌的藝術
喻為大廈，各種藝術特徵譬諸大廈之居室門戶，分屬不同的位置層級，
其價值有高下之別。

　　關於「好」詩的標準，所謂格調、詞藻、情意、風神兼備，乃是一
個綱領性的論述，我們可以從其眾多的評論中加以具體的詮釋。

　　其一、情意出自直接的感受，是「好詩」的標準之一。錢鍾書將詩
歌作品中的情意分為兩種：一種是來自詩人對外在事物的直接感受，另
一種是經過古人傳統的過濾與改造。錢鍾書借傳統詩學「直舉胸情，非
傍詩史」（沈約）與「即目」、「直尋」（鍾嶸）之說，肯定表現詩人直接

86　《人生邊上的邊上》，頁 167。
87　《談藝錄》六，頁 111。
88　《宋詩選注》，頁 123。

所見所感的作品；[89] 而將借用古典傳統來抒情寫景與西方的古典主義相
關聯。其《宋詩選注・序》中說：

> 從古人各種著作裡收集自己詩歌的材料和詞句，從古人的詩裡
> 孳生出自己的詩來，把書架子和書箱砌成了一座象牙之塔，偶
> 爾向人生現實居高臨遠的憑欄眺望一番。內容就愈來愈貧薄，
> 形式也愈變愈嚴密。偏重形式的古典主義發達到極端，可以使
> 作者喪失了對具體事物的感受性，對外界視而不見，恰像玻璃
> 缸裡的金魚，生活在一種透明的隔離狀態裡。[90]

《宋詩選注》楊萬里簡評進一步闡述道：

> 古代作家言情寫景的好句或者古人處在人生各種境地的有名軼
> 事，都可以變成後世詩人看事物的有色眼鏡，或者竟離間了他
> 們和現實的親密關係，支配了他們觀察的角度，限止了他們感
> 受的範圍，使他們的作品「刻板」、「落套」、「公式化」。他們
> 彷彿挂上口罩去聞東西，戴了手套去摸東西。譬如賞月作詩，
> 他們不寫自己直接的印象和切身的情事，倒給古代的名句佳話
> 牢籠住了，不想到杜老的鄜州對月或者張生的西廂待月，就想
> 到「我欲乘風歸去，又恐瓊樓玉宇，高處不勝寒」或者「本是
> 分明夜，翻成黯淡愁」。他們的心眼喪失了天真，跟事物接觸
> 得不親切，也就不覺得它們新鮮，只知道把古人的描寫來印證
> 和拍合，不是「樂莫樂分新相知」而只是「他鄉遇故知」。六
> 朝以來許多詩歌常使我們懷疑：作者真的領略到詩裡所寫的情
> 景呢？還是他記性好，想起了關於這個情景的成語古典呢？[91]

89　《宋詩選注》「楊萬里簡評」，頁 256。
90　《宋詩選注・序》，頁 14。
91　《宋詩選注》，頁 255-256。

在錢鍾書看來，「楊萬里也悟到這個道理，不讓活潑潑的事物做死書的犧牲品，把多看了古書而在眼睛上長的那層膜刮掉，用敏捷靈巧的手法，描寫了形形色色從沒描寫過以及很難描寫的景象，因此姜夔稱讚他說：『處處山川怕見君』──怕落在他眼睛裡，給他無微不至地刻劃在詩裡。」「他努力要跟事物──主要是自然界──重新建立嫡親母子的骨肉關係，要恢復耳目觀感的天真狀態。」[92] 在陸游簡評中，錢鍾書特別強調陸游「詩外」「工夫」說的理論意義，「要做好詩，該跟外面的世界接觸，不用說，該走出書本的字裡行間，跳出蠹魚蛀孔那種陷人坑。」[93] 與外面的世界接觸，乃是直接感受的來源。

　　早在 1935 年，錢鍾書於〈李高潔英譯東坡賦序〉中已經指出，宋詩的所長之一是「感受、觀察之精妙」（finesse in feeling and observation），認為宋人的寫景之作，長在體物生動活潑，所舉代表詩人正是陸游、楊萬里（In their descriptive poetry, they have the knack of taking the thing to be described sur le vif: witness Lu Yu（陸游）and Yang Wan-li（楊萬里））。[94]《談藝錄》稱「放翁善寫景，而誠齋擅寫生。放翁如畫圖之工筆；誠齋則如攝影之快鏡」[95]，正可與前說相印證。值得注意的是，錢鍾書在《談藝錄》中特別提到，「近人陳石遺先生亦最嗜誠齋」，[96] 此可見出錢鍾書審美觀與陳衍之間的關聯，當然錢鍾書更具西方詩學的視野。到《宋詩選注》，則強調感受的直接性，並且放到文學與生活關係的大架構中，強調詩人感受的生活源泉，以符合當時的意識形態律令。《宋詩選注》中所選陸游作品多達 30 首，此固與當時意識形態律令有關，因為陸游是愛國主義詩人，其詩多匡時救國主題；而《談藝錄》中則批評陸游「好談匡救之略」是其「二官腔」之一（另一是「好

92　《宋詩選注》，頁 255-256。
93　《宋詩選注》，頁 273。
94　 "Foreword to the Prose-poetry of Su Tung-P'o"，《錢鍾書英文文集》，頁 46。
95　《談藝錄》三三，頁 298。
96　《談藝錄》三三，頁 311。

談心性之好」）。[97] 但是，錢鍾書注重感受的直接性則是一貫的。《談藝錄》中謂陸游「作詩工於寫景敘事」，[98]《宋詩選注》中除選陸游愛國主題作品，也選了「閑適細膩，咀嚼出日常生活的深永的滋味，熨貼出當前景物的曲折的情狀」的作品。[99] 所選楊萬里亦有 15 首，固有「關心國事的作品」和「同情民生疾苦的作品」，[100] 但主要還是寫景活潑生動之作。所選范成大作品 29 首，此當然因范氏「一貫表現出對老百姓痛苦的體會，對官吏橫暴的憤慨」，尤其是〈四時田園雜興〉「使脫離現實的田園詩有了泥土和血汗的氣息」，但錢鍾書也特別指出這些作品「根據他的親切的觀感」，[101] 也就是有直接的感受性。這些都可以看出，錢先生力圖在大的意識形態原則與個人的審美觀念之間找到平衡點。

其二、藝術傳達上的「不隔」。上條所言直接的感受性，是就作者的經驗言，不隔則是指經驗的傳達。錢鍾書〈論不隔〉（1934）指出，王國維「不隔」說「純粹地屬於藝術外表或技巧方面的」，其說可以上升為美學上的「傳達」說（theory of communication），「作者把所感受的經驗，所認識的價值，用語言文字，或其他的媒介物來傳給讀者」。所謂「不隔」，即「能使讀者對於這許多情感、境界或事物得到一個清晰的、正確的、不含糊的印象，像水中印月，不同霧裡看花」，如王國維所說「語語都在目前，便是不隔」。「只要作者的描寫能跟我們親身的觀察、經驗、想像相吻合，相調合，有同樣的清楚或生動（Hume 所謂 liveliness），像我們自己親身經歷過一般」，就是「不隔」。按照錢鍾書的理解，「不隔」並非「把深沉的事物寫到淺顯易解」，而是「原來淺顯的寫來依然淺顯，原來深沉的寫到讓讀者看出它的深沉，甚至於原來糊

---

97 《談藝錄》三七，頁 334。
98 《談藝錄》三六，頁 329。
99 《宋詩選注》，頁 270。
100 《宋詩選注》頁 256。關心國事的作品，如〈初入淮河〉，見頁 265。同情民生疾苦的作品，如〈憫農〉，見頁 260。
101 《宋詩選注》，頁 311-312。

塗的也能寫得讓讀者看清楚它的糊塗」。「不隔」無關乎深淺，而在於能如其深淺而鮮明呈現之。「作者的藝術的高下，全看他有無本領來撥雲霧而見青天，造就這個狀態。」在這種意義上，「不隔」乃「一切好文學的標準」。[102]

「不隔」的標準也體現在《宋詩選注》中，黃庭堅之多用典故恰恰造成了其詩之隔，即晦澀。錢鍾書說：

> 黃庭堅⋯⋯的詩給人的印象是生硬晦澀，語言不夠透明，彷彿冬天的玻璃窗蒙上一層水汽、凍成一片冰花。黃庭堅曾經把道聽塗說的藝術批評比於「隔簾聽琵琶」，這句話正可以形容他自己的詩。讀者知道他詩裡確有意思，可是給他的語言像簾子般的障隔住了，弄得咫尺千里，聞聲不見面。正像《文心雕龍・隱秀》篇所說：「晦塞為深，雖奧非隱」；這種「耐人思索」是費解，不是含蓄。[103]

按照錢鍾書形象化的比喻，黃庭堅詩在表達上的特徵正好是「隔」，不符合「好的文學的標準」，《宋詩選注》僅選三題五首。[104] 其中，絕句四首，律詩一首。七言律詩選的是〈新喻道中寄元明〉，「這首是黃庭堅的比較樸質輕快的詩」。[105] 這些作品不晦澀，符合「不隔」的標準。

王水照說：「錢先生對黃詩儘管也有批評，但他平日密吟深詠，情有獨鍾，都不是秘密。選篇過少，僅為當時風氣所限，以免招惹是非而已（黃氏時被加以「形式主義詩人」之惡謚）。」[106] 王水照所言或為原因

102《人生邊上的邊上》，頁 46-49。

103《宋詩選注》，頁 156。

104 小川環樹指出錢鍾書：「盡可能除去晦澀之作」，見〈錢鍾書《宋詩選注》評〉，原載《中國文學報》第 10 冊（1959 年 4 月），收錄於《小川環樹著作集》（東京：築摩書房，1997），第 3 卷，頁 467。

105《宋詩選注》，頁 163。

106〈錢鍾書先生與宋詩研究〉，《文匯報》2002 年 4 月 6 日第 8 版。又收入氏著《錢鍾書的學術人生》，頁 189。

之一，但並非唯一原因。錢鍾書自有其學理上的理由。上節言錢鍾書並不否定用典，用典乃表達方式之一種，置之比興傳統中，乃所謂「古事比」，相當於西方文學所謂類比。《談藝錄》謂「山谷詩擅使事，以古語道今情，正合漁洋所謂『典』」，[107] 肯定黃庭堅擅長用典，肯定其用典之造成的典雅之美感特徵，但亦批評其多用典帶來的弊端，即「江西派之掉書袋」。[108] 可見錢鍾書明瞭用典於詩歌具有正面、負面之美感效果。早在〈中國文學小史序論〉（1933）中，錢鍾書即指出江西詩派的特徵是「艱澀」，即在表達效果方面未能做到「不隔」。《談藝錄》二「黃山谷詩補註　附論比興」的「補訂」中，錢鍾書指出「『澀』之一字，並可評目黃詩」，[109] 且自稱「初不篤嗜黃詩也」。[110]《宋詩選注》評陳師道，「讀《後山集》就彷彿聽口吃的人或病得一絲兩氣的人說話，瞧著他滿肚子的話說不暢快，替他乾著急。」[111] 故不選陳氏此類作品。錢鍾書又稱：「只要陳師道不是一味把成語古句東拆西補或者過分把字句簡縮的時候，他可以寫出極樸摯的詩。」[112] 他所選的正是陳氏這類作品。《宋詩選注》評價洪炎詩「雖然沒有擺脫《山谷集》的圈套，還不至於像鸚哥學舌，頗能夠說自己的話而口齒清楚」。[113] 呂本中詩雖然「始終沒擺脫黃庭堅和陳師道的影響，卻還清醒輕鬆，不像一般江西派的艱澀」。[114] 周紫芝「沾染江西派的習氣不很深，還爽利不堆砌典故」。[115] 鄭獬「詩雖然受了些韓愈的影響，而風格爽辣明白，不做作，不妝飾」。[116] 這些評論都是圍繞著傳達的問題展開，而以清楚明白即「不隔」

107《談藝錄》三〇，頁 270。
108《談藝錄》三〇，頁 272。
109《談藝錄》二，頁 67。
110《談藝錄》二，頁 68。
111《宋詩選注》，頁 164。
112《宋詩選注》，頁 164-165。
113《宋詩選注》，頁 174。
114《宋詩選注》，頁 184。
115《宋詩選注》，頁 240。
116《宋詩選注》，頁 79。

作為「好詩」的標準。

　　排比典故為蘇軾、王安石、黃庭堅及江西詩派詩的共同特徵，為「宋體」之代表，但黃庭堅及江西詩派則有晦澀之病。以錢鍾書的文學史觀，黃氏及江西詩派詩具有文學史上的重要性（historical importance），[117] 故《宋詩選注》在詩人的選擇、次第的編排與各家的簡評中呈現其詩歌史的地位，揭示其特徵；但站在文學批評的立場上，黃庭堅及江西詩派不符合錢鍾書「好詩」之「不隔」的標準，故《宋詩選注》在篇目的選擇上堅持了這一標準，所選黃庭堅及江西詩派作品數量較少，而且大體是其「不隔」的作品。

　　小川環樹（1910-1993）〈錢鍾書《宋詩選注》評〉指出，錢鍾書「盡可能除去晦澀之作」，認為這與當時主流的文學觀念有關。「總體而言，清末以來的風氣是，宋詩愛好者們對於這種晦澀之作給予異常高的評價。其理由在於，一些人認為，這是表現某種被壓抑的情感的適當形式，而非明快的形式所能言表。然而當今中國的觀念是，範圍廣泛的文學，不單是詩，都應該塑造出明確的形象。這種觀念不僅對現代文學有強大的支配地位，於古代文學的研究也是如此。在本書（指《宋詩選注》）中，這種觀念也有著強烈的影響。」[118] 小川指出錢鍾書對晦澀的批評態度與「當今中國的觀念」有密切關係，固然有見，但如前所論，錢鍾書對晦澀的批評觀念早已有之，且與他對同光體的回應有關。

　　同光體諸家對於江西詩派的態度有別。陳三立（號散原，1853-1937）宗黃庭堅，陳衍說：「雙井為散原鄉先哲，散原之兀傲僻澀似之」，[119] 又稱陳三立詩「艱深」。[120] 而陳衍本人「雙井、後山，尤所不喜」。[121] 錢鍾書《石語》載陳衍語云：「陳散原詩，予所不喜。凡詩必

117〈中國文學小史序論〉，《人生邊上的邊上》，頁 93。
118 見《小川環樹著作集》（東京：築摩書房，1997），第 3 卷，頁 467。
119《石遺室詩話續編》卷 3，收入《民國詩話叢編》第 1 冊，頁 578。
120《石語》，《錢鍾書集》（北京：三聯書店，2019 年第 2 版第 34 次印刷），頁 482。
121《石遺室詩話續編》卷 3，收入《民國詩話叢編》第 1 冊，頁 579。

須詩人讀得、懂得，方能傳得。」[122] 錢鍾書與陳衍有交往，並為陳氏賞識，在此一點上，二人具有觀念上的一致性。《圍城》中曾間接顯示出其對於同光體的態度。其第三章寫方鴻漸看董斜川詩：

> 紙上寫著七八首近體詩，格調很老成。……可是有幾句像：
> 「潑眼空明供睡鴨，蟠胸秘怪媚潛虯」；「數子提攜尋舊跡，哀
> 蘆苦竹照淒悲」；「秋氣身輕一雁過，鬢絲搖影萬鴉窺」；意思
> 非常晦澀。鴻漸沒讀過《散原精舍詩》，還竭力思索這些字句
> 的來源。他想蘆竹並沒起火，照東西不甚可能，何況「淒悲」
> 是探海燈都照不見的。「數子」明明指朋友並非小孩子，朋友
> 怎可以「提攜」？一萬隻烏鴉看中詩人幾根白頭髮，難道「亂
> 髮如鴉窠」，要宿在他頭上？心裡疑惑，不敢發問，怕斜川笑
> 自己外行人不通。[123]

董斜川「意思非常晦澀」的詩句乃效法散原體，《石語》載陳衍云：「為散原體者，有一捷徑，所謂避熟避俗是也。言草木不曰柳暗花明，而曰花高柳大；言鳥不言紫燕黃鶯，而曰烏鴉鷗鶒；言獸切忌虎豹熊羆，並馬牛亦說不得，只好請教犬豕耳。」[124] 董斜川所學散原體正如陳衍所言者。方鴻漸「外行人」的質疑其實也折射了錢鍾書對於散原體的態度。

《宋詩選注》多選絕句，也可以從這方面得到答案。從詩體的角度言，絕句少用典，可以直接的抒寫，正可以體現出錢鍾書所主張的不隔。他在楊萬里簡評裡說：

> 晚唐詩人一般都少用古典，而絕句又是五七言詩裡最不宜「繁
> 縟」的體裁，就像溫、李、皮、陸等人的絕句也比他們的古體
> 律體來得清空；在講究「用事」的王安石的詩裡，絕句也比較

122《石語》，頁 481。
123《圍城》，頁 101-102。
124《石語》，頁 482。

明淨。125

如果說鋪排典故是宋詩的特徵，那麼，從詩體的角度說，絕句是最不具「宋體」特徵的一種詩體，而是保留更多唐詩特徵的詩體。

其三、作品意脈的清晰及結構的完整統一。《宋詩選注》韓駒簡評：

> 他（韓駒）跟其他江西派作家一樣，都注重怎樣把故典成語點化運用，只是他比較高明，知道每首詩的意思應當通體貫串，每句詩的語氣應當承上啟下，故典可用則用，不應當把意思去遷就故典。他的作品也就不很給人以堆砌的印象。126

所謂意思通體貫串，即詩意應有內在的邏輯，用傳統的說話即要有清晰的意脈。語氣「承上啟下」，指應該有一個合乎秩序的表達結構。在錢鍾書看來，葉適與韓駒相反：「他號稱宋儒裡對詩文最講究的人，可是他的詩竭力煉字琢句，而語氣不貫，意思不達。」127 葉適雖然是「四靈」的精神導師，但錢鍾書未選其詩。「四靈」詩「一首也難得完整」，128 故錢鍾書也評價不高。

其四體格。《宋詩選注》秦觀簡評說「秦觀的詩內容上比較貧薄，氣魄也顯得狹小」，129《容安館札記》卷一評價秦觀詩說：「少游詩心思不深，邊幅頗窘，以較東坡之氣體渾灝，山谷之骨格峭奇，便成小家。」130 所謂「邊幅」以布幅大小喻指詩境之大小，即審美格局，「邊幅頗窘」即其詩的美感格局狹小，詩境小則力量就小，所謂氣魄狹小即謂

125《宋詩選注》，頁 254。
126《宋詩選注》，頁 181。
127《宋詩選注》，頁 359。
128《宋詩選注》，頁 358。
129《宋詩選注》，頁 122。
130《錢鍾書手稿集‧容安館札記》（北京：商務印書館，2003）卷 1，第 251 則，頁 405。

此。蘇軾之「氣體渾灝」是以水體喻詩境，謂審美空間之浩大，黃庭堅
以思理深刻呈現為詩境的峭拔奇異，此兩境界氣魄力量俱大。錢鍾書稱
「四靈」「詩情詩意都枯窘貧薄」，[131] 頗類乎秦觀之「內容貧薄」、「邊幅頗
窘」而尤甚，乃是「彼此面貌極少差異的小家」。[132]「四靈」師法的晚唐
詩人賈島、姚合也是「意境非常淡薄而瑣碎的詩人」。[133] 宋初的晚唐體
詩人如「九僧」、林逋等也都受賈島、姚合的影響，「用一種細碎小巧的
筆法來寫清苦而又幽靜的隱居生涯」，[134] 以錢鍾書的標準看，也是窘於邊
幅的小家。以上評價皆涉風格層面之問題，以錢鍾書所言，風格有高下
之分，大家、小家之別，以格局大氣魄大者為大家，格局小氣魄小者為
小家。小家、大家固然都可以為「好詩」，但「好」的層級則有區別。

　　其五、修辭技巧。《宋詩選注》批評蘇舜欽「修辭上也常犯粗糙生
硬的毛病」，[135] 肯定王安石比歐陽修「更講究修詞的技巧」，[136] 其選王安
石〈書湖陰先生壁〉及〈泊船瓜洲〉二詩即以之作為「修辭技巧的有
名例子」，錢鍾書在二詩注釋中加以解說與評論。前詩「一水護田將綠
繞，兩山排闥送青來」，「護田」、「排闥」既屬對偶，也是用事，且史對
史，漢人語對漢人語，即對偶的來歷出處相同，同時用事又不使人覺。
後詩「春風又綠江南岸」乃是煉字的典範，不過錢鍾書指出，此種句
法亦見於唐詩。[137] 錢鍾書指出蘇軾詩的大特色之一是「比喻的豐富、
新鮮和貼切」，並對這種修辭方式的特徵與歷史作了跨文類的解說，且
置於比較文學的視野中，謂其相當於「西洋人所稱道的莎士比亞式的比
喻」。《宋詩選注》所選蘇氏〈和子由澠池懷舊〉即其「有名譬喻」之代

131《宋詩選注》，頁 358。
132《宋詩選注》，頁 357。
133《宋詩選注》，頁 358。
134《宋詩選注》，頁 16。
135《宋詩選注》，頁 34。
136《宋詩選注》，頁 65。
137《宋詩選注》，頁 76-77。

表作。[138]

　　錢鍾書批評「秦觀的詩內容上比較貧薄」，但肯定其「修辭卻非常精緻」，「只要看李廌《師友談記》裡記載他講怎樣寫律賦的許多話，就知道他對文字的琢磨工夫多少細密」，這種細密的工夫也體現在詩的創作上，古人評其「銖兩不差，非秤子上秤來，乃算子上算來」，即指此而言。在錢鍾書看來，詩與詞的修辭具有文體上的差異。秦觀詩句「敲點勻淨」，「常常落於纖巧」，而修辭技術上的纖細乃是詞的特徵，因而古人批評秦觀「智巧餖飣，只如填詞」，說他「詩如詞」、「詩似小詞」，後來金人批評他的詩是「婦人語」、「女郎詩」，南宋人說他的詩「如時女遊春，終傷婉弱」，正是為此。「時女遊春」的詩境未必不好，但卻屬詩中的小家。[139]

　　其六、神韻。《談藝錄》引鄭朝宗「神韻乃詩中最高境界」之說，稱「余亦謂然」；又云：「無神韻，非好詩」。[140] 錢鍾書說：「詩者，藝之取資於文字者也。文字有聲，詩得之為調為律；文字有義，詩得之以侔色揣稱者，為象為藻，以寫心宣志者，為意為情。及夫調有弦外之遺音，語有言表之餘味，則神韻盎然出焉。」[141] 其〈談中國詩〉說：

愛倫・坡（Poe）主張詩的篇幅愈短愈妙，「長詩」這個名稱壓根兒是自相矛盾，最長的詩不能需要半點鐘以上的閱讀。……中國詩是文藝欣賞裡的閃電戰，平均不過二三分鐘。比了西洋的中篇詩，中國長詩也只是聲韻裡面的輕燕剪掠（short swallow flights of song）。……比著西洋的詩人，中國詩人只能算是櫻桃核跟二寸象牙方塊的雕刻者。不過，簡短的詩可以有悠遠的意味，收縮並不妨礙延長，彷彿我們要看得遠

138《宋詩選注》，頁 99、103。
139《宋詩選注》，頁 122-123。
140《談藝錄》六，頁 108。
141《談藝錄》六，頁 110。

些，每把眉眼顰蹙。外國的短詩貴乎尖刻斬截（epigrammatic point）。中國詩人要使你從「易盡」裡望見了「無垠」（make the infinitesimal a window on the infinite）。[142]

「易盡」中望見「無垠」，正如弦外遺音、言表餘味，乃所謂含蓄，或富於暗示（suggestiveness），正是神韻的根源所在，亦即外國人認為此乃中國詩的普遍特徵。[143] 錢鍾書指出，「神韻非詩品中之一品，而為各品之恰當好處，至善至美。」[144] 雖然神韻為好詩之要素，然具體到詩歌史，詩人作品所含神韻之多少高下乃有分別。就時代而言，唐詩「以丰神情韻擅長」（《談藝錄》），「宋詩幾無暗示性」（In the Sung poetry one finds very little of that suggestiveness），[145] 亦即乏神韻。即以唐詩而論，神韻派以王孟為代表，只是唐詩傳統之一派，「在舊詩史上算不得正統」，[146] 而杜詩傳統則為正宗。不過舊詩史的價值觀並不等於錢鍾書的價值標準。從詩體的角度說，絕句正是中國古詩篇幅短小而意味悠遠特徵的典型代表，乃神韻的體現。《宋詩選注》多選絕句，此其原因之一。

其七、創造性。〈中國文學小史序論〉謂「文學批評闡揚其創闢之特長」，[147] 創闢包括意境、詞句、手法等各個層面。《談藝錄》批評陸游「放翁多文為富，而意境實尟變化。古來大家，心思句法，複出重見，無如渠之多者」，[148] 即立足於創闢的評價。《宋詩選注》從比較文學的觀點把宋詩的缺點看作是古典主義的流弊。其序云：

偏重形式的古典主義有個流弊：把詩人變成領有營業執照的盜賊，不管是巧取還是豪奪，是江洋大盜還是偷雞賊，是西崑

142《人生邊上的邊上》，頁 162-163。
143〈中國詩與中國畫〉，《七綴集》，頁 16。
144《談藝錄》六，頁 109。
145 "Foreword to the Prose-poetry of Su Tung-P'o",《錢鍾書英文文集》，頁 46。
146〈中國詩與中國畫〉，《七綴集》，頁 24。
147〈中國文學小史序論〉，頁 29。
148《談藝錄》三五，頁 321。

體那樣認準了一家去打劫，還是像江西派那樣挨門排戶大大小
小人家都去光顧。這可以說是宋詩——不妨還添上宋詞——給
我們的大教訓，也可以說是整個舊詩詞的演變裡包含的大教
訓。[149]

正因如此，他說：「大模大樣的仿照前人的假古董不選，把前人的詞意
改頭換面而絕無增進的舊貨充新也不選。」[150] 如寇準詩，陳衍《宋詩精
華錄》選一首，即〈春日登樓懷歸〉：「高樓聊引望，杳杳一川平。野水
無人渡，孤舟盡日橫。荒村生斷靄，古寺語流鶯。舊業遙清渭，沉思忽
自驚。」陳衍評說：「第二聯用韋蘇州語極自然。」錢鍾書未選此詩，
而在寇準簡評中說：「他的名作〈春日登樓懷歸〉裡傳誦的『野水無
人渡，孤舟盡日橫』，也只是把韋應物〈滁州西澗〉的『野渡無人舟自
橫』一句擴大為一聯。他的七言絕詩比較不依傍前人，最有韻味。」[151]
這實是與陳衍對話。錢鍾書說李覯詩「意思和詞句往往都很奇特，跟王
令的詩算得宋代在語言上最創闢的兩家」，[152] 他選〈穫稻〉除了內容表
現民生疾苦外，意思上的新穎是原因之一。其中「餉婦念兒啼，逢人
不敢立」兩句，錢鍾書注云：「要趕回家去照管孩子，路上不敢跟人搭
話。這一點細密的觀察在旁人這類詩裡還沒見過。」[153] 他也選了〈苦雨
初霽〉：「積陰為患恐沈綿，革去方驚造化權。天放舊光還日月，地將濃
秀與山川。泥途漸少車聲活，林薄初乾果味全。寄語殘雲好知足，莫依
河漢更油然。」在注中評論說：「李覯用字喜歡標新立異」，而以此詩中
「革」字、「活」字、「全」字為例證。[154] 這表明他選此詩的重要原因正
是此詩在用字上的創闢。他選吳濤〈絕句〉：「遊子春衫已試單，桃花飛

149《宋詩選注》，頁 19。
150《宋詩選注》，頁 20。
151《宋詩選注》，頁 14。
152《宋詩選注》，頁 50。
153《宋詩選注》，頁 52。
154《宋詩選注》，頁 54。

盡野梅酸。怪來一夜蛙聲歇，又作東風十日寒。」認為此詩「寫春深夏淺、乍暖忽寒的情味，倒是極新穎的」。[155]

錢鍾書努力發明宋詩的創闢之長，目光獨到。如林逋詩，錢鍾書不選歷來傳誦的〈梅花〉，不標舉「疏影橫斜水清淺，暗香浮動月黃昏」「雪後園林才半樹，水邊籬落忽橫枝」的名句，而獨選〈孤山寺端上人房寫望〉，表彰其「陰沉畫軸林間寺，零落棋枰葑上田」的「兩個比喻」，並在注釋中列舉此兩句對後來詩人的影響。[156] 如果就詩境上說，後一聯固然不能與前兩聯相比，但錢鍾書所重的是後聯比喻的新穎。

詩歌的構成元素眾多，而「好詩」有某一元素之「好」，某些元素之「好」，所有元素之「好」，因而「好」也有多少的分別，層次的差異，詩歌的價值遂千差萬別。詩歌之構成元素呈現在體格上往往有多重特徵，其中某方面可能符合「好詩」標準，但另一方面不合標準。如宋詩之議論說理，呈現在風格層面具有筋骨肌理，錢鍾書肯定此為宋詩之長，但其短是不含蓄，缺乏神韻。宋詩之用典，其長處在體格典雅，其短處在晦澀。整體而言，情意的直接性與表達的不隔是《宋詩選注》選詩的基本標準，這兩條是錢鍾書所一貫主張的「好詩」的條件，也符合當時文學來源於生活、文學的人民性的意識形態律令。基於上述標準，《宋詩選注》貶抑黃庭堅及江西詩派的作品，而肯定陸游、楊萬里一系的作品。在錢鍾書看來，陸游、楊萬里也代表了宋詩的特徵，可謂「好詩」與「宋體」的統一。

《宋詩選注》是特定歷史條件下的產物。錢鍾書受命編選宋詩，其對「詩律」具有深刻的洞見與高度自信，亦有強烈的自我表達的渴望，但受制於嚴格的意識形態律令，難有自我表達的自由。錢鍾書力圖在服從意識形態律令的大前提下最大限度地表達自己的詩歌史、詩學見解。

155《宋詩選注》，頁 238-239。
156《宋詩選注》，頁 17。

錢鍾書稱，《宋詩選注》「既沒有鮮明地反映當時學術界的『正確』指導
思想，也不爽朗地顯露我個人在詩歌裡的衷心嗜好」，「我以為可選的詩
往往不能選進去，而我以為不必選的詩倒選進去了」。[157] 換個角度說，
錢鍾書試圖在學術界的「指導思想」與個人的「衷心嗜好」之間達成妥
協。《宋詩選注》在總體文學觀念上與意識形態律令保持一致，而在作
者簡評及注釋中表達自己的詩歌史及詩學見解，所選作品一方面體現意
識形態觀念的要求，同時力圖也呈現作者的批評標準。《宋詩選注》在
進行三重對話：一是與當時意識形態對話，二是與詩學傳統，尤其是同
光派詩學對話，三是與西方文論對話。這些對話雖然不夠「鮮明」、「爽
朗」，但依然脈絡可尋。

157《宋詩選注》，附錄〈香港版《宋詩選注》前言〉，頁 477-478。

徵引文獻

一、專著

王國維：《王國維遺書》第 3 冊，上海：上海書店，1983 年第 1 版，1996 年第 2 次印刷。

王雲五：《商務印書館與新教育年譜》，臺北：臺灣商務印書館，1973。

朱光潛：《朱光潛全集》第 3、6、9、10 卷，合肥：安徽教育出版社，1996。

朱自清：《朱自清全集》第 2 卷，南京：江蘇教育出版社，1996 年第 2 版，1999 年第 2 次印刷。

———：《朱自清全集》第 3 卷，南京：江蘇教育出版社，1996 年第 2 版，1999 年第 2 次印刷。

———：《朱自清全集》第 4 卷，南京：江蘇教育出版社，1996 年第 2 版，1999 年第 2 次印刷。

———：《朱自清全集》第 6 卷，南京：江蘇教育出版社，1996 年第 2 版，1999 年第 2 次印刷。

———：《朱自清全集》第 8 卷，南京：江蘇教育出版社，1993 年第 1 版，1999 年第 2 次印刷。

———：《朱自清全集》第 9 卷，南京：江蘇教育出版社，1998 年第 1 版第 1 次印刷。

———：《朱自清全集》第 10 卷，南京：江蘇教育出版社，1998 年第 1 版第 1 次印刷。

———：《朱自清全集》第 11 卷，南京：江蘇教育出版社，1998 年第 1 版第 1 次印刷。

朱自清全集編輯委員會編：《朱自清文集》，香港：文學研究社，1972。

朱東潤：《朱東潤文存》，上海：上海古籍出版社，2014。

余英時：《中國思想傳統的現代詮釋》，臺北：聯經出版公司，1987。

———：《錢穆與中國文化》，上海：遠東出版社，1996。

———：《文史傳統與文化重建》，北京：三聯書店，2004。

———：《余英時文集》，桂林：廣西師範大學出版社，2006。

吳之振：《宋詩鈔》，上海：三聯書店 1988 年影印本。

金受申：《中國純文學史》，北平：文化學社，1933。

周全平：《文藝批評淺說》，上海：商務印書館，1927。

周作人：《中國新文學的源流》，北平：人文書店，1932。

———：《看雲集》，上海：開明書店，1932。

———：《藝術與生活》，北京：十月文藝出版社，2011。

周作人著，陳子善、張鐵榮編：《周作人集外文》，海口：海南國際新聞出版
　　中心，1995。

周勛初：《學林往事》，北京：朝花出版社，2000。

東方雜誌社編纂：《文學批評與批評家》，上海：商務印書館，1924。

馬光裕、陳珂玉、田蕙蘭編：《錢鍾書楊絳研究資料集》，武漢：華中師範大
　　學出版社，1990。

馬宗霍：《文學概論》，上海：商務印書館，1925 年初版，1932 年新 1 版。

茅盾：《茅盾文藝雜論集》，上海：上海文藝出版社，1981。

胡適：《中國哲學史大綱》，上海：商務印書館，1919。

———：《胡適全集》第 1、2、3、4、5、12、13、24、29、32 卷，合肥：安徽教
　　育出版社，2003 年初版，2007 年重印。

———：《胡適遺稿及密藏書信》，合肥：黃山書社，1994。

章太炎撰，龐俊、郭誠永疏證：《國故論衡疏證》，北京：中華書局，2008。

曹百川：《文學概論》，上海：商務印書館，1931 年初版，1933 年重印。

陳子善編：《葉公超批評文集》，珠海：珠海出版社，1998。

陳平原編：《早期北大中國文學史講義三種》，北京：北京大學出版社，
　　2005。

陳平原：《做為一種思想操練的五四》，北京：北京大學出版社，2018。

陳衍評點，曹中孚校注：《宋詩精華錄》，成都：巴蜀書社，1992。

陳衍：《石遺室詩話》，《民國詩話叢書》第 1 冊，上海：上海書店，2002。

———：《石遺室詩話續編》，《民國詩話叢編》第 1 冊，上海：上海書店，
　　2002。

陳寅恪：《金明館叢稿二編》，北京：三聯書店，2001。

陳源著，陳子善、范玉吉編：《西瀅文錄》，瀋陽：遼寧教育出版社，2000。

陳鐘凡：《中國文學批評史》，上海：中華書局，1927。

郭紹虞：《中國文學批評史》，上海：商務印書館，1934 年初版，1947 年 4 月版。

———：《照隅室古典文學論集》，上海：上海古籍出版社，1983。

———：《照隅室雜著》，上海：上海古籍出版社，2009。

梁啓勛：《中國韻文概論》，長沙：商務印書館，1938 年 7 月初版，同年 10 月再版。

梁啓超：《飲冰室合集》，北京：中華書局，1989。

梁實秋：《梁實秋文集》，廈門：鷺江出版社，2002。

張隆溪：《張隆溪文集》，臺北：秀威信息，2013。

寒光：《林琴南》，上海：中華書局，1935。

黃人編：《普通百科新大詞典》，上海：國學扶輪社，1911。

黃人：《中國文學史》，蘇州：蘇州大學出版社，2015。

馮友蘭：《中國哲學小史》，上海：商務印書館，1934。

———：《三松堂全集》第 4、5 卷，鄭州：河南人民出版社，1986。

———：《中國哲學史新編》，北京：人民出版社，1982。

———：《中國哲學史》，上海：神州國光社，1931。

———：《中國哲學史》，臺北：商務印書館，2015 紀念版。

馮友蘭著，涂又光譯：《中國哲學簡史》，上海：商務印書館，1934。

傅斯年：《傅孟真先生集》第 1 冊（上編甲論學類），臺北：臺灣大學，1952。

葉公超著，陳子善編：《葉公超批評文集》，珠海：珠海出版社，1998。

楊鴻烈：《袁枚評傳》，上海：商務印書館，1927。

———：《中國詩學大綱》，上海：商務印書館，1928。

———：《中國文學雜論》，上海：亞東圖書館，1928 年初版。臺北：中新書局，1977。

聞一多：《聞一多全集》第 2 卷，武漢：湖北人民出版社，1993。

趙景深：《文學概論》，上海：世界書局，1932；又編入《文藝講座》上編，上海：世界書局，1935。

魯迅：《魯迅全集》，北京：人民文學出版社，1981。

鄭振鐸、傅東華編：《文學百題》，上海：生活書店，1935。

鄭振鐸：《中國新文學大系‧文學論爭集》（影印本），上海：上海文藝出版
　　社，1981。

———：《鄭振鐸古典文學論文集》，上海：上海古籍出版社，1984。

———：《鄭振鐸文集》，北京：人民文學出版社，1988。

劉經庵：《中國純文學史綱》，北平：北平著者書店，1935，上海書店「民國
　　叢書」影印本。

劉若愚著，杜國清譯：《中國文學理論》，臺北：聯經出版公司，1981。

劉師培：《論文雜記》，北京：人民文學出版社，1998。

劉象愚等譯：《文學理論》，北京：三聯書店，1984。

錢基博：《現代中國文學史》，上海：世界書局，1933 年初版，1935 年第 3
　　版。

錢基博編：《國學必讀》，上海：中華書局，1923 年 4 月初版，1924 年再版。

錢鍾書：《宋詩選注》，北京：人民文學出版社，1958 年第 1 版。

———：《錢鍾書集‧宋詩選注》，北京：三聯書店，2012。

———：《錢鍾書集‧圍城 人‧獸‧鬼》，北京：三聯書店，2012。

———：《錢鍾書集‧管錐編》，北京：三聯書店，2019 年第 3 版第 15 次印
　　刷。

———：《錢鍾書集‧七綴集》，北京：三聯書店，2001 年第 1 版第 1 次印
　　刷。

———：《錢鍾書集‧寫在人生邊上 人生邊上的邊上 石語》，北京：三聯書
　　店，2019 年第 2 版第 34 次印刷。

———：《錢鍾書集‧槐聚詩存》，北京：三聯書店，2012。

———：《錢鍾書集‧談藝錄》，北京：三聯書店，2019 年第 3 版第 11 次印
　　刷。

———：《錢鍾書手稿集‧容安館札記》，北京：商務印書館，2003。

———：《錢鍾書英文文集》，北京：外語教學與研究出版社，2005。

謝無量：《中國大文學史》，上海：中華書局，1932。

羅根澤：《樂府文學史》，上海：上海書店影印北平文化學社 1931 年本。收
　　於《民國叢書》第 3 編 54 冊。

———：《中國文學批評史》第 1 冊，北平：人文書店，1934。

———：《周秦兩漢文學批評史》，上海：商務印書館，1947。

———：《中國文學批評史》（二），上海：古典文學出版社，1957。

───：《羅根澤古典文學論文集》，上海：上海古籍出版社，1985。

羅根澤編：《古史辨》，臺北：明倫出版社，1970。

嚴復譯：《天演論》，上海：商務印書館，1947。

〔日〕小川環樹：《小川環樹著作集》，東京：築摩書房，1997。

〔日〕內田貢：《文學一斑》，東京：博文館，1892。

〔日〕太田善男：《文學概論》，東京：博文館，1906。

〔日〕本田成之：《支那經學史論》，京都：弘文堂書房，1927。孫俍工譯：《中國經學史》，上海：中華書局，1935。

〔日〕本間久雄：《新文學概論》，東京：新潮社，1917。章錫琛譯：《新文學概論》，上海：商務印書館，1925。

〔日〕北村透谷：《透谷全集》，東京：松榮堂書店，1914。

〔日〕西周：《百學連環》，收於大久保利謙編：《西周全集》第 4 卷，東京：宗高書房，1966。

〔日〕鈴木虎雄：《支那詩論史》，東京：弘文堂書房，1924。

〔日〕鹽谷溫：《支那文學概論講話》，東京：大日本雄辯會，1919。孫俍工譯：《中國文學概論講話》，上海：開明書店，1929。

〔德〕卡西勒著，于曉等譯：《語言與神話》，北京：三聯書店，1988。

〔美〕韓德（Theodore W. Hunt）著，傅東華譯，《文學概論》，長沙：商務印書館，1935。

〔美〕Ludwig Lewisohn 編，傅東華譯：《近世文學批評》，上海：商務印書館，1928。

《現代日本文學大事典》（增訂縮刷版），東京：明治書院，1971。

Brookes, *English Literature*, London: Macmillan and Co., 1877.

Caleb Thomas Winchester, *Some Principles of Literature Criticism*, New York: The Macmillan company, 1902.

Charles Mills Gayley and Fred Newton Scott, *An Introduction to the Methods and Materials of Literary Criticism, the Bases in Aesthetics and Poetics*, Boston: Ginn and Company, 1899.

George Saintsbury, *A history of criticism and literary taste in Europe from the earliest texts to the present day*, London: Blackwood, 1900.

Henry S. Pancoast, *An Introduction to English Literature*, New York: Henry Holt and Company, 1894.

Raymond Macdonald Alden, *Critical Essays of the Early Nineteenth Century*, New York: C. Scribner's Sons, 1921.

René Welleck, *A History of Modern Criticism*, London: Jonathan Cape, 1966.

René Wellek, *Concepts of Criticism*, New Haven: Yale University Press, 1973.

René Wellek, Austin Warren, René Wellek, Austin Warren, *Theory of Literature*, New York: Harcourt, Brace & World, Inc., 1956.

Richard Green Moulton, *The Modern Study of Literature: An Introduction to Literary Theory and Interpretation*, Chicago: The University of Chicago press, 1915.

Thomas Arnold, *A Manual of English Literature, Historical and Critical: With an appendix on English Metres*, London: Longmans, Green, and Co., 1877.

Thomas De Quincey, *The Works of Thomas De Quincey*, London: Pichering and Chatto, 2000-2003.

Theodore Whitefield Hunt, *Literature, its Principles and Problems*, New York: Funk & Wagnalls Company, 1906.

William Henry Hudson, *An Introduction to the Study of Literature*, London: George G. Harrap & Company, 1913.

二、期刊與專書論文

丁易：〈論大學國文系〉，《國文月刊》第 39 期，1941。

小羊：〈「文學遺產」圖說〉，《人間世》第 16 期，1934。

王水照：〈錢鍾書先生與宋詩研究〉，《文匯報》2002 年 4 月 6 日第 8 版。

王向遠：〈中國現代文藝理論和日本文藝理論〉，《北京師範大學學報》1998.4。

王統照：〈文學批評的我見〉，《晨報副刊・文學旬刊》第 2 號，1923。

王新命、何炳松、武堉幹、孫寒冰、黃文山、陶希聖、章益、陳高傭、樊仲雲、薩孟武：〈中國本位的文化建設宣言〉，《文化建設》第 1 卷第 4 期，1935。

老舍：〈論文學遺產怎樣接受〉，《文壇》第 2 卷第 1 期，1943。

江流：〈從本位文化說到本位文學〉，《清華週刊》第 43 卷第 5 期，1935。

朱光潛：〈文學院課程之檢討〉，《高等教育季刊》第 1 卷第 3 期，1941。

朱自清：〈關於大學中國文學系的兩個意見〉，《國文月刊》第 63 期，1948。

朱希祖：〈文學論〉，《北京大學月刊》第 1 卷第 1 號，1919。

朱希祖：〈非「折中派的文學」〉，《新青年》第 6 卷第 4 號，1919。

江流：〈從本位文化說到本位文學〉，《清華週刊》第 43 卷第 5 期，1935。

吳宓：〈詩學總論〉，《學衡》第 9 期，1922。

呂思勉：〈小說叢話〉，《中華小說界》第 5 期，1914。

李裕民：〈錢鍾書《宋詩選注》發微〉，《社會科學評論》（西安）第 3 期，
　　2008。

茅盾：〈對於接受文學遺產的意見〉，《雜文月刊》第 3 期，1935。

——：〈文學遺產〉，《大眾生活》第 1 卷第 11 期，1936。

何東輝：〈偉大作品之產生——文學遺產的接受〉，《清華週刊》第 42 卷第
　　9、10 期，1934。

周木齋：〈中國文學批評史（一）〉，《文學》第 4 卷第 1 號，1935。

周作人：〈日本近三十年小說之發達〉，《北京大學日刊》第 141 期，1918。
　　又收於《中國新文學大系》第 1 集《建設理論集》，上海：良友圖書印
　　刷公司，1935。

———：〈人的文學〉，《新青年》第 5 卷第 6 號，1918。

——（署名開明）：〈林琴南與羅振玉〉，《語絲》第 3 期，1924。

周勛初：〈羅根澤先生在學術領域中的多方開拓〉，載《學林往事》（北京：
　　朝花出版社，2000）中冊。

和：〈文學批評與編輯中國文學史〉，《晨報副刊》第 50 號，1924。

林分：〈評「中國文學批評史」〉，《眾志月刊》第 2 卷第 3 期，1934。

林庚：〈介紹兩部中國文學批評史〉，《大公報》第 11 版「圖書副刊」第 60
　　期，1935。

林語堂：〈機器與精神〉，《中學生》第 2 號，1930。

施蟄存：〈雜文學〉，《新中華》第 5 卷第 7 期，1937。

胡山源：〈論大學國文系及其科目〉，原載 1939 年 12 月《中美日報》教育隨
　　筆欄，《國文月刊》第 49 期（1946）轉載。

胡先驌：〈說今日教育之危機〉，《學衡》第 4 期，1922。

胡愈之：〈文學批評——其意義及方法〉，《東方雜誌》第 18 卷第 1 號，
　　1921。

胡夢華：〈文藝批評概論〉，《東方雜誌》第 21 卷第 4 號，1924。

胡蘭成：〈「文化本位」論戰經過〉，《文友》第 2 卷第 3 期第 15 號，1943。

耶菲：〈關於「文學遺產」〉，《中學生文藝季刊》第 2 卷第 2 號，1936。

秋原：〈文藝起源論〉，《北新》第 22 期，1928。

夏中義：〈反映論與錢鍾書《宋詩選注》——辭別蘇聯理論模式的第三種方式〉，《文藝研究》第 11 期，2016。

——：〈論錢鍾書學案的「暗思想」——打通《宋詩選注》與《管錐編》的價值親緣〉，《清華大學學報》第 1 期，2017。

馬睿：〈作為文學選擇與立場表達的西學中譯——溫切斯特《文學評論之原理》中譯本解析〉，《中山大學學報》第 1 期，2013。

曹日昌：〈談學術中國化〉，《學習生活》第 2 卷第 3、4 期合刊，1941。

許守微：〈論國粹無阻於歐化〉，《國粹學報》第 7 期第 2 冊，清光緒三十一年（1905），臺北：文海出版社影印本，1970。

陸文虎：〈錢鍾書〈宋詩選注・序〉的文論思想〉，《當代文壇》第 1 期，1992。

張東蓀：〈從中國言語構造上看中國哲學〉，《東方雜誌》第 33 卷第 7 號，1936。

張振佩（署名振珮）：〈評羅者中國文學批評史 1〉，《學風》第 5 卷第 4 期，1935。

張健：〈文學觀念與文學批評史：二十世紀三十年代關於郭紹虞《中國文學批評史》的評論〉，《中國文學學報》第 1 期，2010。

——：〈借鏡西方與本來面目：朱自清的中國文學批評研究〉，《北京大學學報》（哲學社會科學版）第 1 期，2011。

——：〈純文學、雜文學觀念與中國文學批評史〉，《復旦學報》2018 年第 2 期。

張隆溪：〈翻譯與世界文學〉，《中國文學學報》第 8 期，香港：香港中文大學出版社，2017。

陳平原：〈「哲學」與「考據」視野中的「文學史」——新版《羅根澤古典文學論文集》序〉，《學術研究》（廣州）第 10 期，2009。

陳立夫：〈文化建設之前夜——四月十六日在京市府擴大紀念週演講〉，《華僑半月刊》第 46 期，1934。

———：〈大建設時期中之文化建設〉，《高等教育季刊》第 1 期，1941。

陳國球：〈文學批評作為中國文學研究的方法——兼談朱自清的文學批評研究〉，《政大中文學報》第 20 期，2013。

陳啓俊：〈由《文學概論講義》探尋梅光迪 1920 年代的文學思想〉，《成大中文學報》第 56 期，2017。

陳廣宏：〈黃人的文學觀念與十九世紀英國文學批評資源〉，《文學評論》第 6 期，2008。

陳鐘凡：〈中國文學演進之趨勢〉，《文哲學報》第 1 期，1922。

———：〈二十年來我國之國故整理〉，《學藝》第 16 卷第 1 號，1937。

———：〈哭先師石遺老人〉，《書林》第 2 卷第 4 期，1937。

陶希聖：〈為什麼否認現代的中國：答胡適「試評所謂中國本位的文化建設」〉，《文化建設》第 1 卷第 7 期，1935。

梅光迪：〈中國文學在現在西洋之情形〉，《文哲學報》第 2 期，1922。

梁實秋：〈近年來中國之文藝批評〉，《東方雜誌》第 24 卷第 23 號，1927。

———：〈文學與科學〉，《東方雜誌》第 24 卷第 23 號，1934。

黃節：〈國粹學報敘〉，《國粹學報》第 1 期第 1 冊，清光緒三十一年（1905），臺北：文海出版社影印本，1970。

賀昌群：〈哭梅迪生先生〉，《思想與時代月刊》第 46 期，1947。

傅東華：〈《文學之近代研究》譯序〉，《文學週報》第 210 期，1926。

傅斯年（署名孟真）：〈出版界評〉，《新潮》第 1 卷第 1 號，1919。

傅瑩：〈外來文論的譯介及其對中國文論的影響——從本間久雄的《新文學概論》譯本談起〉，《暨南學報》2001 年第 6 期。

嵇文甫：〈漫談學術中國化問題〉，《理論與現實》第 1 卷第 4 期，1940。

曾沛霖：〈文學遺產問題〉，《育英半月刊》第 3 卷第 2 期，1934。

楚雲：〈讀古書和接受文學遺產問題——答梁明、黃沙、獨白君等〉，《生活學校》第 1 卷第 1 期，1937。

楊絳：〈記錢鍾書與《圍城》〉，載《圍城》（北京：三聯書店，2012）附錄。

葉競耕：〈《詩言志辨》書評〉，《國文月刊》第 65 期，1948。

溫慶新：〈對近百年來黃人《中國文學史》研究的反思〉，《漢學研究通訊》總 116 期，2000。

聞一多：〈調整大學文學院中國文學外國語文學二系機構芻議〉，《國文月刊》第 63 期，1948。

熊鵬標：〈關於中國文學批評史的分期問題〉，安徽大學文史學會《文史叢刊》，1935。

劉文翮：〈介紹《文學評論之原理》〉，《文哲學報》第 3 期，1922。

劉溶池：〈評羅著「中國文學批評史」〉，《讀書通訊》166 期，1948。

黎錦熙：〈大學國文系課程實施綱要〉，《高等教育季刊》第 1 期，1941。

鄭振鐸：〈整理中國文學的提議〉，《文學旬刊》第 51 期，1922。

──：〈文學的統一觀〉，《小說月報》第 13 卷第 8 號，1922。

──：〈林琴南先生〉，《小說月報》第 15 卷第 11 號，1924。

──：〈研究中國文學的新途徑〉，《小說月報》第 17 卷號外《中國文學研究》（上），1927。

鄭伯奇：〈現階段的文學遺產問題〉，《時事類編特刊》第 50 期，1940。

蔣寅：〈鈴木虎雄《中國詩論史》與中國文學批評史敘述框架的形成──尤以明清三大詩說為中心〉，《安徽大學學報》第 2 期，2013。

錢鍾書：〈與張君曉峰書〉，《國風》半月刊第 5 卷第 1 期，1934。

謝無量：〈謝無量自傳〉，《國學學刊》第 1 期，2009。

關詩珮：〈呂思勉《小說叢話》對太田善男《文學概論》的吸入──兼論西方小說藝術論在晚清的移植〉，《復旦學報》（社會科學版），2008。

羅家倫：〈什麼是文學？──文學界說〉，《新潮》第 1 卷第 2 號，1919。

羅根澤：〈兩宋詩話存佚殘輯年代表〉，《師大月刊》第 30 期「文學院專號」，1936。

顧仲彝：〈純文學〉〉，《新中華》第 5 卷第 7 期，1937。

龔鵬程：〈錢鍾書與廿世紀中國學術〉，載《近代思潮與人物》（北京：中華書局，2007）。

〔日〕吉田亮：〈内田魯庵『文学一斑』におけるヘーゲル──その典拠とドラマ論〉，《札幌大学社會学部論集》第 3 號，2015。

後記

　　本書彙集著者有關現代學術史的部分論文，這次得以結集並由政大出版社出版端賴政治大學廖棟樑教授的建議與鼓勵。廖教授審閱拙稿，亦多所匡正，敬致最誠摯的謝意。林淑禎女士編輯本書，貢獻良多，謹申謝忱。

　　本書除第一章外，其餘諸篇均曾在學術期刊上發表。各篇原載刊物如下：

1. 〈時代與格調之間：錢鍾書先生的《宋詩選注》〉，《南洋中華文學與文化學報》創刊號（2021 年 11 月），頁 100-119。

2. 〈舊傳統與新思潮：從詩文評到文學批評〉，《政大中文學報》第 35 期（2021 年 6 月），頁 111-156。

3. 〈純文學、雜文學觀念與中國文學批評史〉，《復旦學報》2018 年第 3 期，頁 80-91。

4. 〈《中國文學小史序論》與錢鍾書的文學觀〉，《北京大學學報》第 51 卷第 2 期（2014 年 3 月），頁 57-70。

5. 〈從分化的發展到綜合的體例：重讀羅根澤《中國文學批評史》〉，《文學遺產》2013 年第 1 期，頁 127-146。

6. 〈借鏡西方與本來面目：朱自清的中國文學批評研究〉，《北京大學學報》（社學社會科學版）2011 年第 1 期，頁 61-70。

7. 〈文學觀念與文學批評史：二十世紀三十年代關於郭紹虞《中國文學批評史》的評論〉，《中國文學學報》第 1 期（2010 年 12 月），頁 226-259。

以上各篇收入本書時，除統一體例外，亦增補了內容，並修訂了文字。

張健

二〇二二年十二月一日